"十四五"职业教育国家规划教材

"十三五"江苏省高等学校重点教材
（编号：2016-1-017）

高速铁路接触网维护与检修
（第2版）

宋奇吼　余学林　主编
陈劲草　主审

中国铁道出版社有限公司
2025年·北京

内容简介

本书为“十四五”职业教育国家规划教材，全面系统地介绍了高速铁路接触网运行维护人员应掌握的基本技能，紧扣岗位标准，以设备维护任务为中心，以技术应用为重点，以设备单元的检修任务为载体，编排了七个项目，分别为：接触网常用专业工器具的使用、支柱与基础的维护与检修、定位支撑装置的维护与检修、接触悬挂的维护与检修、接触网单项设备的维护与检修、接触网运行与管理、接触网设备故障应急处置。

本书可作为高等职业院校铁道供电技术专业的教材，也可以作为铁道供电技术专业技术人员的参考书。

图书在版编目(CIP)数据

高速铁路接触网维护与检修 / 宋奇吼，余学林主编.
2版. -- 北京 : 中国铁道出版社有限公司，2025. 6
(“十四五”职业教育国家规划教材)(“十三五”江苏省高等学校重点教材). -- ISBN 978-7-113-31738-6

Ⅰ. U238；U225

中国国家版本馆CIP数据核字第2024HE3500号

书　　名：高速铁路接触网维护与检修
作　　者：宋奇吼　余学林

策　　划：尹　娜
责任编辑：尹　娜　　**编辑部电话**：(010)51873206　　**电子邮箱**：624154369@qq.com
封面设计：高博越
责任校对：安海燕
责任印制：赵星辰

出版发行：中国铁道出版社有限公司(100054，北京市西城区右安门西街8号)
网　　址：https://www.tdpress.com
印　　刷：天津嘉恒印务有限公司
版　　次：2019年3月第1版　2025年6月第2版　2025年6月第1次印刷
开　　本：787 mm×1 092 mm 1/16　**印张**：18.5　**字数**：450千
书　　号：ISBN 978-7-113-31738-6
定　　价：58.00元

第2版前言

本书为首批“十四五”职业教育国家规划教材。

我国高速铁路供电系统技术快速发展，智能化与自动化程度不断提高，运维模式智慧化水平不断提高，供电维修装备、检测监测诊断及接触网装配安装等都朝着现代化、标准化、自动化方向发展，供电系统电源侧接入技术向绿色低碳化方向发展，降低能耗和碳排放，实现可持续发展。

近十年，高速铁路接触网技术呈现出以下几大发展趋势：简统化接触网研发成功，它以“三统一、一提高”为目标，即统一参数、统一结构、统一材质、提高装备简统化水平和服役性能；接触网运维向智慧化方向迈进，建设了智慧运维大数据平台，依托5G、大数据、图像识别等技术，打造了高速铁路4C视觉智能分析系统，大幅提升了高铁安全保障能力；随着中国高铁走出去战略，接触网技术需要适应各种特殊环境，例如，雅万高速铁路的简统化接触网装备通过了印尼湿热环境验证，为东南亚高速铁路建设树立了标杆。新技术发展对广大高速铁路接触网运行维护人员在知识上、技能上提出更高要求。

编写团队以多年来从事高职教学与职工培训经验为基础，结合高速铁路接触网实际情况，以高速铁路接触网新技术、新设备、新标准为依据，充分汲取了在探索培养高端技术应用性人才方面取得的成功经验和教学成果，并在参阅有关行业标准、技术文献和生产厂家技术资料的基础上编写了本书。

本书全面、系统地介绍了高速铁路接触网运行维护人员应掌握的基本知识、技能，紧扣岗位标准，以设备维护任务为中心，以技术应用为重点，力求做到内容新颖、概念准确、技术先进、联系实际，具有较强的实用性。教材内容组织紧密结合高速铁路现场接触网检修与维护岗位的工作过程，以高速铁路现场接触网设备单元为基础的检修与维护任务为载体，分别编写高速铁路接触网检修与维护各项内容。本次再版根据高速铁路接触网新质生产力的发展趋势，增加了接触网检测与分析的内容，对课程思政内容进行了较大幅度的修改，具有较强的适用性。

全书由南京铁道职业技术学院宋奇吼、上海申铁杰能信息科技有限公司余学林任主编，南京铁道职业技术学院周昌松、徐百钊、王刚、邢光兵任副主编（按照贡献度排序），郑州铁路职业技术学院吉鹏霄、中国铁路上海局集团有限公司南京供电段阮晓宁参编。中国铁路上海局集团有限公司高速铁路运维技术中心陈劲草任主审。具体编写分工如下：本书绪论、项目一、附录由宋奇吼编写；项目二由王刚编写；项目三由吉鹏霄编写；项目四由周昌松编写；项目五由阮晓宁编写；项目六任务一由徐百钊编写；项目六任务二由邢光兵编写；项目七由余学林编写。

在本书编写过程中，得到了中国中铁电气化局集团有限公司、中国铁建电气化局集团有限公司、中国铁路上海局集团有限公司各供电段同仁大力帮助，在此表示衷心感谢。

由于编者水平所限，书中疏漏之处在所难免，诚恳欢迎读者提出宝贵意见，相关技术问题探讨可发送至电子邮箱 272141169@qq.com。

编者

2025 年 1 月

目 录

绪　论

总体素质目标：通过榜样力量引导学生树立职业信仰与实践品格；培养学生具有爱国主义、集体主义精神；树立正确的政治方向，使学生逐步形成正确的世界观、人生观、价值观；培养学生的理论素养，使学生具有社会主义责任感和实现中国梦的理想，树立为民服务的意识；培养学生的高速铁路接触网日常维护和检修技能及作业安全理论素养，时刻牢记要遵法守规、具备铁路精神（安全、责任、兴路），传承红色基因，奋勇担当作为的责任心。

中国铁路的红色基因与生俱来、历久弥坚，在苦难与辉煌中代代相传。

五四运动前后，老一辈无产阶级革命家，在京汉铁路长辛店铁路工厂开办了中国第一所向工人传播马克思主义的学校，发展了第一批工人党员，为中国工人运动和中国共产党的成立播下了星星之火。

建党初期，铁路人率先接受马克思主义，接受党的领导，成立了第一个全国性产业工会——中华全国铁路总工会。1923 年，京汉铁路工人举行震惊中外的“二七”大罢工，集中迸发了铁路人愿为信仰付出一切的大无畏革命气质。

抗日战争时期，在党的领导下，由铁路工人为主组成的鲁南铁道大队，被誉为“坚持在敌占区的武工队、游击队的一面鲜明的旗帜”。

解放战争时期，“解放军打到哪里，铁路就修到哪里”的豪言壮语，成为铁路职工和铁道纵队的行动口号。

抗美援朝时期，铁路人坚决响应“抗美援朝、保家卫国”号召，用血肉之躯筑起了一条“打不垮、炸不烂的钢铁运输线”。

新中国成立后，在党的领导下，铁路人以强烈的主人翁责任感投身社会主义建设，充分发挥了开路先锋的作用。改革开放以来，在党的领导下，铁路人大胆改革创新，勇当国民经济发展火车头。

进入新时代，在以习近平同志为核心的党中央坚强领导下，中国铁路传承红色基因，牢固树立安全发展理念，大力实施货运增量行动、客运提质计划和复兴号品牌战略三大举措，积极推进自主创新，持续深化铁路改革，不断拓展对外开放的深度和广度，中国铁路技术标准和装备水平大幅提升。高速铁路、高原铁路、高寒铁路、重载铁路等技术达到世界先进水平。客运周转量、货运发送量、换算周转量、运输密度等主要运输经济指标稳居世界第一。

一、电气化铁路概述

1879 年，第一条电气化铁路诞生，此后低能耗、高效率、高速度的电力牵引成为世界各国铁路发展趋势，是铁路现代化的标志。目前，电气化铁路承担了一半以上的铁路运量，显示了电气化铁路的巨大生命力。

我国第一条电气化铁路是宝（鸡）成（都）线宝鸡—凤州段，正式通车于1961年8月15日，共长91 km，从此揭开了我国电气化铁路建设的序幕。从1958年到改革开放初期，我国在20年内共修建电气化铁路1 033 km（宝成线、阳安线、襄渝线电气化铁路）。改革开放以来，我国的电气化铁路得到了迅猛的发展。到2005年底，我国电气化铁路总里程突破2万km。我国电气化铁路突破第一个2万km用了45年的时间，突破第二个2万km只用了不到6年的时间。改革开放40多年来，我国电气化铁路实现了从技术跟随到技术引领的历史进程，实现了大秦铁路开行2万t重载列车，实现了牵引供电系统综合自动化，实现了从常速向高速的跨越。

二、高速电气化铁路的发展

1879年，在柏林的世博会上，西门子和哈尔斯克展出了约300 m的电气化铁路，第一次采用电力来牵引列车。1964年10月1日，日本开通运营世界第一条高速铁路——日本东海道新干线（东京—大阪），这也是全世界第一条载客运营的高速铁路系统。截至2024年，日本新干线铁路网进一步完善，总长达3 051 km。法国1981年开通第一条现代化高速铁路，截至2024年高速铁路运行里程已达到2 832 km，高速列车TGV运行速度为300～350 km/h。2007年4月，TGV3“V150”列车在行驶试验中达到574.8 km/h，打破了1990年由TGV创下的最高试验速度为515.3 km/h的有轨铁路行驶世界纪录。德国1985年开始研究ICE高速列车，1991年投入运营，截至2024年，高速铁路（即城际特快列车ICE）的总运营里程超过6 226 km，高速列车最高运营速度达320 km/h。随着电气化铁路技术的发展和成熟，电力牵引成为高速铁路的主要牵引方式。

高速铁路在不同的国家不同时代有不同的规定。国际铁路联盟（UIC）认为高速铁路的定义相当广泛，包含高速铁路领域下的众多系统。高速铁路是指组成这一“系统”的所有元素的组合，包括：基础设施（新线设计速度250 km/h以上，提速线路速度200 km/h甚至220 km/h）、高速动车组和运营条件。我国将中国高速铁路定义为：新建设计开行250 km/h（含预留）及以上的动车组列车，初期运营速度不小于200 km/h的客运列车专线铁路。

改革开放以来，我国铁路运输能力远远低于国民经济和社会发展的需求，成为制约国民经济快速发展的瓶颈。我国的基本国情，以及量大、集中、行程较长的客流特点，决定了中国主要应发展大容量、环保型、适应性强的公共交通体系。高速铁路就是这样的公共交通体系中的佼佼者。发展高速铁路是交通运输领域贯彻可持续发展战略、优化交通运输结构的重要手段，是铁路高层次、大幅度扩大运输能力及提升运输质量的必然选择。

1997年4月1日零时，铁路第一次大面积提速调图全面实施，拉开了中国铁路既有线提速的序幕。从1997年到2007年，中国铁路既有线进行了六次全面大提速，6 000多千米铁路干线实施时速200 km提速。1998年5月28日，广（州）—深（圳）铁路全线完成电气化改造，成为中国第一条准高速电气化铁路，设计时速为200 km。2003年10月12日，秦（皇岛）—沈

（阳）客运专线开通运营，设计时速 250 km。2016 年 7 月，国务院常务会议讨论通过了《中长期铁路网规划》，我国铁路进入快速发展的新阶段。

从 2012 年至 2024 年，我国高速铁路营业里程实现了快速增长。截至 2024 年底，我国高速铁路营业里程已达到 4.8 万 km，全国铁路营业里程达到 16.2 万 km，其中高速铁路占比近三成，彰显了中国高速铁路的快速发展势头。而在 2025 年，随着新线路的开通，这一数字还在持续增长。特别是近年来，中国高速铁路建设不断提速，一批国家重点工程如期开通运营，如沿江高速铁路、杭温高速铁路等，进一步丰富了高速铁路网络。

高速铁路在铁路中的旅客周转量占比从 2008 年的 0.2% 快速增加至 2022 年的 66.7%，显示出高速铁路在大众出行中的普及程度。

三、电气化铁路的基本组成

电气化铁路是指使用电力机车牵引列车的铁路系统，其组成涵盖多个关键部分，包括牵引供电系统、电力机车（除特指动车组外均含动车组，下同）、铁路轨道与路基、通信与信号系统，综合接地系统、其他辅助设施。电力机车、牵引变电所和接触网称为电气化铁路的"三大元件"。可以用一个简单的类比来说明三者之间的关系，牵引变电所相当于电源，接触网相当于供电导体，电力机车和电动车组就是负载。和普通电气设备不同的是机车负载是高速移动的。

（一）电力机车（电动车组）

电力牵引和其他牵引方式相比有很多优点，电力机车本身无排放污染、可以综合利用资源降低能源消耗、功率大、速度快、维修方便、乘务工作条件舒适。其本身不携带原动机，靠外部电力系统经过牵引供电系统供给其电能，从而减轻了自重，有更好的加速和高速性能。

电力机车靠其顶部升起的受电弓，直接接触导线获取电能。每台电力机车前后各有一受电弓，由司机控制其升降。受电弓升起工作时，以一定的接触压力[静态时接触压力（7 ± 10）N，车型不同可能有调整]紧贴接触线将电能引入机车，经机车主断路器到机车主变压器，主变降压后，经传动装置供给牵引电动机，牵引电动机通过齿轮传动使电力机车运行，如图 0-1 所示。

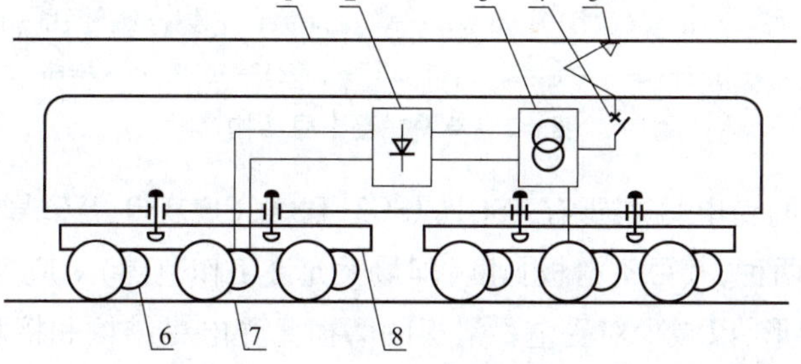

1—接触网；2—传动系统；3—主变压器；4—主断路器；
5—受电弓；6—牵引电机；7—钢轨；8—转向架。

图 0-1 电力机车工作原理

动车组指由两辆或两辆以上带动力的车辆和不带动力的车辆固定编组的列车,按照牵引动力类型分为电动车组和内燃动车组。电动车组按照其动力配置分为动力分散型和动力集中型电动车组。动力分散型电动车组的动力装置(牵引电机)分布在列车的不同位置上,能够实现较大的牵引力。中国铁路的和谐号系列高速动车组都采用动力分散型动力配置,将动力装置分散安装在不同的车厢上。在有固定编组的动车组中,有带动力装置的车辆称为动车,不带动力装置的车辆称为拖车。比如,我国 CRH380A 型电动车组 8 辆短编组采用了 6 动 2 拖的动力配置。电动车组的基本工作原理和电力机车是一样的,为了表述简洁,本书后续项目中,用电力机车代替电力机车(电动车组)。

我国使用的电力机车主要是国产韶山(SS)系列电力机车和和谐(HXD)系列电力机车,电动车组主要是 CRH 系列的和谐号动车组和 CR 系列的复兴号动车组。

电力机车通过受电弓直接从接触线上滑行取流,其形式一般有单臂式和双臂式两种,一般采用单臂式受电弓,其结构如图 0-2 所示。受电弓顶部的滑板紧贴接触线,滑板固定在托架上,托架一般采用 2 mm 的铝板冷压制成。滑板按材质分类主要有纯金属滑板(铜、钢)、粉末冶金滑板、碳滑板和浸金属碳滑板等,根据接触线材质的不同选用不同材质的滑板。碳滑板特别适用于铜及铜合金接触线,在电气化铁路中应用最广泛。受电弓滑板材料和接触线线材的匹配,可以减小接触线的磨耗。

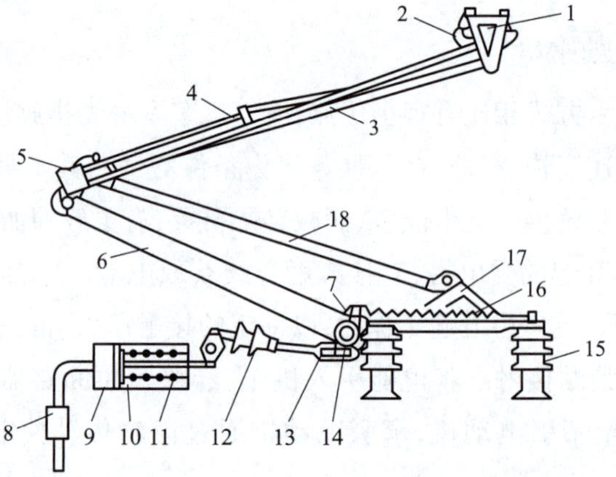

1—滑板;2—支架;3—平衡杆;4—上框架;5—铰链座;6—下臂杆;7—扇形板;
8—缓冲阀;9—传动气缸;10—活塞;11—降弓弹簧;12—连杆绝缘子;13—滑环;
14—连杆;15—支持绝缘子;16—升弓弹簧;17—底架;18—推杆。

图 0-2　单臂式受电弓结构

干线铁路中使用的受电弓主要有 TSG1、TSG3、DSA、CED180 等型号,从弓头长度上分为 2 085 mm、1 950 mm 两种,其弓头滑板长度(即最大允许工作范围)对应为 1 250 mm、950 mm。将接触线布置"之"字形,以减少对受电弓滑板的磨损。受电弓结构和接触线与受电弓滑板间的位置关系如图 0-3 所示。当受电弓从 *A* 位置运行到 *B* 位置时,接触线和受电弓的接触点从滑板的上方移动到下方,在每一个跨距内,受电弓滑板都能较均匀地磨耗。

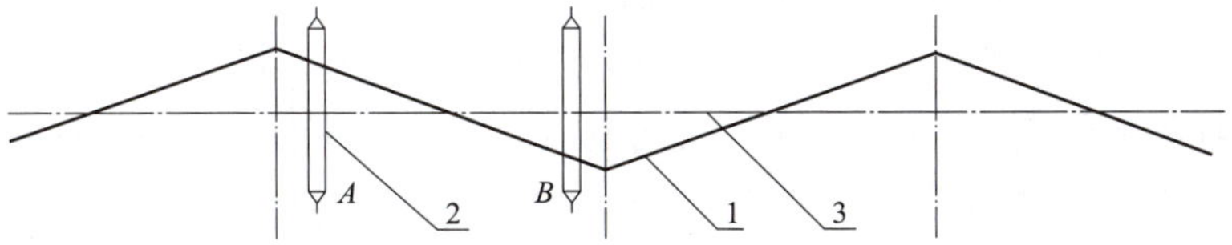

1—接触线;2—受电弓弓头(俯视);3—受电弓中心线。

图 0-3 接触线和受电弓滑板位置关系

(二)牵引变电所

牵引变电所的主要任务是将电力系统输送来的电能降压,然后以单相供电方式经馈电线送至接触网上。电压变换由牵引变压器进行,电力系统三相交流电改变为单相交流电是通过牵引变压器的电气接线来实现的。牵引变电所一般设有备用电源,采用双回路电源供电,以提高供电的可靠性。我国目前所用的牵引变压器有三相式、单相式及三相—二相式三种类型。

三相式变压器线圈接成星－三角形联结组,联结标号为 YNd11,二次侧为三角形接线。三角形的一角(c 相)与钢轨和接地网连接,另两角(a、b 相)分别接至牵引变电所两边供电分区的接触网上(又称两个供电臂),因此接触网对地为单相工频交流电。三相变电所高压侧电压等级为 110 kV(或 220 kV),低压侧(又称牵引侧)电压为 27.5 kV。在 AT 供电区段,牵引变电所低压侧电压为 55 kV,配合 AT 变压器实现对牵引网的供电。

单相变电所一般采用两台单相变压器连成开口三角形接线,符号为 V/V 接法。单相变电所接线方式比较简单,对单相变压器利用率较高,但是对电力系统负载对称性影响较大,一般采用较高电压等级的进线。例如哈(尔滨)－大(连)线牵引变电所采用的接线形式,高压侧电压等级为 220 kV,低压侧为 27.5 kV。在高速铁路中,广泛采用 AT 供电方式,单相变压器采用 V/X 接法,220 kV 进线,55 kV 出线。

为了减少单相牵引负载对三相电力系统产生的不对称影响,牵引变电所的变压器采用较特殊的接线方式,主要有斯科特(Scott)接线方式和伍德桥(Wood Bridge)接线方式,这样的变电所称为三相—二相变电所。这种接线方式的特点是变压器二次侧电压为相位角差 90°的二相交流电,在两相负载平衡时,其在变压器的一次侧为三相对称负载,可以大大消除牵引系统对电力系统产生的不对称影响。

(三)接触网

接触网在供电回路中起着十分重要的作用。为了满足铁路运输需要,接触网必须全天候不间断供电。接触网作为一种露天设备,要经受气候和温度的考验及环境污染的影响;接触网作为无备用的供电设备,必须保证较高的可靠性。电力机车的受电弓与其高速滑动接触,要求接触网和受电弓之间有严格的机电匹配关系。接触网电负载具有很大的波动性,接触网系统应该有充足的过负载能力和承载短路电流的能力。

(四)基本牵引回路

牵引供电回路由牵引变电所—馈电线—接触网—电力机车—钢轨—地—回流线—牵引变电所构成,如图 0-4 所示。

馈电线是连接变电所和接触网的一段线路。馈电线一般采用架空输电线形式,尽量和接触网同杆合架，一端从牵引变电所的馈电线隔开引出，一端通过电连接线夹连接在接触网上，馈电线和接触网连接处称为上网点。在高速铁路中，变电所二次侧采用 GIS 设备时，馈电线采用电缆转架空线形式。当牵引所距离上网点距离较近时（比如小于 100 m）或高架桥段不方便采用架空线上网时，馈电线采用电缆形式。为了方便电缆检修，在上网点应设置隔离开关。

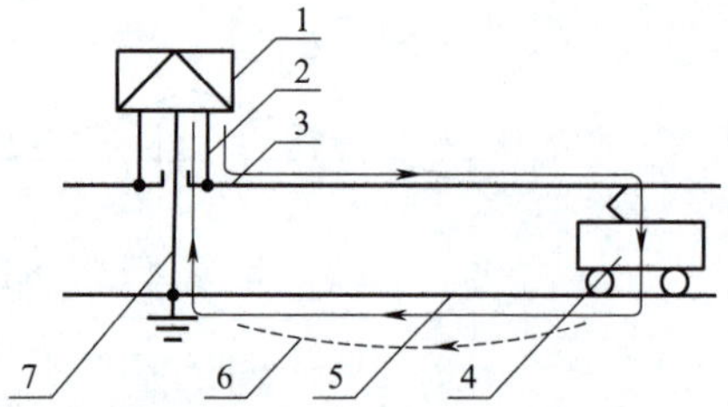

1—牵引变电所；2—馈电线；3—接触网；4—电力机车；5—钢轨；6—地中电流；7—回流线。

图 0-4　基本牵引回路

机车从受电弓得到电能，电流通过机车主断路器进入机车牵引变压器，牵引电流流经机车主变压器后，通过设置在机车轮对轴两端的接地碳刷经轮对流向钢轨和大地，最终流回牵引变电所的主变压器。钢轨是回流导体的重要组成部分，应保证钢轨接头间的电气连接的可靠性。由机车所在处流回牵引变电所的电流称为回流，回流的路径可以经过钢轨（称为牵引轨）、大地或者架设的回流线，最终流入牵引变电所的接地系统。

四、接触网组成

架空接触网是由多个锚段构成的，锚段是接触网中相对独立的机械分段，如图 0-5 所示。锚段和锚段间通过锚段关节进行过渡，在锚段的中部设置中心锚结，锚段的两端设置下锚固定装置。在机车行进中连续的供电实际上是通过受电弓在不同的锚段间切换过渡实现的。

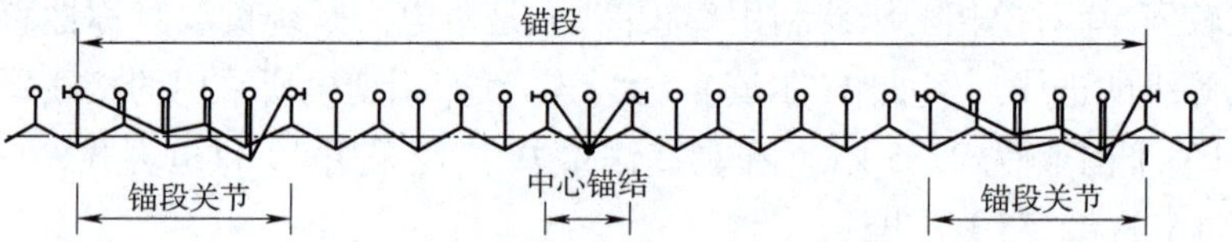

图 0-5　接触网基本结构

在学习接触网装配结构时，习惯将接触悬挂、支撑装置、定位装置、支柱与基础称为接触网的四大组成部分。接触网的组成如图 0-6 所示。

（一）接触悬挂

接触悬挂包括接触线、吊弦、承力索和补偿器及连接零件。接触悬挂通过支持装置架设在支柱上，其作用是从牵引变电所获得电能输送给电力机车。电力机车运行时，受电弓顶部的滑板紧贴接触线摩擦滑行得到电能（简称“取流”）。为了保证滑板的良好取流，接触悬挂应达到下列要求：

（1）接触悬挂的弹性应尽量均匀。接触悬挂弹性是指接触悬挂在受电弓抬升力作用下所具有的抬高性能，用单位垂直力使接触线升高量表示，常用字母 η，单位为 mm/N。衡量弹性好坏的标准有：①弹性的大小，它取决于接触线索张力；②弹性均匀程度，它取决于悬挂结构、悬挂类型和某些附在接触线上的集中负载的集中程度等，当接触线本身不平直或者在接触线的某一位置存在着较大的集中负载，接触线将出现硬点，影响接触网受流质量。

（2）接触线对轨面的高度应尽量相等，限制接触线坡度。接触线坡度是指一个跨距两端的支柱悬挂处，接触线距轨面高度差与跨距值的千分比。

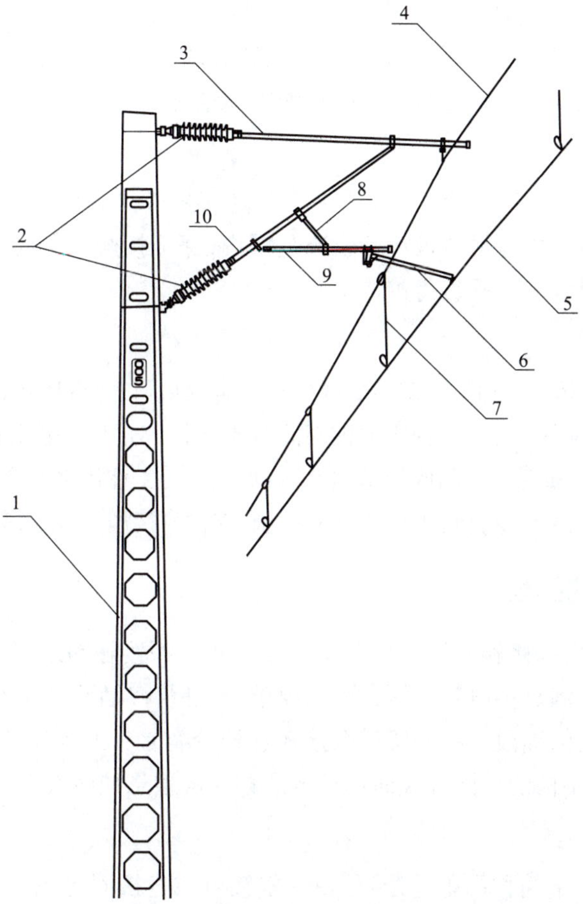

1—支柱；2—棒式绝缘子；3—平腕臂；4—承力索；5—接触线；6—定位器；
7—吊弦；8—定位管支撑；9—定位管；10—斜腕臂。

图 0-6　接触网组成

$$i=\frac{H_A-H_B}{1\ 000\times l}\times 1\ 000‰ \tag{0-1}$$

式中　i——接触线坡度；

H_A, H_B——跨距两端的接触线距轨面高度（mm）；

l——跨距（m）。

接触线坡度对机车运行速度有很大影响，坡度选择不当，会产生离线、起弧等不正常情况。

（3）接触悬挂在受电弓压力及风力作用下应有良好的稳定性，即电力机车运行取流时，接触线不发生剧烈地上、下振动，在风力作用下接触线不发生过大的横向摆动。这就要求接触线有足够的张力，并能适应气候的变化。

（4）接触悬挂的结构及零部件应力求轻巧、简单、可靠，做到标准化，以便检修和互换，缩短施工及运行维护时间，并且具有一定的抗腐蚀能力和耐磨性，以延长使用年限。另外，要结合国情尽量节省有色金属及钢材的使用，降低造价。

（二）支撑装置

支撑装置是接触网中支撑接触悬挂，并将其机械负荷传给支柱的部分。支撑装置包括斜腕臂、平腕臂(或水平拉杆、悬式绝缘子串)、棒式绝缘子及接触悬挂的悬吊零件。根据接触网所在区间、站场和大型建筑物需要的不同,支撑装置表现为不同的形式,如:腕臂结构、软横跨、硬横跨及隧道、桥梁和其他大型建筑物上的特殊支撑结构。

(三)定位装置

定位装置包括定位管、定位器、定位线夹及其连接零件。其作用是固定接触线的横向位置,使接触线水平定位在受电弓滑板运行轨迹范围内,保证接触线与受电弓不脱离,使受电弓磨耗均匀,同时将接触线的水平负荷传给支柱。

(四)支柱与基础

支柱与基础用以承受接触悬挂、定位支撑装置的全部负荷,并将接触悬挂固定在规定的位置和高度上。我国接触网中主要采用预应力钢筋混凝土支柱和钢柱。基础用来承载支柱负荷,即将支柱固定在地下用钢筋混凝土制成的基础上,由基础承受支柱传给的全部负荷,并保证支柱的稳定性。预应力钢筋混凝土支柱可不设单独的基础,支柱直接埋入地下,起到基础的作用。

五、接触悬挂的类型

接触网的分类大多以接触悬挂的类型来区分。在一条接触网线路上,接触线和承力索在延伸一定长度后,为了满足供电和机械方面的要求,总是将接触网分成若干一定长度且相互独立的分段,就是接触网的锚段。我们所讲的接触悬挂分类是针对架空式接触网中的每个锚段而言。根据接触悬挂结构的不同分成简单接触悬挂和链型悬挂两大类。

(一)简单接触悬挂

简单接触悬挂(以下简称简单悬挂)是由一根接触线直接固定在支持装置上的悬挂形式。它在发展中经历了未补偿简单悬挂、季节调整式简单悬挂和目前采用的带补偿装置及弹性吊索式简单悬挂。未补偿简单悬挂、带补偿装置及弹性吊索式简单悬挂的结构分别如图 0-7 和图 0-8 所示。

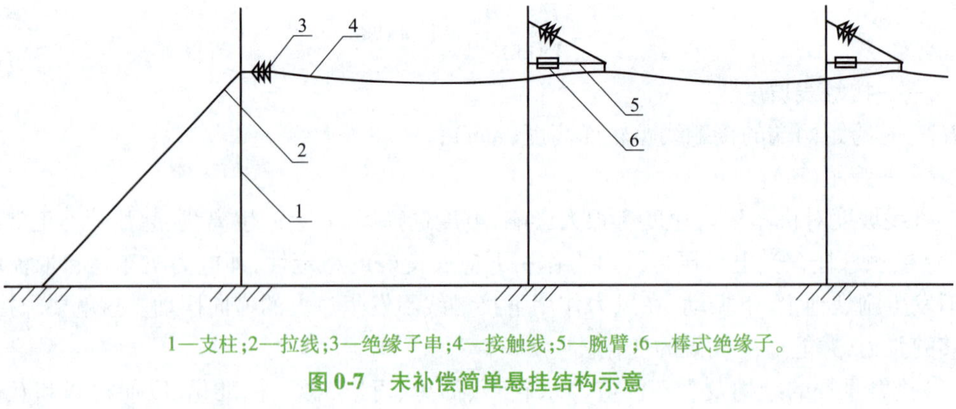

1—支柱;2—拉线;3—绝缘子串;4—接触线;5—腕臂;6—棒式绝缘子。

图 0-7 未补偿简单悬挂结构示意

接触线(或承力索)端头同支柱的连接称为线索的下锚。下锚分两种方法,一是将线索端头同支柱直接固定连接,称为硬锚或者未补偿下锚;另一种是加装补偿装置,以调整线索的弛度和张力,称为补偿下锚。

未补偿简单悬挂的结构简单,要求支柱高度较低,因此建设投资低,施工和检修方便。其

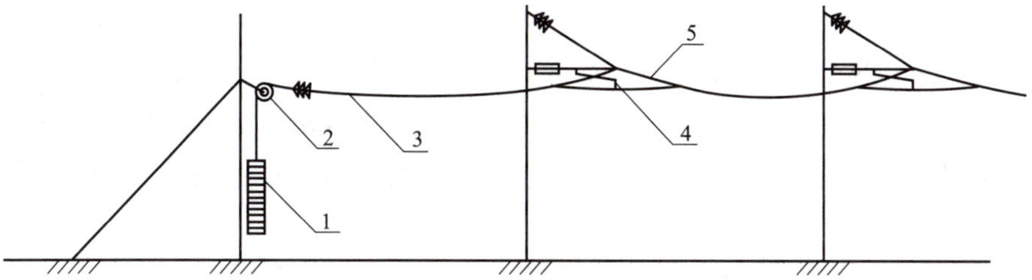

1—坠砣;2—补偿滑轮;3—接触线;4—定位器;5—弹性吊索。

图 0-8　带补偿装置及弹性吊索简单悬挂结构示意

缺点是导线的张力和弛度随气温的变化较大,接触线在悬挂点受力集中,形成硬点,弹性不均匀,不利于电力机车高速运行时取流。

在悬挂点两侧的接触线上固定一段吊索,此吊索直接固定在支持结构上的简单悬挂称为弹性吊索简单悬挂。一般接触线下锚处装设了张力补偿装置,称为带补偿装置及弹性吊索简单悬挂。在悬挂处加装的弹性吊索长 8 ~ 16 m。通过弹性吊索悬挂接触线,增加了悬挂点,减小了悬挂点处产生的硬点,改善了取流条件。另外,跨距适当缩小,增大接触线张力的同时改善弛度对取流的影响。根据国内的试验,这种弹性简单悬挂在行车速度 90 km/h 时,弓线接触良好,取流正常,所以在多隧道的山区和行车速度不高的线路上可采用。例如:在干线铁路机务段机车库线、整备线和地铁车辆段内可以采用该悬挂形式。

(二)链型悬挂

链型悬挂主要由承力索、接触线、吊弦及悬挂零件等组成,是由接触线通过吊弦悬吊于承力索上的接触悬挂形式。承力索通过钩头鞍子、承力索座或悬吊滑轮等悬挂在支撑装置的腕臂上。链型悬挂是一种运行性能较好的悬挂形式。它的结构特点是接触线通过吊弦悬挂在承力索上,使接触线在不增加支柱的情况下增加了悬挂点,通过调节吊弦长度使接触线在整个跨距中对轨面的高度基本保持一致;减小了接触线在跨中的弛度,改善了接触线弹性,增加了接触悬挂的重量,提高了稳定性;可满足电力机车高速运行时取流的要求。

1. 链型悬挂按照悬挂链数的分类

链型悬挂分类方法较多,按悬挂链数的多少可分为单链型悬挂、双链型(又称复链型)悬挂和多链型(又称三链型)悬挂。我国主要采用单链型悬挂。

单链型悬挂根据悬挂点处吊弦的形式不同分为弹性链型悬挂和简单链型悬挂两种,如图 0-9 所示。弹性链型悬挂是在悬挂点两侧的承力索上固定一短段连续辅助绳(或称弹性吊索),此辅助绳通过一根或多根吊弦悬吊接触线的链型悬挂。弹性吊弦长度 15 m 左右,安装时,辅助绳两端分别固定在承力索上,短吊弦上端用 U 形滑动夹板同辅助绳连接,下端与接触线定位器相连,当温度变化时,可避免短吊弦产生过大偏斜。

弹性吊弦的作用是增加支柱处接触线固定点(又称定位点)的弹性,使一个跨距内接触线弹性均匀,有利于机车受电弓取流。

简单链型悬挂结构简单,造价较便宜,运行、检修经验丰富。弹性链型悬挂和简单链型悬挂相比,有更好的弹性均匀性,但接触悬挂的施工检调比简单链型悬挂复杂。两者都能够适应高速电气化铁路的受流要求。在设计时速小于 200 km 的电气化铁路中,简单链型悬挂是我国电气化铁路主要使用的悬挂类型。在高速电气化铁路中,简单链型悬挂适用于单弓取流、跨距缩小、接触线张力加大的接触网系统,比如设计时速 350 km 的京津城际铁路就采用了简单链型悬挂形式。弹性链型悬挂适用于双弓或多弓的高速取流,应使弹性不均匀度尽可能低。弹性链型悬挂是中国高速铁路接触悬挂的主要形式,京沪、武广、石武、郑西等正线都采用了这种形式。

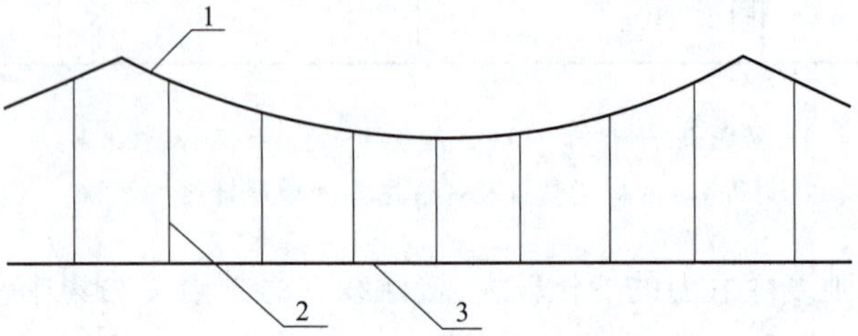

(a) 简单链型悬挂

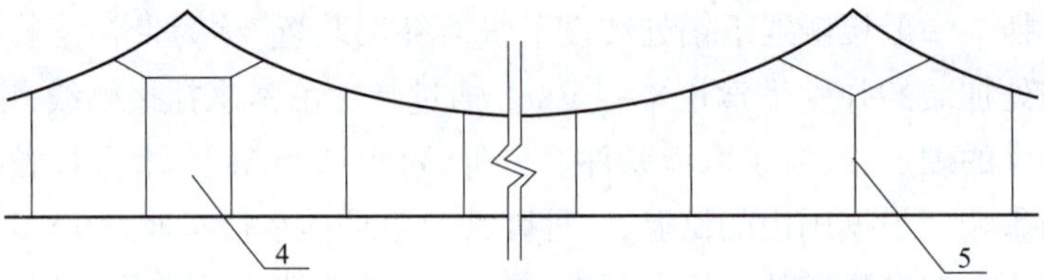

(b) 弹性链型悬挂

1—承力索;2—吊弦;3—接触线;4—链型弹性吊弦;5—Y 形弹性吊弦。

图 0-9　链型悬挂示意

双链型悬挂的接触线经短吊弦悬挂在辅助吊索上,辅助吊索通过吊弦悬挂在承力索上,如图 0-10 所示。

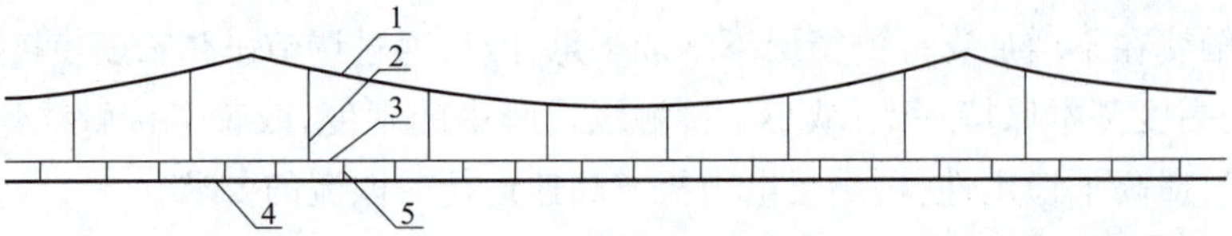

1—承力索;2—吊弦;3—辅助吊索;4—接触线;5—短吊弦。

图 0-10　双链型悬挂示意

双链型悬挂接触线弛度小,受流稳定性和风稳定性都比较优越,弹性均匀度好,有利于电力机车高速运行取流。但结构较复杂,投资及维修费用高,我国仅在个别地段试验使用。

多链型悬挂及其他悬挂类型由于结构复杂、不易施工、维修困难、设计烦琐、造价高等原因,目前没有得到广泛应用。

2. 链型悬挂按照线索锚定方式的分类

(1)未补偿链型悬挂

未补偿链型悬挂方式的承力索和接触线两端无补偿装置,均为硬锚。在大气温度变化时,因为承力索和接触线的热胀冷缩,承力索和接触线的张力、弛度变化较大,造成受流状态恶化,一般不采用。其结构形式如图 0-11 所示。

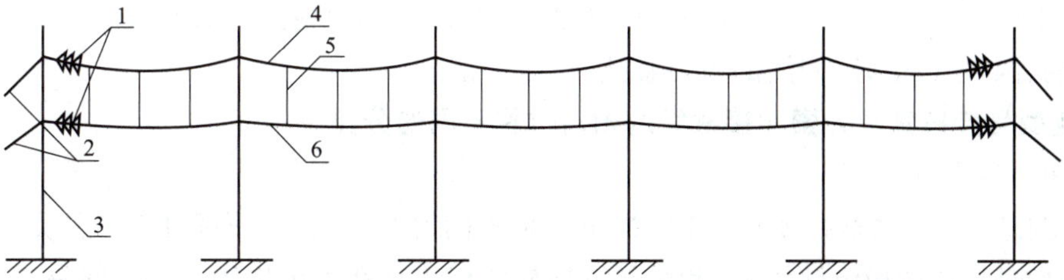

1—绝缘子串;2—拉线;3—支柱;4—承力索;5—吊弦;6—接触线。

图 0-11　未补偿链型悬挂示意

(2)半补偿链型悬挂

在半补偿简单链型悬挂中,接触线两端设张力补偿装置,承力索两端为硬锚,如图 0-12 所示。

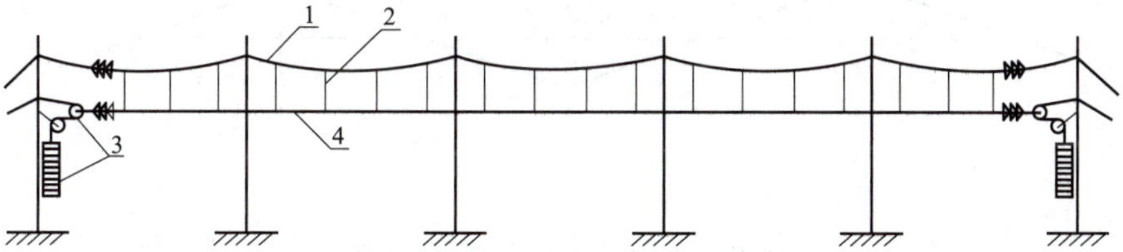

1—承力索;2—吊弦;3—补偿装置;4—接触线。

图 0-12　半补偿链型悬挂示意

半补偿链型悬挂比未补偿链型悬挂在性能上得到了很大改善,但由于承力索为硬锚,当温度变化时,承力索的张力和弛度随之发生变化,对接触线产生一定影响。同时,在温度变化时,承力索的弛度变化使吊弦上端产生上、下位移,而吊弦下端随接触线发生顺线路方向偏斜。由于各吊弦的偏斜,造成接触线纵向张力不均匀,特别是在极限温度下,使接触线在锚段中部和下锚端之间出现较大张力差。接触线张力和弹性不均匀,在支柱悬挂点处产生明显的硬点,不利于电力机车高速运行取流。因此,这种悬挂只用于行车速度不高的车站侧线和支线上,我国早期修建的电气化线路上有采用,现阶段均改造为全补偿链型悬挂形式。

(3)全补偿链型悬挂

全补偿链型悬挂,即承力索和接触线两端下锚处均装设补偿装置,如图 0-13 所示。全补偿链型悬挂在温度变化时由于补偿装置的作用,承力索和接触线的张力基本不发生变化,弹性比较均匀,承力索和接触线均产生同方向纵向位移,因而吊弦偏斜大大减小(接触线和承力索为相同材质时,偏斜更小,几乎可以忽略),有利于机车高速运行取流,因此得到广泛使用。在一些较短的锚段(如:渡线锚段,分相处的中性锚段等),接触网采用一端硬锚,一端补偿下锚的全补偿链型悬挂形式。

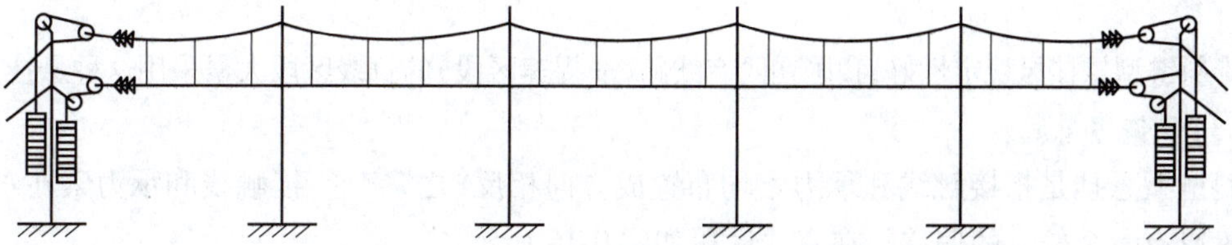

图 0-13　全补偿链型悬挂示意

全补偿链型悬挂也分为全补偿简单链型悬挂和全补偿弹性链型悬挂两种形式。全补偿链型悬挂是我国电气化铁路使用的主要悬挂类型。

3. 链型悬挂按其承力索和接触线的相对位置不同的分类

(1)直链型悬挂

直链型悬挂是承力索和接触线布置在同一垂直平面内,它们在轨平面上的投影是一条直线。

直链型悬挂的风稳定性较差(和半斜链型悬挂相比),在大风作用下接触线易产生横向摆动,造成接触线与受电弓脱离而发生事故(简称脱弓事故)。在很长一段时间内,我国电气化铁路主要在曲线区段采用这种悬挂形式,即在曲线处承力索和接触线在垂直于轨面的正上方,如图 0-14 所示。

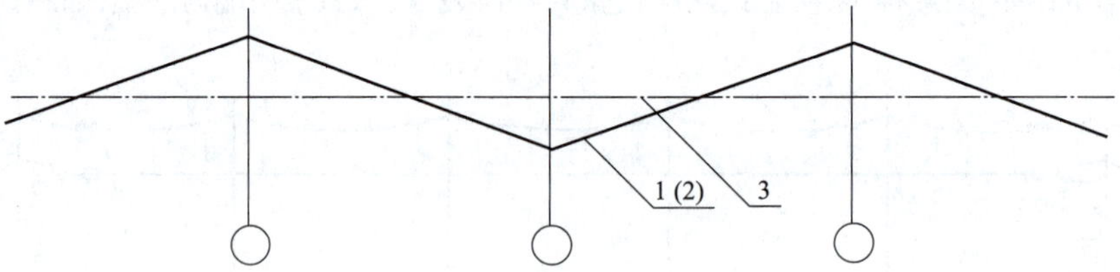

1—接触线;2—承力索;3—线路中心线。

图 0-14　直链型悬挂示意

铁路提速改造和高速铁路建设中,认为采用直链型悬挂时,可使接触线、承力索在一个平面内,便于吊弦长度计算(采用整体吊弦后,吊弦长度计算非常重要),并可以提高施工精度,避免接触线在吊弦纵向倾斜时出现接触线偏磨甚至是线夹与受电弓的碰撞。因此,新建电气化铁路、提速改造线路和高速铁路应采用直链型悬挂。

(2)半斜链型悬挂

在半斜链型悬挂中,承力索沿线路中心线布置,接触线在每一支柱定位点处,通过定位装置被布置成“之”字形,承力索与接触线不在同一垂直平面内,它们在水平面上的投影有一个较小的偏移,如图 0-15 所示。

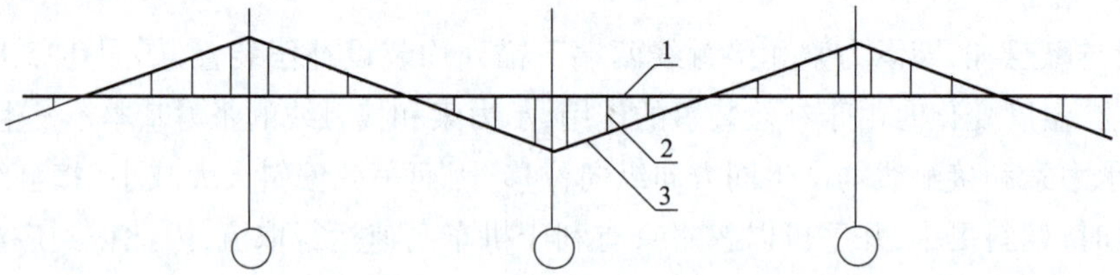

1—承力索;2—吊弦;3—接触线。

图 0-15　半斜链型悬挂示意

半斜链型悬挂风稳定性好,我国在既有线路(非提速区段)的直线区段大量采用这种悬挂方式。

(3)斜链型悬挂

斜链型悬挂是指接触线和承力索均布置成方向相反“之”字形,接触线和承力索在水平面上的投影有一个较大的偏移。在直线区段如图 0-16 所示。

在曲线区段,承力索对线路中心线向外侧有一个较大的偏移,吊弦的倾斜角较大。这种悬挂的优点是风稳定性好，可增大两支柱之间的距离（简称跨距），但其结构复杂，设计计算烦琐，施工和检修困难，造价较高，中国没有工程应用。

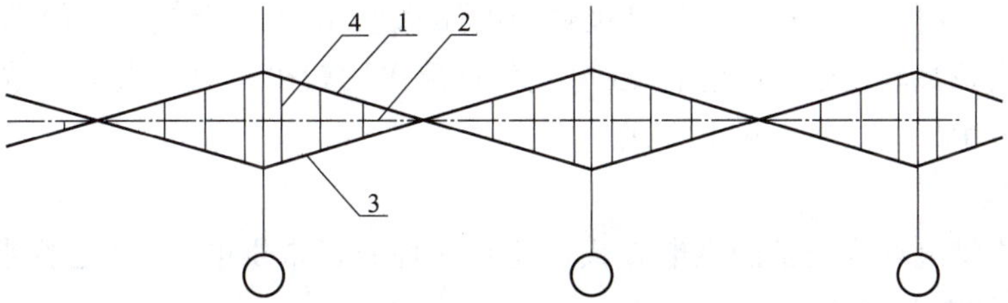

1—承力索；2—线路中心线；3—接触线；4—吊弦。

图 0-16 斜链型悬挂示意

六、接触网供电方式

铁路牵引变电所从电力系统得到电能后，经变电所主变压器降压至适合于电力机车使用的电压等级后，再经馈电线将电能送到接触网上，因此接触网是向电力机车供电的特殊输电线路。

我国接触网采用 25 kV 工频单相交流电，牵引变电所牵引侧母线上的额定电压为27.5 kV（AT 供电方式为 2 ×27.5 kV），接触网的额定电压为 25 kV，最高电压为 29 kV。在供电距离较长时，电能在输电线路和接触网中产生电能损耗，使接触网末端电压降低，但接触网末端电压不应低于电力机车的最低工作电压 20 kV，系统在非正常运行情况（检修或事故）下，机车受电弓上的电压不得低于 19 kV。因此两牵引变电所之间的距离一般为 40 ~60 km，具体间距需经供电计算确定。图 0-17 为直接供电方式的供电示意。

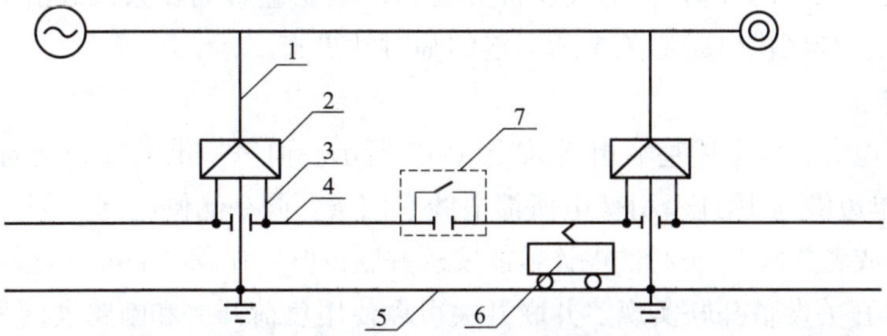

1—输电线；2—牵引变电所；3—馈电线；4—接触线；5—钢轨；6—电力机车；7—分区所。

图 0-17 直接供电方式的供电示意

接触网的供电方式主要有：

1. 单边供电

两个牵引变电所之间将接触网分成两个供电分区（又称供电臂），正常情况两相邻供电分区之间的接触网在电气上是绝缘的，在两个供电分区间设置分相绝缘装置（又称电分相），分属不同变电所的供电臂间设置分区所。

每个供电分区只从一端牵引变电所获得电能的供电方式称为单边供电。单边供电时，相邻供电臂电气上独立，运行灵活。接触网发生故障时，只影响到本供电分区，故障范围小；牵引变电所馈线保护装置较简单。单边供电是我国电气化铁路采用的主要供电形式。

2. 双边供电

在两个供电分区间设置的分区所是设有开关设备的场所，它使牵引变电所可以实现双边供电，也可以进行越区供电，在复线区段可以实现上、下行接触网并联。若两个供电分区在分区所处通过开关设备在电路上联通，两个供电分区可同时从两个牵引变电所获得电能，这种供电方式称为双边供电。双边供电可提高接触网电压水平，减少电能损耗。但馈电线及分区所的保护及开关设备都较复杂，在我国干线电气化铁路采用较少。双边供电是城市轨道交通直流牵引供电系统中采用的主要供电方式。

3. 越区供电

单边和双边供电均为正常的供电方式。还有一种非正常供电方式(也称事故供电方式)称为越区供电，如图 0-18 所示。

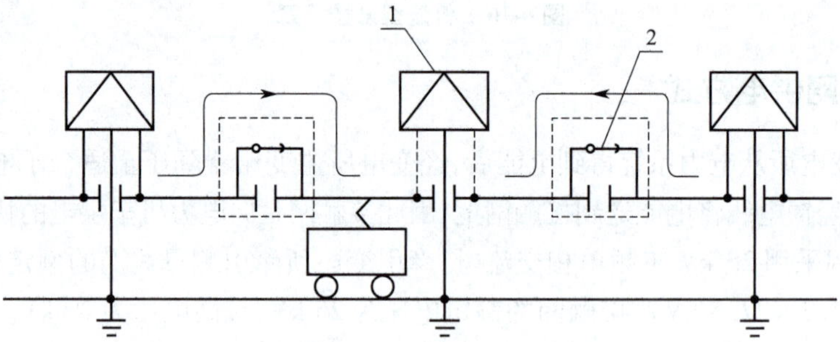

1—故障变电所；2—分区所开关闭合。

图 0-18　越区供电示意

越区供电是当某一牵引变电所因故障不能正常供电时，故障变电所担负的供电臂经分区所开关设备与相邻供电臂接通，由相邻牵引变电所进行临时供电的供电方式。因越区供电增大了该变电所主变压器的负荷，对电气设备安全和供电质量影响较大，因此，只能在较短时间内进行越区供电。越区供电是避免中断运输的临时性措施。

4. 并联供电

双线区段供电方式与上述基本相同，如图 0-19 所示。但每一供电臂分别向上、下行接触网供电，称为同相单边供电，因此牵引变电所馈电线有四条。同一侧供电臂上、下行线通过设在分区所的开关设备或者并联上、下行的电连接线实现并联供电。在我国的电气化铁路中，并联供电多由分区所通过开关设备并联实现。并联开关可以使用负荷开关和断路器两种方案。使用负荷开关时，当某一供电臂发生短路事故时，两供电臂的馈线断路器同时跳闸，事故影响范围大，但是负荷开关的设备投资相对较小。当使用断路器时，设备投资较大，但是当某一供电臂发生短路时，该供电臂馈线断路器、分区所跳闸，短路因素消除后，两供电臂正常供电，重新闭合分区所开关，实现并联供电。双线上、下行同相并联供电可提高供电臂末端电压，减少接触网上的能量损失。近年来，并联供电方式在提速区段、高速铁路中应用越来越多。

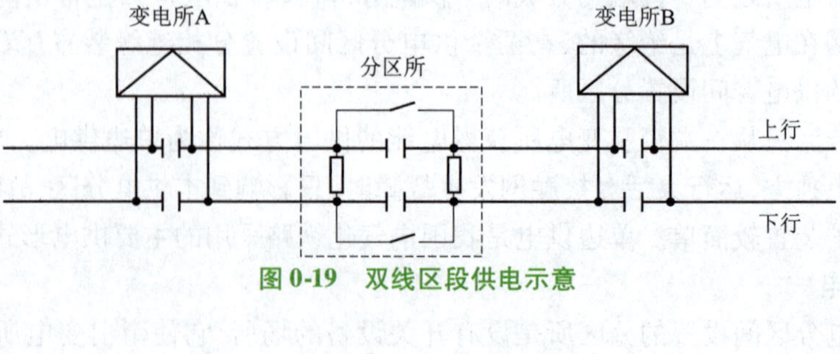

图 0-19　双线区段供电示意

项目一

接触网常用专业工器具的使用

随着我国电气化铁路的飞速发展，接触网专业化队伍正不断加强，新式检修工具也出现在检修工作中，主要包括计量器具、受力工具、绝缘工具和一些专业工器具。

项目描述

以接触网设备为载体，依据接触网实际检修作业对专业工器具的要求，在校内铁路综合实训基地和校外供电段实训基地，会灵活使用各种工器具，完成基础的作业任务。

学习目标

1. 素养目标

(1)培养科学严谨、认真负责的职业素养；

(2)养成公正客观、实事求是的职业习惯。

2. 知识目标

(1)理解接触网相关参数定义；

(2)掌握接触网相关参数合格范围；

(3)掌握相关设备的使用方法；

(4)理解完成相关测量和检修任务的方法和步骤；

(5)会描述接触网测量检修记录填写规定。

3. 技能目标

(1)会使用接触网参数测距仪等专用测量仪器；

(2)会正确使用专业的受力工具；

(3)会安全使用专业工器具完成调整工作；

(4)会合理使用绝缘工具正确实现安全防护。

接触网常用专用工器具的使用是接触网维护与检修工作的基础，其学习目标和典型工作任务是接触网维护与检修的基础，其他项目在其基础上提升。

素养园地

【警钟长鸣】

××××年×月×日×：×分因×站42号无交分线岔参数不符合要求，×次列车从×站4道出站时，造成机车北头运行弓损坏，列车停在176号杆以南20 m处。

【现场调查】

1. ×站42号无交分线岔定位在176号－93号软横跨上。Ⅱ道正线为正定位，4道侧线为反定位。

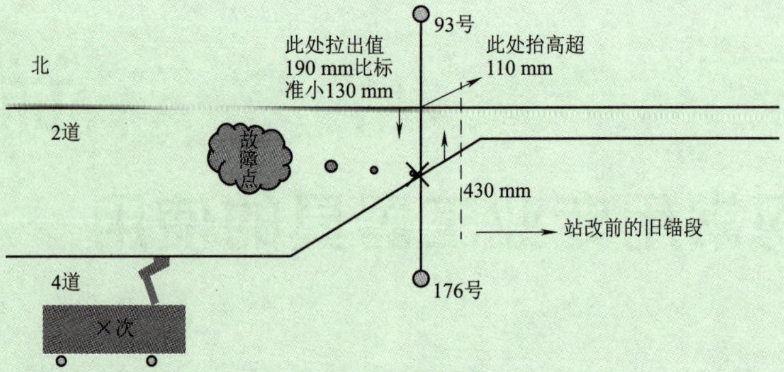

2. 调整前176号杆接触线参数：Ⅱ道正线导高为6 109 mm、拉出值190 mm；4道导高6 329 mm、侧线拉出值430 mm、侧线对正线中心拉出值1 106 mm；侧线接触线相对正线接触线抬高220 mm。

3. 线岔开口方向在北侧。

4. ×次由4道往南运行，必须通过42号岔过渡到Ⅱ道正线。

5. 176号杆处Ⅱ道正线定位器侧面有刮痕，正线定器往南第一根吊弦接触线线夹及螺栓有刮痕。

6. 调整后176号杆接触线参数：Ⅱ道正线导高为6 080 mm、拉出值330 mm，4道导高6 170 mm、侧线对正线中心拉出值1 110 mm。×次列车再次通过时，确认该处线岔无异常。

7. 自该站站改开通以来，只有××××年×月×日对线岔进行测量的原始数据，但是记录也只有简单的线岔拉出值测量，无始触区及抬高的测量。

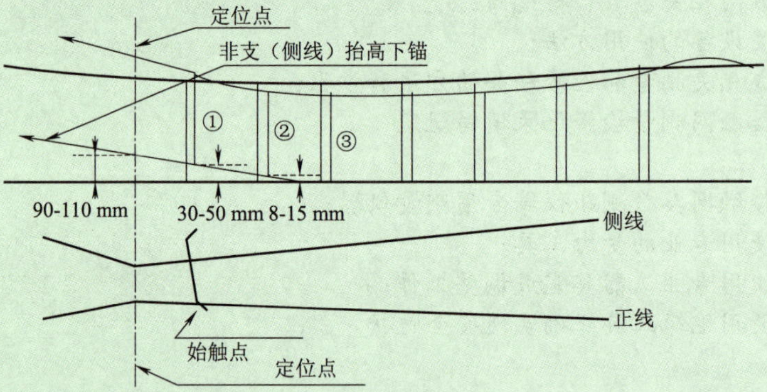

【原因分析】

1. 该组线岔为×年×站站改时，由标准线岔定位改为非标准定位，定位点处侧线接触线抬高220 mm，比安全值90～110 mm的最大值还高110 mm，从而容易造成受电弓羊角剐碰正线接触线。

2. 正线拉出值190 mm，与标准值333 mm相比要小143 mm，致使定位点及南头第一根吊弦在受电弓始触区范围内；因此受电弓由侧线进入42号线岔时（即从线岔开口往闭口方向运行），在受电弓抬升力的作用下，受电弓滑板羊角剐碰正线接触线侧面，当运行至

176 号定位点时与正线定位器侧面发生剐碰，继续向南运行剐上定位点以南第一根吊弦接触线线夹。

3. 自 × 站站改后此处标准线岔定位改为非标准定位以来 × 供电车间未认真对该组线岔始触区及抬高进行仔细测量，仅仅对拉出值进行了测量，但并未发现始触区装了定位器和吊弦，是造成此次弓网故障的主要原因。

视 频

接触网参数测量

任务一　接触网参数测量

一、任务书

接触网组成如图 0-6 所示，根据图示进行参数测量，将测量结果填入表 1-1 中。

表 1-1　支撑装置检测记录

区间（站场）：　　　　测量时气温：　　℃　测量日期：

支柱（隧道悬挂点）号	曲线半径/m	外轨超高/mm	侧面限界/mm	定位点处导高/mm			设计（标准）拉出值/mm	实测值/mm			跨中偏移/mm	定位器坡度	设备缺陷内容	处理日期/处理人	处理结果	备　注
				标准	实测	跨中		*m*	*c*	*a*						

二、知识准备

1. 导高 H

导高是接触线悬挂点高度的简称，是指接触线无弛度时定位点处（或悬挂点处）接触线距轨面的垂直高度，一般用 H 表示。

2. 侧面限界 C_x

支柱侧面限界是指轨平面处，支柱内缘至线路中心的距离。

3. 拉出值 a

即在定位点处接触线距受电弓中心的水平距离，这个距离在直线区段称为接触线的“之”字值，在曲线区段称拉出值。

4. 结构高度 h

链型悬挂的结构高度是指接触网悬挂点处承力索和接触线的铅垂距离。

思考:

1. 在曲线区段,拉出值应该考虑什么因素?
2. 结构高度的确定,一般应考虑几个方面的因素?

三、激光测量仪使用方法及标准

以 DJJ-8 型接触网激光测量仪为例,其各部件如图 1-1 所示。

图 1-1 DJJ-8 型接触网激光测量仪

1. 仪器放置标准

将测量架放置于待测目标下方的轨道面上,拨动测量架右端的轨距手柄,使测量架两端的固定测脚和活动测脚都紧靠钢轨内沿。保持测量架与轨道基本垂直。将主机放置于测量架的定位盘上,并使旋紧旋钮处于旋紧状态。

2. 开机

打开电源开关后,按下键盘上“启动”按钮,显示屏出现“请向右旋转主机”,根据提示用手轻轻旋转主机头(禁止快速旋转),直至显示屏上出现视频图像,即表示仪器进入正常测量状态,可以开始测量。

3. 瞄准

仪器的显示屏中央有白色十字丝,通过前后挪动测量架和旋转主机头,使十字丝中心与待测目标完全重合。瞄准时,可先用手转动主机头进行粗调,然后根据需要可旋转微调旋钮进行微调,直到对准目标。在光线较弱的情况下也可以按“长光”键打开长光,用眼睛观察红色激光点辅助瞄准。

4. 测量

在正常测量状态下,瞄准目标后即可按下相应功能键进行测量,并显示测量结果。如果没有瞄准目标则提示“进入盲区或未对准目标请重新测量”。

(1)标准模式测量

正常测量状态下瞄准目标后,按下“测量”键,即可显示结果。

(2)红线标高、侧面限界测量

将仪器按“仪器放置标准”放置,正常测量状态下瞄准支柱上的红线(没标注红线时瞄准目测近似点即可),按下“红线”键,即可显示结果。

(3)500 mm 处高差测量

将仪器按“仪器放置标准”放置于“500 mm 处”下方的任意一对钢轨上,正常测量状态下按下“500 mm”键,进入 500 mm 处高差测量模式,仪器提示“请测量第一点”,瞄准第一条接触线后按下“测量”键,仪器提示“请测量第二点”,瞄准第二条接触线,按下“测量”键,即可显示结果。

(4)承力索、接触线高差测量

将仪器按“仪器放置标准”放置,正常测量状态下按下键盘上“承力索”键,仪器提示“请测量第一点”,瞄准承力索后按下“测量”键,仪器提示“请测量第二点”,瞄准接触线,按下“测量”键,按下“确认”键,即可显示结果。

(5)自由测量

将仪器按“仪器放置标准”放置，在正常测量模式按下“自由测” 键即可显示结果。

(6)非工作支测量

将仪器按“仪器放置标准”放置，正常测量状态下按下键盘上“非支”键，仪器提示“请先测量工作支”，瞄准工作支后，按下“测量”键，仪器提示 “请测量非支”，瞄准非支后，按下“测量”键，按下“确认”键即可显示结果。

(7)定位器坡度测量

将仪器按“仪器放置标准”放置，正常测量状态下，按下“定位器”键，仪器提示“请测量第一点”，瞄准定位器的近端即线夹点位置，按下“测量”键，仪器提示“请测量第二点”，瞄准定位器的远端即定位环位置；按下“测量”键，按“确认”键，即可显示结果。

(8)支柱跨距测量

将仪器放置在两支柱中间位置(可以不用测量架)，确保仪器在两支柱的连线上，即仪器发出的激光分别向左向右都能打在支柱上，正常测量状态下，按下“跨距”键，仪器提示“请测量第一个支柱”，瞄准第一个支柱后按“测量”键，仪器提示“请测量第二个支柱”，旋转主机瞄准第二个支柱后按“测量”键，按“确认”键，即可显示结果。

(9)线岔中心测量

将仪器按“仪器放置标准”放置在其中任意一对钢轨上，瞄准岔心后，按下“岔心”键，仪器提示“请输入内轨距”，根据测量架上的内轨距刻度尺，正确输入内轨距，按“确认”键，按“测量”键，即可显示结果。

(10)支柱垂直度测量

将仪器按“仪器放置标准”放置，按下“菜单”键，再按下“岔心”键，进入支柱垂直度测量模式，仪器提示“请测量第一点”，瞄准支柱的高端按下“测量”键，仪器提示“请测量第二点”，瞄准支柱的低端，按下“测量”键，按“确认”，即可显示结果。

(11)数据保存

在任何一个参数测量完成后都可以进行数据保存，保存的数据为当前杆号下的已测量参数，这组参数包括：杆号、导高、拉出值、轨距、超高、线岔中心导高、线岔中心偏离值、定位器坡度、定位器高差、红线标高、侧面限界、非支抬高、非支间距、工作支导高、工作支拉出值、500 mm处高差、承力索高差、自由测量水平距、自由测量垂直距离、支柱跨距、支柱垂直度等，保存时，先按下“保存”键，显示屏提示“请输入杆号”，输入杆号后按下“确认”键。

四、分析与思考

本任务主要是测量接触网的参数。填写“接触线综合检测记录”关系到接触网的结构和技术标准要求，因此，如何保证数据的准确至关重要。本任务在实际工作中需要注意以下问题：

(1)由于野外作业受天气影响较大，测量容易造成误差，如何消除测量误差显得尤为重要。

(2)对测量结果及时记录是分析的基础。

(3)对测量结果分析是判断接触网参数是否超标的关键环节，各项接触网技术参数的合格范围需要熟练掌握。

(4)“差之毫厘，谬以千里”，我们如何保证在接触网参数测量中提高准确度，降低测量误差？

五、任务评价

姓名：

任务名称：接触网参数测量　　　　实际考核时间：　　min

项目	配分	序号	评分标准	扣分	得分	备注
作业准备	15 分	1	人员着装整齐，安全劳保用品佩戴齐全，一项不合格扣 2 分			
		2	材料、工具型号选择正确、齐全、作业开始前摆放整齐，并进行检查。材料、工具选错一项扣 2 分，未进行检查或检查不到位扣 2 分			
作业质量	60 分	1	将测量仪架放置于待测目标下方的轨道面上，拨动测量架右端的轨距手柄，使测量架两端的固定测脚和活动测脚都紧靠钢轨内沿。保持测量架与轨道基本垂直。将主机放置于测量架的定位盘上，并使旋紧旋钮处于旋紧状态，否则每项扣 3 分			
		2	打开电源后，显示屏出现“请向右旋转主机”，根据提示用手轻轻旋转主机头（禁止快速旋转），直至显示屏上出现视频图像，即表示仪器进入正常测量状态，否则扣 3 分。确认电量是否满足本次作业需求，否则扣 3 分			
		3	仪器的显示屏中央有十字光标，通过前后挪动测量仪架和旋转主机头，使十字光标中心与待测目标完全重合，否则扣 3 分			
		4	瞄准目标后即可按下相应功能键进行确认，显示测量结果，操作正确，否则扣 2 分			
		5	掌握常用基本参数测量的操作方法（导高、拉出值、超高、轨距、侧面限界、轨面标准线等），否则每项扣 3 分			
		6	能够对测量结果正确读数，否则扣 3 分			
		7	能够对测量结果做好记录，内容完整，否则扣 2 分			
		8	测量完毕，工料具不得遗留线路上，否则扣 10 分，不会使用激光测量仪视为不合格			
		9	口述激光测量仪保养方法及使用注意事项，错误或遗漏一项扣 3 分			
安全及其他	20 分	1	仪表不得摔碰，否则扣 3 分。仪表不得损坏，否则扣 10 分			
		2	不得出现划伤、碰伤、摔跌，每次扣 5 分			
		3	不得出现其他违反作业标准项，否则每次扣 5 分			
		4	作业时间 10 min，每超 1 min 扣 1 分，时间以秒计，不足 1 min 算 1 min，超时 5 min判定失格			
作业结束	5 分	1	清理工料具，并摆放整齐，未按照要求扣 5 分			
合计	100 分					

注：每个项目扣分累计不超过其配分，扣完为止。

操作开始时间：　　时　　分　　　　操作结束时间：　　时　　分

考评员：　　　　统分人：　　　　年　　月　　日

任务二　接触网车梯作业

接触网受力工具主要包括车梯、挂梯、手扳葫芦、安全带及安全绳等，这些受力工具是用以辅助作业人员完成相关维护检修任务，并起到保障作业人员人身安全的作用。对受力工具的保养、使用前检查测试尤其重要。

一、任务书

接触网作业人员除了借助于作业车平台作业外，多数作业需借助于车梯进行。作业人员要会车梯的组装，梯框内作业人员要清楚车梯作业安全注意事项，扶车梯组员要清楚职责，服从负责人统一管理，了解自身的作业任务，做好本职工作。

二、知识准备

1. 关键安全风险

(1)强电伤害

作业前必须确认好停电范围及停电设备，防止误攀、误碰带电设备或与带电体安全距离不足等发生触电伤害。在接触网特殊区段作业时，应完备各项安全措施。

(2)感应电伤害

利用车梯高处作业时，必须接挂随车地线，防止感应电伤人；附近有平行带电的高压电力线路或接触网时，除按规定装设接地线外，还应增设接地线。

(3)穿越电流伤害

在关节式电分相作业时，除在作业区段两端工作支接挂地线外，还应在中性区上增设地线，并将断口进行可靠等位短接。停电作业范围内存在分段绝缘器、隔离开关等断口时，应提前将断口可靠短接后，方可开始作业。

(4)高处坠落伤害

使用车梯进行作业时，应指定车梯负责人，工作台上的人员不得超过两名；高处作业必须系牢安全带，安全带要高挂低用，且必须系在安全牢靠的地方；作业人员不宜位于线索受力方向的反侧，并采取防止线索滑脱的措施；在曲线区段进行接触网悬挂的调整工作时，要有防止线索滑脱的后备保护措施；人员在车梯平台上时，推动车梯的速度不得超过 5 km/h，并不得发生冲击和急剧起、停车。人员在上下车梯时，推扶人员不得移动车梯；当车梯在曲线上或遇大风时，对车梯要采取防止倾倒的措施；当车梯在大坡道上时，要采取防止滑移的措施；当车梯放在道床、路肩上或作业人员的重心超出工作台范围作业时，作业人员应将安全带系在接触网上；车梯在地面上推动时，工作台上不得有人停留。外轨超高≥125 mm 或风力五级以上时，未采取固定措施禁止登车梯作业。严禁在轨道未铺设完成的线路上使用车梯进行高处作业。车梯在地面上推行时，应确认地面平整，梯身和工作台上不得有人停留。冬季做好车梯的防滑措施，每年防寒期前进行车梯整修，对无防滑措施的车梯应使用麻布片或麻绳等将每个梯登进行缠绕，确保状态良好。

(5)物体打击伤害

作业中使用的小型工具、材料应放置在工具材料袋内,作业中不得抛掷工具材料,作业中应使用绳索等专门用具传递工具、零部件和材料;使用手扳葫芦作业时,要有防止滑脱的安全措施;使用车梯作业时,所有零件、工具等均不得放置在工作台的台面上,防止物体掉落伤人。

(6)车辆伤害

运行速度在120 km/h以上区段且线间距小于6.5 m时,V形停电作业一般不使用车梯。特殊情况下必须使用车梯作业时,应办理邻线列车限速,方可上道作业;限速应按照营业线施工管理相关要求执行,当列车通过时,应停止操作并停止推行车梯。本线封锁,邻线(线间距小于6.5 m)来车时,邻线 v_{max} ≤120 km/h时,本线可不下道,使用车梯作业时,应停止操作并停止推行车梯。严禁在未封锁的线路、道岔使用车梯作业。接触网检修使用的车梯在施工、维修封锁区域使用时按照小车办理,不办理请求使用手续,驻站联络员应随时了解列车及调车情况,及时向作业负责人和现场防护员通报。车梯在道岔区作业影响多条线路行车时,随车移动的现场防护员应随时向驻站联络员或作业负责人通报车梯位置。车梯在道岔区作业影响多条线路行车时,随车移动的现场防护员应随时向驻站联络员(主防护员)或作业负责人通报车梯位置。

2. 作业人员要求

(1)车梯负责人

车梯负责人受工作领导人指派,掌握作业范围及安全注意事项,对车梯作业各项安全进行卡控;接到工作领导人接触网已停电、接地线已装设并允许竖起车梯的通知后,方可竖起车梯。所有的零件、工具等均不得放置在工作台的台面上。严禁在未停电、未采取安全措施的区段立起车梯。线路未封锁时车梯不能上道;车梯未下道时,线路不能消令开通。

(2)车梯推扶人

车梯推扶人要服从车梯负责人的指挥,遵章守纪。对不安全和有疑问的命令,要及时果断地提出,坚持安全作业;听从车梯负责人的指挥做好车梯的上、下道及组装、拆解;保证车梯稳固,作业中推动车梯应服从工作台上人员的指挥。当车梯工作台面上有人时,推动车梯的速度不得超过5 km/h,并不得发生冲击和急剧起、停。工作台上人员和车梯负责人应呼唤应答,配合妥当。

三、工作流程与任务

(一)流程图(图1-2)

车梯作业流程如图1-2所示。

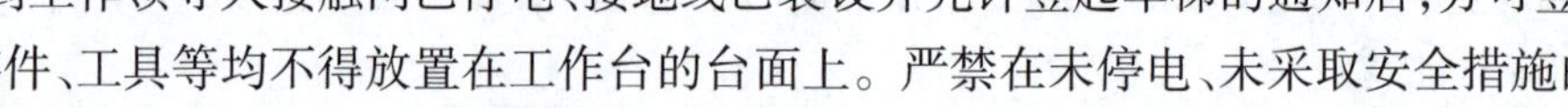

图1-2　作业流程

(二)车梯作业程序和方法

1. 作业前准备

指定车梯负责人,听从工作领导人宣读工作票和人员安排,明确作业范围及安全注意事项对车梯作业各项安全进行卡控。

2. 车梯检查

(1)检查三个绝缘轮是否状态良好,若绝缘状态不佳时禁止使用,防止出现红光带。

(2)检查四个滚轮是否水平,非绝缘的滚轮是否与车体本体可靠连接。

(3)检查各连接部件的紧固螺栓是否齐全,安装是否牢靠。

(4)检查各焊接点是否有裂纹或开焊、是否锈蚀严重。

3. 车梯组装

(1)到达作业地点,不侵入建筑限界内组装车梯,组装完毕在安全地带待命。

(2)组装车梯时,不得拿其他物品代替车梯部件,严禁使用铁线和其他物品代替螺栓、螺帽,确认车梯各部构件应连接正确,螺栓紧固到位。作业人员在车梯组装、搬运、穿越线路、竖起过程中,避免车梯金属构件短接钢轨造成红光带。

(3)出工前由车梯推扶人员准备所需工具料具,包括车梯、个人工具等。

(4)充分预想,明确车梯走行路径。

4. 车梯作业

接到车梯上线命令后,听从车梯负责人的指挥,将车梯抬上线路并立起。车梯上线要注意接地轮应在地线接挂侧的钢轨上,防止接地轮与地线接挂钢轨不一致、接挂随车地线后出现红光带情况。

扶好车梯,确保车梯稳固,待高处作业人员上车梯,工作台面上不得超过两名作业人员。严禁同侧两人同时上下。上下车梯时须从车梯两侧梯框主架攀爬,横撑、斜撑、围栏上不能攀爬、站立或者坐在上面,作业人员应站稳在车梯工作框内作业。

作业中推动车梯应服从工作台上人员的指挥。当车梯工作台面上有人时,推动车梯的速度不得超过 5 km/h,并不得发生冲击和急剧起、停。工作台上人员和车梯负责人要呼唤应答,配合妥当。当车梯放在道床、路肩上或作业人员超出工作台范围作业时,作业人员要将安全带系在接触网上,不得系在车梯工作台框架上。

作业结束后,推扶车梯人员应将车梯存放在不影响行车的地方,再将车梯进行拆卸,抬出作业区域并汇报给领导人。

5. 作业结束

作业结束,接到工作领导人撤离的命令后,应抬车梯离开,不得侵入限界,听从工作领导人指挥,撤离现场。

四、分析与思考

该任务主要是在采取安全措施的前提下,车梯作业看似简单,但关系作业人员的人身安全。因此,如何保证安全措施采取到位至关重要,而在实际工作中应注意以下问题:

(1)车梯推扶人员推扶速度过快。

(2)梯框作业时,作业人员的心理变化可能产生的潜在风险。

(3)安全带转移和解开期间,作业人员的安全把控问题。

五、任务评价

姓名：

任务名称：接触网车梯作业　　　　实际考核时间：　　min

项目	配分	序号	评分标准	扣分	得分	备注
作业准备	20分	1	人员着装整齐，安全劳保用品佩戴齐全，一项不合格扣2分			
		2	材料、工具型号选择正确、齐全、作业开始前摆放整齐，并进行检查，检查不到位扣2分。材料、工具选错一项扣2分，未进行检查扣2分			
作业质量	60分	1	能够正确组装车梯，否则扣10分			
		2	车梯各部位零件安装牢固，无松脱，否则每处扣2分			
		3	掌握推扶要求，车梯推行速度不得超过5 km/h，不得急剧起、停，并不得发生冲击（口述），否则每项扣3分			
		4	推行车梯时，要听从平台作业人员指挥（口述），其他情况下推行车梯时，要听从车梯辅助人指挥（口述），否则扣3分			
		5	推行人员要和平台作业人员呼唤应答，配合妥当（口述），否则扣3分			
		6	曲线、坡道作业时，材料需准备大绳、卡轨器，并熟知工具使用方法，车梯要有防倾倒措施，防止滑移措施（口述具体方法），否则扣3分			
		7	口述抬车梯上道的要求和注意事项，错误或遗漏一项扣2分			
安全及其他	15分	1	不得出现划伤、碰伤、摔跌，否则每次扣5分			
		2	地面辅助人员三名，辅助人员仅可参与扶稳车梯部件，传递工具的工作且需要作业人员口头指挥后方可执行，除严重安全问题外，不得提醒作业人员，否则裁判提醒一次扣2分			
		3	不得出现其他违反作业标准项，否则每次扣5分			
		4	出现较重伤害，取消资格			
		5	作业时间10 min，每超1 min扣1分，时间以秒计，不足1 min算1 min，超过5 min判定失格			
作业结束	5分	1	清理工料具，并摆放整齐，未按照要求扣5分			
合计	100分					

注：每个项目扣分累计不超过其配分，扣完为止。

操作开始时间：　时　分　　　　操作结束时间：　时　分

考评员：　　　　统分人：　　　　年　月　日

项目二

支柱与基础的维护与检修

支柱与基础是高速铁路接触网重要的组成部分，是将接触网设备固定在特定的空间位置上，并将接触网其他设备的力转移到大地的重要设备。铁路接触网常用支柱包括钢筋混凝土的横腹杆、圆柱，钢结构的H形钢柱、格构式钢柱等，支柱基础包括预埋式基础和基坑式基础。支柱与基础承载着整个接触网系统的全部受力，对接触网支柱与基础的维护与检修非常重要。

项目描述

以H形钢柱为载体，结合预埋式基础，依据《高速铁路接触网运行维修规则》（以下简称《维规》），在铁路综合实训基地和校外供电段实训基地，对支柱与基础进行巡视、检修，并训练支柱攀爬能力。

学习目标

1. 素养目标

（1）培养注重质量、夯实基础的学习态度；

（2）具有接触网工检修精益求精的工作态度；

（3）培养团队合作意识。

2. 知识目标

（1）熟悉支柱与基础的维护保养的作业标准；

（2）会描述检修记录单填写规定。

3. 技能目标

（1）会使用脚扣进行H形钢柱的攀爬；

（2）会对支柱的立正情况进行测量；

（3）会对倾斜的支柱进行整正；

（4）会对基础进行加固；

（5）能熟练进行支柱的攀爬；

（6）会填写检修记录单。

素养园地

杭温铁路二期顺利完成全线接触网钢柱立柱安装施工

2023年10月31日，随着最后一根接触网支柱成功组立，标志着杭温铁路二期项目全线接触网支柱组立全部完成，为四电工程建成和联调联试、开通运营奠定了坚实的基础。

接触网支柱组立是“四电”专业的一项重要工程，高速铁路列车就是通过车顶的受电弓获取接触网上的电能为列车提供动力。杭温铁路二期全线接触网钢柱设计992根，每根长约8 m，重约1 t，立柱安装施工难度大、风险高。

为确保平安高效施工，杭温铁路二期建设团队以开展立功竞赛活动为契机，切实加强项目建设全过程质量管理，通过“5H共同体”党建创新平台构建代建、施工、监理等工程参建单位良好沟通的机制，加快项目建设进度，确保工程质量，保证安全生产，按期完成建设任务。

同时，建设团队充分将数字技术以场景化的方式融入物理世界来提升施工的质量与效率。通过采用BIM + GIS平台，项目团队实现了对隧道、电缆路径等施工环境的形象反映。“利用接触网施工参数一体化测量装置，现场工人可进行工程的精准测量，并将测量数据自动通过移动网络传入BIM应用平台，平台将基于数据驱动建模，自动根据设计文件、施工图纸、工程测量数据和计算参数生成工程精确的BIM模型，并上传到调度指挥大数据平台，调度员通过调度指挥大数据平台向智能工装的操作人员下发电子派工单，确保现场操作人员精确作业，减少工程缺陷。”杭温铁路二期建设指挥部相关负责人说。

除此之外，针对铁路长线工程多工作面、多工序交叉作业的施工特点，建设团队还运用可视化交底技术开展项目计划工期与实际工期进度模拟，实现施工进度可视化、辅助现场进度管理，提升进度管理的精确度。

杭温铁路二期项目是浙江省首条省方全资建设的高速铁路项目，由浙江交通集团主导投资建设，项目新建正线全长59 km，设计行车时速350 km，总投资94.8亿元。全线建成后将串联起杭州、金义都市经济圈，是浙江省实现“省域1小时交通圈”的关键工程。

任务　支柱与基础的维护与检修

支柱是接触网的支撑设备，是用来承受接触悬挂及支撑装置负荷，并将接触悬挂固定在规定的高度的接触网设备，其按照一定的尺寸间隔，沿铁路一侧竖列的一根根杆子。我国接触网中主要采用预应力钢筋混凝土支柱和钢柱。

一、任务书

接触网H形钢柱是高速铁路接触网中使用最广泛的一种支柱，其材质为钢质，截面呈“H”形的支柱，如图2-1所示。

其检修过程中所需要的人员配置和工具材料要求见表2-1、表2-2、表2-3。

图2-1　接触网H形钢柱

表 2-1　H 形钢柱检修人员配置表

站场(区间)：

支柱号	腕臂底座		腕臂				
	是否与支柱密贴，呈水平状态，两端高差不大于 10 mm	双腕臂底座间距是否满足要求（极限温度下两悬挂及零部件间距不小于 60 mm）	腕臂上各连接零部件安装位置是否与设计要求相符	定位管吊线钩开口方向是否正确	腕臂棒式绝缘子排水孔是否朝下	承力索座内承力索安装是否正确	定位管吊线安装是否正确，无锈蚀、断裂
1 号	是	是	是	是	是	是	是

支柱号	定位装置				腕臂、定位管管帽安装是否正确	防风拉线安装是否正确，状态是否良好	各连接零部件防松、脱措施是否到位，紧固力矩抽查是否达标	检查人	检查日期
	定位管端部余长是否满足要求	吊钩定位环开口方向是否正确	定位器和腕臂顺线路偏移方向、角度是否一致	定位器是否处于受拉状态(拉力≥80 N)、限位间隙、底座电气连接线、定位线夹安装是否正确					
1 号	是	是	是	是	是	是	是	张三/李四	××××年×月×日

表 2-2　H 形钢柱检修工具配置表

序号	名称	规格型号	单位	数量	备注
1	盒尺	5 m	把	2	
2	线坠	—	个	1	
3	活口扳手	600	把	2	螺母紧固用
4	螺母紧固套筒	M39	套	1	根据现场实际需要
5	螺母紧固套筒	M42	套	1	根据现场实际需要
6	加力杆	—	根	1	
7	水平尺	1 000 mm	把	1	

续上表

序号	名称	规格型号	单位	数量	备注
8	撬棍	—	根	2	一端圆锥形，另一端鸭嘴形
9	毛刷	—	把	1	
10	砂纸	—	张	若干	

表 2-3　H 形钢柱检修材料配置表

序号	名称	规格型号	单位	数量	备注
1	螺母	M39	套	适量	含垫片
2	螺母	M42	套	适量	含垫片
3	银粉漆	—	kg	1	
4	防锈漆	—	kg	1	

二、知识准备

高速铁路接触网单腕臂柱一般采用热浸镀锌 H 形钢柱，合架供电线区段一般为 11 m，其余区段支柱高度规定见表 2-4。

表 2-4　非合架区段支柱高度表

供电方式	区段	轨面至基础面距离/mm	一般支柱/m	特殊支柱/m
直供区段	路基	500	7.5	8.0～11.0
	桥梁	300	7.3	8.0～11.0
AT 区段	路基	500	7.8	8.0～11.0
	桥梁	300	7.6	8.0～11.0

1. 支柱本体外观检查

（1）支柱本体应无弯曲、扭转、变形等现象；表面镀锌层应完好均匀光洁无损，无腐蚀现象，焊接处不应有裂纹、开焊等；表面防腐层剥落面积不得超过 5%。

（2）支柱型号应与设计图纸相符。

（3）联络线、动车组走行线一般采用热浸镀锌 H 形钢柱，T 梁区段支柱高度一般为 11 m 设于墩台上；连续梁、简支箱梁区段一般设于梁面，高度一般为 7.5 m；路基区段支柱高度一般为 7.7 m。联络线 T 梁不打拉线支柱一般为双拼 H 形钢柱（2-GH300/11.0）。

（4）大型客站咽喉区多线并行区段且线间不能立柱时采用 ϕ350 mm 轻型钢管硬横梁结构，腕臂柱一般采用 ϕ350 mm 钢管柱。在限界允许的情况下，一般优先采用吊柱式硬横跨，困难情况下采用软索式硬横跨。

（5）车站无柱雨棚范围内优先采用线间立柱的方式，并尽量利用雨棚支柱悬挂接触网。

（6）吊柱型号、规格、防腐措施完善，锈蚀面积不得超过 20%，圆吊柱的腕臂底座处应采取防止扭转及滑动的措施。检查吊柱本体无虚焊、漏焊、弯曲、裂纹、严重腐蚀生锈、镀锌层剥落或氧化等现象。

(7)检查支柱、吊柱杆号牌固定良好,无锈蚀、松脱现象。

2. 支柱基础外观检查

(1)金属支柱基础面应高出地面威站台面)100～200 mm。基础外露 400 mm 以上者应培土,每边培土宽度为 500 mm,培土边坡与水平面星 45°。金属支柱有基础帽时,基础帽应完整无破损无裂纹。

(2)支柱根部周围 5 m 范围内不得耻,1 m 范围内应保持清洁,不得有积水和杂物。

3. 桥梁、隧道内埋水和杂物

(1)桥梁、隧道内的埋人杆件(包括人杆件立柱)应安装牢固,无断裂、变形,其填充物不得剥落和裂纹,杆件要做好防腐处理。埋入杆件受力后,其周围灌注部分不得有裂纹、破损及脱落现象,螺栓本不得松动和变形。

(2)后植锚栓或后植滑槽应避免设置在隧道伸缩缝、不同断面接缝、石缝或明显渗水、漏水处所。后植锚栓各埋杆件的埋深、外露、距离符合设计要求杆件之间距离允许偏差 ±20 mm。滑槽 T 形螺栓距槽道端部不小于 25 mm。

(3)使用后植化学粘结锚栓时,其粘结材料(剂)的养护(固化)时间应达到相关要求。锚固拉拔力不应小于设计值。

4. 拉线和拉线基础外观检查

(1)接触悬挂、附加导线下锚拉线基础宜采用钢筋混凝土浇筑基础,外形尺寸和位置应符合设计要求。拉线基础距锚柱距离允许偏差 ±200 mm,轨面处拉线基础距线路中心允许偏差 0～100 mm。基础中心线应于线路中心线垂直,偏差不大于 2°。

(2)拉线应绷紧,在同一支柱上的各拉线应受力均衡。与地面夹角一般为 45°,最大不得超过 60°。拉线及拉线绑线如图 2-2 所示。

图 2-2 拉线及拉线绑扎

(3)拉线应采取防腐措施且不得有断股、松股、接头及严重的锈蚀。

(4)UT 型楔形线夹螺纹外露长度不小于 20 mm 且不大于螺纹全长的 1/2。

(5)拉线及下锚零部件不得与回流线、保护线、地线间形成环流通路。

(6)基础周围 5 m 范围内不得取土,1 m 范围内应保持清洁,不得有积水和杂物。

(7)道口两侧、经常有机动车运行的场所以及装卸货物站台上等易被碰撞的拉线,应采取防护措施。

5. 耐张线夹外观检查

NX 型耐张线夹本体及连接销钉无锈蚀、裂纹,主绳在楔腔直边侧;楔子无卡滞,本体进入楔腔长度大于 50 mm,尾绳长度 300 ~ 500 mm。NX 型耐张线夹如图 2-3 所示。

NUT 型耐张线夹本体无锈蚀、裂纹,主绳在楔腔直边侧;楔子无卡滞,本体进入楔腔长度大于 50 mm;尾绳长度 300 ~ 500 mm。NUT 型耐张线夹如图 2-4 所示。

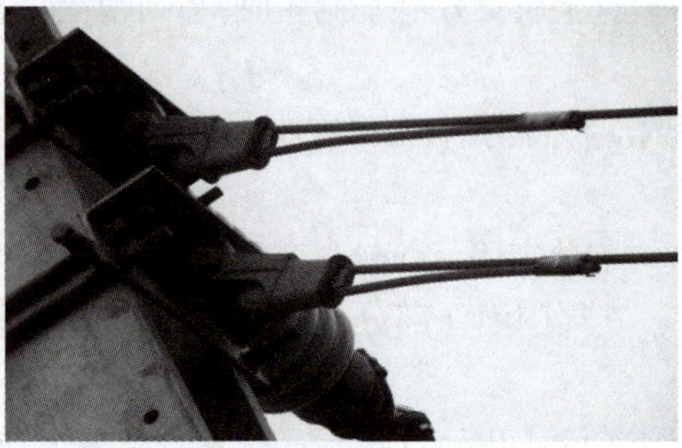

图 2-3　NX 型耐张线夹

图 2-4　NUT 型耐张线夹

6. 拉线底板检查

(1)拉线底板、拉线挂板本体无锈蚀,各部位连接螺栓无锈蚀,有防腐措施。

(2)无补偿下锚底座及连接螺栓无裂纹、锈蚀、松脱等现象。

(3)H 形钢柱上安装下锚拉线底座,H 形钢柱下锚拉线底座(补偿下锚)与支柱为 8 根 M20 × 90 mm 螺栓穿向拉线侧。

(4)中锚、硬锚拉线底座(无补偿下锚、中锚下锚)与支柱为 8 根 M20 × 110 mm 螺栓一正一反对穿。

(5)H 形钢柱上附加线下锚拉线底座与支柱为 6 根 M20 × 110 mm 螺栓连接(安装在支柱从下往上的三排孔内)。

(6)单拉时采用 500 mm 平行挂板,并安装在远离支柱侧。双拉线下锚时,上边拉线在远离支柱侧,采用 1000 型,下边拉线靠近支柱侧,采用 500 型,如图 2-5 所示。路基双拉线下锚时,上边拉线用的连扳采用 1000 型,靠田野侧安装,下边拉线用的连扳采用 500 型,靠线路侧安装。

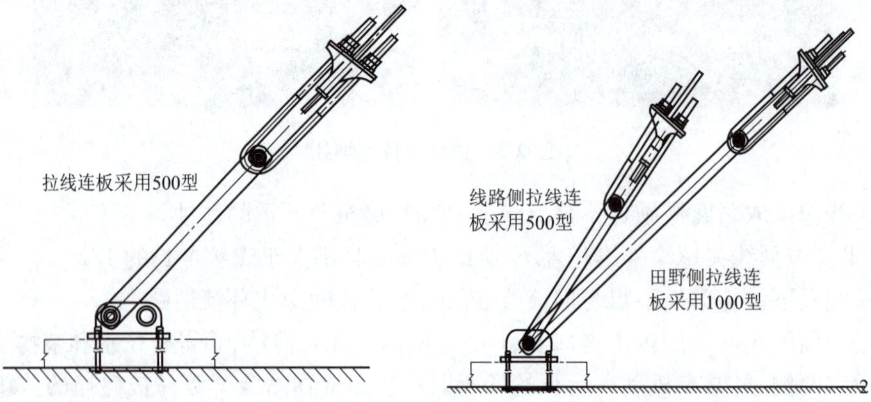

(a)单拉线安装示意　　(b)双拉线安装示意

图 2-5　拉线连板安装

(7)拉线安装前,拉线外观检查不得有断股、松股、接头和锈蚀;拉线安装后应绷紧,两条拉线松紧一致;NUT 型耐张线夹受力后,螺栓扣应外露,其长度露头不小于 20 ~ 50 mm,打拉线时应看支柱倾斜,支柱向拉线侧倾斜 10 ~ 15 mm/m,对向下锚时,支柱应中心直立,两侧拉线受力应均匀。

7. 螺栓紧固力矩检查

地脚螺栓紧固力矩应符合设计要求,H 形钢柱基础螺栓 M39 紧固力矩为 1 235 N · m;硬横跨圆管支柱基础螺栓 M42 紧固力矩为 1 528 N · m。螺栓标准力矩见表 2-5,根据螺栓标准力矩表对拉线各部位螺栓进行检查。

表 2-5　螺栓标准力矩表

螺栓型号	M24	M39	M42
紧固力矩/(N · m)	275	1 235	1 528

8. 几何参数检查

(1)支柱斜率检查测量

①支柱横线路面应垂直于线路中心线,允许误差不应大于 2°。

②单腕臂、双腕臂和中心锚结支柱顺线路方向应直立,允许斜率为 ±0.5%,横线路方向,向拉线侧倾斜率为 1%。

③硬锚锚柱横线路方向,向拉线侧倾斜率为 1%,顺线路方向应直立,允许斜率为 ±0.5% 。

④补偿下锚柱横线路方向,向拉线侧倾斜率为 1%,顺线路方向应直立,允许斜率为 ±0.5% 。

⑤曲线内侧的支柱、装设开关的支柱、双边悬挂的支柱、硬横跨支柱均应直立,允许向受力的反向倾斜,其倾斜率不超过 0.5%。

⑥接触网各种支柱,均不得向线路侧和受力方向倾斜。

⑦检查吊柱本体处于铅锤状态,可以用斜率尺或坡度仪对吊柱的倾斜度进行检测,倾斜度不超过 1°。吊柱不得扭曲,可向受力反方向倾斜不大于 1°,限界符合设计要求,允许偏差 0 ~ 20 mm,但不得侵入邻线基本建筑限界。

⑧检查平、斜腕臂主、副角钢与吊柱本体密贴,平、斜腕臂底座螺栓与吊柱本体密贴,螺母紧固力矩到位,螺栓无锈蚀、裂纹现象。

⑨吊柱底座安装牢固,吊柱调整使用的镀锌闭环垫片不超过 2 片,垫片的面积不小于 50 mm × 100 mm,厚度不大于 10 mm,垫片应平整,厚度均匀;吊柱固定螺栓采用双螺母,逐个检查吊柱底座螺栓,螺栓必须是双螺帽,螺杆穿向要由下向上,拧紧螺帽后螺栓外露长度不得大于 30 mm,力矩要紧固到位。吊柱法兰盘与隧道壁应结合密贴。

(2)支柱侧面限界检查测量

侧面限界、距相邻线路的限界满足《铁路技术管理规程》要求。路基区段基础中心至线路中心 3 150 mm (误差为 0 ~ 50 mm);正线桥梁段支柱限界不小于 3 000 mm (误差为 0 ~ 50 mm);吊柱正线侧面限界 ≥2.5 m,侧线直线上的侧面限界 ≥2.2 m,曲线应相应加宽。

(3)支柱跨距检查测量

接触网支柱跨距应符合设计规定,跨距误差 ±500 mm。

三、支柱的常见缺陷处理

支柱常见缺陷主要有本体生锈、支柱扭曲、拉线受力不足、耐张线夹安装不正确等，接触网工需根据检修规程和技术规范对缺陷进行处理。

1. 支柱本体锈蚀

支柱局部锈蚀用砂纸打磨至露出金属本色、刷防锈漆、刷银粉漆；锈蚀超标时应整体除锈、刷漆。

2. 拉线受力不符合标准

（1）调整 UT 型线夹螺栓直至受力符合要求，UT 型线夹螺栓外露长度 20 mm≤螺栓≤总长 1/2。

（2）如 UT 型线夹不能调整到位，重新做回头：用紧线器、手扳葫芦连接拉线和下锚拉线用挂板，使 UT 型线夹不受力，拆除绑线，卸下楔子，在测量值处重新做回头，之后卸下手扳葫芦和紧线器，紧固螺栓，并观察拉线状态，直至合格。

3. 耐张线夹安装不正确

NUT 型耐张线夹如图 2-6 所示。

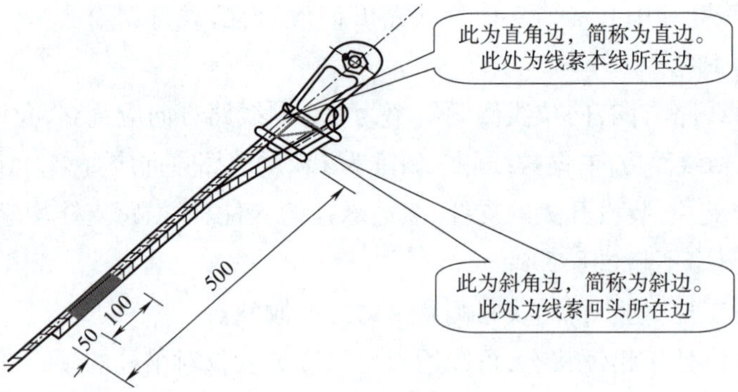

图 2-6　NUT 型耐张线夹（单位：mm）

NX 型耐张线夹如图 2-7 所示。

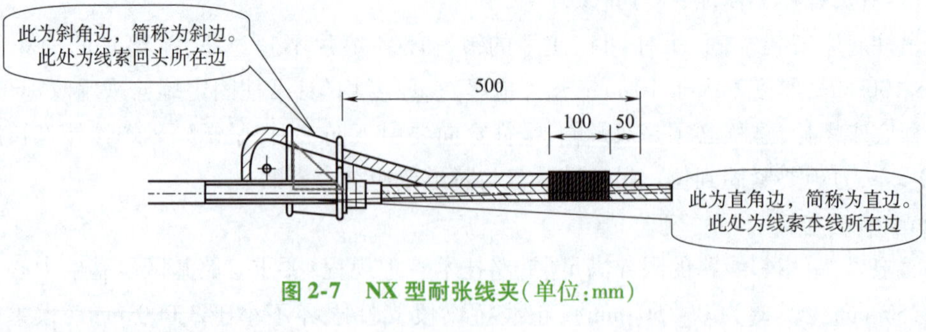

图 2-7　NX 型耐张线夹（单位：mm）

4. 拉线断股、锈蚀

（1）利用手扳葫芦、紧线器、钢丝套子等工具将拉线卸载。（双拉线在更换时不允许同时拆除，防止支柱倾斜；单拉线在更换时先做临时拉线使支柱受力稳定。）

(2)根据工艺要求,按照原拉线长度重新预制新拉线进行更换,使拉线受力稳定。

5. 检查验收

检修作业完成后,对检修后的设备质量进行复核验收,验收关键点:

(1)支柱斜率符合设计要求,接触网各种支柱,均不得向线路侧和受力方向倾斜。

(2)支柱限界符合设计要求,路基区段支柱中心至线路中心 3 150 mm（偏差为 $^{+100}_{-60}$ mm）;正线桥梁段支柱限界不小于 3 000 mm。

(3) 拉线受力,无锈蚀,连接部件紧固良好,有防腐措施。

(4) 拉线各部位螺栓力矩到位,无锈蚀,耐张线夹安装正确且状态良好,拉线绑线符合标准。

四、分析与思考

本任务重点介绍了 H 形钢柱的相关知识,在实际工作中需要注意以下问题:

(1)H 形钢柱检查的主要内容有哪些,常见的缺陷有哪些?

(2)支柱的斜率检查测量关注点有哪些,如何评估支柱的状态?

(3)基础巡视与维护的重点有哪些?

(4)不同类型支柱攀爬过程安全注意事项有哪些?

(5)杆上作业时如何确保人员和设备安全?

五、任务评价

姓名：

任务名称：支柱与基础的维护与检修　　　　实际考核时间：　　min

项目	配分	序号	评分标准	扣分	得分	备注
作业准备	10分	1	人员着装整齐，安全劳保用品佩戴齐全，一项不合格扣2分			
		2	工具型号选择正确、齐全、作业开始前摆放整齐，并进行检查。工具选错一项扣2分，未进行检查或检查不到位扣2分			
作业质量	40分	1	检查支柱状态及选择攀登方向，爬杆之前检查安全带、脚扣受力状态，否则扣3分			
		2	攀爬支柱前，口述攀爬支柱的要求和注意事项，否则每项扣2分			
		3	攀爬支柱前安全带正确使用（等径圆杆、H形钢柱攀登前将安全带环绕支柱并锁好锁扣，横腹杆或钢柱搭在肩上），否则每项扣3分			
		4	支柱外观检查，包括支柱本体、支柱斜拉线、耐张线夹等，否则扣5分			
		5	支柱几何参数检查，包括支柱斜率、支柱侧面限界、支柱跨距等，否则每项扣3分			
安全及其他	45分	1	不得出现划伤、碰伤、摔跌，否则每次扣5分			
		2	不得出现高处落物，否则每次1次扣3分			
		3	需佩戴好防高处坠落的安全装备，否则按失格处理			
		4	与柱顶保持0.5 m以上安全距离，防止安全带滑脱，否则扣10分			
		5	不得出现较重伤害、脚扣滑落，脚踩空等现象，否则按失格处理			
		6	不得出现其他违反作业标准项，否则每次扣5分			
		7	作业时间5 min，每超1 min扣1分，时间以秒计，不足1 min算1 min，超过5 min判定失格			
作业结束	5分	1	清理工料具，并摆放整齐，未按照要求扣5分			
合计	100分					

注：每个项目扣分累计不超过其配分，扣完为止。

操作开始时间：　　时　　分　　　　操作结束时间：　　时　　分

考评员：　　　　统分人：　　　　年　　月　　日

项目三

定位支撑装置的维护与检修

支撑装置是接触网中支撑接触悬挂,并将其机械负荷传给支柱固定的部分。支撑装置包括斜腕臂、平腕臂(或水平拉杆、悬式绝缘子串)、棒式绝缘子及接触悬挂的悬吊零件。

定位装置包括定位管、定位器、定位线夹及其连接零件,其作用是固定接触线的横向位置,使接触线水平定位在受电弓滑板运行轨迹范围内,保证接触线与受电弓不脱离,使受电弓磨耗均匀,同时将接触线的水平负荷传给支柱。

对于定位支撑装置的检修维护需要特定的知识和技能。

项目描述

定位支撑装置是接触网系统中基础组成部分之一,是接触网系统承载和传导荷载的核心部分,涉及的接触网零部件多达几十种,对各零部件的安装尺寸有严苛的要求,对定位支撑装置的检调也提出了很高的要求,因为定位支撑装置的不良状态将影响弓网关系,严重时可能导致打弓、钻弓等弓网事故,影响正常行车。装配工作,要求严格按照工程技术参数进行,不同定位形式对应着不同的装配参数,每一个螺钉的紧固力矩都有对应的要求,这就对作业人员的技术水平和工匠精神提出了很高的要求,整套腕臂系统,多达几十处螺钉的紧固,是否每处紧固力矩已达标,紧固点位置是否符合设计标准,一个天窗点的力矩紧固多达数千处。在这样严要求、高标准的作业环境下,作业人员是否能够一丝不苟地完成所有检调作业,是对作业人员的体力、精神的巨大挑战。

作为培养未来接触网作业人才,大学生要加强专业知识的学习,树立正确的价值观,"高速铁路运行安全胜于一切"的运维理念,作为一线一颗螺丝钉,努力做好接触网运维管理工作,确保高速铁路的运行安全。

学习目标

1. 素养目标

(1)培养安全意识;

(2)培养精益求精、追求极致的职业品质;

(3)具有按规按章操作的工作态度。

2. 知识目标

(1)理解定位支撑装置的作用;

(2)理解定位支撑装置的结构;

(3)理解定位支撑装置的类型;

(4)理解定位支撑装置检调方法和步骤;

(5)会描述检修记录单填写规定。

3. 技能目标

(1)会使用接触网检修作业车、接触网参数测距仪等专用工具、仪器;

(2)会进行定位装置检调;

(3)会进行支撑装置检调;

(4)会进行硬横跨的检调;

(5)会填写检修记录单。

素养园地

【警钟长鸣】

××××年×月×日,由于×站南环线29号杆定位器线夹开裂松脱垂落,使得该定位点处拉出值超限,导致由东往西经过此处的×次电力机车受电弓钻弓,引发×开闭所294断路器跳闸,重合闸不成功。

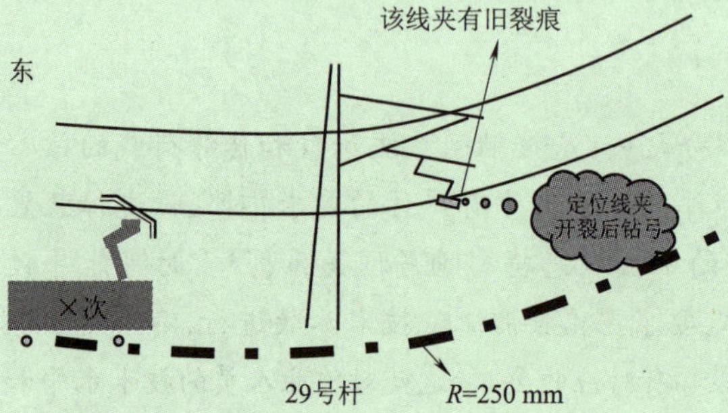

【现场调查】

1. ×站南环线29号杆定位线夹开裂,在振动和曲线半径受力较大的双重作用下松脱垂落,使得该定位拉出值超限,导致由×Ⅲ场往×站方向运行经过此处的×次电力机车受电弓钻入承力索与接触线之间,拉翻受电弓。

2. ×南环线系×年×电气化引入×电气化引入时开通,运行时间×年。

3. ×南环线29号定位线夹开裂处有新、旧断痕,其线夹本体无厂名、厂标。其有环夹板和无环夹板采用牌号为Qsi1-3的硅青铜材质定位线夹,螺栓采用牌号为0Cr18Ni9的不锈钢,螺母和弹簧垫圈采用牌号为1Cr18Ni9的不锈钢。

4. 29号杆处于曲线中心位置,曲线长度 $L=546.19$ m,曲线半径 $R=250$ mm,小半径曲线定位线夹受力较大。

5. 现场测量39号-28号拉出值、导高进行测量均未超标。

6. 南环线29号杆最近一次检修记录:××××年×月×日对该处设备进行检修,检修人:甲、乙,未发现异常。

7. 最近一次巡视时间:××××年×月×日;巡视人:甲、乙、丙,巡视设备无异常。

【原因分析】

1. 使用无厂标的定位线夹是导致本次故障的主要原因。

2. 施工工艺不达标是重要原因。根据松脱的定位线夹来看，线夹的受力面可能装反，受力面（带螺纹侧线夹部分）朝向支柱侧。在曲线半径小、张力较大的情况下，螺帽松动即有可能导致其从定位处脱落。

3. 设备运行环境较差。该定位处于小半径曲线中心，受力较大，且过车频率较高，振幅较大是导致其脱落的原因之一。

4. 供电车间检修不到位。供电车间××××年×月×日对该处定位进行了检修，根据定位线夹开裂的新旧痕迹分析，该处定位线夹已存在较长时间，而检修未能及时发现此处无厂标的线夹，最终导致这一类隐患问题没有及时得到发现和遏制。

5. 对材质不合格产品清理不到位。此次发生开裂的定位线夹为无厂名厂标线夹，此类定位线夹多次出现开裂，段也进行过专项检查和更换，但通过此次故障来看，供电车间未吸取教训，对线夹有无厂标不重视，导致未对其进行更换。

任务一　支撑装置的维护与检修

高速铁路接触网支撑装置是接触网的核心组成部分，用以支撑接触悬挂，并将其负荷传给支柱或其他建筑物，根据接触网所在区间、站场和大型建筑物不同而有所不同。支撑装置包括腕臂、水平拉杆、悬式绝缘子串、棒式绝缘子，以及其他建筑物的特殊支持设备。支撑装置的维护与检修是接触网维护和检修的重要组成部分，和其他模块共同组成接触网的日常维护和检修工作。

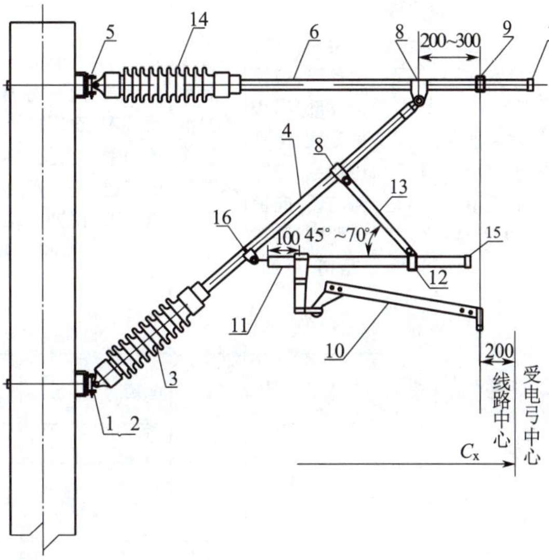

图 3-1　平腕臂中间柱（正定位）装配图（单位：mm）

一、任务书

平腕臂中间柱装配图（正定位）如图 3-1 所示，零配件见表 3-1。根据实训基地实物进行支撑装置检调，并将检调结果填入表 3-2。

表 3-1　平腕臂中间柱装配材料表

序号	名　称	材　料	单位	数量	备注
1	单腕臂底座槽钢	—	套	1	
2	T 型旋转腕臂底座	—	套	1	
3	棒式绝缘子	瓷	套	1	

续上表

序号	名　称	材　料	单位	数量	备注
4	X 型腕臂	Q235A	件	1	
5	压管底座	Q235A	件	1	
6	P 型腕臂	Q235A	件	1	
7	管帽	L3	件	1	0.49 kg
8	套管双耳	Q19-4	套	2	
9	承力索座	ZCZZB-500	套	1	
10	定位器	—	套	1	
11	定位管	LY12	套	1	2.08 kg
12	定位管卡子	Q235A	套	1	0.23 kg
13	定位管支撑	Q235A	套	1	0.78 kg
14	棒式绝缘子	瓷	套	1	
15	管帽	L3	件	1	0.49 kg
16	定位环	Q419-4	套	1	

表 3-2　支撑装置检调记录

站场(区间):

支柱号	腕臂底座		腕臂					定位装置				腕臂、定位管管帽安装是否正确	防风拉线安装是否正确，状态是否良好	各连接零部件防松、脱措施是否到位，紧固力矩抽查是否达标	检查人	检查日期
	是否与支柱密贴，呈水平状态，两端高差不大于 10 mm	双腕臂底座间距是否满足要求（极限温度下两悬挂及零部件间距不小于 60 mm）	腕臂上各连接零部件安装位置是否与设计要求相符	定位管吊线钩开口方向是否正确	腕臂棒式绝缘子排水孔是否朝下	承力索座内承力索安装是否正确	定位管吊线安装是否正确，无锈蚀、断裂	定位管端部余长是否满足要求	吊钩定位环开口方向是否正确	定位器和腕臂顺线路偏移方向、角度是否一致	定位器是否处于受拉状态（拉力≥80 N）、限位间隙、底座电气连接线、定位线夹安装是否正确					
1 号	是	是	是	是	是	是	是	是	是	是	是	是	是	是	张三/李四	20××年×月×日

二、知识准备

1. 影响腕臂装配的基本参数

根据线路需要来决定腕臂采用哪种装配形式，要求腕臂既有足够的机械强度，结构尽量简单、轻巧，易于施工安装、维修更换，还要满足一定的技术要求：包括腕臂跨越线路股道的数目、接触悬挂的结构高度、接触线高度、支柱侧面限界和支柱所在位置（即支柱设在直线上还是设在曲线区段，是在曲线内侧还是在曲线外侧）等因素。腕臂跨越股道数目越多，接触悬挂结构高度越高，支柱侧面限界越大，则腕臂就应越长。在曲线上，腕臂还要根据受力状况决定是否配合拉杆或压管使用。

视 频

腕臂地面预配

(1)导高

导高是接触线悬挂点高度的简称，是指接触线无弛度时定位点处（或悬挂点处）接触线距轨面的垂直高度，一般用 H 表示。接触线的最高高度，是根据受电弓的最大工作高度确定的，中国电力机车 TGS 型受电弓的工作高度为 5 183 ~6 683 mm。考虑到接触线可能出现负弛度及保证受电弓接触线工作压力的需要，接触线距轨面的最高高度不应大于 6 500 mm。而最低高度的确定，在考虑了带电体对接地体之间的空气绝缘距离及通过超限货物的要求后，应符合下列规定：站场和区间（含隧道）接触线距轨面的高度宜取一致，其最低高度不应小于5 700 mm；编组站、区段站等配有调车组的线、站，正常情况可不小于 6 200 mm，确有困难时不应小于 5 700 mm；既有隧道内（包括按规定降低高度的隧道口外及跨线建筑物范围内）正常情况不应小于 5 700 mm，困难情况不应小于 5 650 mm，特殊情况不应小于 5 330 mm；开行双层集装箱列车的线路，接触线距轨面的最低高度应根据双层集装箱的高度和绝缘距离计算确定，一般采用 6 450 mm 导高；对于客运专线，不存在超限货物列车通过问题，为了提高接触悬挂稳定性，导高较低，一般采用 5 000 ~5 500 mm；目前国内运行的高速铁路的导高为 5 300 mm。

接触线高度的允许施工偏差为 ±30 mm。对于行车速度在大于 160 km/h 时，对施工误差要求更加严格：定位点两侧第一吊弦处接触线高度应等高，相对该定位点的接触线高度的施工偏差为 ±10 mm，但不得出现“V”字形；两相邻悬挂点等高相对差不得大于 30 mm；同一跨内相邻吊弦处的导高差应符合设计预留弛度的要求，施工偏差不得大于 5 mm。

(2)支柱侧面限界

支柱侧面限界是指支柱内缘与邻近铁路轨顶连线的线路中心线的水平距离，一般用 C_X 表示。电气化铁路接触网是沿铁路架设的，为了确保行车安全，要求接触网支柱及其他电气装置的建筑不得侵入根据《铁路技术管理规程》规定的铁路建筑限界，为了安全起见，支柱侧面限界的设计取值比铁路建筑限界规定值要大。

在直线区段，支柱侧面限界在通过超限货物列车的正线或站线必须大于2 440 mm，不通行超限货物列车的站线（比如机车走行线）必须大于2 150 mm。曲线区段，受外轨超高的影响，上述距离应按现行国家标准《标准轨距铁路限界 第 2 部分：建筑限界》（GB 146.2—2020）的规定加宽。

曲线地段的建筑限界，仅考虑因超高产生车体向曲线内侧倾斜的加宽，加宽量为

$$W_1 = \frac{H}{1\ 500}h$$

式中 W_1——曲线内侧加宽量（mm）；

H——轨顶面至计算点的高度（mm）；

h——外轨超高（mm）。

曲线上建筑限界的加宽范围，包括全部圆曲线、缓和曲线和部分直线。加宽方法可采用图 3-2所示阶梯形方式，或采用曲线圆顺方式。

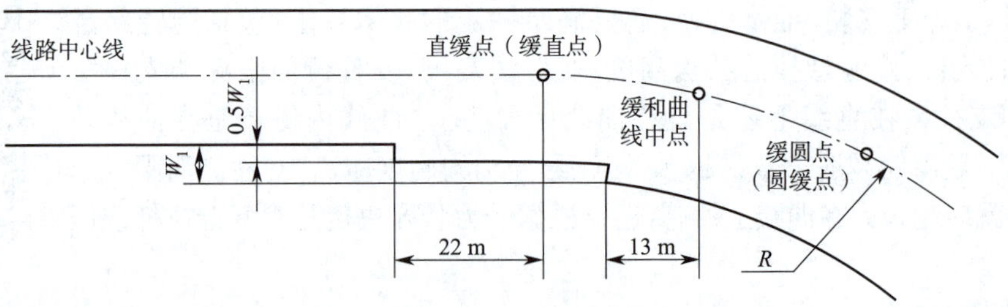

图 3-2　建筑限界加宽方法示意

曲线地段的站线两侧信号机、高架候车室结构柱和接触网、跨线桥、天桥、电力照明、雨棚等杆柱的建筑限界、站内反方向运行矮型出站信号机的建筑限界和站台建筑限界，需考虑曲线内、外侧的限界加宽。加宽量如下：

曲线内侧加宽(mm)：

$$W_1 = \frac{40\,500}{R} + \frac{H}{1\,500}h$$

曲线外侧加宽(mm)：

$$W_2 = \frac{44\,000}{R}$$

曲线内外侧加宽共计(mm)：

$$W = W_1 + W_2 = \frac{84\,500}{R} + \frac{H}{1\,500}h$$

式中　R——曲线半径(m)；

H——计算点自轨面算起的高度(mm)；

h——外轨超高(mm)。

采用大型机械化养护的路基路段，接触网支柱侧面限界应满足大型机械作业的需要：不应小于 3 000 mm，一般取 3 100 mm。

牵出线处支柱侧面限界一般不应小于 3 500 mm，困难情况下不应小于 3 100 mm。

站场上的软横跨支柱其侧面限界一般为 3 000 mm，基本站台上的软横跨柱为 5 000 mm。软横跨支柱的侧面限界较大的原因是为了照顾车站的美观以及客流行人的方便。中间站台上支柱的内缘距站台边缘应有不小于 1 500 mm 的轻型车通道。

(3) 结构高度

链型悬挂的结构高度是指接触网悬挂点处承力索和接触线的垂直距离，用符号 h 表示。确定一个技术、经济都合理的结构高度，一般应考虑几个方面的因素：

①最短吊弦长度不要过小，在极限温度时，其顺线路方向的偏角不超过 30°；

②在条件许可时，尽可能降低支柱高度；

③选择适当的悬挂类型，全补偿比半补偿要求更低的结构高度；

④考虑适当的调整范围，如起道的影响；

⑤便于调整和维修。

结构高度一般取 1 100 ~ 1 700 mm，目前多采用钢承力索的既有线，结构高度多为 1 100 mm，既有线提速区段为 1 400 mm。高速铁路中，为了改善定位点接触线弹性，结构高度取值一般大于 1 400 mm，比如我国的高速铁路 h 为 1 600 mm。结构高度可由下式表示：

$$h = F_0 + C_{\min} \tag{3-1}$$

式中　h——结构高度(mm)；

F_0——接触线无弛度时承力索弛度(mm)；

$C_{\min}$——最短吊弦长度(mm)。

由式(2-1)可知，结构高度与承力索的弛度有关。在已知 F_0 时，就可以确定结构高度 h。最小的结构高度必须满足最短吊弦(一般不小于 500 mm)在最高温度时，其顺线路方向的偏角不超过 30°(全补偿链型悬挂不超过 20°)。最短吊弦的计算是以选择最长的锚段为依据的，速度在 300 ~ 350 km/h 区段，最短吊弦长度不小于 600 mm，结构高度不得小于 1 100 mm；速度在 200 ~ 250 km/h 区段，最短吊弦长度不小于 500 mm；其他地段最短吊弦长度不小于350 mm。在满足上述条件的情况下，结构高度的取值以偏大为好。

隧道内的结构高度一般为 450 ~ 550 mm，不得低于 300 mm。结构高度过小，会在吊弦处形成硬点，甚至在受电弓通过时，发生接触线与承力索相碰撞。同时，结构高度偏低，欲改善悬挂工作状态，必然会增加滑动吊弦的使用数量。因此，在条件许可时，增大结构高度会相应地改善悬挂的运营条件。高速铁路隧道断面大，采用和非隧道区间一样的结构高度 1 600 mm。

2. 高速铁路接触网腕臂支柱装配

腕臂支柱装配根据悬挂类型的不同分为简单悬挂、半补偿链型悬挂、全补偿链型悬挂等支柱装配。根据支柱用途的不同分为中间柱、转换柱、道岔定位柱、锚柱和中心柱的装配，以及直线与曲线支柱装配。根据装配零件、形式不同可以分为水平拉杆式腕臂、平腕臂和铝合金腕臂支柱装配。这里以中间柱为例，说明不同类型的腕臂装配形式。其他用途的腕臂装配，后续章节逐渐介绍。

在中间支柱上，只安装一个腕臂，悬吊一支接触悬挂，并把承力索和接触线定位在所要求的位置上，这种支撑装置称为中间柱支撑装置。中间柱支撑装置是用量最大的支撑结构形式。在线路的直线区段，支柱一般立于线路的同一侧，但是接触线需要按“之”字形布置，其拉出值一般在支柱点处要变换方向，所以定位为一正一反，保证定位器处于受拉状态。

腕臂支撑装置长期在振动环境中工作，连接零件的防松和可靠性至关重要。在腕臂装配中典型的连接形式有三种：螺栓连接、钩环连接、销钉连接。采用螺栓连接时，可采取的防松手段有：采用带开口销的螺栓，即在螺栓上带孔，拧上螺帽后穿入开口销，开口销两支掰开夹角 120° ~ 130°，防止螺帽脱落；采用带有止动垫圈的螺栓，即在螺母下垫止动垫圈，完成紧固后，将止动垫圈的长肢弯向零件本体贴紧，短肢弯折与螺栓头六方侧平面贴紧；采用螺母锁紧，多见于管件和连接零件间的连接，先将螺母松开到螺栓头部，杯口螺栓紧固到规定力矩(75 N · m)，然后将螺母紧固到 50 N · m 防止松动。在不方便使用上述方法时，比如在定位器电连接线、锚支定位卡子处，可以使用螺栓锁固胶进行防松。

L 型腕臂装配中，要注意承力索和承力索支撑线夹、定位器电连接线等处铜铝导体材料间可能出现的电化学腐蚀。在承力索、承力索中心锚结绳、支撑线夹配线和承力索支撑线夹有铜铝衬垫处，应用包线钳将开口夹紧，其开口朝向水平一侧，正定位时在靠近支柱侧，反定位时在远离支柱侧。衬垫应与承力索密贴。锚结绳、配线上铜铝衬垫压接后开口与承力索上的开口相对。

3. 支撑装置检修要点

(1)腕臂本体。铝合金件本体无开裂、麻点。平腕臂挠度不大于 1%，目视不得有明显变形。一般平腕臂端部余长为 200 mm，低头约 200 mm。斜腕臂斜度合理，不得侵入动态包络线；管帽完备。

（2）棒式绝缘子。棒式绝缘子与腕臂连接件安装正确、完备，瓷瓶无破损，滴水孔朝下。

（3）双套筒连接器。承力索支持线夹距双套筒连接器除特殊标明外一般为 300 mm。零部件的外观无裂纹变形，零部件连接状态良好，顶丝、锁紧螺母等不得缺失。连接器本体连接后，部件竖直面上应垂直于轨面。连接器本体顶丝裕度大于标准值 ±0.5 mm 时需记录，必要时进行更换。

（4）承力索支撑线夹。零部件的外观无裂纹变形，零部件连接状态良好，顶丝、锁紧螺母不得缺失。承力索支撑线夹安装方向应正确，安装好的承力索支撑线夹应竖直向上。铜铝过渡套安装正确、压合密贴，无缺失。配线应安装。压线盖板螺栓止动垫片的状态良好，承力索支撑线夹顶丝裕度大于标准值 ±0.5 mm 时需记录，必要时进行更换。

（5）腕臂底座安装高度符合设计要求（多线路腕臂底座及连接件安装高度应满足最高轨面至横梁下缘的设计高度，允许偏差 ±50 mm），根据基础标高偏差情况选择预留孔安装位置，允许偏差 ±50 mm。腕臂底座应呈水平状态。水平腕臂应符合设计要求。安装位置满足承力索悬挂点（或支撑点）距轨面的距离（即导线高度加结构高度），允许误差 ±200 mm。悬挂点距线路中心的水平距离应符合规定。

（6）接触线悬挂点距吊钩定位环一般为 400 mm。吊钩定位环的开口方向与受力方向相反。防风拉线环距定位器头水平距离 600 mm，允许误差为 $^{-100}_{+50}$ mm。

（7）支撑装置各部件组装正确，腕臂上的各部件（不包括定位装置）应与腕臂在同一垂直面内，铰接处转动灵活。

①防风拉线环的 U 形螺栓穿向补偿下锚方向（以中心锚结为界），防风拉线长环在定位管端。

②承力索座下悬挂定位管吊弦钩缺口，背向斜拉线安装，正定位朝远离支柱侧，反定位朝支柱侧。

③腕臂棒式绝缘子排水孔朝下。

④承力索座内的承力索置于受力方向指向轴心的槽内。

⑤销钉安装方向正确（由上向下）。使用 β 型开口销时，β 型开口销的圆弧要锁在销钉的圆柱面上。

（8）无偏移温度时腕臂应垂直于线路中心线，温度变化时腕臂偏移应符合腕臂偏移安装曲线要求。

（9）定位管吊弦两端均装设心形环，线鼻子采用压接方法固定。

（10）各部零部件无裂纹、变形，顶丝、锁紧螺母无缺失，各螺栓紧固力矩符合标准要求。

思考：

1. 绝缘腕臂与非绝缘腕臂的结构有何区别？
2. 现场一般采用旋转腕臂主要考虑什么因素？
3. 在运行设备上绝缘腕臂中哪些部分是带电的？

三、工作流程与任务

(一)流程图

支撑装置检修流程如图3-3所示。

图3-3　支撑装置检修流程

(二)任务组织

支撑装置检修人员配置见表3-3。

表3-3　支撑装置检修人员配置表

序号	项　目	单位	数量	备　注
1	工作领导人	人	1	全面负责现场作业组织
2	主防护员	人	1	负责办理停电和封锁,传递防护信息
3	地线监护人	人	2	监护地线操作人按标作业
4	地线操作人员	人	2	负责接挂接地线
5	高处作业人员	人	2	负责高处设备的检修作业
6	高处作业监护人	人	2	负责监护高处作业人员的安全
7	司乘人员	人	2	司机、副司机各1人
8	行车防护员	人	2	负责作业区段的行车安全防护

支撑装置检修工具配置见表3-4。

表3-4　支撑装置检修工具配置表

序号	名　称	规格或型号	单位	数量	备　注
1	作业车(车梯)	—	台	1	
2	接触网多功能检测仪	DJJ	台	1	
3	单滑轮	—	个	1	曲线处备用
4	坡度测量尺	—	把	1	
5	小绳	—	根	1	
6	梅花扳手	—	套	2	
7	力矩扳手	20～100 N·m	套	2	含套筒
8	温度计	—	支	1	
9	手扳葫芦	0.75 t	个	1	
10	钢丝套子	—	套	2	
11	木榔(橡皮锤)	—	把	1	
12	三段径塞棒	—	套	1	
13	线坠	—	个	1	
14	盒尺	5 m	把	1	
15	扭面器	—	套	1	

支撑装置检修材料配置见表3-5。

表3-5　支撑装置检修材料配置表

序号	名　称	规格	单位	数量
1	铝合金定位环	根据现场确定	套	1
2	铝合金定位管	根据现场确定	套	1
3	Z型定位支座	根据现场确定	套	1
4	W型定位支座	根据现场确定	套	1
5	定位器	根据现场确定	套	1
6	铝合金定位管支持	根据现场确定	套	1
7	定位线夹	根据现场确定	套	1
8	电气连接跳线	根据现场确定	套	1
9	螺栓	根据现场实际需要	套	若干
10	开口销	根据现场实际需要	个	若干
11	定位管管帽	根据现场确定	个	2
12	电力复合脂	—	管	1
13	铁线	ϕ4.0 mm	kg	若干

(三)技术标准

(1)腕臂底座应与支柱密贴,且呈水平状态,底座角钢(槽钢)应水平安装,两端高差不大于10 mm。安装高度符合设计要求,允许偏差±50 mm。多线路腕臂底座及连接件安装高度应满足最高轨面至横梁下缘的设计高度,允许偏差±50 mm。双腕臂底座间距应满足要求。极限温度时,两支悬挂及零部件间距不得小于60 mm。

(2)腕臂不得有明显弯曲且无永久性变形。平腕臂端部余长为200 mm,平腕臂绝缘子端头距套管单耳100 mm,承力索座距双套筒连接器一般为300 mm,接触线悬挂点距吊钩定位环一般为400 mm,防风拉线环距定位器头水平距离600 mm,允许偏差$^{+50}_{-100}$ mm。双线路腕臂应保持水平状态,其允许仰高不超过100 mm,无永久性变形。定位立柱应保持铅垂状态。

平腕臂安装位置满足承力索悬挂点(或支撑点)距线路中心的水平距离规定,距轨面距离(即导线高度加结构高度)应满足下述要求:

标准值:设计值;

标准状态:标准值±50 mm;

警示值:标准值±200 mm;

限界值:(以跨距中最短吊弦长度为依据界定)最短吊弦长度不小于300 mm。

腕臂偏移应满足下列要求:

标准值:无偏移温度时垂直于线路中心线,温度变化时腕臂顶部的偏移要和该处的承力索伸缩量相对应,符合安装曲线要求;

标准状态:标准值±50 mm;

警示值:标准值±100 mm;

限界值：任何情况下不得超过腕臂垂直投影长度的1/3。

平腕臂抬头时，斜腕臂应安装管帽，水平或低头时不宜安装管帽。

（3）支撑装置各部件组装正确。腕臂上的各部件应与腕臂在同一垂直面内，铰接处转动灵活。定位管吊弦钩开口，正定位时朝远离支柱侧，反定位时朝支柱侧。腕臂棒式绝缘子排水孔朝下。承力索座内的承力索置于受力方向指向轴心的槽内。

（四）检修方法

1. 作业准备

按规程要求填写工作票并交付工作领导人，工作领导人向作业组全体成员宣读工作票、分工，并进行安全预想，检查工具、材料。

2. 完成安全措施

做好安全措施，工作领导人确认完成安全措施后，通知各作业组开工。

3. 检查测量

（1）腕臂底座检查

检查腕臂底座应无锈蚀、裂纹等现象，腕臂底座各部位连接螺栓及螺母应无缺失、锈蚀及断裂等现象，开口销掰开角度应为120°。其他要求参照技术标准。

（2）腕臂绝缘子检查

检查腕臂棒式绝缘子外观状态，应无破损、放电痕迹，瓷绝缘子釉面剥落面积不超过300 mm^2。腕臂绝缘子铁锚压板应安装正确，U形螺栓上应为双螺母，无偏斜、锈蚀现象。横向销钉状态良好，无缺失，销钉上的开口销安装角度大于120°。应按照清扫周期定期对绝缘子进行清扫。腕臂绝缘子如图3-4所示。

视频

腕臂绝缘子更换作业

图3-4　腕臂绝缘子实物

（3）支撑装置外观检查

①腕臂管

检查平、斜腕臂管外观状态，应无弯曲、变形、锈蚀等现象，管帽应安装齐全、无破损，平腕臂应水平。其他要求参照技术标准。

②双套管连接器（套管座）

检查双套管连接器外观状态，应无弯曲、变形、裂纹、锈蚀及零部件缺失、损坏等现象。连接螺栓应朝来车方向。双套管连接器应与平、斜腕臂垂直，如图3-5、图3-6所示。

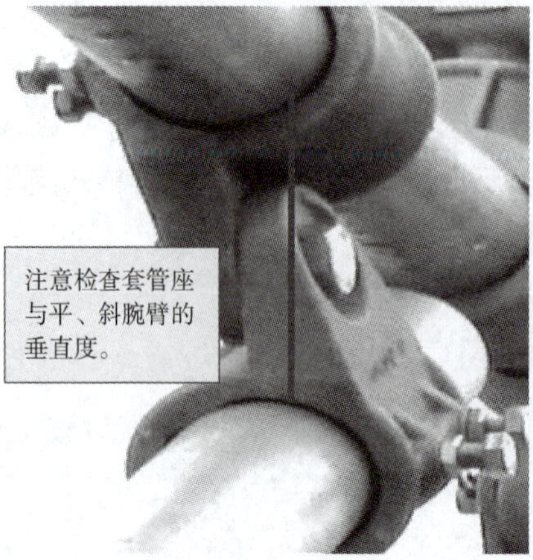

图 3-5　套管连接器安装实物（一）

图 3-6　套管连接器安装实物（二）

③腕臂支持

检查腕臂支持外观状态，应无弯曲、变形、裂纹、锈蚀及零部件缺失、损坏等现象。腕臂支持位置应正确，支持的一端套管单耳距平腕臂绝缘子为 100 mm，另一端套管单耳安装在斜腕臂上与定位环间距 100 mm 处，正定位时在定位环上方，反定位时（图 3-7）在定位环下方。腕臂支持双耳套筒顶紧螺栓应朝上安装，如图 3-8 所示。

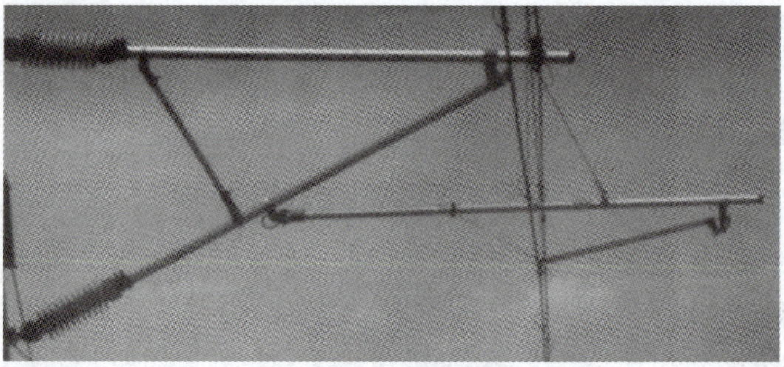

图 3-7　高速铁路接触网腕臂（反定位）实物

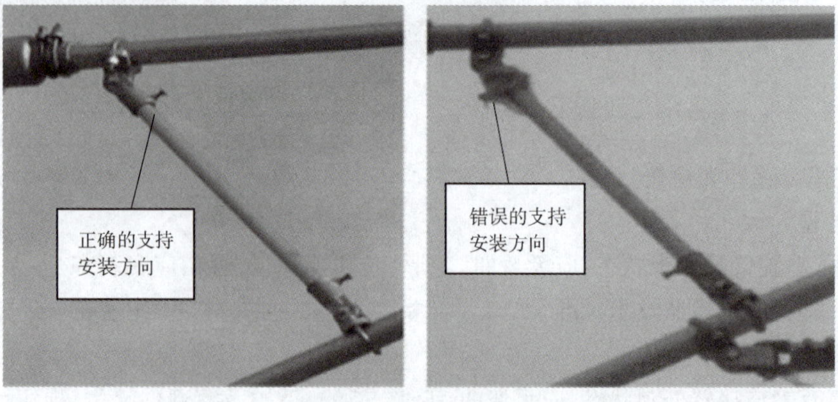

图 3-8　腕臂支持双耳套筒顶紧螺栓安装图

④承力索座外观检查

检查承力索座外观状态，应无变形、裂纹、锈蚀及零部件缺失、损坏等现象，承力索座应安装正确，底座安装位置应与接触线位于同一竖直平面内，方向竖直朝上。

(4)支撑装置几何尺寸检查

①腕臂结构高度检查

用钢卷尺测量上下腕臂底座高度及定位点处承力索至导线高度，测量结果应与设计图及一杆一档数据相符。

②腕臂偏移检查

无偏移温度时腕臂应垂直于线路中心线，温度变化时腕臂偏移应符合腕臂偏移安装曲线要求。

(5)螺栓力矩检查

各部位螺栓紧固力矩见表 3-6。

表 3-6　支撑装置各部位力矩表

序号	零件名称	对应图号	紧固件名称	对应紧固力矩/(N·m)	建议测试力矩/(N·m)
1	70 铝合金承力索座	BJL0103D	顶紧螺栓 M12	75	70
			螺母 M12	50	46
			压紧螺栓 M12	50	46
2	铝合金套管座	BJL0104D	顶紧螺栓 M12	75	70
			连接螺栓 M20	100	95
			螺母 M12	50	46
3	腕臂支持	BJL0105C	顶紧螺栓 M12	75	70
			螺母 M12	50	46
4	55 型套管单耳	BJL0106C(55)	U 形螺栓 M16	70	65
5	70 型套管单耳	BJL0106C(70)	U 形螺栓 M16	70	65
6	铝合金定位管	BJL0310C	顶紧螺栓 M12	75	70
			螺母 M12	50	46

4. 调整

(1)外观缺陷调整

外观缺陷主要有腕臂腕臂底座装设不水平、扭转，各零部件有锈蚀、变形、裂纹、氧化腐蚀，瓷绝缘子釉面剥落，腕臂管弯曲、变形等。

①对腕臂底座装设不水平问题，调整上底座时可稍松动紧固螺栓，用手锤敲击，调整上底座水平和扭转状态。调整下底座时可在上下底座间搭 1.5 t 手扳葫芦拉住下底座，稍松动紧固螺栓，用手锤敲击，调整下底座水平和扭转状态，紧固底座螺栓。

②各零部件有锈蚀、变形、裂纹、氧化腐蚀时，更换相应零部件。对缺少开口销进行补装，对锈蚀开口销更换，开口销掰开角度为 120°～130°。

③对有破损和放电痕迹、瓷绝缘子釉面剥落面积超过 300 mm^2 的棒式绝缘子进行更换。

(2)结构高度的调整

对结构高度不符合要求的腕臂进行调整,可以通过调整上下腕臂底座高度和双套管连接器位置的方式调整结构高度,结构高度调整达标后必须对定位器限位间隙和坡度进行检查,避免结构高度调整导致定位器限位间隙超标。

(3)腕臂偏移调整

对腕臂偏移值不符合要求的进行调整,调整前先卸载承力索,查看现场温度,对照腕臂偏移对照表将腕臂调整到标准位置。随后将承力索导入到承力索座中,调整完成后必须对定位点及相邻吊弦点进行高度检查,如高差超标(定位点及相邻吊弦点高差超过 10 mm),则需对相应吊弦进行更换。

(4)定位器偏移值不符合标准调整

利用小绳或手扳葫芦等,将定位器卸载,松动定位线夹螺栓,将定位器调至标准位置,按标准力矩紧固。

5. 检查验收

检修作业完成后,需复测各部位技术参数,对检修后的设备质量进行复核验收,验收关键点如下:

(1)定位装置的结构及安装状态应保证接触线工作面平行于轨面连线,定位点处接触线的导高、拉出值及弹性要求符合规定。

(2)定位器和腕臂顺线路偏移的方向、角度相一致,定位线夹安装正确。

(3)定位器等电位连接线安装符合设计要求。

(4)根据不同曲线半径,定位器静态角度符合要求 8°~13°。

6. 办理收工手续

(1)工作领导人确认各作业组工作结束,人员机具均已撤至安全地带后,通知监护人员撤除底线及其他安全措施。

(2)工作领导人确认安全措施撤除后,通知驻站联络员申请消除停电作业命令和线路封锁命令。

(3)工作领导人召开收工会,办理手工手续。

7. 填写检修记录

按照当天检修情况填写检修记录。

四、分析与思考

本任务主要是支撑装置检调,填写"接触线综合检测记录"关系到接触网的结构和技术标准要求。因此,如何保证数据的准确至关重要,本任务在实际工作中需要注意以下问题:

(1)安装更换支撑装置时,应避免上、下层同时作业,上、下部作业人员应分别位于支柱的两侧。杆上作业必须系好安全带,安全带使用前应做好检查。

(2)作业人员不宜位于线索受力方向的反侧,并采取防止线索滑脱的措施。

(3)上、下行接触网带电设备间的距离小于 1.6 m 时,必须在垂直天窗内作业。

五、任务评价

姓名：

任务名称：支撑装置的维护与维修　　　　　　　　　　实际考核时间：　　min

项目	配分	序号	评分标准	扣分	得分	备注
作业准备	15分	1	人员着装整齐，安全劳保用品佩戴齐全，一项不合格扣2分			
		2	材料、工具型号选择正确、齐全、作业开始前摆放整齐，并进行检查。材料、工具选错一项扣2分，未进行检查或检查不到位扣2分			
作业质量	60分	1	平、斜腕臂预配时绝缘子、套管双耳、承力索座、定位环、支撑管卡子角度正确并在一平面，否则每处扣2分。各零部件安装尺寸正确，误差10 mm，否则每处扣2分			
		2	腕臂绝缘子铁锚压板应安装正确无偏斜，螺栓循环紧固螺栓外露符合标准，否则扣2分			
		3	各螺栓紧固方法正确，力矩符合标准（可口述达标力矩），开口销齐全，掰开角度符合标准（可口述达标要求），锁片安装正确，否则每处扣2分			
		4	腕臂零部件齐全无缺失，否则每缺失一个零部件扣3分			
		5	腕臂棒瓷滴水孔应朝下，否则扣2分			
		6	定位管应呈水平状态（正定位允许抬头、反定位允许低头，误差不大于30 mm），否则扣2分			
		7	预配时零部件装正、装对、或螺栓穿向正确，否则每处扣2分			
		8	口述预配腕臂注意事项和要求，错误或遗漏一项扣2分			
安全及其他	20分	1	正确使用工具，否则扣5分			
		2	不得出现其他违反作业标准项，否则每次扣5分			
		3	辅助人员1名，辅助人员仅可参与共同搬运，扶稳腕臂部件，传递工具的工作且需要作业人员口头指挥后方可执行，除严重安全问题外，不得提醒作业人员，否则裁判提醒一次扣2分			
		4	不得出现碰伤、划伤、挤伤等现象，每项扣5分			
		5	作业时间25 min，每超1 min扣1分，时间以秒计，不足1 min算1 min，超过30 min判定失格			
作业结束	5分	1	清理工料具，并摆放整齐，未按照要求扣5分			
合计	100分					

注：每个项目扣分累计不超过其配分，扣完为止。

操作开始时间：　　时　　分　　　　　　　　操作结束时间：　　时　　分

考评员：　　　　　　　　统分人：　　　　　　年　　月　　日

●●●● 任务二　定位装置的维护与检修 ●●●●

定位装置是支持结构中的主要组成部分，它是在定位点处实现接触线相对于线路中心进行横向定位的装置。也就是说，定位装置的作用就是根据技术要求，把接触线进行横向定位，保证接触线始终在受电弓滑板的工作范围内，保证良好受流状态。在直线区段，相对于线路中心把接触线拉成“之”字形状，在曲线区段，相对于受电弓中心行迹则拉成折线或割线，使受电弓滑板磨耗均匀。同时，定位装置要承担接触线水平负载，并将其传递给腕臂。

对定位装置的技术要求：其一，动作要灵活，在温度发生变化，接触线沿顺线路发生移动时，定位装置应能以固定点为圆心，灵活地随接触线沿线路方向相应移动；其二，重量应尽量轻，受电弓通过定位点时，在受电弓抬升力作用下，定位装置应上下动作自如，并且有一定的抬升量，不产生明显硬点，其静态弹性和跨距中部应尽量一致；其三，具有一定的风稳定性，在受风时，保证定位状态的稳定性。

一、任务书

各种型号定位器结构如图 3-9 所示，定位器规格见表 3-7。根据实训基地实物进行接触网定位装置的检调。

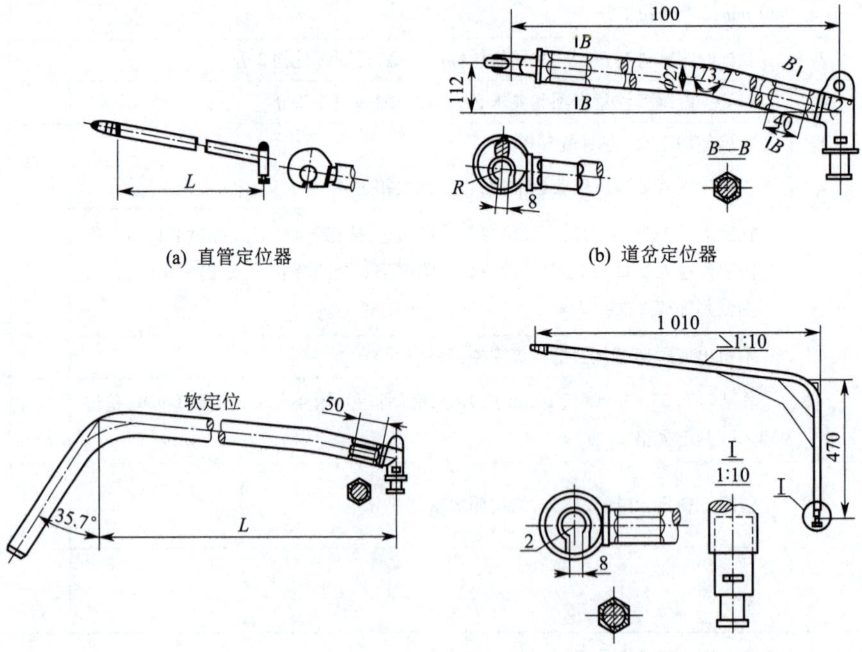

(a) 直管定位器　(b) 道岔定位器　(c) 软定位器　(d) 特型定位器

图 3-9　各种型号定位器结构（单位：mm）

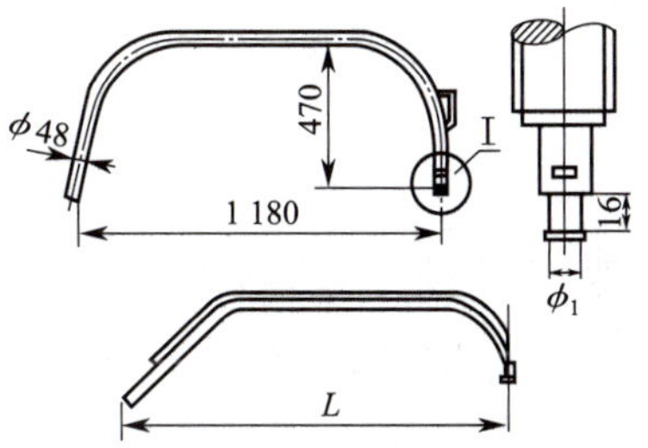

(e) 特软定位器

图 3-9　各种型号定位器结构(单位:mm)(续)

表 3-7　定位器规格表

类别	定位器型号	焊接套筒形式	定位器套管外径/mm	安装倾斜度	总长/mm	单件质量/kg	使用范围
直管定位器	$\frac{1}{2}$-960	有环	21.25	1∶10	0～970	1.51	直线或 $R>1\ 000$ m 曲线定位
	$\frac{3}{4}$A-960	无环	26.75	1∶10	0～970	1.88	曲线内侧反定位 $R\leqslant1\ 000$ m 定位
	$\frac{3}{4}$B-1150	无环	26.75	1∶6	0～1 145	2.20	软横跨定位
弯管定位器	道岔定位器	$\frac{3}{4}$DC-1000	27	有环	1 000	1.88	道岔处固定接触线位置
	定位器(时速120 km的接触线定位)	$\frac{1}{2}L_1$-745	22	有环	745	0.74	直线定位处
		$\frac{3}{4}L_2$-1000	28	有环	1 000	1.21	$R\leqslant1\ 000$ m 处定位
		$\frac{1}{2}A_1$-745	28	有环	1 200	1.41	软横跨定位
		$\frac{3}{4}A_2$-1000	23	有环	745	1.38	直线及 $R\leqslant1\ 000$ m 定位
		$\frac{3}{4}A_3$-1200	27	有环	1 000	2.08	$R\leqslant1\ 000$ m 定位
		1-980	27	有环	1 200	2.40	软横跨定位
	软定位器	1	—	无环	0～980	3.35	$300\leqslant R\leqslant800$ m 曲线外侧定位
		J-1010	33.5	—	—	3.24	$R\leqslant1\ 000$ m 软定位
	特型定位器	T-1180	—	有环	0～1 010	7.11	直线及大半径曲线外侧中心柱处
	特型软定位器	T	48	无环	0～1 180	8.15	$R<1\ 000$ m 曲线外侧中心柱处
		—	33.5	无环	—	6.8	$R<1\ 000$ m 曲线外侧中心柱处

二、知识准备

1. 定位装置结构

定位装置是由定位管、定位器、定位线夹及连接零件组成的。定位装置分为采用定位管支撑结构形式[(图3-10(a)]和采用斜拉线结构形式[(图3-10(b)],其中各部件名称见表3-8。

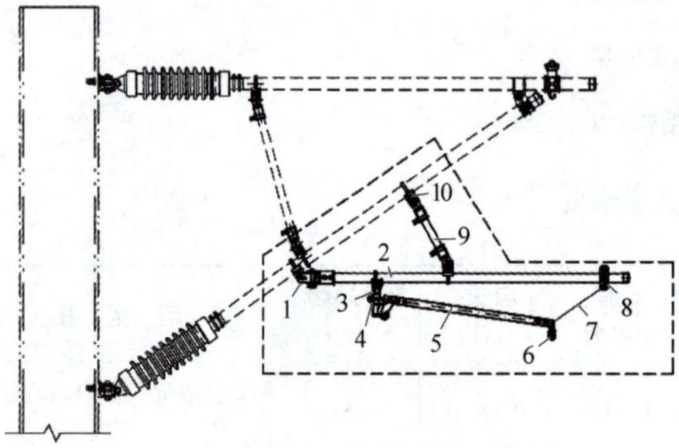

(a) 定位装置采用定位管支撑结构

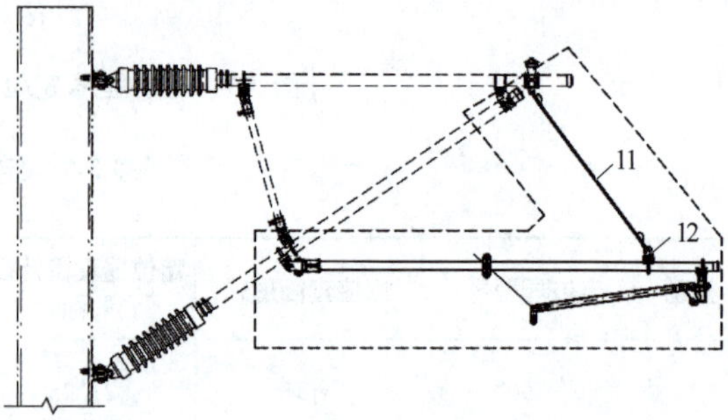

(b) 定位装置采用斜拉线结构

图3-10　定位装置结构

表3-8　定位装置各部件名称表

序号	名　称	序号	名　称
1	定位环	7	防风拉线
2	定位管	8	防风拉线定位环
3	定位支座	9	定位管支撑
4	电气连接跳线	10	套管单耳
5	矩形铝合金定位器	11	定位管斜拉线
6	定位线夹	12	拉线定位钩

根据支柱所在位置及受力情况不同,定位装置采用不同形式,一般有正定位、反定位、软定位、双定位及特型定位方式。

(1)定位管

定位管有两种类型,普通定位管和特型(T型)定位管。普通定位管是用镀锌钢管加工制成的,尾部焊有定位钩,以便通过定位环连接在腕臂上使用。定位管安装后应呈水平状态,为保持其水平,可将其端部用ϕ4.0 mm镀锌铁线绑扎。为了保证定位管稳定性,现在多用定位管支撑代替铁线。在高速铁路的定位装置中,定位管可以有150 mm/m的低头(反定位)或抬头(正定位)。设置普通定位管目的是定位器在水平方向和坡度方向便于调节,使定位装置结构较灵活,增加定位点的弹性。定位管的长度和外径的选用是根据支柱所在位置和定位管受力情况而确定的。普通定位管结构如图3-11所示,型号规格见表3-9。

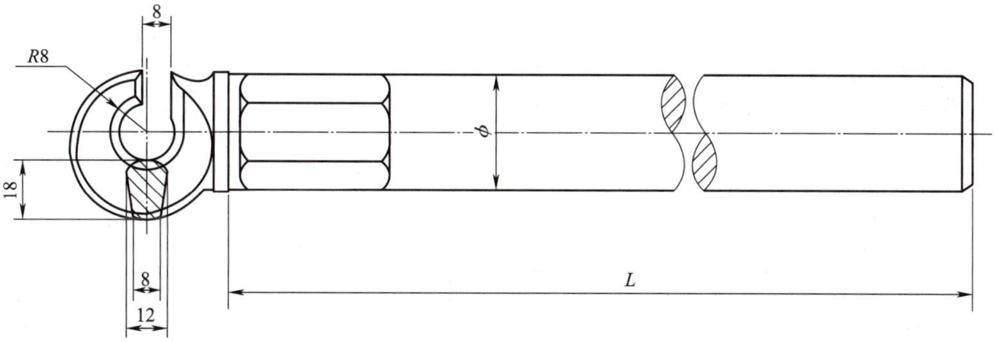

图 3-11　普通定位管结构图(单位:mm)

表 3-9　普通定位管型号规格表

型号	定位管本体型号	定位钩型号	端板	ϕ/mm	L/mm	参考质量/kg
1-700	1-700	1	有	34	700	2.20
1-960	1-960				960	2.86
1-1150	1-1150				1 150	3.34
1-1500	1-1500				1 500	4.22
1-1850	1-1850				1 850	5.44
1-2350	1-2350				2 350	6.37
1-2850	1-2850				2 850	7.64
1-3200	1-3200				3 200	8.52
$1\frac{1}{2}$-2500	$1\frac{1}{2}$-2500	$1\frac{1}{2}$	无	48	2 500	10.57
$1\frac{1}{2}$-2850	$1\frac{1}{2}$-2850				2 850	11.97
$1\frac{1}{2}$-3200	$1\frac{1}{2}$-3200				3 200	13.38
$1\frac{1}{2}$-3550	$1\frac{1}{2}$-3550				3 550	14.78

T 型定位管又称套管式定位管,它仅与普通定位管的尾部不同,加焊了一段套管来代替定位钩,便于与棒式绝缘子配套并增加其尾部的机械强度。T 型定位管多用于隧道定位和多线路腕臂支柱装配使用。由棒式绝缘子、T 型定位管、支持器、定位线夹及其他连接零件构成的特殊定位装置如图 3-12 所示。T 型定位管如图 3-13 所示,型号规格见表 3-10。该种型号的定位管,新建线路已较少采用。

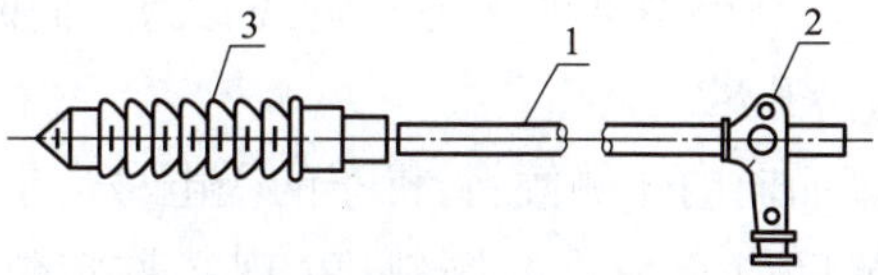

1—T 型定位管;2—支持器;3—棒式绝缘子。

图 3-12　带支持器的定位器结构

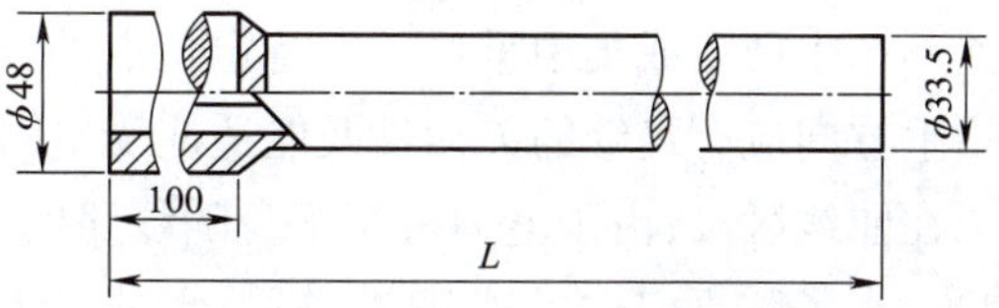

图 3-13　T 型定位管结构(单位:mm)

表 3-10　T 型定位管型号规格表

型号	适用范围	主要尺寸 L/mm	最大工作负荷/kN	破坏负荷/kN	质量/kg
JL62(T960)-89	接触线特殊定位	960	2.5	≥7.6	2.8
JL62(T1150)-89		1 150	2.5	≥7.6	3.3
JL62(T1500)-89		1 500	2.5	≥7.6	4.1
JL62(T1850)-89		1 850	2.5	≥7.6	5.1
JL62(T2350)-89		2 350	2.5	≥7.6	6.4

(2)定位器

定位器是定位装置中的关键部件,其作用是通过定位线夹按设计标准拉出值把接触线固定在一定位置,保证接触线工作面平行于轨面,并承受接触线的水平力。从材质上,定位器分为铝质定位器(用 L 表示)和钢质定位器(用 G 表示),其主要构成部分由 T6 铝合金管和无缝钢管组成,和两端的定位销钉套筒、定位钩间涂抹环氧树脂后压接。钢质定位器热浸镀锌、铝制定位管阳极氧化防锈蚀。

定位器从形状上可分为普通型定位器、特型定位器、软定位器等几种常用的定位器,如图 3-14所示,其中普通型定位器型号规格见表 3-11。

表 3-11　普通型定位器规格表

型号	代号	普通定位器材质	D/mm	L/mm	H/mm	参考质量/kg
G1	TB/T 2075.4A(G1)-10	20 号	28	745	105	1.78
G2	TB/T 2075.4A(G2)-10	20 号	28	1 000	150	2.08
G3	TB/T 2075.4A(G3)-10	20 号	28	1 200	200	2.40
DCG	TB/T 2075.4A(DCG)-10	20 号	28	1 000	112	—
L1	TB/T 2075.4A(L1)-10	6082(T6)	28	750	105	1.50
L2	TB/T 2075.4A(L2)-10	6082(T6)	28	1 000	150	1.82
L3	TB/T 2075.4A(L3)-10	6082(T6)	28	1 200	200	2.15
DCL	TB/T 2075.4A(DCL)-10	6082(T6)	28	1 000	112	1.69

为了适应高速电气化铁路的要求,定位器的重量要轻,一般采用轻型铝合金材料。在定位点处不产生硬点或集中重量。保持定位点的弹性尽量和跨距中部的状态接近或一致。同时,在铅垂方向应有足够的灵活性及能适应受电弓较大的抬升量。

在曲线区段,由于电力机车车身随线路的外轨超高而向内轨侧倾斜,机车的受电弓也呈倾斜状。为了防止定位器碰撞受电弓,要求定位器安装后应有一定的倾斜度(现场称定位坡度),即定位器根部在安装后要适当抬高一些,其倾斜度要求为 1∶10～1∶5 之间。

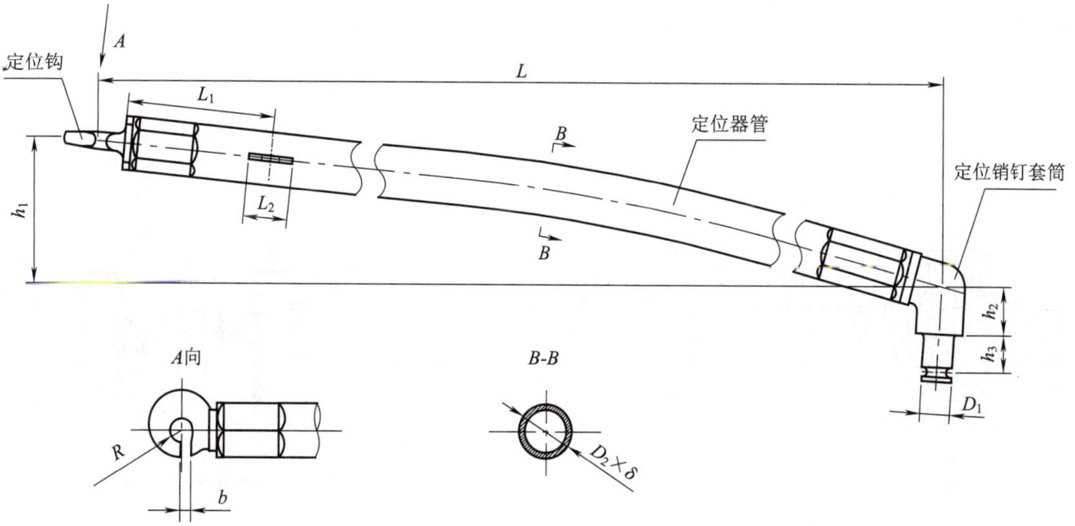

(a) 普通定位器

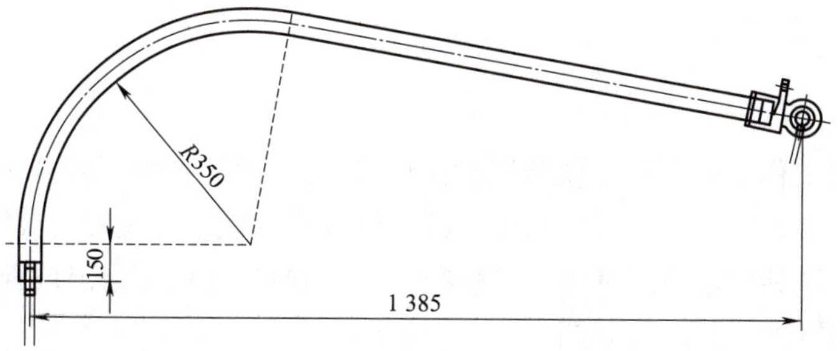

(b) A型特型定位器

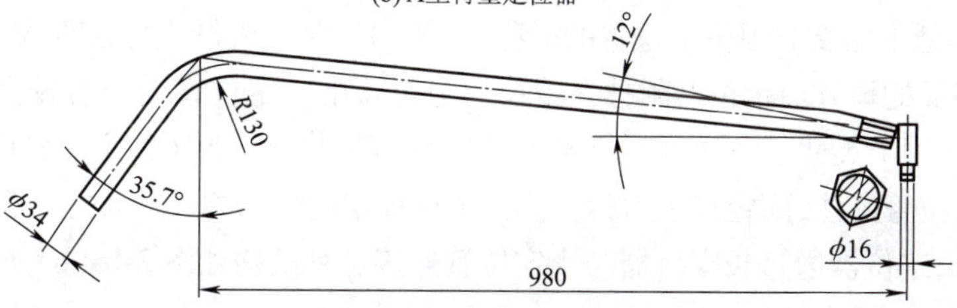

(c) 软定位器

图 3-14　常用定位器(单位:mm)

定位器在平均温度时,应该垂直于线路中心线。温度变化时,沿接触线纵向偏移在极限温度下不得超过定位器管长的1/3。

(3)定位线夹

定位线夹如图3-15所示。定位线夹由两片铜合金夹板和连接螺栓、止动垫圈等组成,其中有环夹板上带有环孔,通过定位器的固定销穿入和定位器连接起来。受电弓滑板条与定位线夹之间的夹角必须小于20°,以避免受电弓滑板与线夹螺栓头相接触。承力索、接触线间横向电流沿腕臂流入接触线的最后一个连接零件为定位线夹,所以,定位线夹安装前,需用钢刷对线夹表面、接触线上的夹持部分进行清除灰尘及氧化物处理,涂电力复合脂。定位线夹主要承受接触线水平力,其主要荷重应该由有环夹板承担,不能装反。

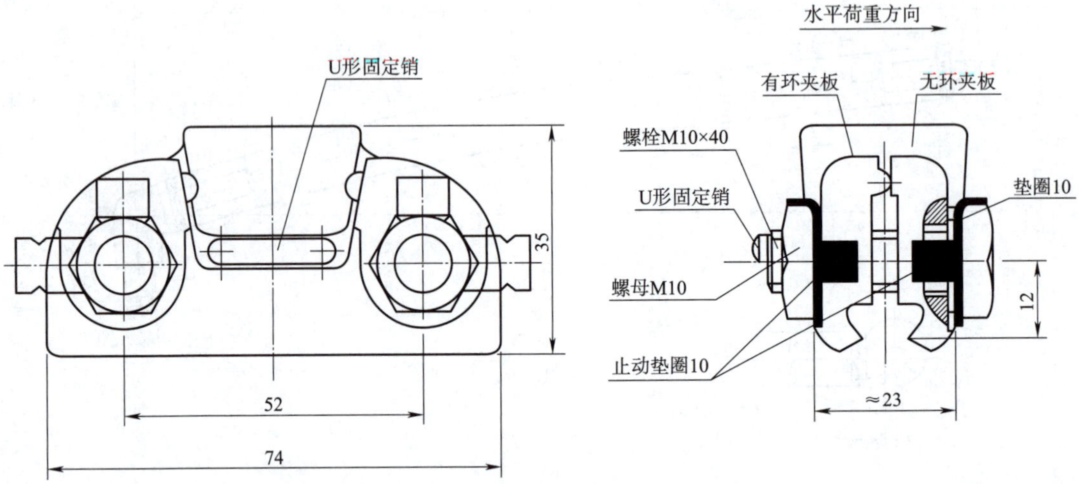

图 3-15　定位线夹示意(单位:mm)

2. 定位方式

(1)正定位

正定位是 Z 型工作支非限位定位装置的简称,根据定位器材质不同分为 ZL、ZG 型。在直线区段或曲线半径 $R>1\ 200$ m 区段,采用这种定位方式。该定位装置由直管定位器和定位管组成。定位器的一端利用定位线夹固定接触线,另一端通过定位环与定位管衔接,定位管又通过定位环固定在腕臂上。其结构如图 3-16(a)所示。

(2)反定位

反定位是 F 型工作支非限位定位置的简称,一般用于曲线内侧支柱或直线区段“之”字值方向与支柱位置相反的地方。定位器附挂在较长的定位管上。定位管受压力较大,为保证其稳定性,反定位管一般用 1 英寸、1.5 英寸或 2 英寸的镀锌钢管制成。为了使定位管保持水平,一般用两条斜拉线将定位管吊住,固定在承力索上。为了保证定位器与主定位管之间有一定的距离(大于等于 300 mm),定位器通过长支持器与主定位管连接。其结构如图 3-16(b)所示。

(3)软定位

软定位是 RD 型工作支非限位定位装置的简称,这种定位装置弯管定位器通过两股 ϕ4.0 mm锌铁线拧成的定位拉线(现场称为软尾巴)固定在绝缘腕臂上的定位环里,定位拉线活固定端在定位管侧,死固定端在腕臂侧,结构如图 3-16(c)所示。在定位器受到较大水平拉力时使用,因而它用于曲线半径 $R<1\ 000$ m 的区段。为避免在某些特殊情况下拉力过小,经过计算,在曲线力抵消反方向的风力之后,拉力需保持 0.2 kN 以上方能使用这种方式。

(4)特型定位(T 型定位)

图 3-16(d)是使用 T 型定位器进行工作支非限位定位的一种形式,主要应用在有两支工作支时,定位器须跨过另一支接触悬挂,不影响其抬升或者保持绝缘时采用,比如道岔和锚段关节处使用。

(5)ZC 型定位

ZC 型工作支非限定定位装置,采用定位管、支持器(长支持器)方式,对接触线进行定位,该种定位方式中，没有采用定位器零件，常见于城市轨道交通中。

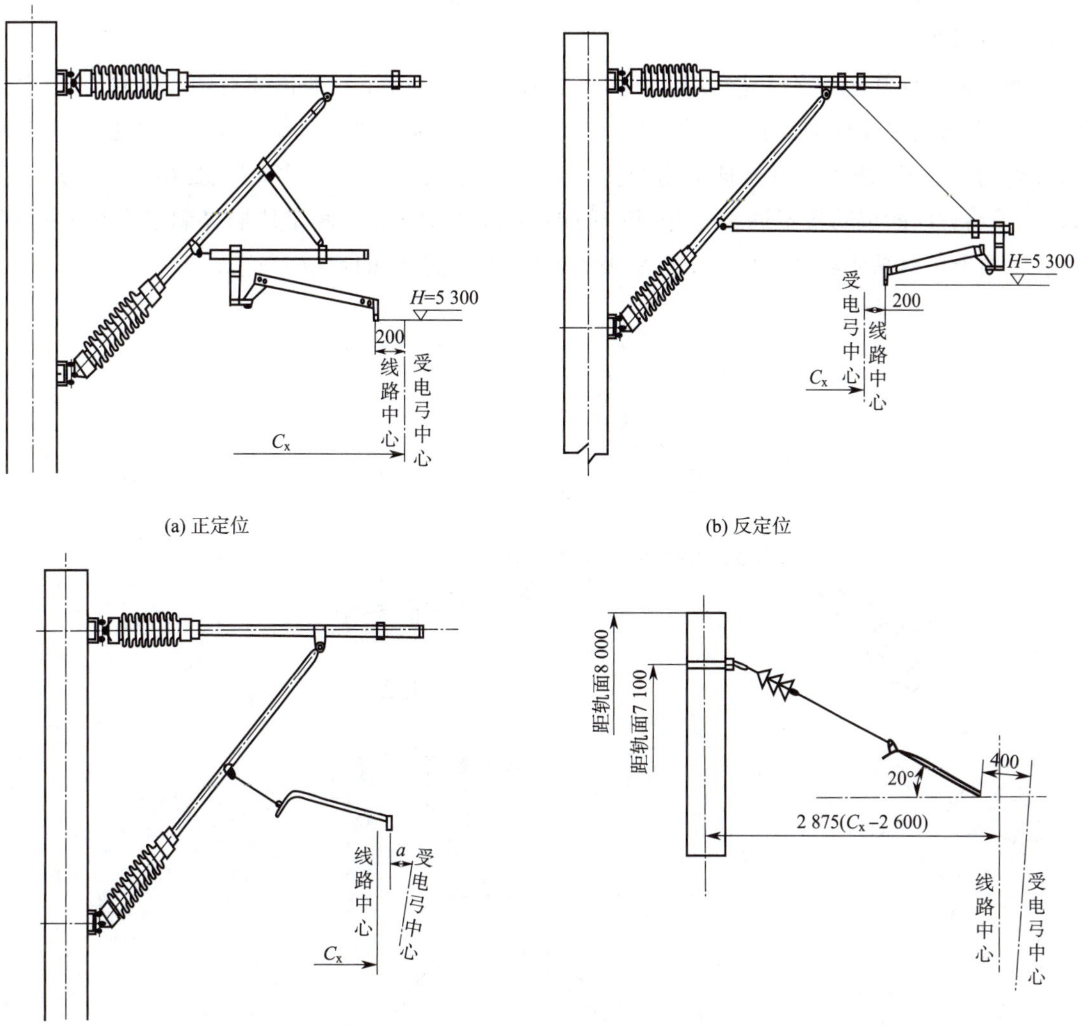

(a) 正定位　(b) 反定位

(c) 软定位　(d) 特性定位

图 3-16　定位方式安装(单位:mm)

(6)组合定位

组合定位装置用于锚段关节的转换支柱、中心支柱及站场线岔处的定位，这些地方在同一支柱处均有两组悬挂，分别固定在所要求的位置上。组合定位的方式较多，各种组合定位的作用也不相同，主要由地形条件及悬挂条件决定，其结构如图 3-17 所示。其中图 3-17(a)为组合定位器的拉(L)定位。所谓拉定位，就是两定位器都使定位管受到拉力，定位器把两支接触线拉向支柱，这种形式多用于道岔柱处的定位，其特点是两支接触线等高。图 3-17(b)为组合定位器的拉压(LY)定位，两定位器一支使定位管受拉力，一支使定位管受到压力。其一支接触线拉向支柱，另一支接触线拉向支柱的反方向(反定位)，且两支接触线等高，都处于工作状态，这是道岔定位最常用的定位形式。道岔处组合定位的第三种形式是压(Y)定位，即双定位器都使定位管受压力，定位器将两支接触线拉离支柱。图 3-17(c)为非绝缘转换柱使用的组合定位，它的一组接触悬挂为工作支，通过定位器实现定位，另一组接触悬挂为非工作支，用来抬高下锚。图 3-17(d)为中心柱使用的组合定位，通过两组定位器实现对两支接触悬挂的定位。

近年来设计修建的电气化铁路中，锚段关节的转换柱、中心柱等需要对两支接触悬挂定位的场合，多采用单支柱加双底座槽钢，两支接触悬挂各自采用独立腕臂的结构。对通过车速要求较高的线岔柱，两支接触悬挂采用两套独立腕臂，这样可以避免两支接触悬挂在温度变化时，顺线路方向的偏移量不同甚至相反(比如锚段关节处)造成两定位器偏斜量不同甚至相反。习惯上依然采用组合定位 L、LY、Y 来描述线岔处两腕臂的定位方式。

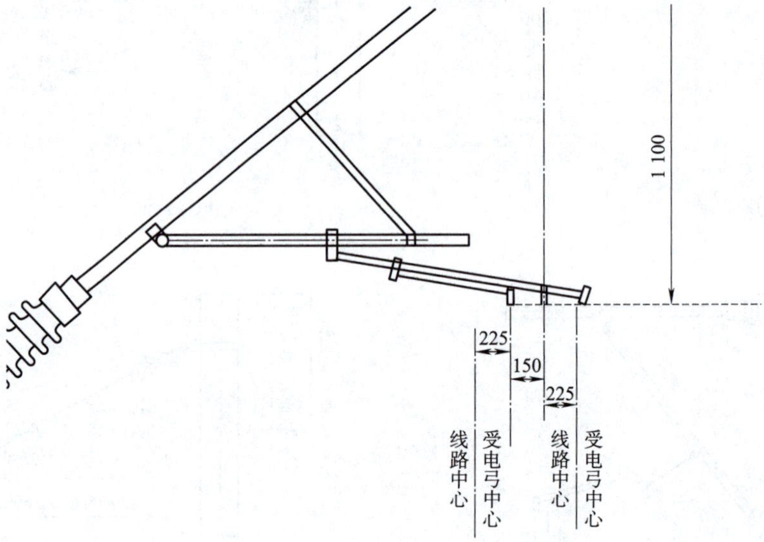

(a) L型道岔组合定位

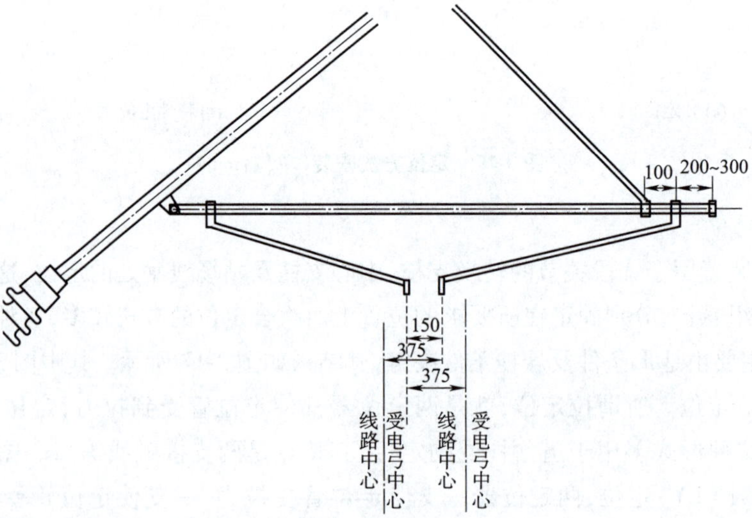

(b) LY型道岔组合定位

图 3-17　组合定位安装图(单位:mm)

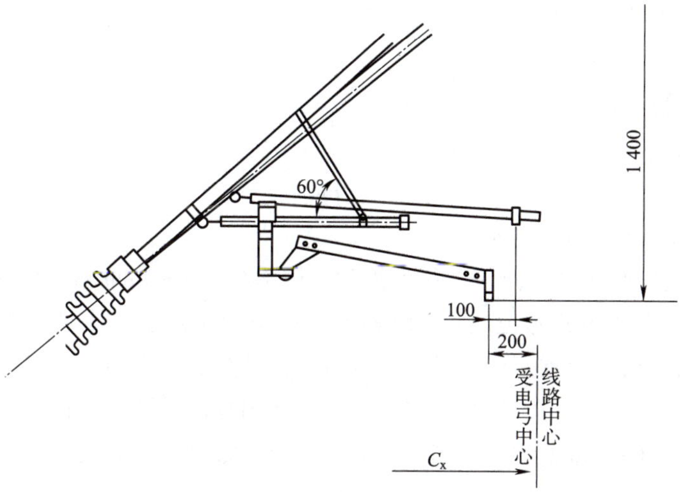

(c) 非绝缘转换柱组合定位

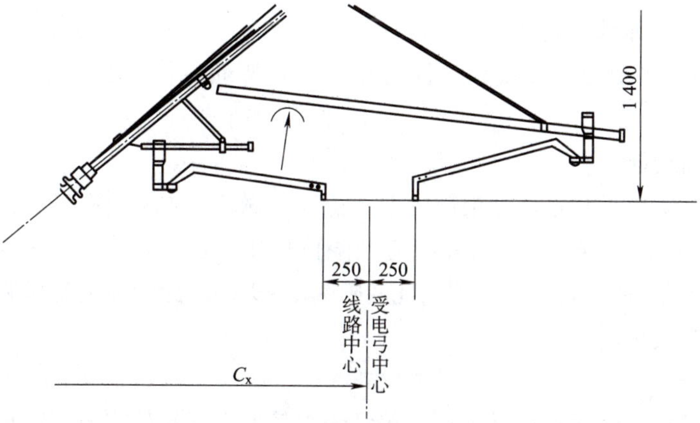

(d) 中心柱柱组合定位

图 3-17　组合定位安装图(单位:mm)(续)

从上面的叙述上可以看出,以上六种定位方式,都是对工作支接触悬挂的定位。事实上,非工作支的定位也是保持接触网良好技术状态的一部分。非工作支相对工作支需要定位于一定抬升和一定距离处。FG 定位主要由定位管、锚支定位卡子等零件构成。

以上介绍的几种定位器、定位装置都属于非限位定位器、非限位定位装置,没有限制接触线抬升量的功能,非限位定位器主要用于普速铁路、高速铁路的站线等车速较低场所。

3. 高速铁路定位装置

定位装置是在受电弓通过时,与其最接近的部件之一,它的性能好坏直接影响弓网间的受流质量,特别是在高速电气化线路上,是决定接触悬挂弹性均匀性的关键部件之一,因而高速接触网对定位装置的结构及性能要求甚为严格。在受电弓高速通过定位装置时,定位器的动态抬升量大,抬升量与接触线的高度变化、悬挂特性、线路状态、运行速度等因素有关。法国 TGV 的研究表明,定位器的最大抬升量可以达到 400 mm。定位装置在受电弓最大抬升量下不能和受电弓滑板发生碰撞。高速定位装置有非限位定位装置和限位定位装置两种类型,“限位”的含义是限制定位器的最大抬升量。限位定位装置通过限位定位器定位钩端的限位间隙大小来限制定位器的最大抬升量。为了减小定位器重量,高速定位器的材质多选用铝合金。

我国目前规定最大抬升量一般为:

$v \leq 120$ km/h 时,抬升量为 100 mm;

120 km/h $< v \leq 160$ km/h 时,抬升量为 120 mm;

$v > 160$ km/h 时,抬升量 150 mm。

在高速铁路接触网设计中,接触器最大抬升量按不小于 150 mm 进行安全校验设计(由线路设计速度决定)。非限位式定位装置的结构抬升量至少应是接触线最大抬升量的 2 倍。限位式定位装置结构的抬升量则至少应是接触线最大抬升量的 1.5 倍。中国的高速铁路正线主要采用限位定位装置。非限位定位装置主要应用于法国高速铁路。高速定位装置的关键零件是适合高速列车受流的高速定位器。国内常见的高速接触网定位装置主要有多功能定位器和限位定位器等。

(1)多功能定位器

我国在京秦线的东段和漳厦线的南段引进了日本的多功能定位器。1994 年西安铁路科研所研制的 XTK 多功能定位器和其性能相当。与普通定位器相比多功能定位器具有以下特点:

①防过量抬高功能

防抬高功能的实现是在定位器根部的铜支持环上做出一凸台,在支座上焊一三角形限位板,当定位器抬高到 100 mm 时,两者相撞起到限位作用。定位器在正常安装位置,软横跨定位器的此间隙为 5 ~ 7 mm,直线定位器的此间隙为 7 ~ 9 mm,此间隙值是靠调整减振阻尼装置下部的螺母位置来实现的。

②防离线功能

离线指电力机车正常运行时受电弓与接触线之间失去接触的现象。机车在运行中发生的离线是一种十分有害的现象,离线导致机车供电质量下降、影响机车稳定运行、弓网间拉电弧、发生高温熔蚀、损坏接触线和滑板、加速磨损、缩短寿命、离线瞬间产生的高次谐波对无线电通信设备产生干扰等。

产生离线的原因有许多,但主要是运行速度提高和风力造成的。在运行速度较低时,风力是产生离线的主要原因。当风速达到 6 ~ 10 m/s 以上时不仅会使接触线产生水平偏移,还会使接触线发生自振荡或舞动,使受电弓不能追随接触线而发生离线现象,破坏正常取流。当运行速度增加到 100 km/h 以上时,由于速度效应,受电弓滑板与接触线均发生相当大的振动而容易引起周期性的离线现象。避免离线现象应提高跨距内各点弹性均匀性,提高定位的弹性,加装减振阻尼装置,减小接触线的振动。

XTK 多功能定位器选用弹簧式装置。在正常安装位置,弹簧处于受压状态,在受电弓抬起定位器时,弹簧卸载到预压值但始终支持着定位器。这样的装置不仅能起振动阻尼作用,而且使定位器处的弹性增大。

③XTK 多功能定位器安装维护

a. 安装定位器前,首先对照图纸检查定位器、定位器支座等部件是否符合图纸要求。定位器应与对应的定位支座配套使用,切勿装错。检查其外观无损伤方可使用。

b. 将减振弹簧装置的螺母松开到底端，但勿松掉。先将定位器的定位支持环固定在定位支座下螺栓中，再用力压缩减振弹簧装置，使其螺环杆固定在定位支座上螺栓中（可利用螺环杆上工艺孔），将螺母拧紧打上开口销。

c. 将定位线夹固定在接触线上合适的位置，将接触线拉向定位器方向，使定位销钉套入定位器中，并穿入圆柱销钉，打上开口销。

d. 调整定位支座，在定位管上左右移动（软横跨调整线夹本体在定位绳上左右移动），使"之"字值达到规定的要求，拧紧螺栓使定位支座固定在垂直位置。

e. 对正定位，在定位管与腕臂之间加装支持杆，使定位管、腕臂和支撑杆之间呈三角形并固定。对软横跨定位，在上、下部定位绳之间垂直安装固定支持角钢并固定。

f. 调整定位器减振弹簧装置上的螺母，使定位支持环上的支点到定位支座之间的间隙为：

正、反定位器：7 ~ 9 mm；软横跨定位器：5 ~ 7 mm。

可取厚度为 7 ~ 9 mm 和 5 ~ 7 mm 的硬质样板，将其塞入支点到定位支座的间隙中，拧紧减振装置上的螺母，使间隙顶死为止，拔出样板。然后打入螺母上的开口销。

g. 检查全部安装好的零件。轻轻向上抬起定位器 100 mm，定位器将被顶死，松开定位器有较明显的减振效果，无卡滞现象。所有开口销处于开口状态。

h. 日常维护中应检查定位器整体外观是否良好，定位支座是否牢固、垂直，螺母应无松动，定位器上下左右活动自如，无卡滞现象，减振弹簧装置无卡滞现象，弹簧无断裂，调整定位支持环上支点到定位支座之间的间隙应符合要求。定位器安装后的定位坡度为 1∶10 ~ 1∶5 之间。

该种定位器结构较复杂，在我国铁路提速改造初期有使用，近年来逐渐被限位定位器代替。

(2) 限位定位器

在中国的高速铁路中，一般采用对定位器的抬升量进行限制的设计方案，即采用限位定位器。从哈大线建设开始，我国从德国 Re200 ~ Re330 型接触悬挂技术中引进了新型的限位定位器，近年在提速区段和高速铁路建设中得到了广泛的应用。

高速限位定位器应用较多的是材质为铝合金的 L 型限位定位器，它具有轻巧、灵活、结构简单、安装方便等特点。L 型限位定位器的主要类型有两种：直型矩形管定位器、折角型矩形管定位器，如图 3-18 所示。直型矩形管定位器主要用于直线区段和曲线超高小于 125 mm 的区段，折角型矩形管定位器一般用于曲线超高大于 125 mm 的曲线区段。

高速限位定位器的定位钩和配套的定位支座之间为钩环连接，定位支座的环处于水平位置（传统定位环的环孔安装后处于垂直位置），定位器支架上有一凸台，当定位器被抬高后，定位器定位钩侧上端的一圆形挡块和凸台间隙（即限位间隙）减小。定位器抬高达到允许的最大值时，凸台和挡块接触，从而使定位器的抬高被限制在允许范围内。定位器的抬升量和坡度都是由定位器限位间隙决定的，定位器限位间隙的施工允许偏差为 ±1 mm。

当挡块和凸台接触后，限制抬升的作用力由定位器支架传递给定位管，定位管受到抬升力。当该抬升力可能导致定位管向上旋转时，定位管不应该采用斜拉线悬吊，而应该用撑杆结构。在软横跨上使用时，下部固定绳不能提供反力矩保持定位支座的稳定性，为了保持定位支座不发生旋转，必须将定位器支架固定于立柱上，或者采用专用的软横跨吊架（定位环）配合钢管、定位器挂板使用。立柱、软横跨吊架用来提供限制定位管抬高的力矩。

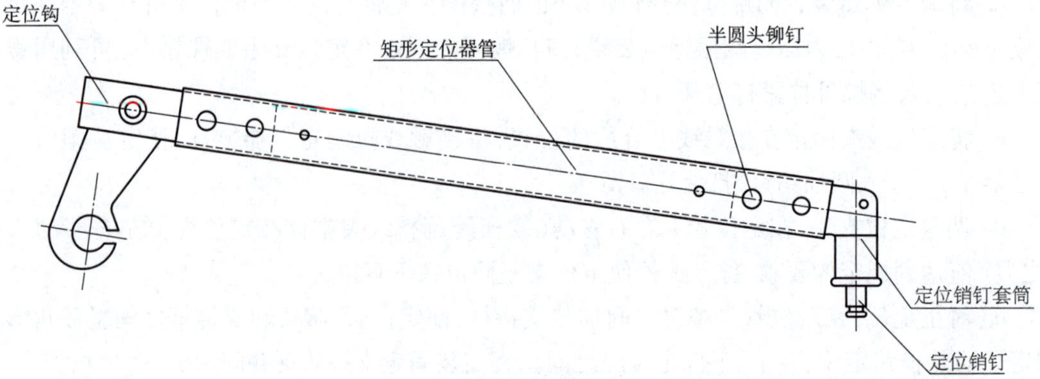

(a) 直型矩形管定位器

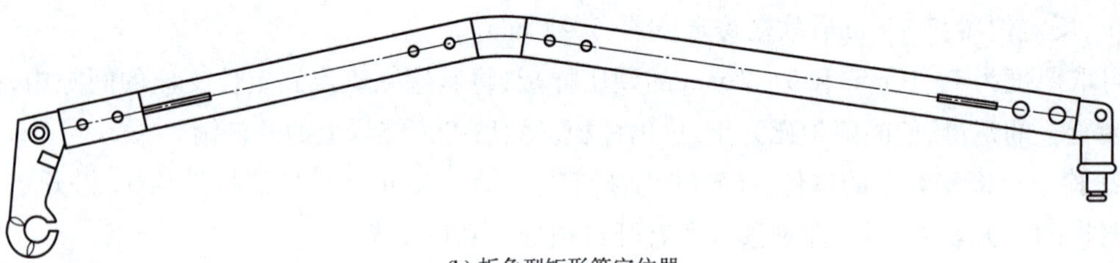

(b) 折角型矩形管定位器

图 3-18　L 型限位定位器结构

(3) 高速定位装置的装配

高速铁路定位装置的装配如图 3-19 所示，虚线框内的是定位装置部分。高速铁路装配与普通线路定位装置的不同主要有以下几个方面：

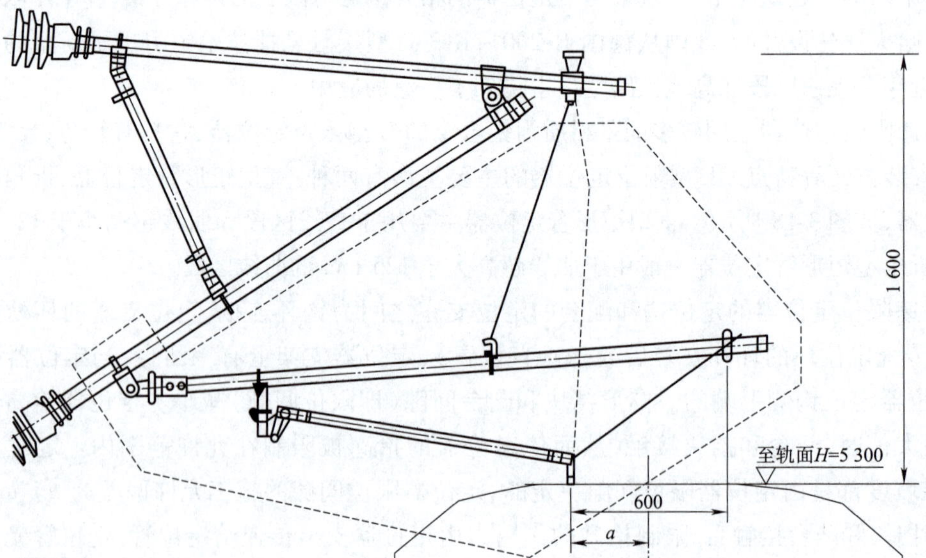

图 3-19　定位装置装配图(单位:mm)

①定位管和定位环间连接

传统的定位管通过端头的定位管钩和定位环连接，高速定位装置中采用带旋转平双耳的套筒单耳（定位环）通过销钉和定位管端头的双耳套筒连接，零件如图 3-20 所示。高速定位器通过旋转平双耳上两个互成 90°的销钉实现定位管在水平、垂直向调整。

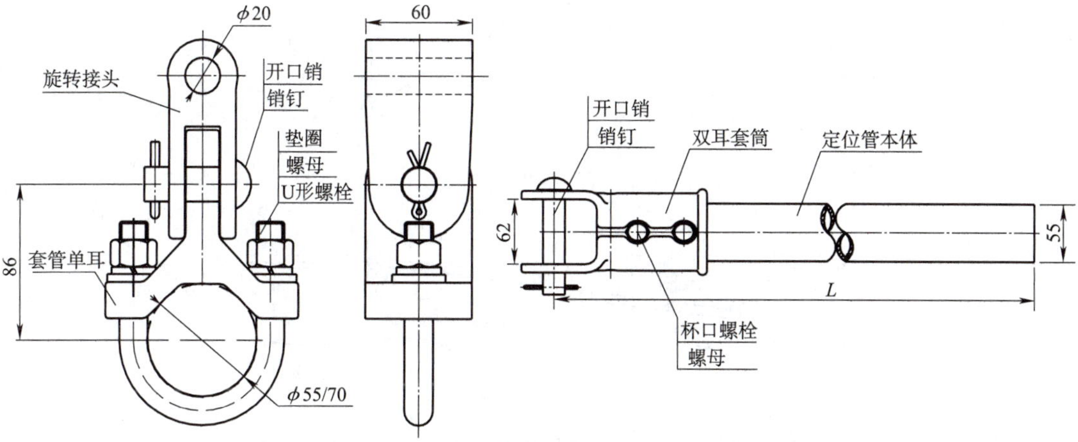

图 3-20　套筒单耳和定位管的连接图（单位：mm）

定位管和双耳套筒间通过两个杯口螺栓相连。首先根据预配计算的长度剪裁定位管，松开杯口螺栓（顶紧螺栓）和锁紧螺母，将定位管本体插入套筒双耳，并通过套筒双耳上的观察孔确认观测到定位本体。交替拧紧顶紧螺栓到 50 N · m，然后拧紧螺母到 50 N · m。最后通过销钉连接双耳套筒和旋转平双耳，将销钉开口销两支掰开夹角在 120° ~ 130°。

要特别注意的是，顶紧杯口螺栓在紧固后，杯口部分会压入定位管本体，起到紧固作用。顶紧螺栓可反复松、紧 5 次，松、紧次数增加有可能降低铝合金零件的螺纹强度和产品安全性能。

②定位支座和定位器的电气连接

定位器和定位支座间采用钩环进行机械连接，同时在定位支座和定位器间，设置电气连接线。电气连接线的作用是在定位支座和定位器间形成可靠电气连接，防止由承力索流向接触线的横向电流使定位器定位钩和定位支座上定位环间产生电蚀。电气跳线采用两端带连接端子的 35 mm^2 软铜绞线。在定位支座电气安装位置穿入 M10 × 45 螺栓，然后依次装上铜铝复合垫圈、连接端子、弹垫、螺母。安装时注意铜铝复合垫圈的铝面与定位支座侧相贴，铜面与电气连接跳线相贴，防止定位支座（铝合金）和电气跳线（铜）间产生电化学腐蚀。连接线夹平侧与铜铝复合垫圈的铜面相贴。相同方法安装定位钩侧电气跳线，连接端子平侧与铜铝复合垫圈铜面相贴。螺栓紧固力矩 25 N · m。定位器工作在振动场所，为了防松，可在安装电气跳线螺栓上使用螺栓锁固剂。

③防风拉线

在定位管和定位线夹间设置防风拉线，如图 3-21 所示。防风拉线由 ϕ3 mm 不锈钢线预制而成，长环（上端）套在定位管上的防风定位环内，短环（下端）与定位器顶端的专用孔相连。在安装时，拉线环要呈水平方向。为了便于日常维护，防风定位环应装在面向补偿装置一侧。将防风拉线上的卡箍向上推，并在末端作一个弯。

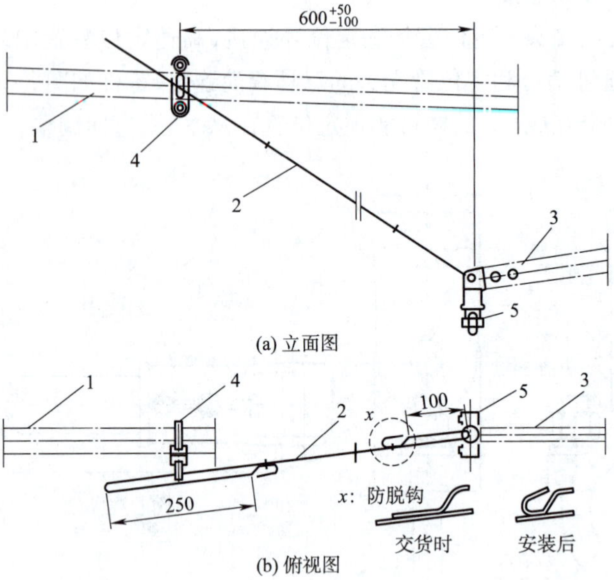

1—定位管;2—防风拉线;3—定位器;4—防风定位环;5—定位线夹。

图 3-21　防风拉线安装图(单位:mm)

防风吊弦的作用是防止定位管和定位器在外界压力负荷下产生位置变化,并保证风力负荷条件下拉出值不受影响。定位器正常工作状态下,承受接触线水平力拉力。当和水平力反方向的接触线风负载接近或大于该水平力时,定位器状态变得不稳定或发生向下偏转,影响接触网技术状态稳定性。防风拉线限制了定位器向下的偏转量,而且不影响定位器的正常抬升。只有设计计算接触线的风力负荷大于接触线的横向负荷的情况下才使用防风拉线,即一般应用于定位器受水平力相对较小的直线和半径大于1 200 m 的曲线上。现场运行表明,防风拉线的存在,在大风天气、接触线覆冰情况下,可以有效地限制接触线舞动的幅值。

④限抬间隙的调整

限位定位器的限抬量应满足受电弓动态抬升量的 1.5 倍(225 mm,该值由设计车速决定),定位器的抬升量由定位支座、定位钩处的限抬间隙大小决定,如图 3-22 所示。

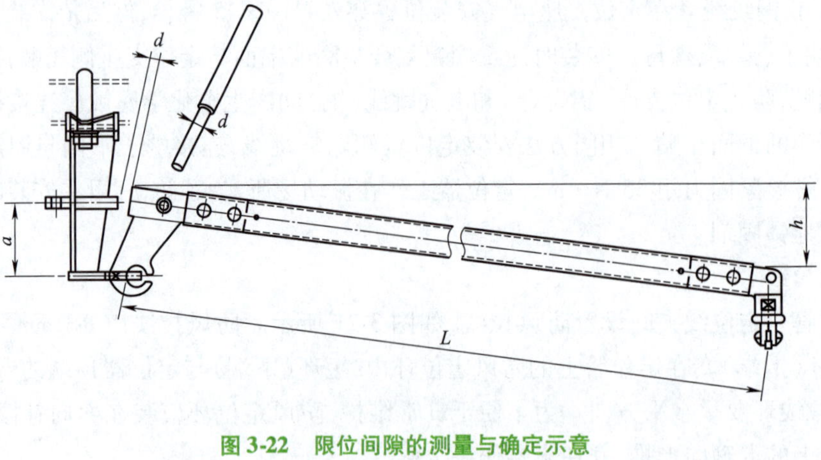

图 3-22　限位间隙的测量与确定示意

限抬间隙的大小为

$$d = h \cdot a/L \tag{3-2}$$

式中　d——限位间隙的大小(mm)；

a——定位支座圆环到凸台的距离(mm)；

h——限位范围(mm)；

L——定位器长度(mm)。

精确的定位器位置取决于定位管的倾斜角度、线路坡度、定位器长度以及导线的抬升。对于直管型定位器，限位间隙的大小通过调整定位器角度(定位管高度)、定位管坡度来实现。对于折角型矩形管定位器，定位管水平安装，限位间隙通过定位器尾部的调节螺栓来调整。保证限位间隙的同时，要求：定位器的安装角度控制在8°~13°；正定位时，面向线路中心定位管有20~150 mm/m的向上倾斜；而当处于反定位时，面向线路中心定位管有20~150 mm/m的向下倾斜；定位器线夹和受电弓滑板夹角小于20°，并且在定位器抬升范围内，不能和任何支持装置发生机械碰撞。

⑤定位管斜拉线与定位管支撑

为保持定位管位置的稳定性，采用定位管斜拉线来悬吊定位管。定位管斜拉线采用φ6.0 mm不锈钢钢丝绳铜套管压接，将压接好的定位管斜拉线一端通过心形环套入承力索座下部的钩环里，另一端通过心形环套入拉线固定钩的钩环里。套入时应先把线环顺绞制方向旋转90°后套入钩环里，再恢复正常的位置。安装时应注意避免使两端挂钩的开口处在拉线的连线段内。

当定位器抬升限位间隙顶紧后，可能导致定位管向上旋转，故不应采用定位管斜拉线，应该采用定位管支撑。定位管支撑结构和零件同腕臂支撑。在我国石(家庄)—武(汉)高速铁路、(北)京—沪(上海)高速铁路的设计中，更倾向于全部使用定位管支撑，以提高定位装置的稳定性。

4. 接触线拉出值

接触线直接与电力机车受电弓接触且发生摩擦，为了保证受电弓和接触线可靠接触、不脱线和保证受电弓磨耗均匀，要求接触线在线路上按技术要求固定位置，即在定位点处保证接触线与电力机车受电弓滑板中心有一定偏移量，称为拉出值，一般用符号“a”表示。

接触线拉出值可以使运行中的电力机车受电弓滑板工作面与接触线摩擦均匀(否则会使滑板工作面某些部分磨出沟槽，降低受电弓使用寿命)，保证接触线与受电弓接触，不发生脱弓，避免因脱弓造成的弓网事故。

接触线的拉出值的大小由电力机车受电弓最大允许工作范围、线路情况、行车速度等因素决定。在直线区段，线路中心线与机车受电弓中心线重合，接触线沿线路中心线上空成“之”字形对称布置，即直线区段接触线拉出值也称“之”字值的原因，其标准值为±200~±300 mm。拉出值的正负表示定位点处接触线的位置。当定位点位于线路中心线和支柱之间时记为正，否则记为负。在高速铁路设计中采用西门子Candrop软件进行腕臂、吊弦预配计算时，接触线至支柱距离大于线路中心距支柱距离记为正，否则为负，这种规定和我国传统设计中对接触网拉出值正负的规定是相反的，在应用中要注意。拉出值的允许误差范围为±30 mm。

曲线区段电力机车车身随线路的外轨超高向曲线内侧(简称曲内)倾斜,受电弓也呈倾斜状,线路中心线与受电弓中心不重合。曲线区段上随曲线半径不同拉出值有差异,一般在150~400 mm之间。拉出值的允许误差为±30 mm。

如果地理环境受限或设备特殊,拉出值也可适当增大(或减小),但拉出值最大不超过受电弓滑板允许工作范围(950 mm)的1/2,即拉出值最大不得大于475 mm。在高速铁路应用中,一般规定拉出值不大于400 mm。拉出值的选用必须保证最大风偏移时,跨距中任一点接触线产生的最大水平偏移不超过规定的受电弓允许工作范围。

思考:

1. 几种定位方式的应用场合有何不同?
2. 曲线区段哪一点接触线产生的最大水平偏移最大?
3. "正拉、负放、零不动"如何理解?

视频 定位器安装

视频 拉出值的调整

三、工作流程与任务

(一)流程图

定位装置检修流程如图3-23所示。

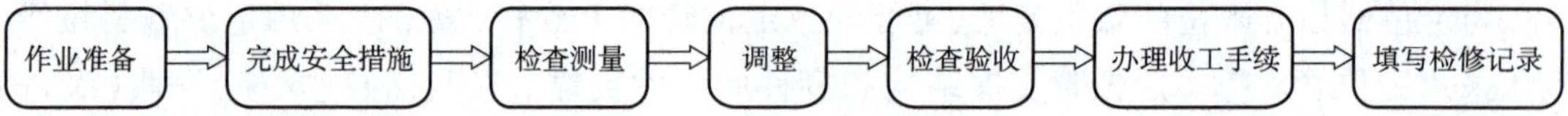

图3-23 定位装置检修流程

(二)任务组织

定位装置检修人员配置见表3-12。

表3-12 定位装置检修人员配置表

序号	项目	单位	数量	备注
1	工作领导人	人	1	全面负责现场作业组织
2	主防护员	人	1	负责办理停电和封锁,传递防护信息
3	地线监护人	人	2	监护地线操作人按标作业
4	地线操作人员	人	2	负责接挂接地线
5	高处作业人员	人	2	负责高处设备的检修作业
6	高处作业监护	人	2	负责监护高处作业人员的安全
7	司乘人员	人	2	司机、副司机各1人
8	行车防护	人	2	负责作业区段的行车安全防护

定位装置检修工具配置见表 3-13。

表 3-13　定位装置检修工具配置表

序号	名　称	规格或型号	单位	数量	备　注
1	作业车(车梯)	—	台	1	
2	接触网多功能检测仪	DJJ	台	1	
3	单滑轮	—	个	1	曲线处备用
4	坡度测量尺	—	把	1	
5	小绳	—	根	1	
6	梅花扳手	—	套	2	
7	力矩扳手	20～100 N·m	套	2	含套筒
8	温度计	—	支	1	
9	手扳葫芦	0.75 t	个	1	
10	钢丝套子	—	套	2	
11	木槌(橡皮锤)	—	把	1	
12	三段径塞棒	—	套	1	
13	线坠	—	个	1	
14	盒尺	5 m	把	1	
15	扭面器	—	套	1	

定位装置检修材料配置见表 3-14。

表 3-14　定位装置检修材料配置表

备　注	名　称	规格	单位	数量
1	铝合金定位环	根据现场确定	套	1
2	铝合金定位管	根据现场确定	套	1
3	Z 型定位支座	根据现场确定	套	1
4	W 型定位支座	根据现场确定	套	1
5	定位器	根据现场确定	套	1
6	铝合金定位管支持	根据现场确定	套	1
7	定位线夹	根据现场确定	套	1
8	电气连接跳线	根据现场确定	套	1
9	螺栓	根据现场实际需要	套	若干
10	开口销	根据现场实际需要	个	若干
11	定位管管帽	根据现场确定	个	2
12	电力复合脂	—	管	1
13	铁线	ϕ4.0 mm	kg	若干

(三)技术标准

定位装置结构及安装状态应保证接触线工作面平行于轨面连线,定位点处接触线的弹性符合规定。当电力机车、动车组受电弓通过和温度变化时,接触线能上下左右自由移动。

1. 定位器

(1)定位器应与腕臂顺线路偏移的方向、角度相一致。

(2)定位器限位间隙应符合设计要求,允许偏差为 ±1 mm。且应满足受电弓最大动态抬升量的限位要求,在 1.5 倍最大动态抬升量时限位间隙为 0。非限位定位器根部与接触线高差符合设要求,允许偏差为 ±10 mm。

(3)定位器应处于受拉状态(拉力≥80 N),定位器静态角度(定位器与轨面连线之间的夹角)标准如下:

标准值:8°;

标准状态:6°~10°;

警示值:6°~13°;

限界值:4°~15°。

(4)定位器偏移

标准值:平均温度时垂直于线路中心线,温度变化时沿接触线纵向偏移与接触线在该点的伸缩量相一致;

标准状态:标准值 ± 偏移量的 10%;

警示值:同标准状态;

限界值:极限温度时,偏移值不得大于定位器(定位管)长度的 1/3。

(5)转换支柱处两定位器能分别随温度变化自由转动,不得卡滞。非工作支和工作支定位器、管之间的间隙不小于 50 mm。

2. 定位管

(1)正、反定位管状态均应符合设计要求。定位管应与腕臂在同一垂面内。

(2)定位管端部余长为 50~150 mm。吊钩定位环距接触线悬挂点一般为 400 mm。吊钩定位环开口正定位时朝支柱侧,反定位时朝远离支柱侧。

3. 其他

(1)防风拉线环的 U 形螺栓穿向补偿下锚方向(以中心锚结为界),防风拉线长环在定位管端,短环在定位器端。

(2)防风拉线固定环距定位器端头水平距离为 600 mm,允许误差 $^{+50}_{-100}$ mm,面向下锚侧安装,防风拉线与水平方向呈 45°。防风拉线短环端回头 100 mm,长环端回头 250 mm。防风拉线固定环应位于长环中间位置。

(3)定位管吊弦应顺直受力,与弹性吊索间隙大于 50 mm。

(4)定位环应垂直线路方向安装,避免与旋转平双耳出现剪切力。

(5)定位管水平或抬头时应安装管帽,低头时不宜安装管帽。

(6)定位器支座处电气连接线安装应符合设计要求,且不应与定位支座限位止钉相互摩擦。铜铝双面垫片安装正确,铝面与定位器和底座接触,铜面与电气连接线鼻子接触。

(7)定位线夹安装正确,接触面应涂导电介质。定位线夹或锚支定位卡子受力面符合要求，有环夹板远离定位钩和定位支座侧。U 形销向上弯折 60°。

（四）检修程序和方法

1. 作业准备

按规程要求填写工作票并交付工作领导人，工作领导人向作业组全体成员宣读工作票、分工并进行安全预想，检查工具、材料。

2. 完成安全措施

做好安全措施，工作领导人确认完成安全措施后，通知各作业组开工。

3. 检查测量

检查定位管、定位环、定位管支持、定位器、定位支座、定位线夹及 U 形销，外观应无裂纹、锈蚀、损伤、变形，定位器电气连接线应无缺失或烧伤等异常情况。

检查定位装置结构及状态应符合要求，定位环、定位管支持套管单耳、双耳套筒、定位支座等位置应无变化，定位管、定位器应状态良好，确保接触线工作面正确，定位点处弹性满足技术要求。

（1）定位管（含双耳套筒、定位环）（图 3-24）检查

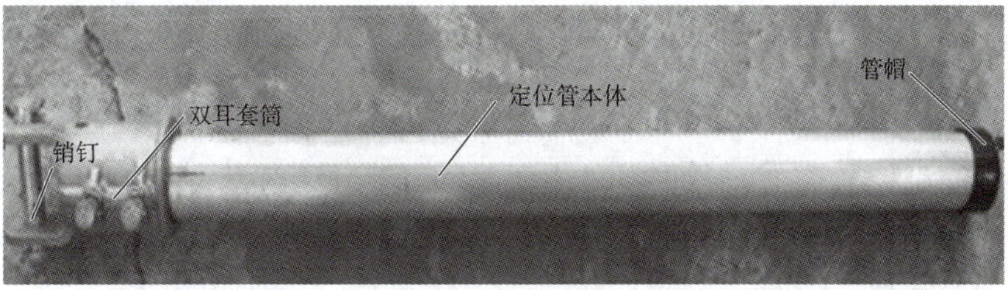

图 3-24　定位管实物

①上、下行定位管间距检查：检查锚段关节时，上、下行定位管间距是否符合标准，正常情况下不应小于 2 000 mm，困难情况下不应小于 1 600 mm。

②定位管状态检查：按照设计及规范要求，标准情况下定位管应当水平，坡度允许误差不得大于 150/1 000，且正定位只允许抬头、反定位只允许低头。

③定位管与双耳套筒连接状态检查：双耳套筒上销钉应无裂纹、变形、锈蚀等异常情况；双耳套筒销钉上开口销安装正确无缺失；双耳套筒顶紧螺栓状态良好。定位管端部余长一般为 50～150 mm。

④定位管管帽检查：按照设计要求，首先判断该定位管是否需要加设管帽，再检查管帽状态，定位管管帽应无破损。

（2）定位环（图 3-25）检查

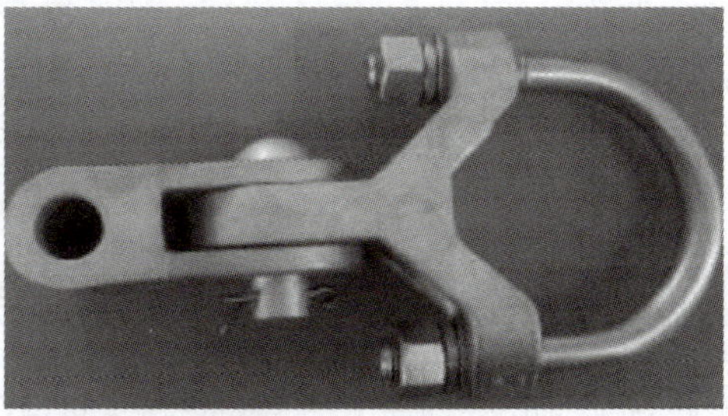

图 3-25　定位环实物

①定位环是连接定位管与斜腕臂的主要连接受力件，检查零件外层氧化情况、本体是否有裂纹、受力是否均匀，横向、纵向转动是否灵活等。

②连接销钉、开口销应安装正确无缺失。

③观察单耳套管 U 形螺栓弹簧垫圈的状态，若弹簧垫圈处于不受力状态，则说明螺栓力矩偏小，若弹簧垫圈被压平，则说明螺栓处于正常的受力状态。

(3)定位支撑(图 3-26)检查

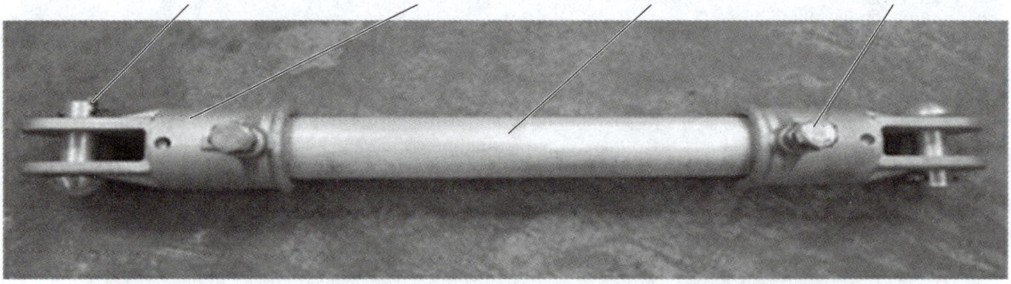

图 3-26　定位支撑

①定位支撑是稳定定位管水平的一个主要部件，由两个双耳套筒和一个支持管组成。检查定位管支持本体、双耳套筒应完好无裂纹，顶紧螺栓及螺母无缺失。

②通过观察双耳套筒本体上面的小孔，检查支持管是否安装到套筒底部。

(4)定位器检查

①检查定位器型号是否符合设计要求，定位器有无弯曲、损坏。

②定位器端部定位钩是否存在烧伤磨损现象。

③定位器若处于受压状态易对定位器本体造成损伤，因此在定位器定位钩环和定位器支座连接处两个钩环应该处于相互拉伸的状态，若出现相互对顶说明安装错误应及时调整。

(5)定位线夹(图 3-27)检查

①检查定位线夹(锚支定位卡子)本体是否有影响使用的质量缺陷或裂纹，受力面安装是否正确；定位线夹 U 形销无敲击痕迹、无损伤，状态良好。

②检查定位线夹本体，不得出现裂纹、紧固螺母缺少等现象，观察定位线夹与接触线的连接处电力复合脂是否涂抹到位。

③检查定位线夹受力面是否安装正确，有环夹板要处于受压状态，若无环夹板处于受压状态则安装错误。

图 3-27　定位线夹

④定位线夹 U 形销穿向及折弯角度检查：定位线夹顶面与定位器本体间隙不得大于 5 mm。用盒尺测量定位线夹顶面与定位器本体间隙，测量数据大于5 mm时，说明无环夹板牙型未卡入定位器固定销凹槽，存在严重安全隐患，应打开定位线夹重新安装，确保无环夹板牙型卡入定位器固

定销凹槽。

定位线夹U形销正确安装方法为从无环夹板穿向有环夹板方向，若安装时U形销从有环夹板穿向无环夹板，则定位线夹与定位器连接不牢靠，存在严重安全隐患。

U形销从无环夹板穿出有环夹板后，为防止振动脱落，应将U形销向上折成60°角，在检查定位线夹时要对U形销的折弯角度进行检查，若角度不足应及时进行调整，防止脱落。同时要检查定位线夹紧固螺栓穿向是否正确，按照安装标准，紧固螺栓的穿向应该是与U形销的穿向是一致，即从无环夹板穿向有环夹板。

⑤止动垫圈安装工艺检查：定位线夹的止动垫圈的两个止动垫片长短是不一致的，安装时互成180°掰折安装，长支向定位线夹本体侧掰折，短支向紧固螺母方向掰折，且要求止动垫圈与线夹本体、紧固螺母连接密贴。

(6)定位器电气连接线检查

检查定位器电气连接线无烧伤、断股、散股，连接线夹压接状态良好，安装角度符合要求，铜铝复合垫圈、弹簧垫圈无缺失，状态良好。

(7)定位器坡度检查

根据不同曲线半径，定位器静态角度一般控制在8°～13°。

使用DJJ-8激光测量仪，根据定位器坡度测量功能提示，分别选取定位线夹接触线和定位器根部钩环位置进行测量。

(8)定位器限位间隙检查

控制定位器抬升量是接触网设计安装中一个重要指标。在目前的设计中往往单独给出限位间隙或最大抬升量两个相互独立的数值，但是在实际调整过程中发现两个数值是相互联系的，因此在日常的检查中要同时对限位间隙和最大抬升量进行检查，检查标准见表3-15。

表3-15　限位间隙和最大抬升量对照表

序号	定位器长度/mm	定位器坡度	定位管坡度/‰	最大抬升量为200 mm时的限位间隙/mm	最大抬升量为225 mm时的限位间隙/mm	最大抬升量为240 mm时的限位间隙/mm
1	1 050	8°～13°	$0 \leq X_{正} \leq 0.15$； $-0.15 \leq X_{反} \leq 0$	17.1	19.3	20.6
2	1 150	8°～13°	$0 \leq X_{正} \leq 0.15$； $-0.15 \leq X_{反} \leq 0$	15.7	17.6	18.8
3	1 250	8°～13°	$0 \leq X_{正} \leq 0.15$； $-0.15 \leq X_{反} \leq 0$	14.4	16.2	17.3
4	1 350	8°～13°	$0 \leq X_{正} \leq 0.15$； $-0.15 \leq X_{反} \leq 0$	13.3	15.0	16.0

4. 调整

(1)定位管上、下行间距不足调整

当锚段关节处上、下行定位管间距不足1 600 mm时，如图3-28所示，采取减小两定位管外露长度的方法，适当切除两定位管端部，使上、下行定位管间距符合规范要求。

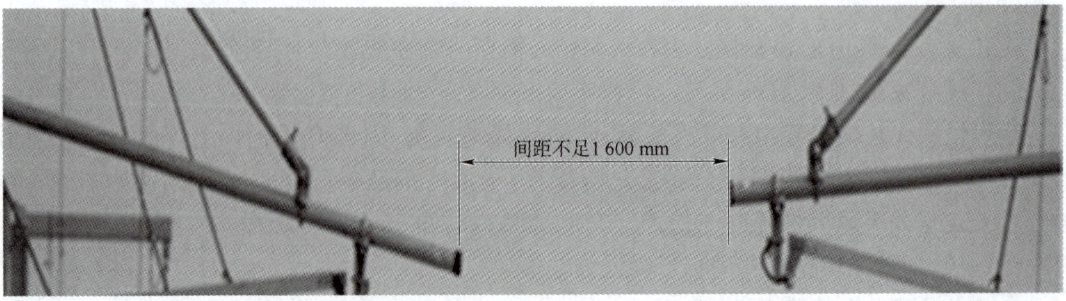

图 3-28　定位管上、下行间距示意

(2)定位器偏移值不符合标准调整

①根据测量数据,确定调整方向和调整量。

②先在承力索上做好标记,松动承力索座螺栓,推动腕臂移到标准位置。

③用小绳或手扳葫芦将定位器卸载,松动定位线夹螺栓,将定位器调至标准位置,按标准力矩紧固。

④拆除小绳或手扳葫芦。

(3)定位器坡度不符合标准调整

①在保证接触线高度的前提下,确认调整量和调整方向。

②利用小绳或手扳葫芦将定位器卸载,松动定位环线夹螺栓,调整定位管高度。

③调整后用坡度仪复测定位器坡度,直至符合要求。

④所有参数都符合要求后,用力矩扳手按设计要求对各部螺栓进行紧固。

(4)限位间隙不符合标准调整

调整定位管高度,参照定位器坡度不符合标准调整。

(5)定位线夹受力面反倒装或损伤更换

①用小绳或手扳葫芦将定位器卸载。

②松动定位线夹螺栓,对受力面反的定位线夹进行倒装(或对损伤的定位线夹零部件进行更换)。

③更换完毕,检查各参数符合要求后,拆除小绳或手扳葫芦。

(6)定位器弯曲、损坏更换

①用小绳或手扳葫芦将定位器卸载。

②松动定位线夹螺母,使定位器与接触线脱离,拆除定位器。

③更换定位器,定位线夹处涂抹电力复合脂,紧固定位线夹螺母。

④拆除小绳或手扳葫芦,复测调整后的导高、拉出值,直至符合标准,否则重新调整。

(7)定位支座磨损更换

①正定位将手扳葫芦挂套子一端打在腕臂支持处,另一端打接触线上;反定位将手扳葫芦一端打在反定位管端头,另一端打在接触线上。摇动手扳葫芦将定位器卸载(应对接触线采取保护措施)。

②松动定位支座 U 形螺栓,拆除更换损坏的定位支座,按原位置恢复并紧固。

③松动手扳葫芦恢复定位装置,复测更换定位支座后的导高、拉出值应符合标准,否则重

新调整。

5. 检查验收

检修作业完成后,需复测各部位技术参数,对检修后的设备质量进行复核验收。

(1)定位装置的结构及安装状态应保证接触线工作面平行于轨面连线,定位点处接触线的导高、拉出值及弹性要求符合规定。

(2)定位器和腕臂顺线路偏移的方向、角度相一致,定位线夹安装正确。

(3)定位器等电位连接线安装符合设计要求。

(4)根据不同曲线半径,定位器静态角度符合 8°~13°要求。

6. 办理收工手续

(1)工作领导人确认各作业组工作结束,人员机具均已撤至安全地带后,通知监护人员撤除地线及其他安全措施。

(2)工作领导人确认安全措施撤除后,通知驻站联络员申请消除停电作业命令和线路封锁命令。

(3)工作领导人召开收工会,办理收工手续。

7. 填写检修记录

按照当天检修情况填写检修记录。

四、分析与思考

本任务主要是定位装置检调,填写检测记录关系到接触网的结构和技术标准要求,因此,如何保证检调作业的正确至关重要。本任务在实际工作中需要注意以下问题:

(1)拉出值、定位坡度、定位偏移不得超过安全值,线夹不得偏斜,不得人为造成定位硬点。

(2)拉出值调整要考虑接触线与承力索的布置,保证其连线能够垂直于轨面连线,在曲线区段要防止承力索向曲线外侧偏斜。

(3)调整弹性支座时,应保证其腕臂在任何条件下对固定接地体的空气间隙不小于 300 mm。

(4)作业人员不宜位于线索受力方向的反侧,并采取防止线索滑脱的措施。

(5)定位器上的定位线夹安装时,应使其螺母受压,定位线夹与接触线接触面应涂电力复合脂。

(6)定位环应沿线路方向垂直安装,定位管上定位环的安装位置距定位管根部不小于 40 mm,定位装置各部件之间应连接可靠,定位钩与定位环的铰接状态良好。

(7)软定位器的定位拉线调整端在定位器侧,固定端在腕臂侧。

五、任务评价

姓名：

任务名称:定位装置的维护与检修　　　　实际考核时间：　　min

项目	配分	序号	评分标准	扣分	得分	备注
作业准备	15 分	1	人员着装整齐,安全劳保用品佩戴齐全,一项不合格扣2 分			
		2	材料、工具型号选择正确、作业开始前摆放整齐,并进行检查。材料、工具选错一项扣 2 分,未进行检查或检查不到位扣 2 分			
作业质量	60 分	1	定位器更换前不得出现接触网状态参数未测量,否则扣 3 分			
		2	定位线夹受力面安装正确,否则扣 5 分			
		3	定位器、定位管安装完成后应垂直一线,定位支座应垂直,否则扣 2 分			
		4	定位器坡度符合《维规》标准(口述标准),错误或遗漏一项扣 2 分			
		5	定位器拉出值符合标准 ±30 mm,否则扣 2 分			
		6	定位线夹安装应入槽,紧固顺序正确,否则扣 5 分			
		7	力矩符合标准,否则每处扣 2 分			
		8	定位线夹的止动垫片安装正确与线夹本体、紧固螺母连接密贴,否则扣 2 分			
		9	定位器电气连接线安装角度符合要求,铜铝双面垫圈接触面正确、弹簧垫圈无缺失,否则扣 2 分			
		10	作业完毕,工料具不得遗留在线路上,否则扣 10 分			
安全及其他	20 分	1	不得出现划伤、碰伤、高处落物,否则 1 次扣 5 分			
		2	出现较重伤害,取消资格			
		3	不得出现其他违反作业标准项,否则每次扣 5 分			
		4	作业过程中规范使用安全带,否则提醒一次扣 2 分			
		5	辅助人员 1 名,辅助人员仅可参与扶稳工具,绑扎、起吊、传递工具的工作且需要作业人员口头指挥后方可执行,除严重安全问题外,不得提醒作业人员。否则裁判提醒一次扣 2 分			
		6	作业时间 20 min,每超 1 min 扣 1 分,时间以秒计,不足 1 分钟算 1 min,超过 5 min判定失格			
作业结束	5 分	1	清理工料具,并摆放整齐,未按照要求扣 5 分			
合计	100 分					

注:每个项目扣分累计不超过其配分,扣完为止。

操作开始时间：　　时　　分　　　　操作结束时间：　　时　　分

考评员：　　　　统分人：　　　　年　　月　　日

任务三　硬横跨的维护与检修

硬横跨是接触网的核心组成部分，其典型工作任务是接触网维护与检修的重要组成部分，和其他模块共同组成接触网的日常维护与检修工作。

一、任务书

图 3-29 是硬横跨结构示意。根据实训基地实物进行硬横跨检调，并将检调结果填入表 3-16“硬横梁检修记录”。

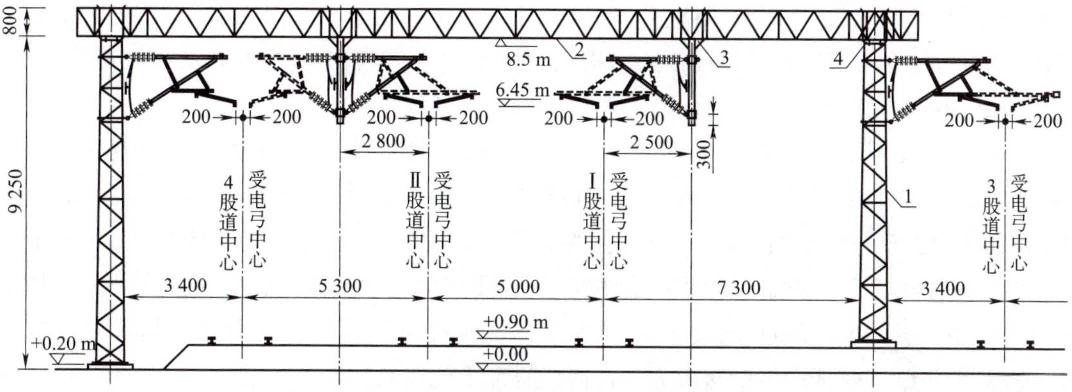

(a) 吊柱式硬横跨

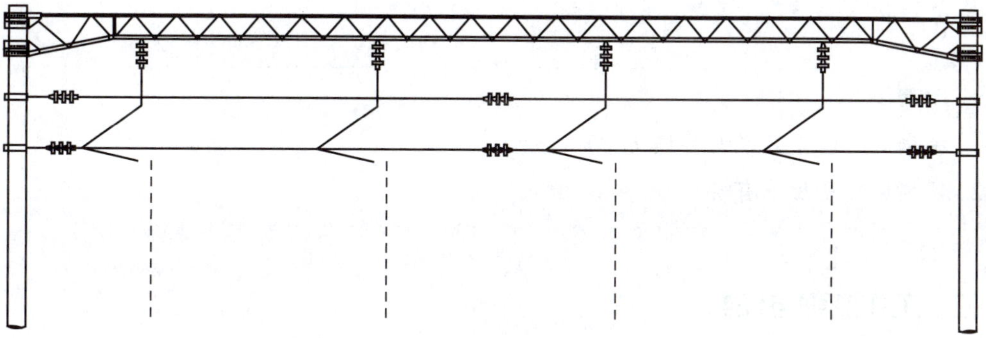

(b) 带定位索的门型硬横梁结构

1—支柱；2—横梁；3—倒立柱；4—硬横梁与支柱固定金具。

图 3-29　硬横跨结构（单位：mm）

表 3-16　硬横梁检修记录

序号	杆号	检修日期	支柱状态	硬横梁状态	倒立柱状态	与正线夹角	各部螺栓	检修人	备　注

二、知识准备

随着铁路提速和高速铁路建设，硬横跨越来越多地使用在干线铁路中。硬横跨结构如图 4-31所示，主要由横梁、支柱和基础组成。硬横跨类型多种多样，从接触悬挂的悬吊形式上分为吊柱硬横跨和定位索硬横跨。吊柱硬横跨主要由横梁和吊柱组成，接触悬挂通过腕臂装置固定在吊柱上，如图 4-31(a)所示。定位索硬横跨主要由横梁和上下部定位索组成，如图 4-31(b)所示。按照支柱外形分为等径圆混凝土支柱硬横跨、钢管支柱硬横跨、矩形格构钢柱硬横跨等。按照支柱和横梁连接方式分为刚接硬横跨和铰接(简支)硬横跨。

在站场中使用硬横梁的主要优点为：采用硬横跨可以提高接触网的稳定性，减少列车高速通过时接触网振动对相邻线路接触悬挂的干扰，明显改善了弓网的受流质量；硬横跨便于工厂化预制，提高了施工效率、减少了调整工作量；硬横跨结构可以降低对支柱高度、弯矩和基础承载能力的要求；在大型客站采用硬横跨结构比软横跨整齐、美观。其主要缺点为投资较大、结构较笨重、钢结构防锈成本高，横向跨距不易过大。

横梁一般使用格构式结构(跨距较小时，也可以使用实腹结构)，主要有角钢制成的矩形(截面为矩形)格构式横梁和钢管制成的三角形(截面为三角形)格构式横梁。跨度大时可以采用三个(或五个)梁段拼接组成。梁段分为边段和中段，一般一定坡度预起拱。吊柱一般为“Y”形方吊柱和“T”形的圆吊柱两种，吊柱可以在硬横梁长度范围内任意位置安装。吊柱的两柱脚间距一般为 1 300 mm，通过固定杆连接在硬横跨的下弦杆上，采用大柱脚间距可以减少吊柱对硬横梁下弦杆产生的次应力。任何线材都不能在硬横梁上下锚。

硬横跨吊柱上腕臂装配和腕臂柱类似，一般侧面限界较小，在定位绳式结构中，其装配和软横跨节点类似。

思考：

1. 硬横梁一般设置在哪些场所，为什么？
2. 硬横梁常见故障有哪些？

三、工作流程与任务

(一)流程图

硬横跨检修流程如图 3-30 所示。

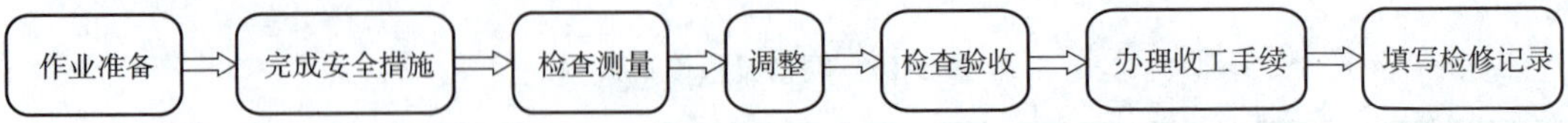

图 3-30　硬横跨检修流程

(二)任务组织

硬横跨检修人员配置见表 3-17。

表 3-17 硬横跨检修人员配置表

序号	项 目	单位	数量	备 注
1	工作领导人	人	1	
2	主防护员	人	1	
3	作业人员	人	2	
4	行车防护兼地线监护	人	2	根据现场实际情况设置
5	地线操作人	人	2	根据现场实际情况设置
6	地面辅助人员	人	4	推扶(车梯)
7	作业车司机	人	2	作业车

硬横跨检修工具配置见表 3-18。

表 3-18 硬横跨检修工具配置表

序号	名 称	规格或型号	单位	数量	备 注
1	作业车(车梯)	—	辆(台)	1	
2	盒尺	5 m	把	1	
3	水平尺	—	把	1	
4	小绳	—	条	1	
5	力矩扳手	60 ~ 200 N · m	套	1	
6	激光测量仪	DJJ-8	台	1	
7	活口扳手	450 mm	把	2	非常规

硬横跨检修材料配置见表 3-19。

表 3-19 硬横跨检修材料配置表

序号	名 称	规 格	单位	数量	备 注
1	螺母	—	套	适量	根据现场实际情况
2	铁线	ϕ4. 0 mm	kg	适量	
3	防锈漆	—	kg	适量	
4	螺栓	M20 × 100	套	适量	
5	高效油脂	—	kg	若干	
6	螺母	16 ~ 24 mm	套	适量	含垫片
7	砂纸	—	张	若干	
8	银粉漆	—	kg	适量	

(三)技术标准

(1)上下部定位索应布置在同一个铅垂面内,呈水平状态,允许有平缓的负弛度,5 股道及以下者负弛度不超过 100 mm,5 股道以上者不超过 200 mm。

(2)上下部定位索不得有接头、断股和补强。

(3)下部定位索距工作支接触线的距离不得小于 250 mm。

(4)硬横梁呈水平状态,各段之间及其与支柱应连接牢固,螺栓紧固力矩应符合设计要求。

(5)硬横梁锈蚀面积超过 20% 时应除锈涂漆。

(6)吊柱在安装后应处于竖直状态,距相邻线路的限界满足《铁路技术管理规程》要求。

(7)钢柱及硬横梁角钢应无变形和弯曲。

(四)检修程序和方法

1. 作业准备

按规程要求填写工作票并交付工作领导人,工作领导人向作业组全体成员宣读工作票、分工并进行安全预想,检查工具、材料。

2. 完成安全措施

做好安全措施,工作领导人确认完成安全措施后,通知各作业组开工。

3. 检查测量

(1)外观检查

①硬横梁支柱(含钢管柱、格构式钢柱)、横梁本体检查

钢柱本体无锈蚀,无弯曲变形;各焊接部分无裂纹、开焊;表面无镀锌层剥落或氧化现象;硬横梁锈蚀面积不得超过20%;格构式钢柱主角钢不得有弯曲,副角钢弯曲不得超过2根;站内和行人较多的硬横梁钢柱必须安装"高压危险"标志牌,如图3-31所示。

图3-31 "高压危险"标志牌

②硬横梁衔接部检查

横梁与钢柱、横梁与横梁、横梁与吊柱衔接处两法兰盘安装必须密贴,不得有垫块。连接螺栓、螺母齐全,螺栓穿向正确,无氧化锈蚀情况,螺栓安装牢固。

③吊柱检查

a. 吊柱本体无虚焊、漏焊、弯曲、裂纹、严重腐蚀生锈、镀锌层剥落或氧化等现象。

b. 吊柱本体处于铅垂状态,可以用斜率尺或坡度仪对吊柱的倾斜度进行检测,倾斜度不超过1°。

c. 平、斜腕臂主、副角钢与吊柱本体密贴,平、斜腕臂底座螺栓与吊柱本体密贴,螺母紧固力矩到位,螺栓无锈蚀、裂纹现象。

d. 吊柱杆号牌固定良好,无锈蚀、松脱现象。

e. 吊柱底座与硬横梁安装牢固,底座垫片不应超过3片,垫片应平整,厚度均匀;逐个检查硬横梁吊柱底座螺栓,螺栓必须是双螺帽,螺杆穿向要由下向上,拧紧螺帽后螺栓外露长度不得大于30 mm,力矩要紧固到位。

f. 测量吊柱的侧面限界,距相邻线路的限界满足《铁路技术管理规程》要求。吊柱正线侧面限界≥2.5 m,侧线直线上的侧面限界≥2.2 m,曲线应相应加宽。

④门形框架检查

门形框架本体无锈蚀，焊接点无开焊，安装牢固，与硬横梁衔接处螺栓力矩紧固到位。硬横梁门形框架如图 3-32 所示。

图 3-32　硬横梁门型框架示意

⑤支柱基础检查

基础螺栓无锈蚀现象，螺母齐全无缺失，基础垫层填充砂浆无破损、开裂。

(2)测量

同组硬横跨(梁)支柱顺、横线路方向均应直立，两支柱中心连线应垂直于正线中心线，偏差角不大于 2°。横梁呈水平状态，允许有轻微负弛度，但不得有正弛度。铰接硬横梁的挠度小于梁长的 1/200，刚接硬横梁的挠度小于梁长的 1/360。安装高度应符合设计要求，允许偏差0 ~ +100 mm。

一般情况下，横梁下弦底面距接触网带电体的绝缘距离不小于 500 mm。在特殊区段(如渡线吊柱)带电体距离接地体不小于 500 mm，困难情况下不得小于 300 mm。

门形框架正馈线最低点与横梁上顶面距离一般不小于 500 mm。

带电体与相关接地体距离如图 3-33 所示。

图 3-33　带电体与相关接地体距离示意

4. 调整

(1)除锈。

当角钢、吊柱本体或门形框架本体出现锈蚀时，首先用砂纸(或专用除锈喷砂机)进行除锈，直至露出金属本色，然后喷涂防锈漆，最后喷涂银粉漆。

(2)基础螺栓。

硬横梁支柱基础螺栓紧固不到位时，用大活动扳手套加力杆紧固到位。螺栓锈蚀时，涂抹高效油脂。基础螺母锈蚀时，应更换螺母并紧固到位。

(3)吊柱螺栓。

硬横梁吊柱底座螺栓、吊柱腕臂底座螺栓紧固不到位时，用力矩扳手紧固到位。吊柱腕臂底座主副角钢、腕臂底座螺栓与吊柱本体不密贴时，松开螺母重新调整使其密贴。螺栓有锈蚀、裂纹现象，重新更换螺栓。

(4)吊柱垂直调整。

当吊柱倾斜度超过1°时，对吊柱底座进行调整。松动吊柱倾斜方向同侧的螺栓，插入适量薄垫片，调整吊柱用的垫片不得超过3片(不超过15 mm)，然后按要求紧固螺栓使其竖直。

(5)吊柱本体有裂纹时，重新进行更换。

(6)门形框架焊接点开焊时重新更换框架本体。

(7)硬横梁弯曲变形严重时，更换该横梁，更换步骤如下：

①测量出该硬横梁的各部尺寸，由厂家定做一组新的硬横梁。

②在距原硬横跨2 m处重新立设新硬横跨(梁)，将原硬横跨(梁)上的接触悬挂，倒换至新硬横跨(梁)并调整到位。

③拆除原有硬横跨(梁)。

(8)硬横梁弛度调整。

当横梁出现弛度时，用吊车自横梁中部起吊至受力，松动横梁中部拼接法兰盘的上半部分螺栓，加入适量垫片，使横梁略有负弛度，松开吊车，按标准紧固拼接法兰盘螺栓，此时横梁应呈水平或略有负弛度，如图3-34所示。

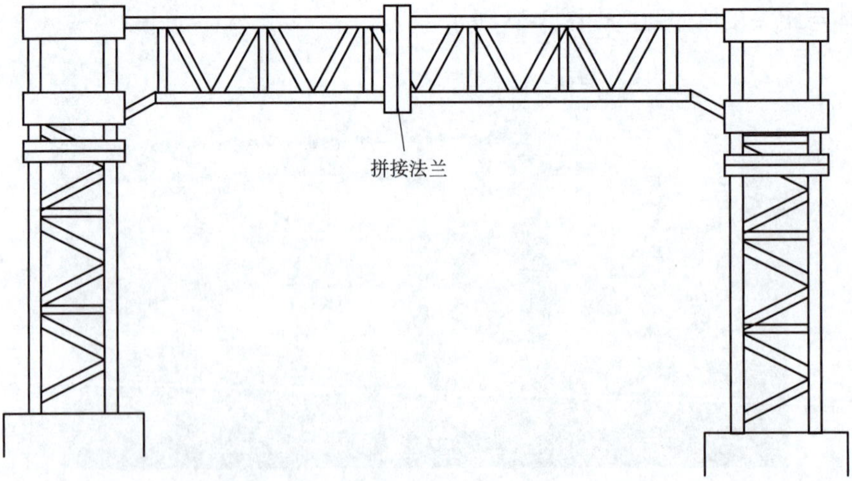

图3-34　硬横梁应水平或略有负弛度

5. 检查验收

检修作业完毕后，对检修后的设备质量进行检查验收，关键点为：

（1）硬横跨（梁）本体、吊柱、门形框架等外观无变形、锈蚀，硬横跨（梁）呈水平状态，硬横梁衔接部连接螺栓、螺母齐全，螺栓安装牢固。

（2）吊柱应保持铅垂状态，倾斜角度不大于1°。侧面限界满足设计要求。

（3）固定吊柱用的螺栓必须是双螺帽，不得缺失，紧固力矩符合设计要求。

（4）线索与接地体的距离不小于500 mm。

（5）站内和行人较多的硬横梁钢柱必须安装“高压危险”标志牌。

6. 办理收工手续

（1）工作领导人确认各作业组工作结束，人员机具均已撤至安全地带后，通知监护人员撤除地线及其他安全措施。

（2）工作领导人确认安全措施撤除后，通知驻站联络员申请消除停电作业命令和线路封锁命令。

（3）工作领导人召开收工会，办理收工手续。

7. 填写检修记录

按照当天检修情况填写检修记录。

四、分析与思考

本任务主要是硬横跨检调，填写“硬横梁检修记录”关系到接触网的结构和技术标准要求。因此，如何保证数据的准确至关重要，本任务在实际工作中需要注意以下问题：

（1）作业过程中要严格按照电力牵引区段双层集装箱基本建筑限界的技术条件对硬横跨吊柱的各项技术参数进行复核。

（2）登杆作业时，应手抓牢靠，安全带打在身体重心上方可靠处。

（3）高处作业做好各种防坠落措施。

五、任务评价

姓名：

任务名称：硬横跨的维护与检修　　　　实际考核时间：　　min

项目	配分	序号	评分标准	扣分	得分	备注
作业准备	15分	1	人员着装整齐，安全劳保用品佩戴齐全，一项不合格扣2分			
		2	材料、工具型号选择正确、齐全、作业前摆放整齐，并进行检查。材料、工具选错一项扣2分，一项未检查或检查不到位扣2分			
作业质量	60分	1	测量确定调整前拉出值，否则扣2分			
		2	调整前检查设备状态是否良好，否则扣3分			
		3	核准需要调整的尺寸参数，否则扣2分			
		4	使用手扳葫芦使定位器卸载，松开定位环或定位支座，使之达到需要调整的位置，否则扣3分			
		5	调整完成，锁紧定位环或定位支座后，卸载定位器或固定定位连接，恢复原有状态，否则扣3分			
		6	调整后的定位器及相连螺栓都必须使用力矩扳手紧固，力矩达标，否则每处扣3分			
		7	曲线区段，拉出值的调整人应站在线索外侧，防止滑脱伤人（口述），否则扣3分			
		8	调整后的定位器应保持既有状态，不得出现扭曲变形，否则扣5分			
		9	拉出值允许误差30 mm，不得出现超标，否则扣3分			
		10	调整完毕，工料具不得遗留在线路上，否则扣3分			
		11	作业完毕，工料具不得遗留在线路上，否则扣10分			
安全及其他	20分	1	不得出现划伤、碰伤、摔伤，否则每项扣5分			
		2	不得出现高处坠物、抛掷工具、材料，否则每项扣5分			
		3	作业过程中规范使用安全带，否则提醒一次扣2分			
		4	不得出现其他违反作业标准项，否则每次扣5分			
		5	作业时间20 min，每超1 min扣1分，时间以秒计，不足1 min算1 min，超过10 min判定失格			
作业结束	5分	1	清理工料具，并摆放整齐，未按照要求扣5分			
合计	100分					

注：每个项目扣分累计不超过其配分，扣完为止。

操作开始时间：　　时　　分　　　　操作结束时间：　　时　　分

考评员：　　　　统分人：　　　　年　　月　　日

项目四

接触悬挂的维护与检修

接触悬挂包括接触线、吊弦、承力索和补偿器及连接零件。接触悬挂通过支持装置架设在支柱上，其作用是将从牵引变电所获得的电能输送给电力机车。电力机车运行时，受电弓顶部的滑板紧贴接触线摩擦滑行得到电能（简称“取流”）。

2021 年 11 月 3 日，2020 年度国家科学技术奖励大会在北京人民大会堂隆重召开。由中铁第六勘察设计院集团有限公司电化院和公司等单位合作申报的“高速铁路用高强高导接触网导线关键技术及应用”研究成果，荣获国家科学技术进步奖二等奖。“高速铁路用高强高导接触网导线关键技术及应用”项目成功研制出当前世界最高水平的接触导线，在京沪高速铁路先导段挂网铜铬锆接触导线 220 km，首次实现了铜铬锆接触导线的规模化工程应用，支撑了京沪高速铁路先导段实现 486.1 km/h 的高速铁路世界最高运营试验速度，标志着我国高速铁路大张力接触网技术跃居世界前列。

对于接触悬挂装置的检修维护需要特定的知识和技能。

项目描述

接触悬挂的架设、维护、检修技术已经由传统的人力向自动化、机械化转变。以线索的架设技术为例，人工架设存在诸多弊端，如人为误差、产生多余的接头、硬点等，采用线索恒张力架设技术后，可有效地克服人工架设的弊端，确保了线索施工的高效、高质量；以吊弦预配为例，自动化预配技术已经能实现工厂化生产，实现了吊弦预配的规模化生产装配，大大提高了生产效率，吊弦预配质量也得到较大的提高；研发出多种检测设备，专业检测设备实现了智能化、自动化，大大提高了检测效率和检测精度，我国接触网维护与检修关键技术和专业工器具已经出口多个国家，在接触网运行维护作业中起到重要作用。

学习目标

1. 素养目标

（1）培养创新意识；

（2）培养事不过夜、事无巨细、事必躬亲的学习和工作态度；

（3）具有团队协作能力。

2. 知识目标

（1）理解接触悬挂的作用；

(2)理解接触悬挂的结构;

(3)理解接触悬挂的类型;

(4)理解接触悬挂检调方法和步骤;

(5)会描述检修记录单填写规定。

3. 技能目标

(1)会使用接触网检修作业车、接触网参数测距仪等专用工具、仪器;

(2)会进行接触线检调;

(3)会进行承力索检调;

(4)会进行吊弦检调;

(5)会进行接触悬挂其他设备检调;

(6)会填写检修记录单。

素养园地

“简统化”接触网悬挂系统将正式在我国高速铁路全线应用

中国中铁电气化局集团有限公司高速铁路研制生产的 4 800 套“简统化”接触网悬挂系统在江苏盐通高速铁路建设中全线安装应用,标志着中国标准高速铁路装备在自主创新领域迈出关键一步。

一直以来,国内高速铁路接触网悬挂系统普遍使用多国、多制式腕臂结构,其构成零部件多、结构复杂,在生产铸造和安装施工中会造成定位空间小、配合紧固不牢等问题。

“简统化”接触网悬挂系统以“简单、统一、标准”为设计原则,将整体结构进行重组,统一了技术参数、简化了装备结构、减少了零部件种类,提高了关键零部件服役周期。

盐通高速铁路是国内首条全线采用“简统化”产品的线路,目前所用产品已通过中国国家铁路集团有限公司技术评审,并在京沈高速铁路试验段、京张高速铁路崇礼支线等线路试用,其性能达到国际领先水平。

任务一　接触线的维护与检修

接触线是接触网的核心组成部分,其典型工作任务是接触网维护与检修的重要组成部分,和其他模块共同组成接触网的日常维护与检修工作。

一、任务书

图 4-1 是常见接触线的截面图。根据实训基地实物进行接触线检调,并将检调结果填入表 4-1 和表 4-2 中。

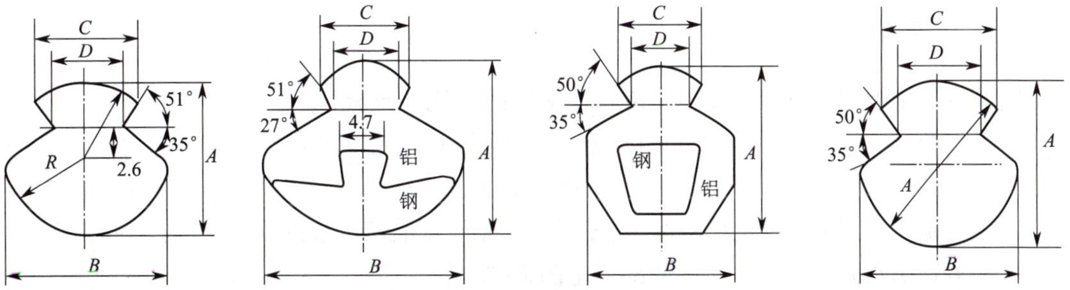

(a) CT-100(85)型　(b) GLCA型　(c) GLCN型　(d) TCW(CTHA、B)型

图 4-1　常见接触线类型(单位:mm)

表 4-1　接触网全面检查记录

站场(区间):

支柱号	接触悬挂				定位及支撑装置					支柱、基础及横梁	电连接	附加导线	螺栓紧固力矩	缺陷处理情况	检查人	互检人	日期
	接触线	承力索	吊弦	其他	支撑装置状态	定位装置状态	定位器坡度	限位间隙	软横跨								

设备负责人:　　　　工长:　　　　领工员:

表 4-2　接触导线磨耗损伤测量记录

区间(站场):

支柱号	接触线剩余高度		接头及其他			测量人	日期
	定位点	跨中	位置	类别	剩余高度		

设备负责人:　　　　工长:　　　　领工员:

二、知识准备

接触线是接触网中直接与受电弓滑板接触摩擦取流的部分，电力机车从接触线上获得电能。接触线的材质、工艺及性能对接触网起着重要影响，因此要求它具有较小的电阻率、较大的导电能力、良好的抗磨损性能、较长的使用寿命、高强度的机械性、较强的抗张能力。

接触线制成上部带沟槽的圆柱状，沟槽是为了便于安装接触线的线夹，同时又不影响受电弓取流。接触线底面与受电弓接触的部分呈圆弧状。

1. 接触线按照材质的分类

按照材质主要分为铜接触线、铜合金接触线和复合金属接触线。

(1)铜、铜合金接触线

在电气化铁路建设初期，接触网主要采用铜接触线，其主要型号为 TCG-110、TCG-100 和 TCG-85 型。

其中：T——材质为铜；

C——电车线；

G——沟槽型；

110/100/85——接触线的截面积(mm^2)。

TCG-110、TCG-100 截面积较大，有较大的载流量，分别用于站场正线和区间，TCG-85 主要用于站场侧线。

现在，铜、铜合金接触线在电气化铁路中的应用非常广泛，其型号表示为：

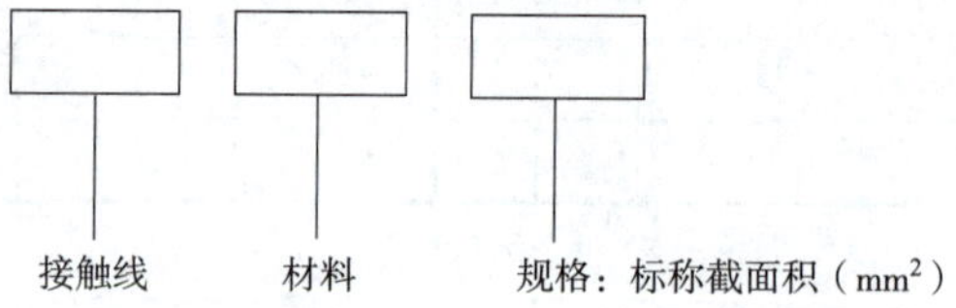

其中，材料部分：铜——T；铜银合金——TA；高强度铜银合金——TAH；铜锡合金——TS；铜镁合金[ω(Mg)＝0.2%]——TM；高强度铜镁合金[ω(Mg)＝0.5%]——TMH。如：CT110 表示截面积为 110 mm^2 的铜接触线，等同于 TCG-110。

随着电气化铁路的大幅度提速和高速电气化铁路的建设，铜接触线已经不能满足接触网技术发展的要求。高速接触网要求受流性能好、稳定性能好、抗张性能好、导电性能好、电流强度大的接触线，而铜合金接触线满足高速接触网的要求，目前成为我国繁忙干线或提速干线接触导线的主流产品。

(2)复合金属接触线

复合金属接触线常见的类型是钢铝复合接触线。为了减少有色金属铜的使用量，20 世纪 70 年代我国研制了以铝代铜的 GLCA $\frac{100}{215}$ 和 GLCB $\frac{80}{173}$ 型钢铝复合接触线，以及内包钢的 CGLN195、CGLN250 型钢铝接触线。

其中：G——材质为钢；

L——材质为铝；

C——电车线；

A/B——截面形状；

N——内包；

100/80——相当于 100/80 mm^2 截面的铜接触线的导电能力；

215/173——导线的几何截面积（mm^2）。

钢铝复合接触线是由导电性能较好的铝和机械强度较高的钢滚压冷轧而成，钢的部分用于保证应有的机械强度和耐磨性能，和受电弓接触受流，铝的部分用于导流。钢铝接触线具有很好的机械强度，不容易断线，线密度低，安全性较好，导电性可以到达 46.3% IACS，并具有价格便宜、材料来源广泛的优点。缺点是其刚度和截面积较大，形成的硬弯和死弯不易整直，影响受流。另外，钢的部分耐腐蚀性能差，气候潮湿或酸雨地区，接触线与受电弓滑板接触的摩擦面易锈蚀，若有电弧烧伤，锈蚀速度更快，且会形成恶性循环。内包钢式钢铝接触线是钢铝接触线的改进型，在接触线没有磨耗的情况下，铝覆钢的结构可以有效防止钢材料的氧化。在运行过程中，受电弓将接触线下部铝磨耗后，开始发挥钢材料的耐磨性，这种结构有效地防止了非工作支钢铝接触线中裸露钢材和接触线钢材侧面的氧化。为了提高复合金属接触线的导电性，日本研发了铜包钢复合接触线，拟用于高速电气化铁路。

2. 接触线的接头和磨耗

(1)接触线接头

对于常速和中速铁路，为了保证整个接触网线路质量，在新架设的车站正线及区间干线上规定：每个锚段中接触线的接头数目，正线不应超过 1 个，站线不应超过 2 个（不包括下锚处非工作支上接头）。接头间距不应小于 150 m。接触线接头处应平滑、不打弓，螺栓应紧固，扭矩应符合有关标准的要求。在接头线夹上应安装普通吊弦（目前进口的铜接头线夹不带吊弦），将线夹吊起避免出现硬点。

运行中的接触线可能因为磨耗、损伤和断线而使锚段中的接头数量增加，一个锚段内的接触线和承力索接头、补强和断股的总数应符合如下规定：锚段长度在 800 m 及以下时，不超过 4 个；锚段长度超过 800 m 时，铜合金及铜线不超过 8 个，钢线、铝线、钢铝复合线不超过 6 个。接头距悬挂点应不小于 2 m，两接头之间距离应不小于 80 m。

对于时速 200 km 的提速区段，运行检修中对接触线接头的规定更加严格。接触线锚段长度在 800 m 及以下时接头数量不超过 2 个；锚段长度超过 800 m 时不超过 4 个，并且接头距悬挂点不得小于 2 m。接头线夹属于锚段中受力较大的重要零部件，应该严格按照安装工艺要求进行螺栓紧固，防止抽脱事故发生。在高速铁路中，正线锚段接触线在施工和运行中不允许有接头。

(2)接触线磨耗

接触线在运行中，受电弓和接触线的摩擦会造成接触线截面积减小，称为接触线磨耗。接触线的磨耗使接触线截面积减小，会影响到接触线的强度安全系数。《铁路电力牵引供电设计规范》（TB 10009—2016）对磨耗和张力的规定为：铜或铜合金接触线在最大允许磨耗面积 20% 的情况下，其强度安全系数不应小于 2.0。运营中，要求每年至少进行一次接触线磨耗测量，当接触线磨耗达到一定限度时应更换或局部补强。如发现全锚段接触线平均磨耗超过该型接触线截面积的 20% 时应全部更换，局部磨耗超过 30% 时可进行补强，当局部磨耗达到 40% 时应切换做接头。

接触线磨耗测量点通常选在定位点、电连接线、导线接头、中心锚结、电分相、电分段、锚段关节、跨距中间等处。利用游标卡尺测量磨耗后接触线的直径残存高度，根据直径残存高度可以计算得到接触线磨耗截面积，如图 4-2 所示。

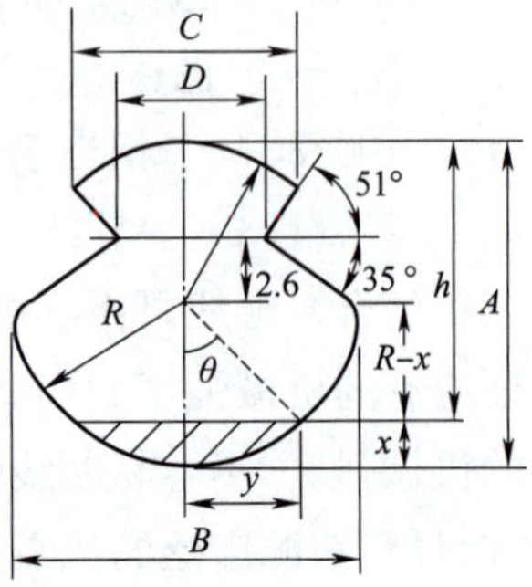

图 4-2　接触线磨耗截面积示意

设接触线的磨耗面积为 a，单位为 mm^2，

$$a=2\left(\pi R^2\frac{\theta}{360}-\frac{R-x}{2}y\right)=\pi R^2\frac{\theta}{180}-(R-x)y \qquad (4\text{-}1)$$

将 $y=\sin\theta$ 代入上式得：

$$a=\pi R^2\frac{\theta}{180}-(R-x)R\sin\theta \qquad (4\text{-}2)$$

$$\theta=\arccos\left(1-\frac{A-h}{R}\right) \qquad (4\text{-}3)$$

式中　R——接触线下圆截面半径(mm)；

x——实际磨耗高度(mm)，$x=A-h$。

随着磨耗面积加大，又未达到更换程度时，为了改善其运行条件，逐渐减少接触线的实际张力，可减少坠砣数目，使接触线内的实际张力保持约 100 N/mm(对铜接触线而言)。调整时可按图 4-3 进行。

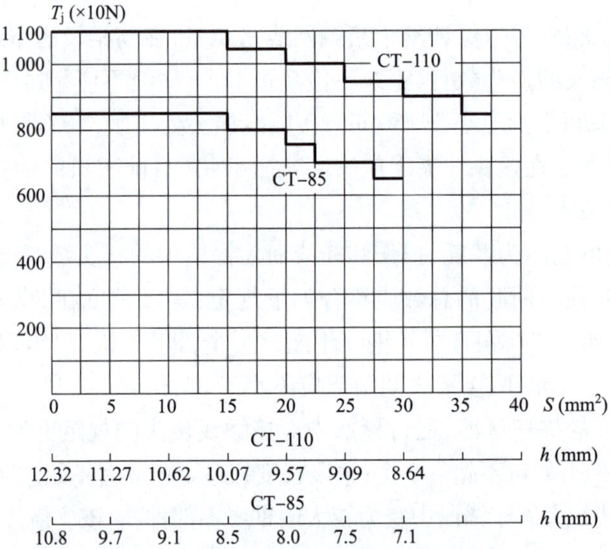

S—磨耗截面积；h—导线残存高度；T_j—接触线张力。

图 4-3　接触线磨耗面积及相应张力变化

现场应用中，一般不采用计算的方法来求磨耗面积，而是根据接触线的直径残存高度，对照该型号接触线磨耗换算表，查出该点接触线磨耗截面积。

思考：

1. 接触线制成上部带沟槽的圆柱状的原因是什么？
2. 接触线接头数量为什么不宜过多？
3. 在运行设备上接触线磨损后应该采取什么措施保证接触线张力的基本恒定？

三、工作流程与任务

视频

接触线
扭面的调整

(一)流程图

接触线检修流程如图 4-4 所示。

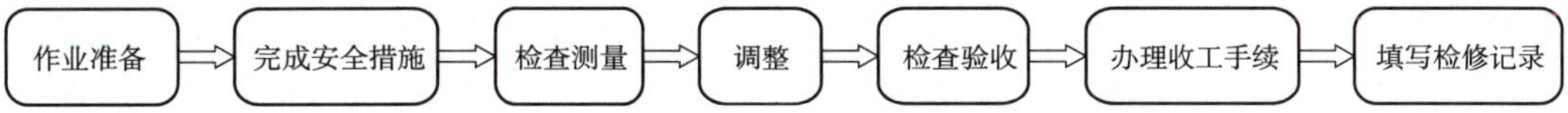

图 4-4　接触线检修流程

(二)任务组织

接触线检修人员配置见表 4-3。

表 4-3　接触线检修人员配置表

序号	项　　目	单位	数量	备　　注
1	工作领导人	人	1	全面负责现场作业组织
2	主防护员	人	1	负责办理停电和封锁,传递防护信息
3	地线监护人	人	2	监护地线操作人按标作业
4	地线操作人员	人	2	负责接挂接地线
5	高处作业人员	人	2	负责高处设备的检修作业
6	高处作业监护	人	2	负责监护高处作业人员的安全
7	司乘人员	人	2	司机、副司机各 1 人
8	行车防护员	人	2	负责作业区段的行车安全防护

接触线检修工具配置见表 4-4。

表 4-4　接触线检修工具配置表

序号	名　　称	规格型号	单位	数量	备　　注
1	作业车(车梯)	—	台	1	
2	接触网激光测量仪	DJJ-8	台	1	
3	水平尺	—	把	1	
4	坡度测量尺	—	把	1	
5	小绳	—	条	1	
6	塞尺	—	套	1	
7	钢卷尺	5 m	把	1	
8	单滑轮	—	个	1	
9	扭面器	—	套	2	
10	手扳葫芦(含套子)	4 t	台	1	非常规
11	断线钳	—	把	1	非常规

续上表

序号	名　称	规格型号	单位	数量	备　注
12	接触线直弯器	五轮	套	1	非常规
13	接触线局部校直机	—	套	1	非常规
14	木槌(橡皮锤)	—	把	1	非常规
15	卡线器	4 t	个	2	非常规
16	力矩扳手	0～100 N·m	把	2	非常规
17	平锉	—	把	1	非常规

接触线检修材料配备见表4-5。

表4-5　接触线检修材料配置表

序号	名　称	规格	单位	数量	备　注
1	电力复合脂	—	管	1	
2	细砂纸	—	张	若干	
3	铁线	ϕ4.0 mm	kg	若干	
4	接触线接头线夹	根据现场确定	套	2	非常规
5	接触线	根据现场确定	m	若干	非常规

(三)技术标准

1. 强度安全系数

铜或铜合金接触线在最大允许磨耗面积20%的情况下,其强度安全系数不应小于2.0。

2. 接触线的张力和弛度

标准值:符合安装曲线的规定;

安全值:半补偿链型悬挂和简单悬挂弛度允许误差为15%,全补偿链型悬挂弛度允许误差为10%,弛度误差不足15 mm者按15 mm掌握;

限界值:同安全运行值。

3. 接触线拉出值(含最大风偏时跨中偏移值)

标准值:设计值;

标准状态:标准值±30 mm;

警示值:400 mm;

限界值:450 mm。

4. 接触线高度

标准值:设计值;

标准状态:标准值±30 mm;

警示值:标准值±60 mm;

限界值:标准值±100 mm且小于6 500 mm。

5. 接触线坡度(工作支接触线相邻悬挂点高度变化)

标准值:$v \leqslant 250$ km/h时,坡度≤1‰;$v > 250$ km/h时,坡度为0;

标准状态：$v \leq 250$ km/h 时，坡度≤1‰；$v > 250$ km/h 时，坡度≤0.5‰；
警示值：$v \leq 250$ km/h 时，坡度≤1‰；$v > 250$ km/h 时，坡度≤0.5‰；
限界值：$v \leq 250$ km/h 时，坡度≤1.5‰；$v > 250$ km/h 时，坡度≤1‰。

6. 接触线偏角（水平面内改变方向）

标准值：设计值；
标准状态：标准值 ±1°，且≤4°；
警示值：6°；
限界值：8°。

7. 接触线局部磨耗、变形及损伤

（1）接触线磨耗和损伤后不能满足该线通过的最大电流时，若系局部磨耗和损伤，可以加电气补强线，若系普遍磨耗和损伤则应更换。

（2）接触线磨耗和损伤后不能满足规定的机械强度安全系数时，若系局部磨耗和损伤，可以加补强线或切除损坏部分重新接续，若系普遍磨耗和损伤则应更换。

（3）接触线接头、补强处过渡应平滑。该处接触线高度不应低于相邻吊弦点，允许高于相邻吊弦点 0～10 mm，必要时加装吊弦。

（4）接触线局部磨耗达到或超出限界值，立即进行更换；达到或超出警示值，进行重点监控，纳入三级修（精测精修）更换。

（5）检查接触线与检测尺之间的间隙，其间隙不得大于 0.1 mm/m。

（6）接触线扭面角度：
标准值：0°；
标准状态：5°；
警示值：15°；
限界值：20°。

8. 接头、补强和断股的总数量

一个锚段内接触线接头、补强和断股的总数量应符合表 4-6 的规定（不包括分段、分相及下锚接头）。接头距悬挂点应不小于 2 m，同一跨距内不允许有两个接头。

表 4-6　接触线接头、补强、断股总数标准表

运行速度/（$km \cdot h^{-1}$）	标准值	安全值		限界值	
		锚段长度在 800 m 及以下	锚段长度在 800 m 以上	锚段长度在 800 m 及以下	锚段长度在 800 m 以上
$v \leq 120$	0	3	4	3	4
$120 < v \leq 160$	0	2	4	2	4
$v > 160$	0	2	4	2	4

（四）检修程序和方法

1. 作业准备

按规程要求填写工作票并交付工作领导人，工作领导人向作业组全体成员宣读工作票、分工并进行安全预想，检查工具、材料。

2. 完成安全措施

做好安全措施，工作领导人确认完成安全措施后，通知各作业组开工。

3. 检查测量

(1)接触线外部检查

①接触线表面无腐蚀现象：重点检查环境湿度较大以及污染较为严重地区。

②无弯曲、扭转、剐蹭、异常磨耗等机械性损伤现象，如图4-5所示：接触线磨耗和损伤后不能满足规定的机械强度安全系数或不能满足该线通过的最大电流时(≥20%)应更换。

图4-5　接触线扭面及硬弯示意

③无热熔、麻点等电气烧伤现象。接触线不允许有接头。

④使用接触网多功能激光测量仪测量接触线坡度、坡度变化率、弛度、定位点拉出值、跨中偏移值。

a. 坡度

测量相邻悬挂点(定位点或吊弦悬挂点)的接触线高度和水平间距，并按如下公式进行计算。

$$P=(H_1-H_2)/L\times100\% \tag{4-4}$$

式中　H_1——第一测量点的接触线高度(mm)；

H_2——第二测量点的接触线高度(mm)；

L——两测量点水平间距(mm)；

P——坡度变化率。

$$\Delta P=|P_1-P_2| \tag{4-5}$$

式中　P_1——测量点左侧的接触线坡度；

P_2——测量点右侧的接触线坡度；

ΔP——接触线坡度变化率。

b. 弛度

$$f_x=(H_1+H_2)/2-H_{min} \tag{4-6}$$

式中　f_x——弛度；

H_{min}——本跨距内最小接触线高度。

⑤测得的相关数据需满足以下要求。

a. 接触线坡度:250 km/h 以上区段接触线导线高度设计坡度一般为 0;250 km/h 以下区段接触线导线高度最大允许设计坡度≤1‰,坡度变化率不大于 0. 5‰;联络线、动车线接触线导线高度最大允许坡度满足设计规定,一般坡度≤3. 3‰。

b. 悬挂点处接触线距轨面水平连线高度应符合设计值,最大允许误差为 ±30 mm。

c. 定位点及定位点两侧第一吊弦处导线高度差为 0,相对该定位点的接触线高度允许偏差为 ±10 mm,但不得出现“V”字形。

d. 测量跨中最低点导高、两相邻悬挂点导高,进行三点控制,导高应相对于轨面连线,三点的导高高差误差为 ±10 mm。

e. 相邻悬挂点导高高差误差为 ±15 mm。

f. 接触线之字值、拉出值(含最大风偏移时的跨中偏移值)应符合设计要求,最大允许偏差为 ±30 mm。

g. 跨中不设预留弛度。吊弦与吊弦之间的导高差最大允许值为 ±10 mm。

⑥用塞尺检查接触线与检测尺之间的间隙,其间隙不得大于 0. 1 mm/m。

⑦用游标卡尺检查接触线的磨耗程度:一般接触线允许最大磨损为标称截面的 20%。一个锚段长度内如果有一个点达到这一临界值时,应更换接触导线。根据经验,CTMH150 型接触线最大磨损 20% 时,剩余厚度为 10. 95 mm。

4. 调整

(1)接触线弯曲、变形处理

①接触线弯曲:用直弯器进行直弯。其处理方法和步骤如图 4-6 所示。

(a) 接触线硬弯示意　(b) 接触线直弯器实物

(c) 接触线直弯器上线紧固示意　(d) 接触线直弯器作业示意

图 4-6　接触线硬弯处理方法和步骤示意

a. 转动手轮打开接触线直弯器。

b. 在靠近弯曲接触线附近将接触线直弯器安装在接触线上，转动手轮关闭直弯器，直到将接触线推到和直弯器所有轮子接触，并使轮子方便移动即可。

c. 用手柄沿着要校直的接触线扭歪部位来回移动直弯器直至校直。如有必要，拧紧手轮重复操作。

d. 松开直弯器观察接触线平直状态，达不到要求时重复以上操作，直到接触线符合平直要求。

e. 操作完成后，打开手轮，从接触线上取下直弯器。

②接触线局部变形：用接触线局部校直机进行校直。处理方法和步骤如下：

a. 将接触线局部校直机液压头模具安装在接触线弯曲部位。

b. 按动接触线局部校直机操作开关（操作方法见说明书）。

c. 按动接触线局部校直机关闭开关，打开液压头模具观察接触线平直状态。达不到要求时重复以上操作，直到接触线符合平直要求。

d. 操作完成后，打开液压头模具，从接触线上取下接触线局部校直机。

(2) 接触线扭面处理

当发现接触线线面出现局部或大范围偏斜角度不符合设计标准时，应对接触线线面进行调整，如图 4-7 所示。

a. 首先用一个扭面器卡在接触线扭面起始位置。

b. 用另一个扭面器卡在接触线扭面终点位置上。如距离过长，两扭面器中间可适当安装扭面器。

c. 将第一个扭面器固定不动，根据接触线扭面方向和扭面程度旋转另一个扭面器。

d. 松开两个扭面器使接触线处于无外力状态，观察接触线线面情况。如果一次调整不到位，重复步骤 c 直至接触线面符合要求为止。

e. 对接触线偏磨的另一端采取同样方法进行校正。

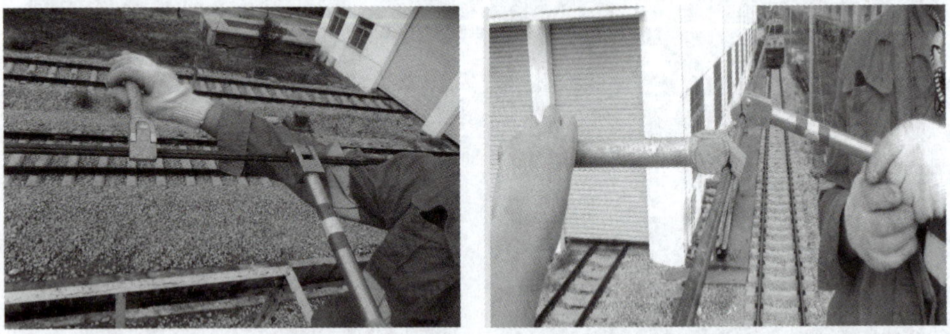

图 4-7　接触线扭面整正示意

(3) 接触线补强

①当接触线局部磨耗、损伤面积≤20% 且只发生在一点时，在此处加一个导线接头线夹进行补强，补强效果如图 4-8 所示。

根据接触线接头线夹安装方法将接触线接头线夹安装在接触线缺陷位置，按照设计力矩进行紧固。

②若磨耗损伤为一个范围，在磨耗、损伤范围外两端用两个接头线夹及同材质副线进行加强。

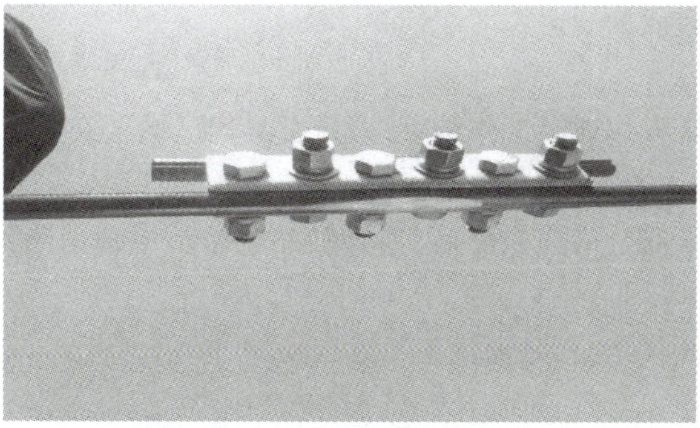

图 4-8　接触网局部磨耗补强示意

a. 根据接触线损伤长度截取同型号接触线，截取的接触线副线长度 = 接触线损伤长度 + 两端接头线夹长度。

b. 根据接触线接头线夹安装方法将接触线接头线夹安装在接触线缺陷位置，按照设计力矩进行紧固。

③局部接触线磨耗、损伤面积≥20%，将磨耗处导线切除，重新接续，如图 4-9 所示。

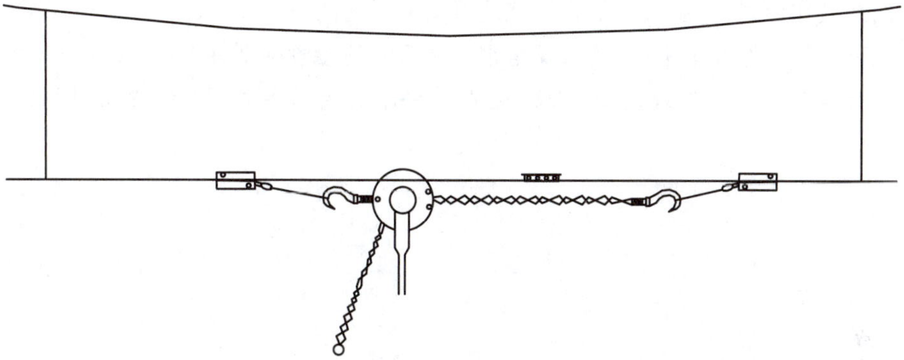

图 4-9　接续导线示意

a. 在接触线磨耗超标两端各 1 m 处安装接触线紧线器，挂上手扳葫芦紧线使接触线卸载。

b. 用钢锯截下磨耗超限的接触线，对两个端头打磨，将两接触线头紧线至紧密接触后做接头。

c. 接头线夹螺栓力矩为 50 N · m。螺栓紧固顺序先内后外，按左内—右内—左外—右外循序紧固，先紧固螺栓，再紧固备母。

d. 检查接触线接头安装牢固可靠后，缓慢松开手扳葫芦，确认接触线接头牢靠后，拆除手扳葫芦。

e. 接头完成后，检查两侧吊弦偏移，不符合要求时要按标准进行适当调整。

5. 检查验收

检修作业完毕后，对检修后的设备质量进行检查验收。

(1)接触线平直度符合设计要求。

(2)接触线拉出值符合设计要求，误差不大于 ±30 mm。

(3)接触线高度符合设计规定。

6. 办理收工手续

(1)工作领导人确认各作业组工作结束,人员机具均已撤至安全地带后,通知监护人员撤除地线及其他安全措施。

(2)工作领导人确认安全措施撤除后,通知驻站联络员申请消除停电作业命令和线路封锁命令。

(3)工作领导人召开收工会,办理收工手续。

7. 填写检修记录

按照当天检修情况填写检修记录。

四、分析与思考

本任务主要是接触线检调,填写"接触网全面检查记录"和"接触导线磨耗损伤测量记录"关系到接触网的结构和技术标准要求。因此,如何保证数据的准确至关重要,本任务在实际工作中需要注意以下问题:

(1)严禁踩踏接触线。

(2)曲线处作业时,作业人员不宜站在线索受力方向的反侧。

(3)高处作业系好安全带,严禁将安全带系在拆卸的接触网部件上。

(4)对导线进行接头处理后,应观察接头线夹附近导线弯度,如有弯曲,用直弯器及时处理。

五、任务评价

姓名：

任务名称：接触线的维护与检修　　　　实际考核时间：　　min

项目	配分	序号	评分标准	扣分	得分	备注
作业准备	15 分	1	人员着装整齐，安全劳保用品佩戴齐全，一项不合格扣 2 分			
		2	材料、工具型号选择正确、齐全、作业开始前摆放整齐，并进行检查。材料、工具选错一项扣 2 分，未进行检查或检查不到位扣 2 分			
作业质量	60 分	1	接续前应对紧线器、手扳葫芦受力状态进行检查；更换完毕后卸载工具前应对设备连接状态进行检查，否则扣 3 分			
		2	作业过程中紧线器、手扳葫芦受力妥当，不得出现滑脱现象，否则扣 10 分			
		3	紧线前应观察该锚段中锚、吊弦、定位装置、补偿装置等状态，否则扣 3 分			
		4	应用钢锯将两接头锯齐，用平锉打磨断面使其平整并用砂纸去掉毛刺，涂抹电力复合脂，否则每项扣 5 分			
		5	应对导线及接头线夹表面检查，辅线截面应与现场一致，否则扣 5 分			
		6	接头应平齐，对接密贴（间隙不大于 1 mm），接触线不应弯曲、扭面，否则每处扣 5 分			
		7	紧固时应力矩达标，紧固顺序正确（由内到外，循环紧固），否则每处错误扣 5 分。接头应居线夹中间，误差 1 ~ 3 mm，否则扣 2 分			
		8	接头不宜在锚段关节内，且距悬挂点不小于 2.0 m，回答错误扣 2 分			
		9	安装后注意检查接头间隙，平滑程度，受力后应再检查一次，否则扣 2 分。拆除紧线器后应需用直弯器直弯，否则扣 2 分			
		10	锁片应正确安装，否则每处扣 2 分。安装后应测量参数，否则扣 2 分			
安全及其他	20 分	1	不得出现划伤、碰伤、高处坠物，否则每次扣 5 分			
		2	作业过程中规范使用安全带，不可将安全带系在需拆卸的设备上，否则提醒一次扣 2 分			
		3	出现较重伤害，取消资格			
		4	高处辅助人员一名只可从事搭接紧线器、链条葫芦及听从作业人员指挥不涉及设备连接调整等工作，地面辅助人员一名，只允许绑扎、起吊工料具，扶稳部件，听从高处人员指挥，除严重的安全问题，不得提醒高处作业人员，否则扣 5 分			
		5	作业时间 25 min，每超 1 min 扣 1 分，时间以秒计，不足 1 min 算 1 min，超过 10 min 判定失格			
作业结束	5 分	1	清理工料具，并摆放整齐，未按照要求扣 5 分			
合计	100 分					

注：每个项目扣分累计不超过其配分，扣完为止。

操作开始时间：　　时　　分　　　　操作结束时间：　　时　　分

考评员：　　　　统分人：　　　　年　　月　　日

●●●● 任务二　承力索的维护与检修 ●●●●

承力索是接触网的核心组成部分,其典型工作任务是接触网维护与检修的重要组成部分,和其他模块共同组成接触网的日常维护与检修工作。

一、任务书

根据实训基地实物进行承力索检调。

二、知识准备

承力索的作用是通过吊弦将接触线悬挂起来。承力索通过钩头鞍子、承力索座或悬吊滑轮悬挂在支持装置的腕臂上,使接触线在不增加支柱的情况下增加了悬挂点,整个跨距中对轨面的高度基本保持一致,减小了接触线在跨中的弛度,改善了接触线弹性,增加了接触悬挂的重量,提高了稳定性,可满足电力机车高速运行时取流的要求。

承力索根据材质一般可分为铜承力索、钢承力索、铝包钢承力索三类多种规格。按照设计时承力索是否通过牵引电流,可以将承力索分为载流承力索和非载流承力索。

1. 铜和铜合金承力索

铜承力索导电性能好,可做牵引电流的通道之一,和接触线并联供电,提高接触网的负载能力,降低压损和能耗,且抗腐蚀性能高。但铜承力索消耗铜多,造价高且机械强度低,不能承受较大的张力,温度变化时弛度变化也大。为了提高承力索的机械强度,采用新型铜镁合金承力索,铜镁合金承力索允许工作温度高、载流能力强,在高速、重载电气化铁路上有广阔应用前景。铜和铜合金承力索按铜及其合金元素含量不同分类,各类中又按截面积分为不同规格。产品型号按下列形式表示:

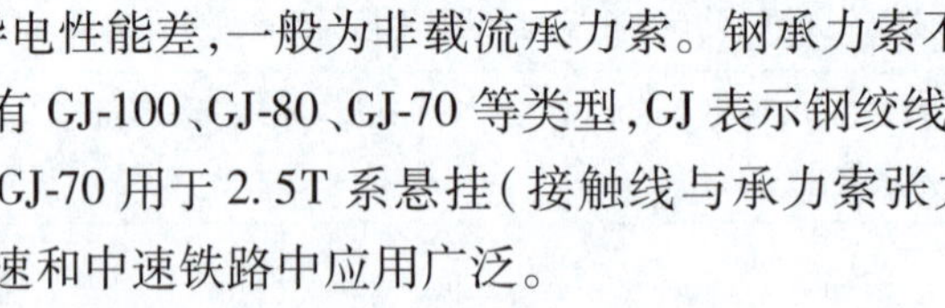

2. 钢承力索

钢承力索用镀锌钢绞线制成,强度高、耐张力大,安装弛度小且弛度变化小,节省有色金属且造价低。但电阻大,导电性能差,一般为非载流承力索。钢承力索不耐腐蚀,使用时还要采用防腐措施。常用规格有 GJ-100、GJ-80、GJ-70 等类型,GJ 表示钢绞线,数字是绞线的截面积。GJ-100 用于 3T 系悬挂,GJ-70 用于 2.5T 系悬挂(接触线与承力索张力之和为 3 t 或 2.5 t)。钢绞线作为承力索在常速和中速铁路中应用广泛。

3. 铝包钢承力索

铝包钢承力索是铝覆钢线和铝线绞合而成,主要以铝覆钢线中的钢芯部分承受张力,覆铝层和铝线载流,导电性能好,机械强度和抗腐蚀性能较好。

常见型号为 GLJE-30/50、GLJN-120/35 两种。GLJE-30/50 表示铝标称截面积为 30 mm^2,钢标称截面积为 50 mm^2的铝包钢绞线承力索;GLJN-120/35 表示铝标称截面积为 120 mm^2,钢标称截面积为 35 mm^2 的铝包钢芯铝绞线。其综合拉断力分别大于 63 kN、55 kN，载流量分别为 190、380 A(80 ℃)，是镀锌钢绞线承力索的替代产品。

承力索使用的类型较多，其技术性能差异也较大。从国外情况来看，承力索的类型较单一，普遍采用铜或铜合金绞线。从技术角度来分析，承力索与接触线采用同类材质，可改善接触网的性能、简化施工、提高施工精度、免去电气连接类线夹的特殊处理程序，并可降低运营维护的工作量。我国的运营实践也表明：铜或铜合金材质的承力索技术性能可靠、安全性好。为了提高系统的安全可靠性，干线电气化铁路承力索一般采用铜或铜合金绞线，一些次要线路(如矿山铁路、地方专用线等)，承力索可采用其他材质的绞线。

4. 钢绞线的防腐

钢绞线的弱点是易生锈腐蚀。虽然出厂时表面镀了一层锌，但因污染，外表镀锌层很快就会氧化、脱落。为了延长寿命，使用时一律涂防腐油脂。一般规定每 3 ~4 年涂防腐油一次，在夏秋季节进行。

防腐油配方为中性工业凡士林占77%，松香占 15. 4%，煤油占 7. 6%。配制方法是先将凡士林油脂加热稀释并将松香碾成粉末状，按比例倒入煤油中搅拌。两个小时后，待松香溶于煤油中，再加入凡士林油中搅拌均匀即可使用。

进行涂油时，先用钢丝刷子将钢绞线上的锈和污垢除掉，然后用毛刷清扫干净，再涂防腐油，使油脂完全覆盖钢索表面。雨雾天不能进行涂油，否则影响质量，带来隐患。

思考：

1. 采用承力索把接触线悬挂起来有什么技术优点？
2. 承力索和接触线采用不同材质的情况下此承力索是否适合作载流承力索，为什么？

三、工作流程与任务

(一) 流程图

承力索检修流程如图 4-10 所示。

图 4-10　承力索检修流程

(二) 任务组织

承力索检修人员配置见表 4-7。

表 4-7　承力索检修人员表

序号	项　目	单位	数量	备　注
1	工作领导人	人	1	全面负责现场作业组织
2	主防护员	人	1	负责办理停电和封锁，传递防护信息

续上表

序号	项　目	单位	数量	备　注
3	地线监护人	人	2	监护地线操作人按标作业
4	地线操作人员	人	2	负责接挂接地线
5	高处作业人员	人	2	负责高处设备的检修作业
6	高处作业监护	人	2	负责监护高处作业人员的安全
7	司乘人员	人	2	司机、副司机各 1 人
8	行车防护员	人	2	负责作业区段的行车安全防护

注:其他检修人员根据现场情况确定。

承力索检修所需工具见表 4-8。

表 4-8　承力索检修工具表

序号	名　称	规格型号	单位	数量
1	作业车(车梯)	—	台	1
2	接触网激光测量仪	DJJ-8	台	1
3	钢卷尺	5 m	把	1
4	小绳	—	条	1
5	手扳葫芦	3 t	台	1
6	断线钳	—	把	1
7	卡线器	—	个	2
8	木槌(橡皮锤)	—	把	1
9	组合扳手	—	套	1
10	力矩扳手	0～100 N·m	把	2

承力索检修所需材料见表 4-9。

表 4-9　承力索检修材料表

序号	名　称	规格	单位	数量
1	绑扎线	ϕ2.0 mm	m	若干
2	铁线	ϕ4.0 mm	m	若干
3	电力复合脂	—	管	1
4	预绞式保护条	—	套	1

(三)技术标准

(1)承力索应采用铜合金材质,容许载流量符合运能需求。

(2)承力索的位置。

标准值:直链型悬挂位于接触线正上方;

标准状态：标准值 ±50 mm；

警示值：标准值 ±150 mm；

限界值：标准值 ±200 mm。

(3)承力索的磨耗及损伤。

①承力索应满足设计要求的最大电流通过条件。

②承力索应满足设计要求的机械强度安全系数。

③承力索在悬吊滑轮处应转动灵活、无卡滞，悬吊滑轮与线索相匹配。

④承力索在承力索座、悬吊滑轮等处悬吊固定时，应加装与承力索材质匹配的预绞式保护条。

标准值：无损伤；

标准状态：无损伤；

警示值：无散股、损伤 3 股；

限界值：断股。

(4)一个锚段内，承力索接头和断股补强的总数量应符合表4-10的规定(不包括分段及下锚接头)。

表 4-10　承力索技术标准值规定表

运行速度/(km·h⁻¹)	标准值	安全值		限界值	
		锚段长度在800 m及以下	锚段长度在800 m以上	锚段长度在800 m及以下	锚段长度在800 m以上
$v \leq 120$	0	4	5	4	5
$120 < v \leq 160$	0	3	4	3	4
$v > 160$	0	2	4	2	4

接头距悬挂点应不小于 2 m，同一跨距内不允许有两个及以上接头。承力索用钢芯铝绞线或铝包钢绞线时，其钢芯若断股，必须切断重新接续。

(5)螺栓紧固力矩按标准值进行紧固。

(四)检修程序和方法

1. 作业准备

按规程要求填写工作票并交付工作领导人，工作领导人向作业组全体成员宣读工作票、分工并进行安全预想，检查工具、材料。

2. 完成安全措施

做好安全措施，工作领导人确认完成安全措施后，通知各作业组开工。

3. 检查测量

(1)承力索外观检查

①无腐蚀现象

重点检查环境湿度较大以及污染较为严重的地区。

②无断股、散股等损伤现象

承力索损伤后不能满足该线通过的最大电流时，若系局部损伤，可以加电气补强线，若系普遍损伤则应更换；承力索损伤后不能满足规定的机械强度安全系数时，可以加补强线或切除损坏部分重新接续,若系普遍磨损伤则应更换。承力索断股实物如图 4-11 所示。

一个锚段内承力索接头和断股补强数量标准见表 4-10。

③无电气烧伤现象

重点检查上跨建筑下方、车站雨棚、隧道等处所,以及关节式电分相、线索交叉、附加导线弛度较大等情况出现的地方。

图 4-11　承力索断股实物

(2)参数测量

①承力索位置检查

标准值:直链形悬挂,位于接触线正上方。曲线区段承力索与接触线之间的连线垂直于轨面连线;

安全值:直线区段允许误差 ±150 mm;曲线区段允许向曲线内侧偏移 100 mm;

限界值:标准值 ±200 mm。

②承力索交叉点检查

检查承力索交叉点处是否存在互磨现象,对于线索交叉间距小于 60 mm 的需安装预绞式保护条,对于线索间距小于 200 mm 的需安装短接线。

③承力索对地绝缘距离检查

承力索与上跨建筑物的绝缘距离不小于 500 mm。

4. 调整

(1)承力索位置调整:当检查发现承力索位置不符合设计标准时,需通过调整承力索安装位置对承力索位置进行调整。

①使用激光测量仪测量出承力索应该处于的标准位置,并用记号笔在平腕臂上做出相应的位置标记。

②通过手扳葫芦将承力索卸载。正定位时,手扳葫芦通过支柱与承力索连接,紧固手扳葫芦卸载承力索;反定位时,手扳葫芦通过平腕臂管口或者相邻行别支柱与承力索连接,紧固手扳葫芦卸载承力索。

③手扳葫芦链条受力后,松开承力索座的压紧螺栓,将承力索从承力索座中取出。通过调整手扳葫芦使承力索移至目标位置。

④依次松开承力索座的顶紧螺栓备母和顶紧螺栓,将承力索座移至目标位置后,重新对承力索座的顶紧螺栓和备母依次进行紧固。

⑤将承力索放回承力索座中,紧固压紧螺栓。

⑥力矩紧固标准见表 4-11。

表 4-11　承力索部件力矩紧固标准表

零件名称	紧固件名称	对应紧固力矩/(N·m)	建议测试力矩/(N·m)
70 铝合金承力索座	顶紧螺栓 12	75	70
	螺母 M12	50	46
	压紧螺栓 M12	50	46

（2）承力索补强：承力索通过预绞式全张力补强保护条补强，将预绞式全张力补强保护条中心线与损伤位置对齐，依次进行缠绕，如图 4-12 所示。

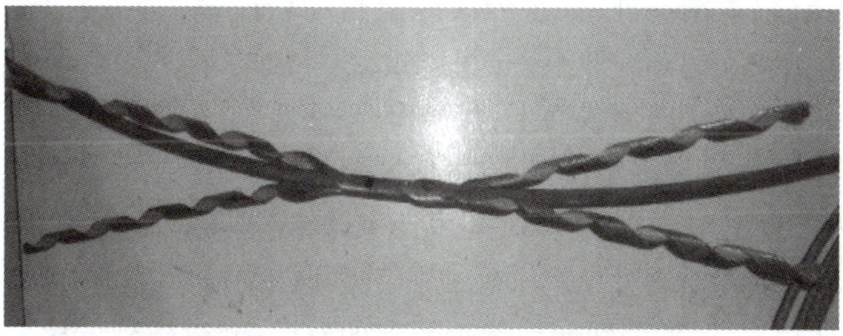

图 4-12　承力索预绞式保护条安装方法示意

（3）镁铜合金绞线的承力索 JTMH70 ~ JTMH150、硬铜绞线的承力索 JT95 ~ JT150 断股数达到总股数的 20% 及以下（如：当 19 股断 1 ~ 3 股）时，用同型号、同材质的承力索对断股处进行补强处理。

①用平锉将承力索断股头打磨平整，并将其按原在承力索上的缠绕方向、位置重新缠绕，再用绑扎线将两断头侧分别绑扎。

②在距承力索断股头处合适的位置安装紧线器，并挂手扳葫芦链与其紧线。紧线至两紧线器间的承力索略有松弛不受力后，停止紧线。

③在平均温度安装时，将补强线贴在承力索上并在断股点两侧平均分配。先装一侧的钢线卡子，当一侧钢线卡子紧固螺母后，一人抓住补强线末端上钢线卡子的端侧拉直并与承力索紧贴，另一人安装此侧的钢线卡子。

使用钢线卡子进行补强线与被补强的承力索固定时，断股两侧的钢线卡子各安装 3 个，且为两正一反或两反一正，严禁同侧的三个钢线卡子同方向安装。钢线卡子间距 100 mm，留头 100 mm，留头中间用铜绑线绑扎 20 mm。

④紧固各部螺母，检查受力情况。

⑤待确认无误后，稍松一下手扳葫芦，确认补强线受力良好后完全松开并撤除所有紧线工具。

⑥再次检查、紧固螺母，涂电力复合脂。

（4）镁铜合金绞线承力索 JTMH70 ~ JTMH150、硬铜绞线的承力索 JT95 ~ JT150 断股数超过总股数的 20%（如：当 19 股断 4 股及以上）、硬铜绞线的承力索 JT70 断 1 股及以上时，采取以下处理方法。

①方法一：采用锥套式承力索接头线夹进行接头处理。

a. 旋开线夹。对接头线夹规格型号及外观进行检查，确认与承力索型号一致，无裂纹和损伤，旋开接头线夹取出线夹内的楔子，如图 4-13 所示。

图 4-13　接头线夹分布

b. 穿线。将接头的承力索端部绑扎后剪成齐头，用钢锉锉平，达到光滑无毛刺。将左右两螺纹大楔套分别套入两边的承力索端头上。用木槌轻轻垂直敲打楔套，使承力索端头向线夹内穿绞线端部绑扎线随之向上移动，留在线夹外面，如图 4-14 所示。

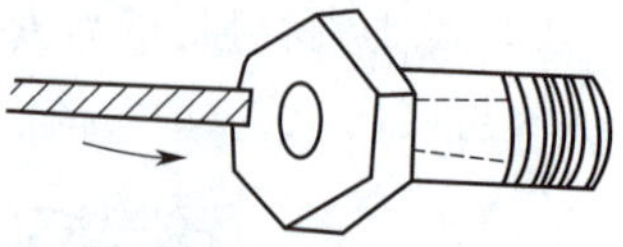

图 4-14　穿线示意

c. 穿楔子。当承力索端头外露时，绞线外层自动松股散开，把楔子穿进承力索绞线的芯线股上。同时将绞线外层的每股线自然、均匀分布在内楔子四周表面上；两手配合，一手向外拉承力索，一手顶紧大楔子，使内小楔子平端部外露于绞线端部 2 mm，如图 4-15 所示。

d. 紧固。两人配合把左、右两楔套对准线夹本体，先用手把住左、右两楔套，将线夹本体逐渐旋进楔套，直至用手旋不动为止。

用三把 450 mm 扳手，二把分别卡住接头线夹的左、右螺纹楔套六棱上，另一把扳手卡住线夹本体，两边扳手不动，中间扳手旋转紧固，如图 4-16 所示；用力矩扳手复合紧固力矩，使达到标准要求力矩。

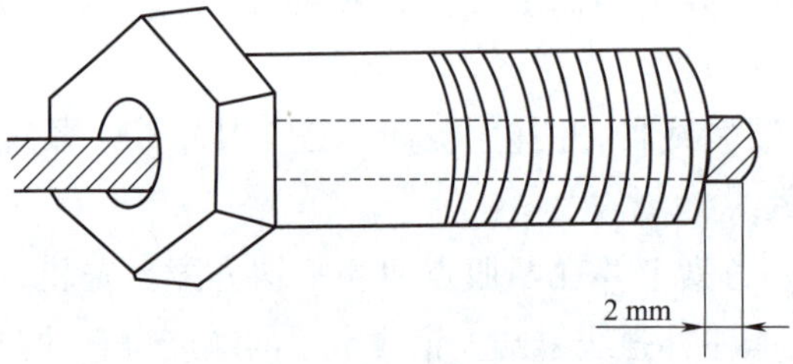

图 4-15　穿楔子示意

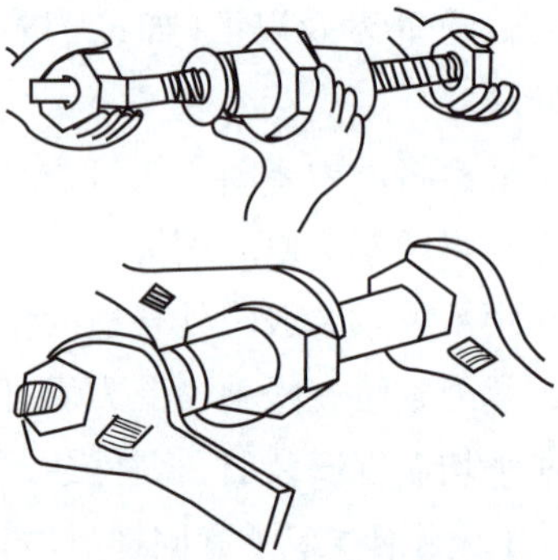

图 4-16　紧固示意

e. 结束。接头完毕，拆除留在楔套外边绞线上绑扎线。接续后的效果如图 4-17 所示。

图 4-17　承力索接续效果

②方法二：采用 2 套双耳楔型线夹、1 件 770 型双环杆、1 组短接电连接的方式进行接头处理。其接续效果如图 4-18 所示。

(5) 承力索锈蚀、腐蚀情况：承力索局部锈蚀，用砂纸打磨后涂电力复合脂进行防腐处理。

(6) 螺栓紧固力矩：各部位螺栓紧固力矩值按标准执行。

5. 检查验收

检修作业完毕后，对检修后的设备质量进行检查验收。

(1) 承力索状态良好，无断股、散股、烧伤等情况。

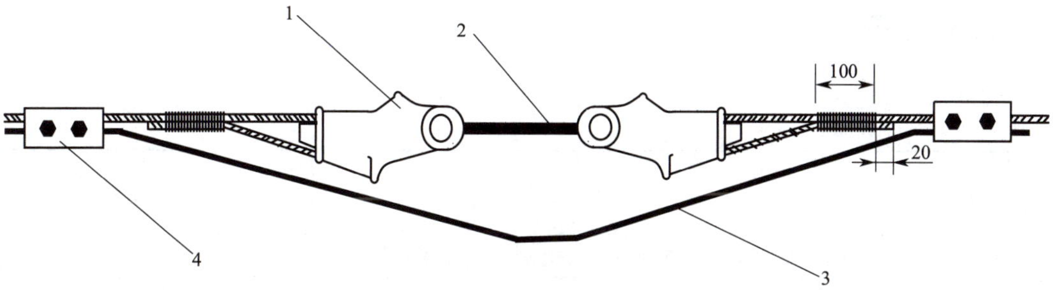

1—双耳楔型线夹；2—770型双环杆；3—短接电连接线；4—电连接线夹。

图4-18　采用楔形线夹接续效果（单位：mm）

（2）承力索接头及补强安装符合设计规定。

（3）两承力索交叉位置、对地绝缘距离符合设计规定。

6. 办理收工手续

（1）工作领导人确认各作业组工作结束，人员机具均已撤至安全地带后，通知监护人员撤除地线及其他安全措施。

（2）工作领导人确认安全措施撤除后，通知驻站联络员申请消除停电作业命令和线路封锁命令。

（3）工作领导人召开收工会，办理收工手续。

7. 填写检修记录

按照当天检修情况填写检修记录。

四、分析与思考

本任务主要是支持装置检调，填写“接触网全面检查记录”和“接触导线磨耗损伤测量记录”关系到接触网的结构和技术标准要求，因此，如何保证数据的准确至关重要，本任务在实际工作中需要注意以下问题：

（1）做锥套式承力索接头时应注意接头线夹规格、型号是否与线材一致，外观有无损伤，配件是否完整。

（2）螺纹楔套有左右之分，左螺纹楔套和本体有槽沟，操作时不得装反。

（3）作业人员不宜位于线索受力方向的反侧，并应采取防止线索滑脱的措施；在曲线区段进行接触网悬挂的调整工作时，要有防止线索滑跑的后备保护措施。

五、任务评价

姓名：　　　　　　　　　　　　　　　　单位：

任务名称：承力索的维护与检修　　　　　　　　　　　实际考核时间：　min

项目	配分	序号	评分标准	扣分	得分	备注
作业准备	15分	1	人员着装整齐，安全劳保用品齐全，一项不合格扣2分			
		2	材料、工具型号选择正确、作业开始前摆放整齐，并进行检查。材料、工具选错一项扣2分，未进行检查或检查不到位扣2分			
作业质量	60分	1	待更换承力索座外观质量检查，否则扣3分			
		2	承力索座应安装水平，不得偏斜，否则扣3分			
		3	承力索座吊线钩朝向正确，否则扣3分			
		4	各部位力矩、锁片符合标准，否则每处扣2分，使用力矩扳手紧固，否则扣3分			
		5	承力索座内主线与辅线安装正确，否则扣3分			
		6	承力索与接触线应在同一垂直面，承力索座位于接触线正上方，允许误差±100 mm，否则扣3分			
		7	承力索座内铜衬垫放置正确，两缺口相对应，铜衬垫在承力索座两端露头相等，否则每项扣2分			
		8	更换完毕，工料具不得遗留在线路上，否则扣10分			
安全及其他	20分	1	不得出现划伤、碰伤、高处落物，否则每次扣5分			
		2	出现较重伤害，取消资格			
		3	不得出现其他违反作业标准项，否则每次扣5分			
		4	作业过程中规范使用安全带，否则提醒一次扣2分			
		5	辅助人员1名，辅助人员仅可参与扶稳工具，传递工具、可协同作业人员抬放承力索的工作且需要作业人员口头指挥后方可执行，除严重安全问题外，不得提醒作业人员。否则裁判提醒一次扣2分			
		6	作业时间15 min，每超1 min扣1分。时间以秒计，不足1 min算1 min，超过10 min判定失格			
作业结束	5分	1	清理工料具，并摆放整齐，未按照要求扣5分			
合计	100分					

注：每个项目扣分累计不超过其配分，扣完为止。

操作开始时间：　　时　　分　　　　　　　　　　　操作结束时间：　时　　分

考评员：　　　　　　　　　　　　　统分人：　　　　　　　年　　月　　日

任务三　吊弦的维护与检修

吊弦是接触网的核心组成部分，其典型工作任务是接触网维护与检修的重要组成部分，和其他模块共同组成接触网的日常维护与检修工作。

一、任务书

图4-19是目前得到广泛使用的整体吊弦，根据实训基地实物进行承力索检调，并将检调结果填入表4-1接触网全面检查记录表中。

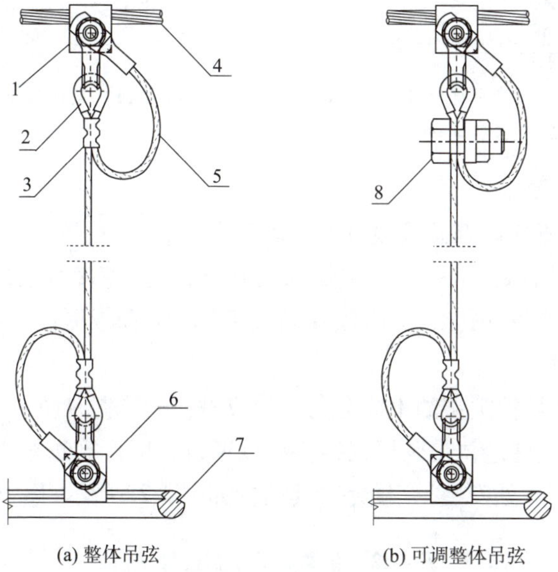

1—承力索吊弦线夹；2—心形环；3—压接管；4—承力索；
5—导流尾线；6—接触线吊弦线夹；7—接触线；8—可调螺栓。

图4-19　整体吊弦

二、知识准备

吊弦是接触网的重要组成部件之一。纵向承力索或横向承力索悬吊接触线、定位索或辅助承力索所用的部件，称为吊弦。接触线通过吊弦挂在承力索上，调节吊弦的长度可以保证接触悬挂的结构高度和接触线距轨面的工作高度，增加了接触线的悬挂点，提高电力机车受电弓的取流质量。为了满足不同的需要，吊弦从材质、形式上多种多样。

(一) 吊弦按照使用场合的分类

1. 普通环节吊弦

普通环节吊弦在链型悬挂中应用相当广泛，采用$\phi4$ mm(或称为8号线)的镀锌铁线或者不锈钢线制作环节型。为增加悬挂弹性，每根吊弦不少于两节，吊弦制作成两端带环孔的形状，环孔直径为线径的5～10倍(20～40 mm)，呈水滴形环孔的高宽比应约为3∶2；环孔收口处尾线要缠绕主线两圈半，不留缝隙，制作过程不能损伤镀锌层。两节连接处的环孔应互相垂直。与接触线相连的一节吊弦，一端制成环孔，另一端呈直线状，安装时可穿过固定在接触线上的吊弦线夹，多余的回头拧成 8 字形状，如图 4-20 所示。环节吊弦主要应用于普速电气化铁路，采用钢承力索的非载流区段。

普通环节吊弦尺寸和结构如图 4-21 所示。

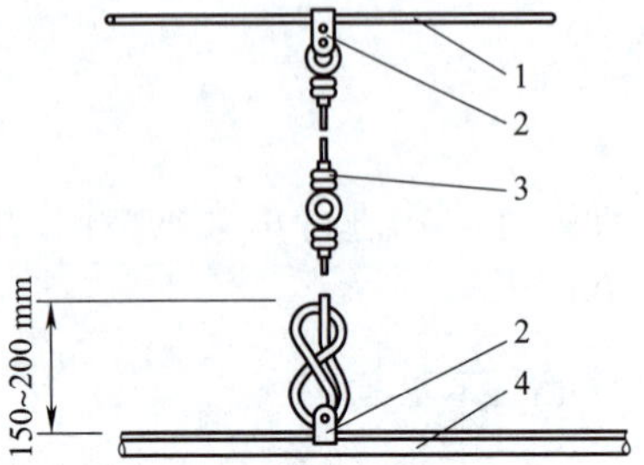

1—承力索；2—吊弦线夹；3—可调螺栓；4—接触线。

图 4-20　普通环节吊弦

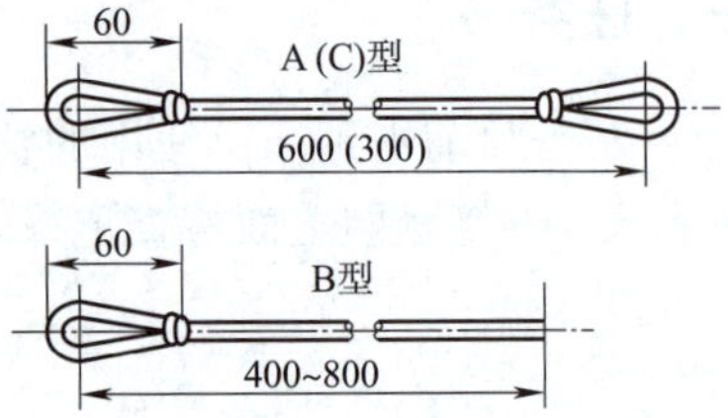

图 4-21　普通环节吊弦类型（单位：mm）

环节吊弦安装技术要求：

(1) 环节吊弦应根据实际跨距及设计要求均匀布置，吊弦位置施工偏差为 ±300 mm；

(2) 吊弦与承力索用承力索吊弦线夹作永久联结，吊弦与接触线用接触线吊弦线夹临时固定，吊弦回头应均匀迂回，吊弦线夹必须安装端正、牢固，曲线区段与导线倾斜度一致。

2. 支柱定位处吊弦

支柱定位处吊弦按悬挂类型的不同分为简单支柱吊弦和弹性支柱吊弦两种。

简单链型悬挂时，支柱定位吊弦根据结构高度通过长度计算选用表 4-12 中的普通环节吊弦。在定位点两侧各 4 m 处安装一组吊弦，其结构如图 4-22 所示，称为简单支柱吊弦。

表 4-12　普通环节吊弦型号规格

类型	组合情况	长度/mm	节数
Ⅰ	A + A + B	1 450 ~ 1 650	3
Ⅱ	A + C + B	1 150 ~ 1 450	3
Ⅲ	A + B	900 ~ 1 150	2
Ⅳ	C + B	700 ~ 900	2

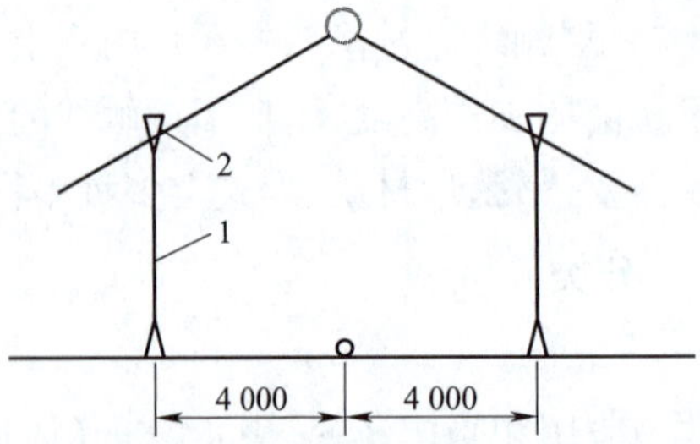

1—吊弦；2—吊弦线夹。

图 4-22　简单支柱吊弦安装图（单位：mm）

当为弹性链型悬挂时，应安设弹性支柱定位吊弦，亦称弹性吊弦，如图 4-23 所示。有 Y 形结构或 Π 形结构两种形式，实际应用中 Π 形弹性吊弦在时速超过 200 km 的高速铁路中应用较多。

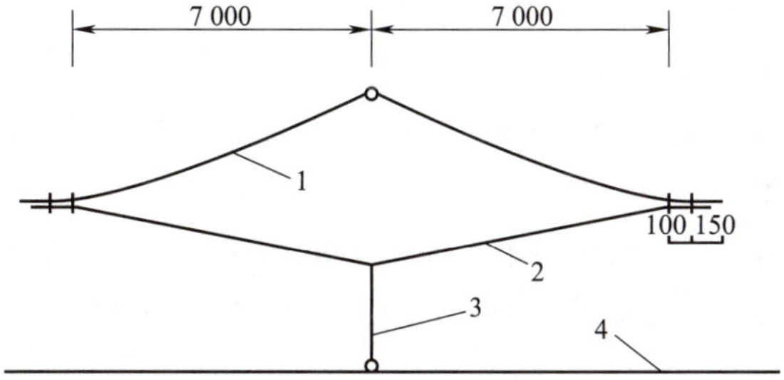

1—承力索；2—弹性吊索；3—吊弦；4—接触线。

（a）Y 形结构

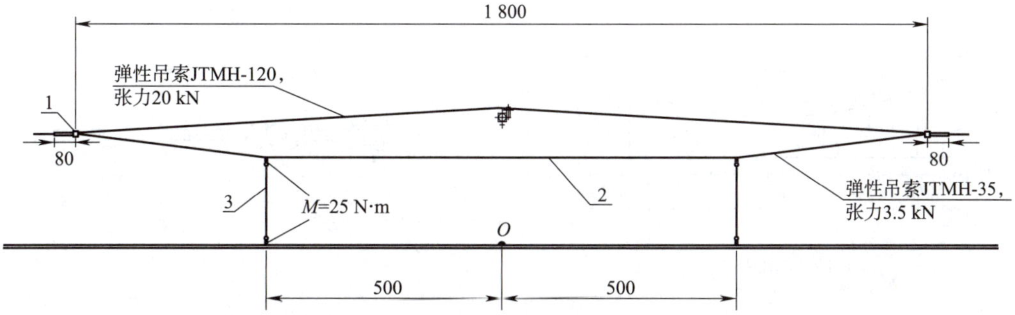

1—弹性吊索线夹；2—弹性吊索；3—弹性吊索用整体吊弦。

（b）Π 形结构

图 4-23　弹性支柱吊弦（单位：mm）

弹性吊弦由一根弹性吊索、弹性吊索用整体吊弦和弹性吊弦线夹组成，弹性吊索的长度主要由跨距决定，当跨距 55 m≤L≤60 m 为 18 m，44 m≤L≤55 m 为 14 m，当跨距小于 44 m 或者线路曲线半径小于 1 200 m 时取消弹性吊索。弹性吊索用 JTMH35 铜镁绞线制成，工作张力 3.5 kN。该吊弦形式可增加定位弹性，减少定位器重量对受电弓通过定位点时的作用力，有利于消除硬点，增加接触悬挂弹性均匀性。

弹性吊索与整体吊弦的结构和整体吊弦类似，区别主要是弹性吊弦线夹比承力索吊弦线夹稍小。两吊弦与接触线定位点的距离为 4.0 m（14 m 弹性吊索时）、5.0 m（18 m弹性吊弦时）。

电分段锚段关节内有因弹性吊弦造成两接触悬挂的各带电部分间的空气绝缘距离不足时，应将弹性吊弦撤除，并适当增设普通吊弦。

3. 软横跨直吊弦（选学）

软横跨是多股道站场的横向支持装置，软横跨直吊弦安设在软横跨横向承力索与上部固定绳之间，不分环节，采用两股 ϕ4 mm 的镀锌铁线拧合而成，根据技术要求，最短不小于 0.4 m。软横跨直吊弦应保持垂直，在直线区段应在线路中心线处，曲线区段应在纵向承力索的正上方。软横跨直吊弦也可以采用软不锈钢绞线，可以提高直吊弦的耐腐蚀能力，但成本较高。

4. 隧道内吊弦

在隧道内，由于净空高度的限制，接触悬挂高度较小，吊弦形式不同于区间或站场。隧道内为半补偿链型悬挂时，两悬挂点间的距离通常为 18 ~ 25 m，一般在每个跨距中布置两根吊弦，吊弦与悬挂点间距取 $l/4$，吊弦间距取 $l/2$，易选用滑动吊弦。全补偿链型悬挂时，跨距为 35 ~ 42 m，一般每个跨距中布置 4 根吊弦，吊弦与悬挂点间距取 $l/8$，吊弦间距取 $l/4$。吊弦在顺线路方向应该垂直安装。

隧道内吊弦一般由两节组成，第一节采用固定的吊弦长度，第二节做成可调节长度，吊弦长度可根据承力索的弛度算出，隧道内的吊弦安装如图 4-24 所示。

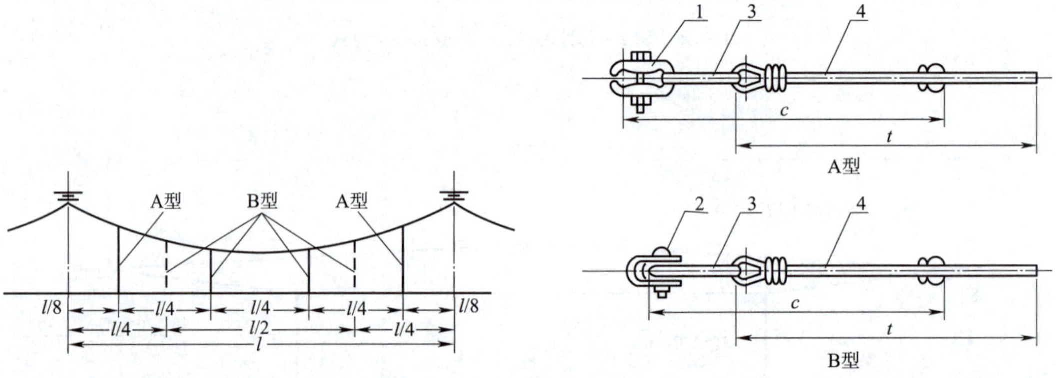

(a) 隧道内吊弦布置　　(b) 吊弦类型

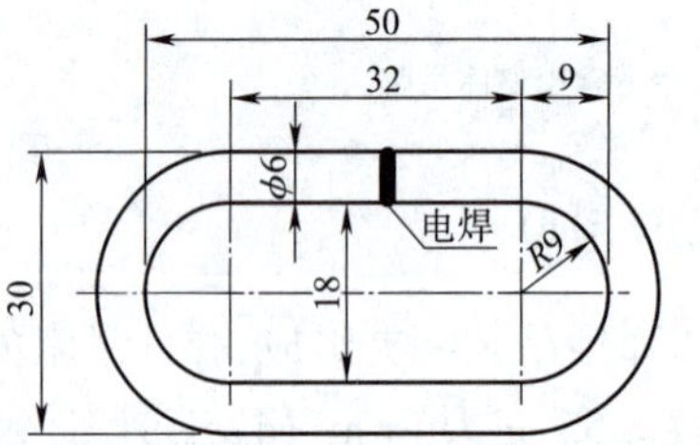

c	t
200~300	300
310~400	400
410~500	500
510~600	600
610~700	700

(c) 吊环　　(d) c、t选用表

1—接触线夹；2—滑动吊弦线夹；3—吊弦护套环；4—吊弦绞线。

图 4-24　隧道内吊弦安装图(单位：mm)

当隧道内为简单悬挂时，净空高度允许安装悬挂点，则可设滑动吊弦和人字吊弦，人字吊弦如图 4-25 所示。

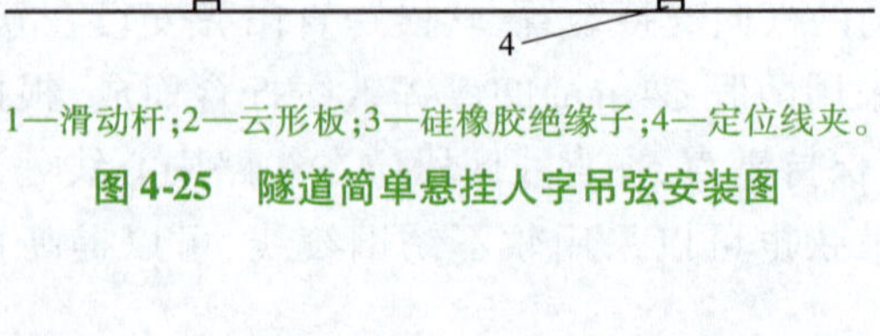

1—滑动杆；2—云形板；3—硅橡胶绝缘子；4—定位线夹。

图 4-25　隧道简单悬挂人字吊弦安装图

隧道净空不能满足安装悬挂点，则采用局部开挖拱顶安设滑动吊弦如图 4-26 所示。

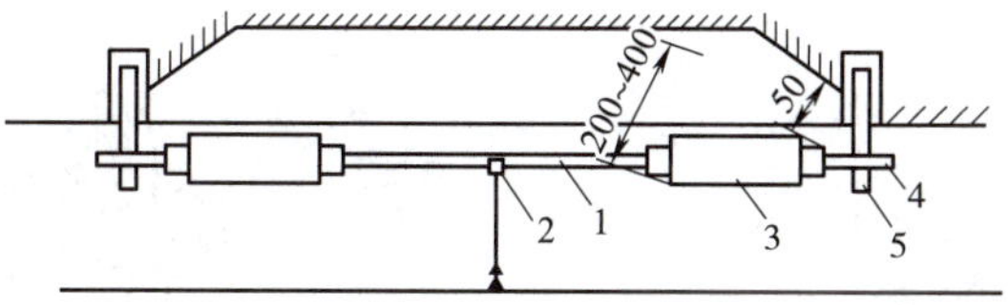

1—滑动杆；2—U 形夹板；3—棒式绝缘子；4—连接调整板；5—埋入杆。

图 4-26　隧道简单悬挂开挖拱顶式滑动吊弦安装图(单位：mm)

这里介绍的隧道内吊弦主要出现在早期修建的隧道净空条件受限场合。在新建线路中，一般隧道都能较好地满足电气化空间的净空要求。高速铁路中考虑列车高速通过隧道空气气压的变化隧道界面更大，这时隧道内吊弦和非隧道区间相同。

(二)整体吊弦

随着我国电气化铁路不断向高速发展，接触网施工安装精度要求也越来越高。运行表明，用镀锌铁线制作的环节吊弦，普遍存在安装精度差，接触线高度需经常调整；在有电分段处(如绝缘锚段关节处)，因横向电流而发生烧断吊弦的事故。在高速电气化铁路接触悬挂结构上，对导线高度要求十分严格，即各悬挂点导线高度必须等高，其相对误差越小越好；吊弦要有较高的可靠性；采用载流承力索时，横向电流会造成环节吊弦各环节连接处明显的烧蚀。带有导流线的整根由耐腐蚀铜合金软铜绞线制成的整体吊弦逐步替代了传统的环节吊弦，越来越多地在我国电气化铁路中应用。

整体吊弦具有如下特点：

(1)采用整体导流式吊弦结构由于吊弦与线夹间为压接连接工艺，接续可靠，工艺简单，机械强度高，整体导流式结构，避免了环节吊弦产生的磨损和电火花烧蚀等情况；

(2)耐腐蚀、寿命长，适于机械化加工制作，有利于批量生产；

(3)经过精确计算后，一次性安装不需调整，减轻了维修工作量。

整体吊弦由接触线吊弦线夹、承力索吊弦线夹、心形环、钳压管、连接线夹、吊弦线及吊弦线固定螺栓等组成。吊弦结构采用心形环结构，吊弦线在接触线端的连接采用钳压管压接连接。整体吊弦可以适用于 70 mm^2、95 mm^2、120 mm^2 铜及铜合金绞线承力索上悬挂截面为 85 mm^2、120 mm^2、150 mm^2 铜及铜合金接触线，对于不同截面线索吊弦的不同在于使用了对应型号的吊弦线夹，95 mm^2、70 mm^2 型整体吊弦承力索吊弦线夹上使用 U 形螺纹卡子。吊弦线采用 JTMH10 铜镁合金 49 股单丝绞线。其最大垂直工作荷重为 1.3 kN，与承力索、接触线间的滑动荷重不小于 1.0 kN，吊弦综合拉断力不小于 3.9 kN。

整体吊弦主要有三种形式：不可调(压接式)整体吊弦、可调式整体吊弦和滑动吊弦。其区别在于承力索吊弦端一个为压接管压接一个用吊弦线固定螺栓。整体吊弦施工精度、工艺要求较高，必须准备充分、测量准确、精确计算、严格控制安装精度和工艺。当吊弦的长度不能适应在极限温度范围内接触线的伸缩和弛度的变化时，应采用滑动吊弦。在高速铁路中主要用于交叉吊弦连接的两支接触悬挂存在较大水平位移时，使用滑动吊弦应该保证防水塑料能够可靠的将承力索和吊弦绝缘开，不得装偏，在吊弦因为滑动需要可靠的横向电流通道时，应绝缘安装，如图 4-27 所示。整体吊弦有多种形式，其主要区别是吊弦线夹和是否可调。主要的线夹类型有:传统的冲压型吊弦线夹、高速铁路较常用的冲压型线夹和合页型承力索线夹等。

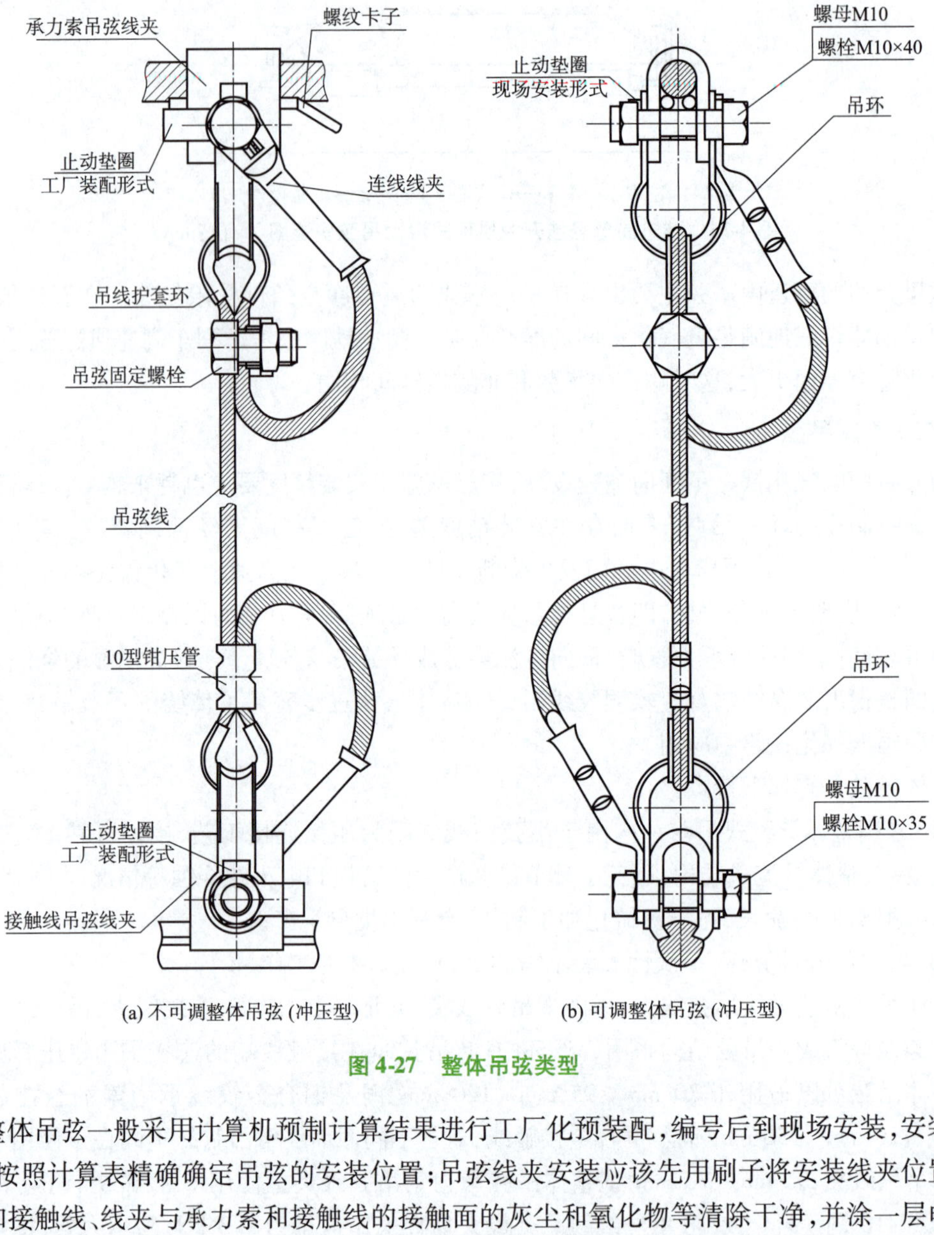

(a) 不可调整体吊弦 (冲压型)　　(b) 可调整体吊弦 (冲压型)

图 4-27　整体吊弦类型

整体吊弦一般采用计算机预制计算结果进行工厂化预装配,编号后到现场安装,安装时要注意:按照计算表精确确定吊弦的安装位置;吊弦线夹安装应该先用刷子将安装线夹位置的承力索和接触线、线夹与承力索和接触线的接触面的灰尘和氧化物等清除干净,并涂一层电力复合脂,保证线索、线夹间电气连接良好;吊弦的导流环,接触线端朝向行车前进方向侧,承力索端朝向行车的反方向侧;吊弦应端正;吊弦垂直及线夹倾斜角度小于 15°时,线鼻子应安装在螺栓头侧,否则装于螺母端;在曲线区段,接触线吊弦线夹的螺栓上的螺母和线鼻子应朝向低轨(曲内),如图 4-28 所示。

(三)整体吊弦预制与施工

1. 整体吊弦的工厂化预制工艺

(1)工前检查

来料检查:确定零件是否与线材相匹配,吊弦线夹尺寸是否正确,有无断股、散股、磨伤等现象。

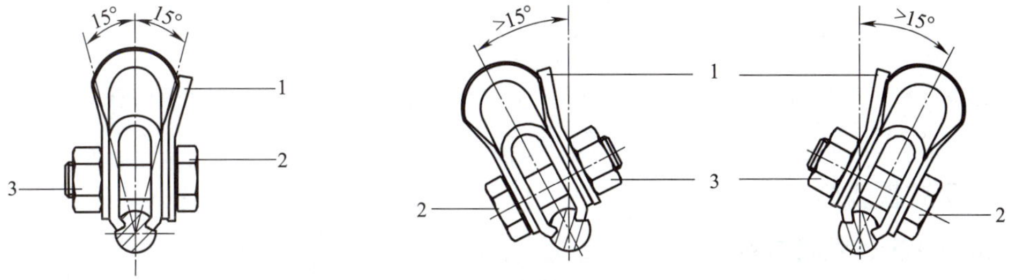

1—锁片;2—螺栓;3—螺母。

图 4-28　接触线吊弦线夹倾斜示意

工装检查:检查压接模的尺寸、表面质量以及有无影响正常压接的缺陷;检查压接模与压接钳是否连接良好;检查量具及尺寸标定装置是否准确;检查设备及其他辅助装置的安全防护。

(2)预拉

根据预制场地大小,每次从线盘中放出 30 ~ 50 m 长的吊弦线,在线索两端串接紧线器和拉力计,按 1.5 kN 张力对吊弦线进行预拉。

(3)吊弦线下料

按照吊弦预制安装表中吊弦下料长度,将吊弦线头部无散股处用细铜线绑扎,用断线钳截取线索。截断后线头应无松散、毛刺等现象。

(4)穿线

取掉吊弦线上的铜扎线,将吊弦线穿过压接管,并放在压接装置护环的圆弧槽内,压接管尽量靠近护环,拉紧吊弦线,吊弦线剩余长度 20 mm,防止单线未穿入及伤线现象。

(5)压接

将穿好的吊弦线放入工装,按高度方向垂直放置,压接管中心应与型腔中心重合,将吊弦一端合模压接。将压好的一端套在压制平台的固定钢筋柱上,把吊弦拉直,用钢板尺复核吊弦的长度。合模压接另一端回头,压接时应使线鼻子与心形环在同一断面内。

(6)检查

对压接完毕的吊弦尺寸进行校核,确保工装达到设计要求、压接部位光滑。

(7)标识、包装

将吊弦实际长度打印在吊弦线夹背面,并按照跨距分类、装箱。

2. 整体吊弦的施工要求

(1)整体吊弦布置应符合设计要求。普速线路传统吊弦安装位置应从悬挂点向跨中测量,其偏差应在跨中调整,施工偏差为 ±100 mm。在高速铁路施工中,吊弦间距按计算值布置,安装测量应从中心锚结向下锚侧进行,吊弦间距测量的起测点与闭合点均以悬挂点为准,吊弦间距测量偏差小于 150 mm 时,应将误差均布在各间距内。如大于 150 mm 时安装允许偏差为 ±50 mm,整体吊弦制作长度偏差应不大于 1.5 mm。

(2)先安装承力索上的吊弦线夹,再安装接触线上的吊弦线夹。安装前用刷子清除掉承力索、接触线安装吊弦线夹部位的灰尘和氧化物层,并在安装位置涂一层电力复合脂,保证连接处导电性良好。悬挂点高度符合设计要求,允许偏差 ±30 mm;相邻吊弦点接触线高度施工偏差为 ±10 mm。

（3）在平均温度时，吊弦顺线路方向应垂直安装。温度变化时，吊弦顺线路方向的偏移量为：承力索、接触线采用不同材质时，应按设计提供的曲线表安装，或按计算公式计算的偏移量安装，顺线路方向施工偏差不应大于 20 mm；承力索、接触线采用同一材质时，在任何温度下均应垂直安装，误差控制在 20 mm 以内（交叉吊弦除外）。

（四）吊弦检调要点

1. 吊弦线夹外观状态检查

检查线夹本体及螺栓有无损伤、变形、裂纹、烧伤或其他不良状态，止动垫片是否安装到位。紧固力矩 23 N · m，无严重超负荷或欠负荷紧固、无变形、本体和螺栓无开裂。压接环压接牢靠、无松动现象。

2. 吊弦线夹螺栓检查维修标准

（1）直线段与曲线内侧：接触线吊弦线夹螺帽在田野侧，即接触线吊弦线夹螺栓由线路侧向田野侧穿；承力索吊弦线夹螺栓穿向与接触线吊弦线夹螺栓穿向相反。

（2）曲线外侧：接触线吊弦线夹螺帽在线路侧，即接触线吊弦线夹螺栓由田野侧向线路侧穿；承力索吊弦线夹螺栓穿向与接触线吊弦线夹螺栓穿向相反。

在导线扭面的情况下，螺栓从低侧向较高的一侧穿。

（3）吊弦载流环线鼻子始终在螺栓头一侧（即不在螺帽侧），吊弦线夹的载流圈固定在吊弦线夹的螺栓侧。承力索吊弦线夹载流圈与接触线吊弦线夹载流圈安装方向相反，接触线吊弦线夹载流圈面向列车前进方向，线鼻子与接触线夹角不得小于 30°。

3. 吊弦线检查维修标准

外观状态检查应无损伤、变形、断股、烧伤或其他不良状态；吊弦与鸡心环接触密贴；压接应按要求将本线及载流辅线一道压接成 W 形，且一个压槽在主线上，两个压槽在辅线上。吊弦承力索线夹 U 形卡环无变形超力矩紧固，吊弦螺栓有安装止松垫片。70 mm^2、95 mm^2 承力索吊弦线夹的 U 形螺纹卡子，在承力索载流环侧。

弹性吊索无断线、断股、松弛，外露长度达标。承力索座应该在弹性吊索的中心外置，允许偏差为 ±20 mm。弹性吊索工作张力符合设计规定，允许偏差为 ±50 N。弹性吊索吊弦处与定位点处接触线高度相等。

吊弦的长度要能适应在极限温度范围内接触线的伸缩和弛度的变化，否则应采用滑动吊弦。吊弦预制长度应与计算长度相等，误差不大于 ±2 mm。吊弦截面损伤不得超过 20%。

思考：

1. 吊弦的长度和接触线的导高有关系吗，为什么？
2. 一般情况一个跨距的接触悬挂采用多少个吊弦？

视 频

吊弦的检调

三、工作流程与任务

（一）流程图

吊弦检修流程如图 4-29 所示。

图 4-29　吊弦检修流程

(二)任务组织

吊弦检修人员配置见表 4-13。

表 4-13　吊弦检修维护人员配置表

序号	项　目	单位	数量	备　注
1	工作领导人	人	1	全面负责作业组织
2	主防护员	人	1	负责办理停电和封锁,传递防护信息
3	地线监护人	人	2	监护地线操作人按标作业
4	地线操作人员	人	2	负责接挂接地线
5	高处作业人员	人	2	负责高处设备的检修作业
6	高处作业监护	人	2	负责监护高处作业人员的安全
7	司乘人员	人	2	司机、副司机各 1 人
8	行车防护员	人	2	负责作业区段的行车安全防护

吊弦检修所需工具见表 4-14。

表 4-14　吊弦检修工具配置表

序号	名　称	规格或型号	单位	数量
1	作业车(或车梯)	—	台	2
2	数字化激光接触网检测仪	DJJ-8	台	1
3	钢卷尺	5 m	把	1
4	力矩扳手	0 ~ 100 N · m	套	1
5	小绳	—	条	1
6	皮尺	50 m	把	1
7	吊弦压接钳	—	把	1
8	扭面器	—	套	2

吊弦检修所需材料见表 4-15。

表 4-15　吊弦检修材料配置表

序号	名　称	规格	单位	数量
1	铁线	ϕ4. 0 mm	kg	若干
2	砂纸	—	张	若干
3	电力复合脂	—	管	若干
4	吊弦(含零部件)	—	套	若干

(三)技术标准

1. 吊弦偏移

接触线与承力索同材质时,顺线路方向吊弦偏移应达到以下技术标准(交叉吊弦除外)。

标准值:0;

标准状态:20 mm;

警示值:50 mm;

限界值:100 mm。

2. 吊弦状态

吊弦的长度要能适应在极限温度范围内接触线的伸缩和弛度的变化,否则应采用滑动吊弦。吊弦预制长度应与计算长度相等,偏差不大于 ±2 mm。

3. 吊弦线夹状态

吊弦线夹在直线处应保持铅垂状态,曲线处应垂直于接触线工作面。曲线处接触线吊弦线夹螺栓应穿向曲线外侧。

4. 载流环

吊弦载流环应固定在吊弦线夹螺栓的外侧,接触线吊弦线夹处载流环应与列车前进方向一致,线鼻子与接触线夹角保持 30°~45°。承力索吊弦线夹处载流环应与列车前进方向相反。

5. 吊弦位置

标准值:设计值;

标准状态:标准值 ±50 mm;

警示值:标准值 ± 100 mm;

限界值:标准值 ±200 mm。

6. 两相邻吊弦点接触线高差

标准值:0;

标准状态:10 mm;

警示值:10 mm;

限界值:15 mm。

定位点两侧第 1 吊弦处(弹性链形悬挂时为弹性吊索外第 1 吊弦)接触线高度应相等。相对于定位点处接触线高度差为 ±10 mm,且不得出现“V”形。

7. 吊弦损伤

标准值:无损伤;

标准状态:无损伤;

警示值:断 3 根单丝;

限界值:断 7 根单丝。

(四)检修程序和方法

1. 作业准备

按规程要求填写工作票并交付工作领导人,工作领导人向作业组全体成员宣读工作票、分工并进行安全预想,检查工具、材料。

2. 完成安全措施

做好安全措施,工作领导人确认完成安全措施后,通知各作业组开工。

3. 检查测量

(1)吊弦外观检查

整体吊弦如图 4-30 所示。

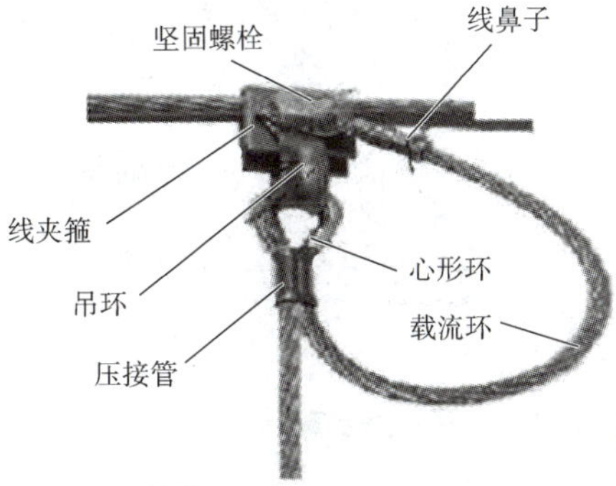

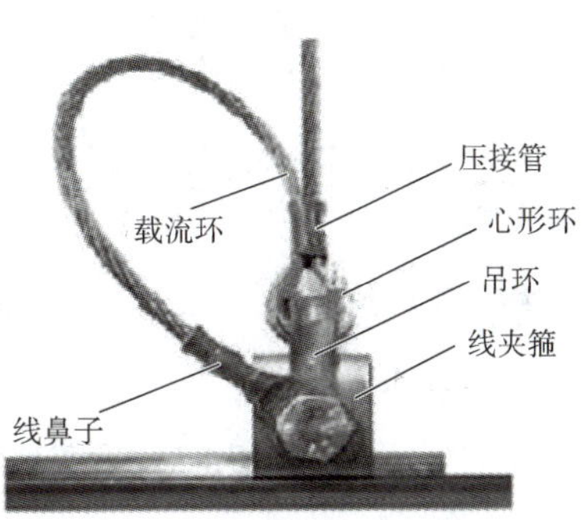

图 4-30　整体吊弦示意

①检查吊弦线本体是否出现断丝断股情况,吊弦截面损伤不得超过 20%;吊弦线本体压接部位不得出现压伤情况,压接环位置不得出现折断情况。

②吊弦载流环上线鼻子和压接管在压接的时候由于压力的不均匀或用力过猛,线鼻子或压接管内里受伤,长期使用可能使得线鼻子及压接管出现锈蚀或裂纹。吊弦线鼻子出现裂纹如图4-31所示。

图 4-31　吊弦线鼻子锈蚀开裂

③吊弦载流环应固定在吊弦线夹螺栓的外侧,载流环应朝向列车前进方向,线鼻子与接触线夹角不得小于 30°。

④心形环与吊弦线接触密贴,心形环距压接管的距离不小于 5 mm。吊弦心形环在制作安装时不得出现脱槽的情况。吊弦心形环脱槽的案例如图 4-32 所示。

图 4-32　吊弦心形环脱槽

⑤吊弦载流环不得与吊弦线本体产生交叉和相磨,如图 4-33 所示。接触线吊弦线夹不得

出现脱槽情况，如图 4-34 所示，锁片长端掰至线夹本体侧，锁片短端掰至螺母侧。

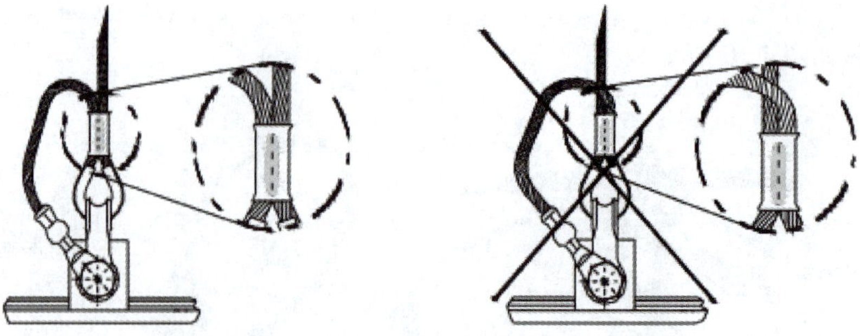

(a) 正确　　(b) 错误

图 4-33　吊弦线载流环与本体相磨示意

图 4-34　接触线吊弦线夹脱槽

⑥承力索吊弦线夹的螺纹卡子不得有裂纹，螺纹卡子安装在载流环反方向，外露 5 mm。吊弦线本体与心形环连接、心形环与吊环连接的部分不得出现烧伤痕迹。

⑦吊弦正常情况下应处于受力状态，不得出现松弛、线体扭曲的情况。吊弦不受力情况如图 4-35 所示。

(a)　　(b)

图 4-35　吊弦不受力情况

⑧接触线与承力索同材质时，吊弦在任何情况下均垂直（交叉吊弦除外）。

标准值：在无偏移温度时垂直；

安全值：在极限温度时，顺线路方向的偏移值不得大于 20 mm；

限界值：同安全运行值。

(2)吊弦线夹状态

吊弦线夹在直线处应保持铅垂状态,曲线处应与接触线的倾斜度一致。

(3)整体吊弦间距检查

标准值:设计值;

安全值:≤10 m;

限界值:≤12 m。

(4)整体吊弦相邻吊弦高差检查

标准值:相邻吊弦高差≤10 mm;

安全值:同标准值;

限界值:相邻吊弦高差≤15 mm。

跨中第一吊弦与相邻弹性吊索吊弦的高度差必须小于10 mm。弹性吊弦与定位点处接触线高度相等。

(5)安全距离

整体吊弦与线索或支持定位装置间距离不得小于50 mm,如图4-36所示。当吊弦位于关节交叉侧时注意根据线索偏移值对吊弦进行调整。

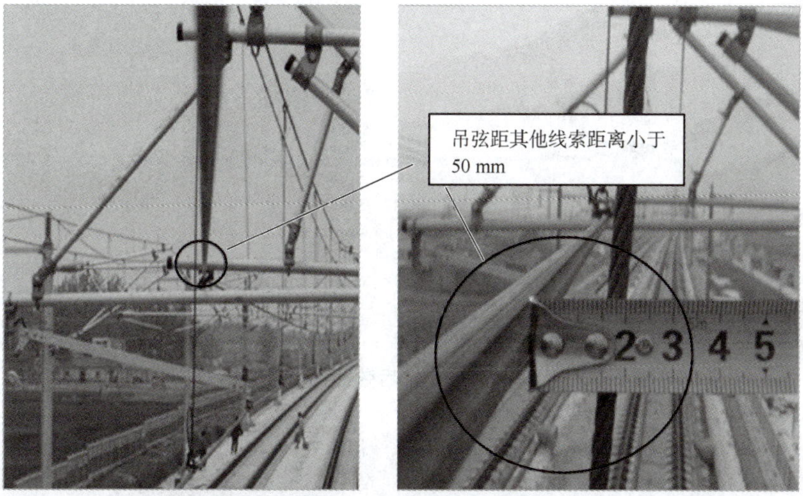

(a)　　(b)

图4-36　吊弦距其他线索距离不足

(6)螺栓紧固力矩检查

吊弦螺栓紧固力矩要求见表4-16。

表4-16　吊弦线夹螺栓紧固力矩表

名　称	螺栓直径/mm	标准紧固力矩/(N·m)	测试力矩/(N·m)
吊弦线夹	M10	25	23

4. 吊弦本体不良检修调整

吊弦线本体断股、散股、受损及氧化严重的,需压接新吊弦,尺寸与既有吊弦保持一致,对既有吊弦进行更换。

整体吊弦更换方法如下:

(1)拆除原吊弦,用 ϕ2.0 mm 铁丝模拟测出长度。

(2)制作吊弦:

根据预制计算单和吊弦部件图、整体吊弦类型领取材料,吊弦部件如图 4-37 所示。将吊弦线穿过压接套环,在线的终端形成一个环后,再将线头穿回压接套环,并拉出。测量压接套环外的直线长度(200 mm),做上标记。在这个位置上,轻压压接套环的回头侧,将压接套环固定在该位置,如图4-38所示。拿一个心形环固定在载流环弯曲处,将线和压接套环置于压接槽内,压接套环紧靠导向板,并处于压模相对中心的位置,如图 4-39 所示。拉紧线尾,使线套按顺时针方向紧固在心形环上。在此过程中,导向板起着终点挡板的作用。压接套环两端应对称。检查两线在压接套环中是否互相密贴,确认后,启动冲压。使用液压设备时,通过启动控制阀门打开压接槽,取出心形环。压接完一个心形环后,测量吊弦线切割的长度,在切割处两边缠捆胶带,以防吊弦线散股,再用断线钳切断吊弦线。按上述第一个心形环制作程序制作第二个心形环,复核吊弦长度,在载流环线头上安装线鼻子,心形环和线鼻子的排列方向如图 4-40 所示。固定线鼻子在压接钳口位置,压接第一个压痕和第二个压痕。重复上述程序固定压接另一头的线鼻子,并注意线鼻子的相对位置。

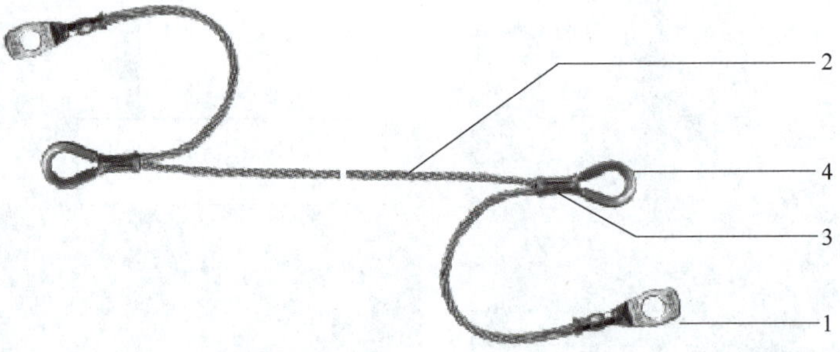

1—线鼻子;2—吊弦线;3—压接环;4—心形环。

图 4-37 吊弦部件

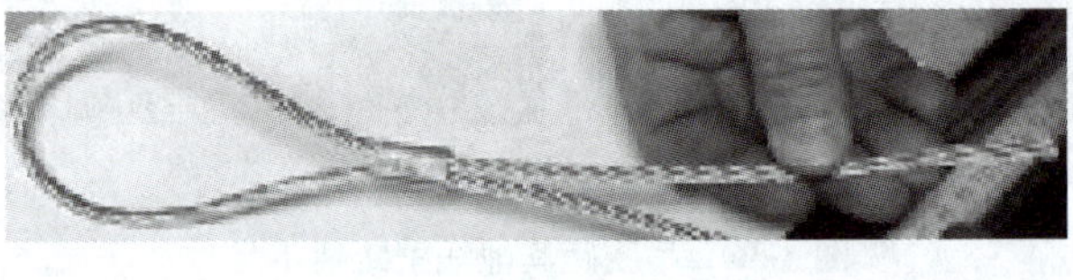

图 4-38 固定压接套环

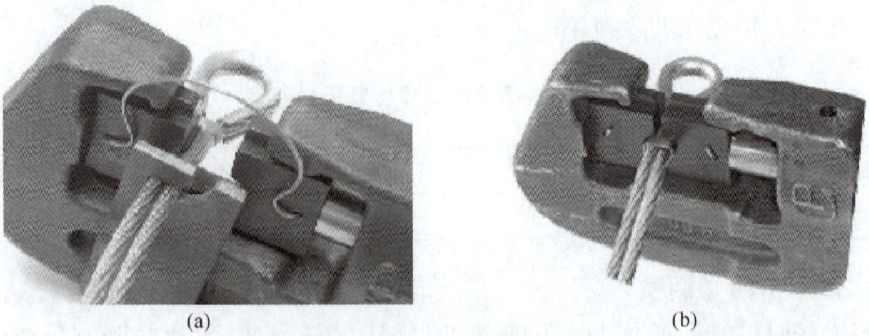

图 4-39 压接套环在压钳模内

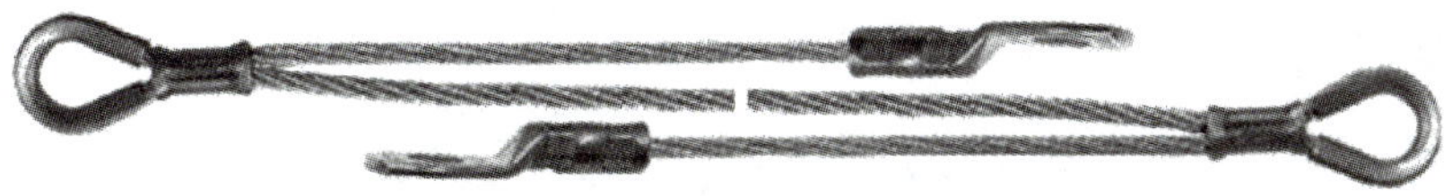

图 4-40　心形环和线鼻子排列及方向

(3)安装吊弦：

在承力索处涂抹适量导电膏,将承力索吊弦线夹线安装在承力索上,并在承力索和线夹中间安装线卡子,用扭矩扳手拧螺母至设计力矩,同时按要求安装防松垫片。将接触线吊弦线夹与接触线接触部位涂抹适量导电膏,并将其卡住接触线沟槽,用扭矩扳手拧螺母至设计力矩,同时按要求安装防松垫片。最后拆除铁线。调整好的整体吊弦如图 4-41 所示。

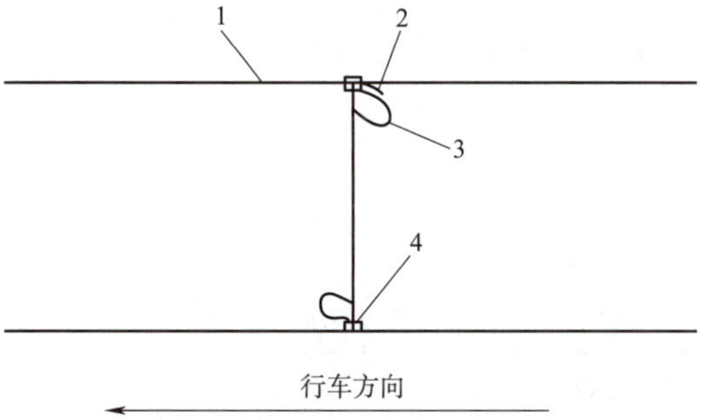

1—承力索;2—线卡子;3—载流环;4—吊弦线夹。

图 4-41　调整好的整体吊弦示意

5. 检查验收

检修作业完成后,对检修后的设备质量进行复核验收。

(1)整体吊弦及吊弦线夹本体良好,无断股、散股等现象。

(2)吊弦应垂直,处于受力状态,螺栓穿向正确,载流环安装符合要求,吊弦线夹的螺栓紧固力矩为 25 N·m。

6. 办理收工手续

(1)工作领导人确认各作业组工作结束,人员机具均已撤至安全地带后,通知监护人员撤除地线及其他安全措施。

(2)工作领导人确认安全措施撤除后,通知驻站联络员申请消除停电作业命令和线路封锁命令。

(3)工作领导人召开收工会,办理收工手续。

7. 填写检修记录

按照当天检修情况填写检修记录。

四、分析与思考

本任务主要是吊弦检调,填写“接触网全面检查记录表”关系到接触网的结构和技术标准要求。因此,如何保证数据的准确至关重要,本任务在实际工作中需要注意以下问题：

(1)作业人员不宜位于线索受力方向的反侧,并应采取防止线索滑脱的措施。

(2)严禁踩踏接触线。踩踏接触线可能会导致吊弦的长度不能满足工作要求。

五、任务评价

姓名：

任务名称：吊弦的维护与检修　　　　　　　　　　　　　　　　　实际考核时间：　　min

项目	配分	序号	评分标准	扣分	得分	备注
作业准备	15 分	1	人员着装整齐，安全劳保用品佩戴齐全，一项不合格扣 2 分			
		2	材料、工具型号选择正确、作业开始前摆放整齐，并进行检查。材料、工具选错一项扣 2 分，未进行检查或检查不到位扣 2 分			
作业质量	55 分	1	承力索、接触线吊弦线夹型号与线索型号相匹配，否则扣 3 分			
		2	吊弦线无锈蚀、断股、散股，每项扣 5 分			
		3	线鼻子无锈蚀、裂纹，变形，否则扣 3 分			
		4	吊弦压接管无变形、裂纹，否则扣 3 分			
		5	压接管与心形环间距不大于 5 mm，否则扣 3 分			
		6	压接后主线应位于一槽侧，不得缠绕，否则扣 3 分			
		7	压痕距压接管边缘不小于 5 mm，否则扣 3 分			
		8	吊弦长度允许误差 ±1.5 mm，否则扣 3 分。载流环长度 300 mm，允许误差 ±10 mm，否则扣 5 分			
		9	制动垫片安装正确，否则扣 2 分			
		10	掌握吊弦预制要求，螺栓穿向，载流环朝向符合要求，否则扣 3 分			
		11	吊弦线夹紧固力矩为 25 N · m（口述），否则扣 3 分			
安全及其他	25 分	1	不得出现划伤、碰伤，否则每次扣 5 分			
		2	不得出现其他违反作业标准项，否则每次扣 5 分			
		3	作业时间 15 min，每超 1 min 扣 1 分，时间以秒计，不足 1 min 算 1 min，超过 5 min判定失格			
作业结束	5 分	1	清理工料具，并摆放整齐，未按照要求扣 5 分			
合计	100 分					

注：每个项目扣分累计不超过其配分，扣完为止。

操作开始时间：　　时　　分　　　　　　　　　　　　　　　操作结束时间：　　时　　分

考评员：　　　　　　　　　　　　　　统分人：　　　　　　　年　　月　　日

任务四　锚段关节的维护与检修

锚段关节是接触网的核心设备，其典型工作任务是接触网维护与检修的重要组成部分，和其他模块共同组成接触网的日常维护与检修工作。

一、任务书

图4-42是四跨非绝缘锚段关节示意。根据实训基地实物进行四跨非绝缘锚段关节检调，并将检调结果填入表4-17“锚段关节维修记录”中。

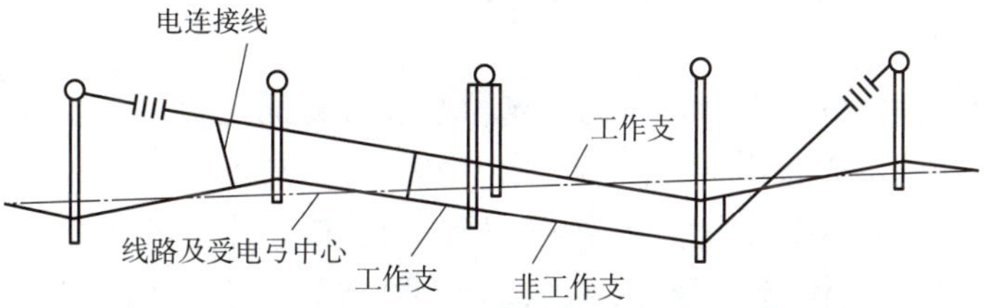

图4-42　四跨非绝缘锚段关节示意

表4-17　锚段关节维修记录

锚段号	支柱号	维修日期 年/月/日	两锚段接触悬挂间的水平距离（承力索/接触线）/mm			两锚段接触悬挂间的垂直距离（承力索/接触线）/mm			分段绝缘子至定滑轮之间的距离/mm	下锚支的水平偏角/（°）	电连接器及其他零部件	设备缺陷处理情况
			转换柱	中心柱	转换柱	转换柱	中心柱	转换柱				

维修人______　　互检人______　　设备负责人______　　工长______

二、知识准备

1. 锚段和锚段长度确定

为满足供电和机械受力方面的需要，将接触网分成若干一定长度且相互独立的分段，这种独立的分段称为锚段。

(1)锚段的作用

设立锚段可以限制事故范围。当发生断线或支柱折断等事故时,由于各锚段间在机械受力上是独立的,不影响其他线段的接触悬挂,则使事故限制在一个锚段内,缩小了事故范围。

设立锚段便于在接触线和承力索两端设置补偿装置,以调整线索的弛度与张力。

设立锚段有利于供电分段,配合开关设备,满足供电方式的需要。可实现一定范围内的停电检修作业。

(2)锚段长度确定

接触网每个锚段包括若干个跨距。在确定锚段长度时,要考虑发生事故的影响范围。当温度变化时,因线索伸缩引起吊弦、定位器及腕臂的偏斜不得超过允许值。补偿形式和补偿坠砣应有足够的上下移动空间(即补偿范围)。要保证在极限温度下中心锚结处和补偿器端线索张力差不超过规定值。

温度变化时,线索热胀冷缩使每一吊弦、定位器和腕臂固定点处产生偏斜,导致线索在中心锚结和补偿器间线索出现张力差,补偿器处张力差为零,中心锚结处最大。另外,接触线承力索的弹性变形也会引起张力变化。对于半补偿链型悬挂设计规定其张力差不超过接触线额定张力的 ±15%;对于全补偿链型悬挂,接触线、承力索的张力差均不得大于其额定张力的 ±10%;对于高速铁路,一个锚段内接触线、承力索的张力差均不大于额定张力的 ±5%。

锚段长度一般采用两种方法确定:经验取值法和计算法。经验取值可根据国家铁路局颁发的《铁路电力牵引供电设计规范》(TB 10009—2016)中经验取值表确定。计算法则通过对线索张力差的计算确定锚段长度。高速铁路正线导线张力大、线路曲线半径大(一般都大于7 000 m),控制锚段长度的主要因素不再是承力索、接触线的张力差,而是温度变化时腕臂偏转量和补偿坠砣的行程(补偿范围)。

对于时速 160 km 的线路,正线双边补偿时的最大锚段长度,一般情况下不大于 2 × 800 m,困难情况下不宜大于 2 × 900 m,单边补偿的锚段长度应为上述值的 50%。对于时速 200 km 的线路,正线双边补偿时的最大锚段长度,一般情况下不大于 2 × 750 m,困难情况下不宜大于2 × 800 m,单边补偿锚段长度不超过 800 m。对于时速 350 km 的高速铁路,正线接触网锚段长度一般不超过 2 × 700 m,困难情况下不超过 2 × 750 m,单边补偿的锚段长度不超过 750 m。

对于时速 160 km 线路,其站场最大锚段长度一般不宜大于 2 × 850 m,困难时不宜大于 2 × 950 m,单边补偿锚段长度不宜大于 950 m。时速 200 km 线路,其站场最大锚段长度一般不宜大于 2 × 850 m,困难时不宜大于 2 × 900 m,单边补偿的锚段长度不宜大于 900 m。对于时速 350 km 高速铁路,站场最大锚段长度不宜大于 2 × 800 m,困难时不宜大于 2 × 900 m,单边补偿的锚段长度不超过 850 m。

对于普速铁路,隧道内一般不分锚段,但隧道长度超过 2 000 m 时,应划分锚段,锚段长度确定原则与上述方法相同。对新建隧道,当预留锚段关节断面及下锚洞时,锚段长度不宜大于 2 000 m;对既有线隧道,当未预留锚段关节断面及下锚洞,且改建困难时,锚段长度不宜大于 3 000 m。对于高速铁路,隧道内锚段长度划分基本同区间要求,不应大于 2 × 700 m。

2. 锚段关节

两个相邻锚段的衔接区段(重叠部分)称为锚段关节。锚段关节结构复杂,其工作状态的好坏直接影响接触网供电质量和电力机车取流。电力机车通过锚段关节时,受电弓应能平滑、安全地由一个锚段过渡到另一个锚段，且弓线接触良好，取流正常。

锚段关节按用途可分为非绝缘锚段关节和绝缘锚段关节两种。按锚段关节所含跨距数可分为二跨、三跨、四跨、五跨锚段关节等几种不同形式。目前，常用的是三跨和四跨锚段关节。

(1) 非绝缘锚段关节

非绝缘锚段关节仅用作接触悬挂在机械方面的分段，电气方面仍然相联结。即两个锚段在电气上不绝缘，又称电不分段锚段关节。

非绝缘锚段关节一般由三个跨距组成，又称三跨锚段关节。三跨非绝缘锚段关节结构如图 4-43 所示。相互连接的两个锚段分别在锚段关节最外侧二支柱处下锚，受电弓在中间两支柱间实现从一个锚段向另一锚段的转换，故锚段关节中间的二支柱称为转换柱，转换柱是锚段关节处通过腕臂等支持结构承受工作支和非工作支两支接触悬挂的支柱。为了保证两锚段在电气上的可靠连通，在两锚段间使用电连接线连接。

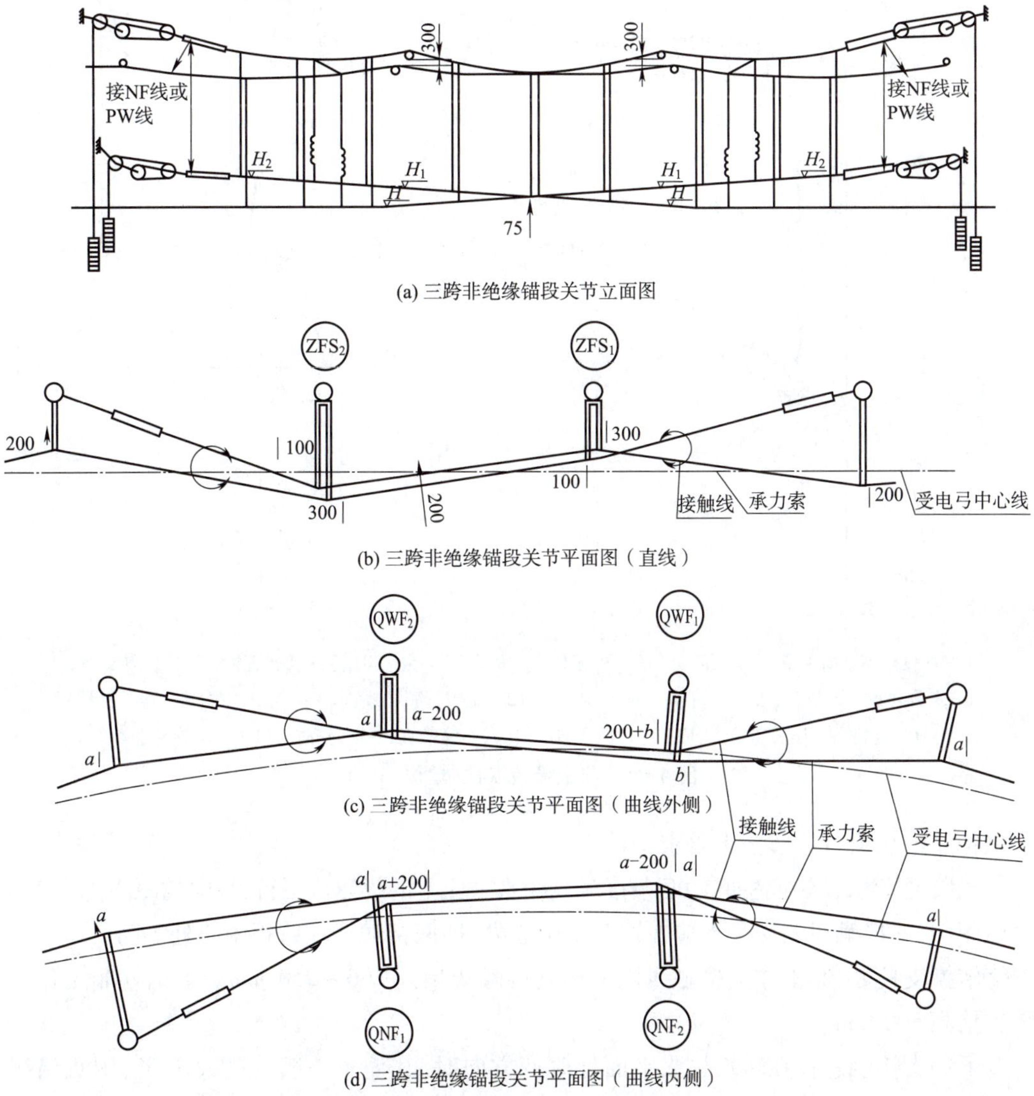

图 4-43　三跨非绝缘锚段关节结构(单位:mm)

图 4-43 中转换柱命名为 ZF、QF，其中 Z 表示直线区段，Q 表示曲线区段，F 表示非绝缘锚段关节，W、N 表示支柱处于曲外、曲内，双重绝缘用 S 表示。下标 1、2 表示转换支柱装配的形式。早期的电气化铁路设计中，转换柱采用单腕臂加组合定位的装配方式，近年来，这种有两支接触悬挂的场合都是采用双底座槽钢加双腕臂的装配形式。

在锚段关节内，同时存在两个锚段的两组接触悬挂。其中接触线与受电弓接触实现受流的称为工作支；另一组接触悬挂的接触线通过抬高脱离受电弓接触后下锚，称为非工作支（简称"非支"）。

如图 4-44 所示为三跨非绝缘锚段的转换柱在直线正定位时的装配。在反定位、曲线处装配形式稍有不同。

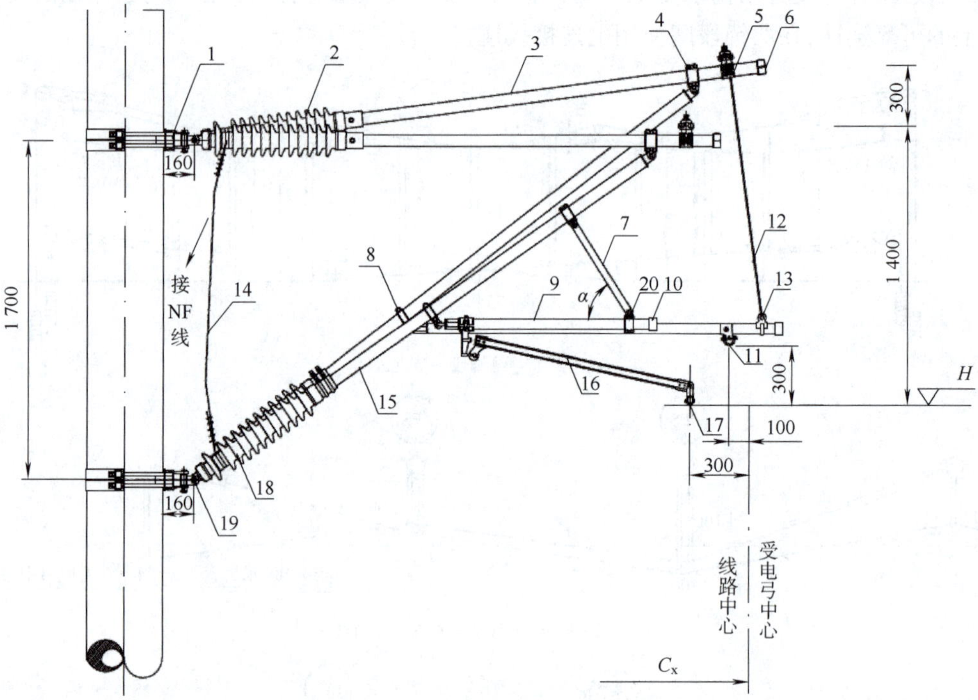

1—双腕臂底座槽钢；2—棒式绝缘子；3—平腕臂；4—套管双耳；5—承力索座；6—管帽；7—定位管支撑；8—定位环；9—定位管；10—管帽；11—防风定位环；12—定位管斜拉线；13—拉线定位钩；14—电连接线；15—斜腕臂；16—定位器；17—定位线夹；18—棒式绝缘子；19—横向穿钉；20—定位管卡子。

图 4-44　非绝缘转换柱（单位：mm）

三跨非绝缘锚段关节技术要求：

①锚段关节内，两转换柱间的两条接触线在水平面上的投影应平行，线间的距离为 100 mm。在立面图中，两接触线的交叉点应在该跨距中心处，即两接触线在跨距中心处等高。

②转换支柱处，非工作支接触线比工作支接触线抬高 200 ~ 250 mm。下锚处非工作支比工作支抬高 500 mm。

③下锚支接触悬挂在转换柱水平面处改变方向时，其偏角一般不应大于 6°，困难情况下不得超过 12°（提速区段不宜大于 10°）。在时速大于 200 km 区段，正线接触线工作部分改变方向时，其与原方向的水平夹角不宜大于 4°，困难情况不宜大于 6°。

④两转换柱与锚柱间，在距转换柱 10 m 处应安装电连接线。

⑤电不分段锚段关节转换柱处，两接触线间垂直、水平距离允许误差为 ±20 mm。

在特殊的隧道群地带，隧道间距离较短，无法设置三跨时，可利用两跨锚段关节代替三跨锚段关节。但两跨锚段关节机车运行取流条件较差，应尽量避免采用。三跨非绝缘锚段关节是我国接触网实现锚段间机械分段的主要形式。但是必须指出的是，随着我国电气化铁路提速，在行车速度大于 160 km/h 时，三跨非绝缘锚段关节难以满足接触线坡度、受电弓动态接触力等高速受流的要求，行车速度达到 200 km/h 时，锚段关节跨数不宜小于四跨。

(2) 绝缘锚段关节

绝缘锚段关节除机械分段外，可以实现同相电分段，多用于站场和区间的衔接处，也称为电分段锚段关节，一般由四个跨距配合一台隔离开关组成。其接触线、承力索在垂直方向和水平方向都彼此相距 450 ~ 550 mm（高速铁路为 450 ~ 500 mm），以保持其电气绝缘。它包括两根锚柱、两根转换柱和一根中心支柱形成四个跨距，所以又称四跨绝缘锚段关节。中心柱是通过腕臂等支持结构承受两支工作支接触悬挂的支柱。电力机车受电弓在中心支柱处实现两锚段的转换和过渡，两锚段靠安装在转换支柱上的隔离开关实现电气连接。四跨绝缘锚段关节结构如图 4-45 所示。

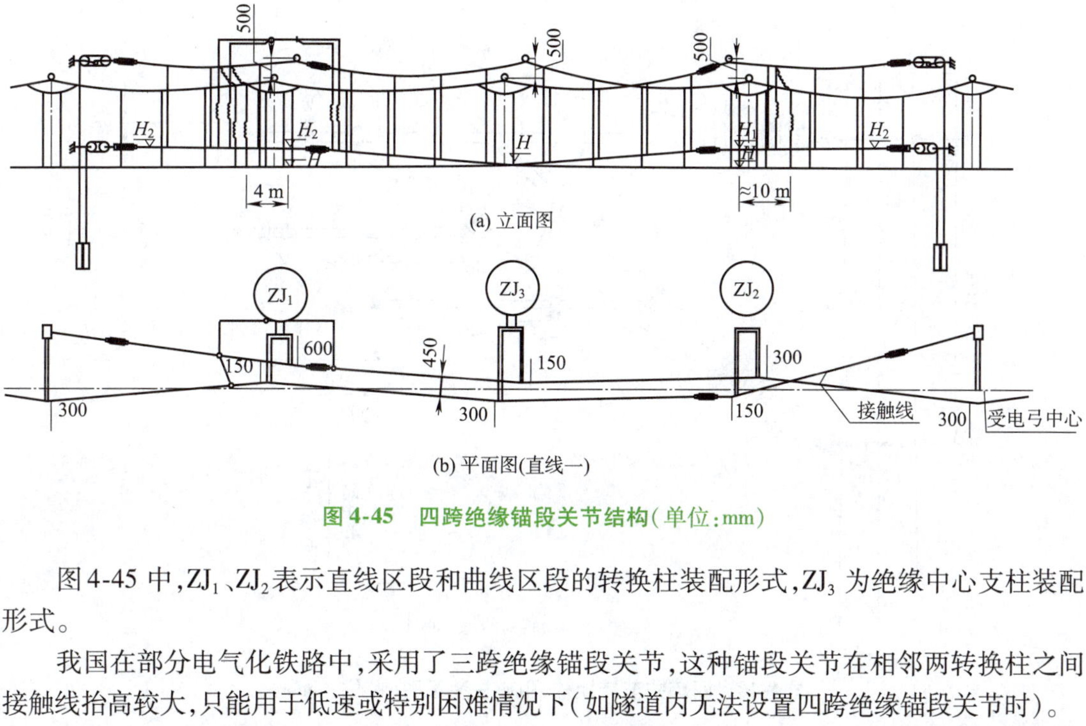

图 4-45　四跨绝缘锚段关节结构（单位：mm）

图 4-45 中，ZJ_1、ZJ_2 表示直线区段和曲线区段的转换柱装配形式，ZJ_3 为绝缘中心支柱装配形式。

我国在部分电气化铁路中，采用了三跨绝缘锚段关节，这种锚段关节在相邻两转换柱之间接触线抬高较大，只能用于低速或特别困难情况下（如隧道内无法设置四跨绝缘锚段关节时）。

如图 4-46 所示为某时速 250 km/h 区段四跨绝缘锚段的转换柱、中心柱在直线正定位时的装配，在反定位、曲线处装配形式稍有不同。

无论是三跨或四跨绝缘锚段关节，其结构特点和技术要求基本相同。

①在两转换柱间，两接触线的投影应保持平行，线间距离为 450 ~ 500 mm。

②在转换柱处，非工作支接触线比工作支接触线抬高 500 mm，允许误差 ±50 mm。

③四跨绝缘锚段关节在中心柱处两接触线距轨面等高，允许误差 ±10 mm；三跨绝缘锚段关节在两转换柱跨距中间处两接触线距轨面等高（为受电弓转换点）。

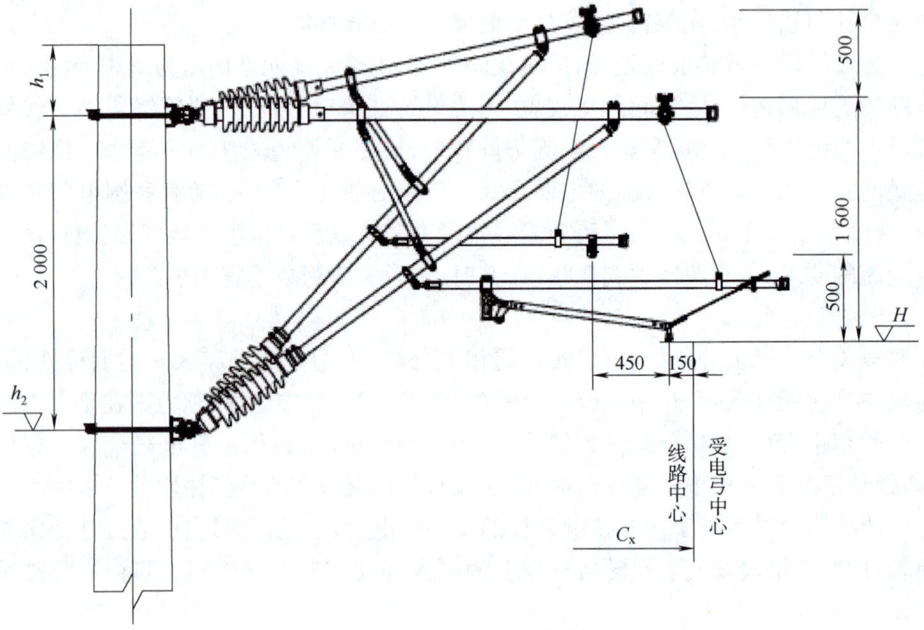

(a) 绝缘转换柱

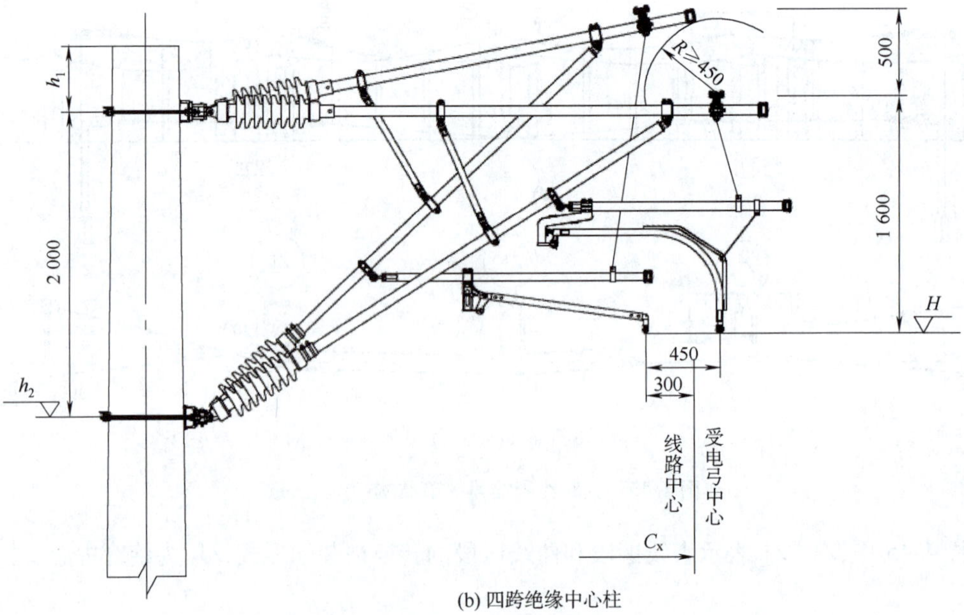

(b) 四跨绝缘中心柱

图 4-46　四跨关节转换柱、中心柱装配图(单位:mm)

④非工作支接触线和下锚支承力索在转换柱靠中心柱处加装一串(4 片)绝缘子(为分段绝缘子),高速铁路和提速区段多采用复合棒形悬式绝缘子。

⑤在两转换柱与锚柱间距转换柱 10 m,设电连接线各一组(承力索载流区段为各两组)。

⑥两个锚段的电路连通或断开由隔离开关控制。

3. 高速铁路锚段关节

在高速电气化铁路中五跨或四跨的锚段关节形式,国内外都有采用。在日本、法国和西班牙(EAC-350)中锚段关节多采用四跨形式，德国(Re250-Re330)高速铁路中多采用五跨关节。各国的运营经验表明，只要锚段关节安装调整得当，四跨、五跨锚段关节都可以得到满意的受流效果。中国高速铁路正线中绝缘和非绝缘锚段关节都采用五跨形式，偶尔因为地形或者施工预留原因也会采用四跨关节。

四跨锚段关节在受电弓由一个锚段过渡到另一个锚段通过中心支柱时，两接触线的等高点在定位点处，受电弓要同时和两支接触线接触，加上两支定位器的存在，中心柱处接触网的弹性变差，在此不仅会加大接触线的局部磨损，而且影响受流质量。对于五跨关节，其两组悬挂的等高点在中间跨距的中心，这样就可以保证弹性良好、过渡平稳，五跨锚段关节在保证抬高的情况下，延长了接触线抬高过渡的距离，使过渡更加平缓，保证了机车受电弓高速通过关节时与一般区域的动态接触压力和弓网受流状态几乎没有差异。在高速铁路中，当使用四跨锚段关节式时，其中心柱处的等高点(区)一般比标准导高抬高 40 mm，从转换柱到等高点的抬高采用逐渐加大的抛物线抬高法，或者将等高点(区)移离定位点的方法来改善中心柱附近的弹性。

图 4-47 所示是五跨绝缘和非绝缘锚段关节的示意图。在高速应用中，绝缘和非绝缘五跨关节在两悬挂间距上没有区别，在转换柱各部件间距要求稍有不同。对于五跨绝缘锚段关节 ZJ_3 和 ZJ_4 间的导高变化非常重要，在高速铁路中，为了保证两转换柱间的平滑过渡和弹性，要求两支接触线按照如图 4-48(a)所示的方式抬高，必须保证导线走向在内转换跨中心形成屋脊状。两接触线的等高点必须处于跨中，等高点比标准导高抬高 40 mm，在动态检测车的检查结果中，两接触线的等高点应该在跨中，不应出现明显偏移。从 ZJ_3 到 ZJ_4 的接触线导高从标准导高到等高点再到抬高 150 mm，要采用抛物线抬高。

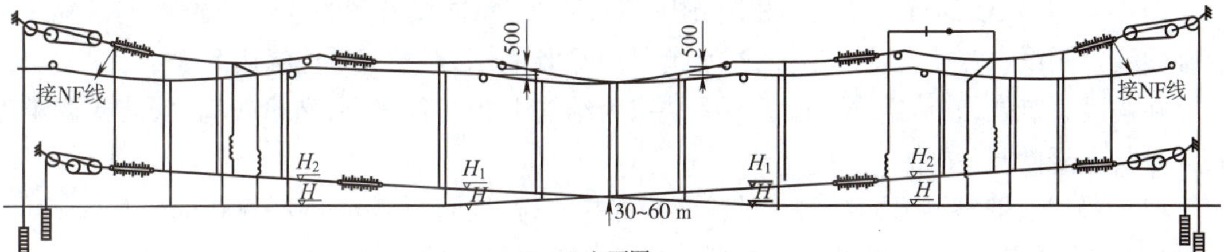

(a) 立面图

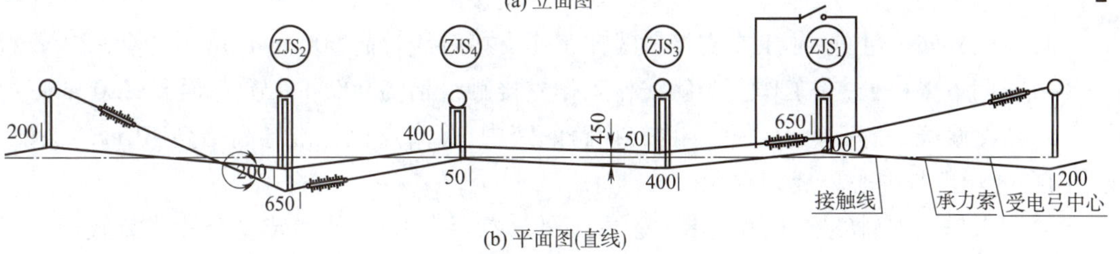

(b) 平面图(直线)

图 4-47　五跨关节结构(单位:mm)

在锚段关节处要特别注意转换柱、中心柱的腕臂偏斜情况。在这些地方，两支接触悬挂通过各自的腕臂固定在双底座槽钢上。两支接触悬挂的下锚方向是相反的，所以如图 4-48(b)所示，在线索温度达到最大值时，两腕臂向槽钢中心线附近靠拢，两支腕臂间有绝缘要求时，图中 $Z-\Delta e$ 必须大于安全绝缘距离，选取 $a=750$ mm 双底座槽钢，当没有绝缘要求时，$a=600$ mm。在进行安装施工时，一定要按照当前温度和腕臂偏斜的安装曲线来确定安装时腕臂的偏斜量。在两接触悬挂的中锚间距为 1 400 m 时，100K 的温度变化范围内，Δe 可以达到 1 190 mm。

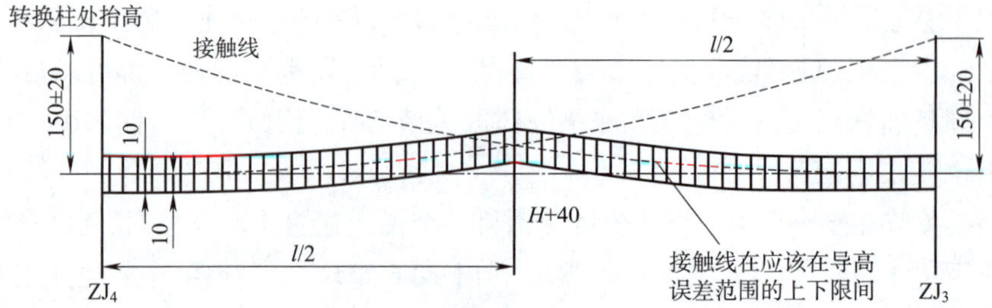

(a) 导高

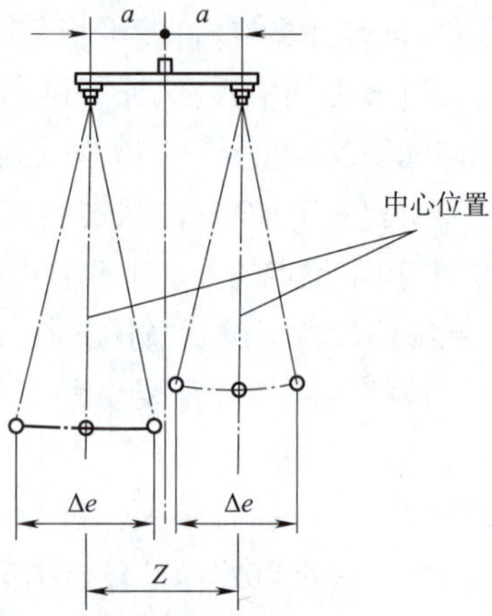

(b) 偏斜

图 4-48　锚段关节中心跨的导高(单位:mm)

图 4-48 中 Z、Q 的意义和前述相同,图中 W 字符表示曲线外侧的意思。显然,对于复线也有在曲线内侧设立转换支柱的情况,这种情况用 QNJ 表示,对于双重绝缘用 S 表示。

在锚段关节处,五跨绝缘锚段关节的缺点为结构上相对较复杂,造价较高,安装检调难度较大。其主要检调要求为:

(1)在转换的三跨中,两接触线的投影应保持平行,线间距离为 450～500 mm。

(2)在两内转换柱处,非工作支接触线比工作支接触线抬高 150 mm,允许误差 ±20 mm。

(3)在两外转换柱处,非工作支接触线比工作支接触线抬高 500 mm,允许误差 ±20 mm。

(4)在两下锚柱处,非工作支接触线比工作支接触线抬高 900 mm,允许误差 ±20 mm。

(5)两接触线的等高点必须处于内转换跨的跨中,等高点比标准导高抬高 40 mm,保证导线走向在内转换跨中心形成屋脊状。

(6)非工作支接触线和下锚支承力索在两外转换柱靠中心处加装复合棒式悬式绝缘子。绝缘子串距悬挂点的距离应符合设计要求(比如:1 000 mm),允许偏差为 ±50 mm。承力索、接触线两绝缘子串上下应对齐,允许偏差为 ±30 mm。

(7)在两转换柱与锚柱间距转换柱 10 m 处设电连接线各两组。

(8)两个锚段的电路连通或断开由隔离开关控制。

(9)腕臂随温度变化顺线路的偏移量应符合设计要求,允许偏差 ±20 mm。腕臂随温度变化顺线路的偏移量可以通过查找安装曲线得到。同一支柱上两支接触悬挂的下锚方向是相反的,这种情况下特别要注意腕臂偏移量,防止在极限高温下,两腕臂距离过近,特别是对于两内转换柱处,两腕臂有绝缘要求。

(10)绝缘锚段关节两锚段承力索和接触线、两内转换柱两支腕臂零件和线索相互间的空气绝缘间隙应符合设计要求。

4. 锚段关节处常见故障分析

锚段关节是两个相邻锚段的衔接部分，结构比较复杂，技术要求高。特别是小半径曲线区段，由于外轨超高、车辆摆动等原因易发生弓网事故。一旦发生弓网事故，不仅会造成锚段关节处接触网设备损坏，同时会影响两相邻锚段接触网正常运行，事故抢修工作量大，恢复时间长。因此，抢修锚段关节接触网事故时，一般采用在保证导线高度的条件下临时供电，机车受电弓降弓通过，尽量缩短停电时间。制定抢修方案要根据实际情况灵活运用。

锚段关节常见弓网事故有以下几个方面：

(1)锚段关节工作支与非工作支承力索或接触线间距不符合规定。当锚段关节处隔离开关打开，锚段关节一端停电并接地后，而另一端有电，两组接触悬挂由于线间绝缘距离不够，使空气间隙击穿放电烧坏部件。如未及时检修，则隔离开关合上送电后，电力机车受电弓通过时，易发生接触网设备故障。

(2)绝缘锚段关节在转换柱处，非工作支接触线抬高不够，受电弓碰撞分段绝缘子串出现刮弓事故，或者发生受电弓钻入非工作支导线上方而出现钻弓事故。该事故会造成受电弓和接触网设备损坏。如机车司机未及时采取措施，让受损伤的受电弓继续运行，会刷坏接触网其他设备造成更大弓网事故。

(3)锚段关节电连接线夹处，如发生接触不良、松动、偏斜等原因，易引发烧断电连接线、吊弦、接触线、承力索及刮弓事故。

(4)锚段关节内两工作支接触线拉出值（“之”字值）超标，致使某一支接触线发生受电弓脱弓和钻弓事故。

(5)当绝缘锚段关节设在小半径曲线区段时，在转换柱与中心柱间容易发生脱弓事故。因此要求在检调该处锚段关节时，应注意检查跨中工作支接触线相对受电弓中心的偏移值。受电弓在发生脱弓事故后，由于自身抬升力的作用，其滑板升高而超过接触线高度，随着机车向前运行，受电弓滑板进入导线上方，出现刷坏吊弦、腕臂、定位装置等重大弓网事故，因此脱弓和钻弓事故是同时发生的。

思考：

1. 锚段的作用是什么，锚段长度选择方法是什么？
2. 锚段关节的作用是什么，非绝缘锚段关节和绝缘锚段关节的区别是什么？
3. 为什么要在转换柱处将非工作支抬高，不抬高或者抬高不够会发生什么故障？

三、工作流程与任务

（一）流程图

锚段关节检修流程如图 4-49 所示。

图 4-49　锚段关节检修流程

(二)任务组织

锚段关节检修人员配置见表4-18。

表4-18　锚段关节检修人员配置表

序号	项　目	单位	数量	备　注
1	工作领导人	人	1	
2	主防护员	人	1	
3	地线监护人	人	2	兼行车防护
4	地线操作人员	人	2	
5	高处作业人员	人	2	
6	辅助人员	人	2	兼测量
7	司乘人员	人	2	司机、副司机各1人

锚段关节检修工具配置见表4-19。

表4-19　锚段关节检修工具配置表

序号	名　称	规格型号	单位	数量	备　注
1	作业车(或车梯)	—	台	1	
2	接触网激光测量仪	DJJ-8	台	1	
3	水平尺	600 mm	把	1	
4	橡皮锤	—	把	1	
5	单滑轮	—	个	1	
6	钢卷尺	5 m	把	1	
7	小绳	—	条	1	
8	力矩扳手	0～100 N·m	套	1	
9	紧线器	50～150	套	2	非常规
10	钢丝套子	3 m	套	2	非常规
11	吊弦压接钳	—	套	1	非常规
12	链条葫芦	4 t	台	1	非常规
13	链条葫芦	1.5 t	台	1	非常规
14	电连接压接工具	—	组	1	非常规

锚段关节检修材料配置见表4-20。

表4-20　锚段关节检修材料配置表

序号	名　称	规格型号	单位	数量	备　注
1	铁线	ϕ4.0 mm	kg	适量	
2	细砂纸	—	张	适量	
3	电力复合脂	—	管	1	非常规

续上表

序号	名　称	规格型号	单位	数量	备　注
4	整体吊弦	—	套	若干	非常规
5	电连接及线夹	根据现场情况	组	2	非常规
6	定位线夹	—	套	4	非常规
7	定位装置	根据现场情况	套	适量	非常规
8	锚支定位卡子	—	套	2	非常规
9	腕臂底座	根据现场情况	套	2	非常规

(三)技术标准

1. 绝缘锚段关节

(1)转换柱处两悬挂垂直距离、水平距离。

标准值:设计值;

标准状态:标准值 ±20 mm;

警示值:标准值 ±30 mm;

限界值:标准值 ±50 mm。

(2)中心柱处两悬挂垂直距离、水平距离。

①接触线(承力索)垂直距离

标准值:等高(设计值);

标准状态:标准值 ±20 mm;

警示值:标准值 ±30 mm;

限界值:标准值 ±50 mm。

②接触线(承力索)水平距离:同转换柱。

③中心柱接触线等高点处接触线高度不应低于相邻工作支吊弦点,允许高于相邻吊弦点 0 ~ 10 mm。

五跨锚段关节中间跨为过渡跨,接触线等高点(屋脊处)宜在过渡跨跨中,高度比相邻定位点抬高 0 ~ 40 mm。

(3)两接触悬挂接触线工作支过渡处调整符合运行要求。

(4)转换柱处绝缘子串与悬挂点的距离符合设计要求,允许偏差 ±50 mm。承力索、接触线两绝缘子串上下应对齐,允许偏差 ±100 mm。

(5)任何情况下,两接触悬挂及定位支撑装置带电体各部分应满足空气绝缘间隙要求。锚段关节内的定位支撑、吊弦载流环、斜拉线等不得减小空气绝缘间隙。

(6)关节式电分相中性区和无电区长度符合设计要求。

2. 非绝缘锚段关节

(1)设计极限温度下,两悬挂各部分(包括零部件)之间的距离应保持 50 mm 以上。

(2)转换柱处两接触线水平距离。

标准值:设计值;

标准状态:标准值 ±20 mm;

警示值：标准值 ±50 mm；

限界值：标准值 ±100 mm。

(3) 转换柱处两接触线垂直距离。

标准值：设计值；

标准状态：标准值 ±20 mm；

警示值：标准值 ±30 mm；

限界值：标准值 ±50 mm。

(4) 中心柱处两接触线水平距离为设计值，允许偏差 ±30 mm。两接触线距轨面等高，允许偏差 ±20 mm。两接触悬挂接触线工作支过渡处接触线调整符合运行要求。

3. 锚支接触线

在其垂直投影与线路钢轨交叉处，应高于工作支接触线 300 mm 以上，并持续抬升至下锚处。下锚角钢安装高度应符合线索延伸下锚抬升的需要。

（四）检修程序和方法

1. 作业准备

按规程要求填写工作票并交付工作领导人，工作领导人向作业组全体成员宣读工作票、分工并进行安全预想，检查工具、材料。

2. 完成安全措施

做好安全措施，工作领导人确认完成安全措施后，通知各作业组开工。

3. 检查测量

(1) 腕臂底座外观检查

各零配件应齐全，连接螺栓应无缺失、锈蚀等现象，底座与支柱安装牢固，焊接点应无脱焊、锈蚀现象，双腕臂底座应无扭曲、变形等现象。

(2) 支持与定位装置外观检查

检查支持、定位装置各零部件外观状态，应无缺失、裂纹及腐蚀等现象，锚支定位卡子安装方向应正确，衬垫应无缺失，检查标准参照项目二执行。

(3) 吊弦外观检查

检查关节内吊弦应无散股、断股、松弛及断裂现象，检查标准参照项目三任务三执行。

(4) 关节电连接外观检查

检查电连接外观状态，应无散股、断股、弛度过紧或过松等现象，检查标准参照项目六任务五检修作业指导书执行。

(5) 补偿装置外观检查

检查补偿装置外观状态应良好，上下托动坠砣，观察补偿装置及坠砣移动的灵活性，检查坠砣应无缺失、破损、锈蚀。检查标准参照项目六任务四执行。

(6) 腕臂偏移检查

检查腕臂偏移状态，应无偏移超标现象，检查标准参照项目二任务一执行。

(7) 承导线位置检查

检查关节转换柱（图 4-50）、中心柱（图 4-51）处两悬挂的垂直距离、水平距离是否符合非绝缘锚段关节技术标准。

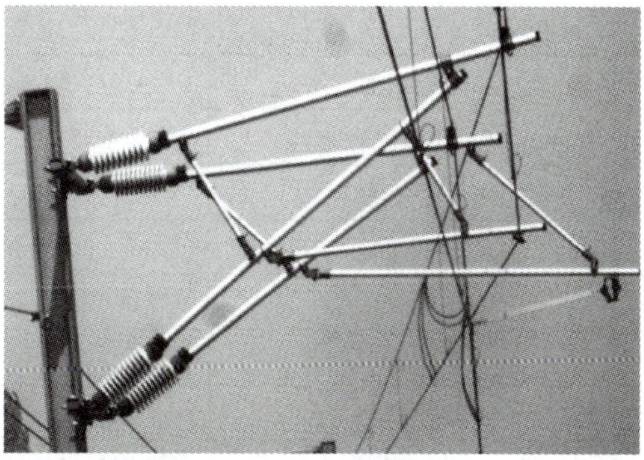

图 4-50　锚段关节转换柱实物

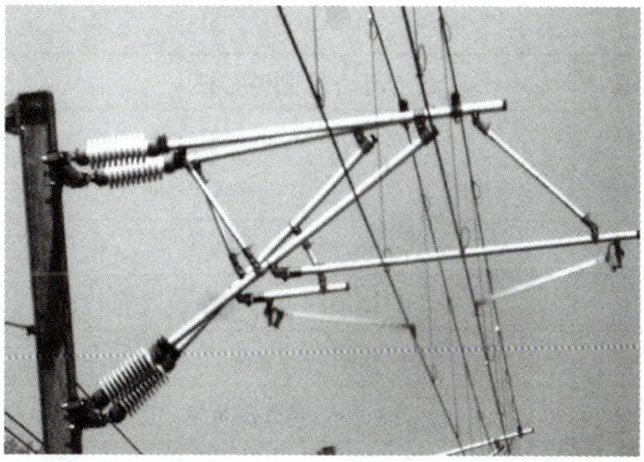

图 4-51　锚段关节中心柱实物

(8)定位器坡度及间隙检查

用角度尺或接触网激光测量仪测量定位器坡度。检查标准参照项目二任务二执行。

(9)线索交叉距离检查

①检查关节闭口侧工作支吊弦与非支接触线水平距离,应保证不小于 50 mm。

②检查转换柱处非支接触线距工作支定位管及限位状态下定位器的垂直距离,应保证不小于 50 mm。

(10)螺栓紧固力矩检查

螺栓紧固力矩标准见表 4-21。

表 4-21　螺栓力矩参照表

序号	紧固件名称	螺栓名称	力矩/(N·m)
1	ϕ70 mm 铝合金承力索座	顶紧螺栓 M12	75
		顶紧螺栓螺母 M12	50
		压紧螺栓 M12	50
2	双套管连接器	顶紧螺栓 M12	75
		顶紧螺栓螺母 M12	50
		双套筒连接螺栓 M20	100
3	腕臂斜撑双耳套筒(ϕ 42 mm)	顶紧螺栓 M12	75
		顶紧螺栓螺母 M12	50
4	55 型套管单耳(定位环)	U 形螺栓 M16	70
5	70 型套管单耳(定位环)	U 形螺栓 M16	70
6	定位管双耳套筒(ϕ 55 mm)	顶紧螺钉 M12	75
		顶紧螺栓螺母 M12	50
7	锚支定位卡子	U 形螺栓 M12	35
		线夹螺栓 M12	44
8	定位支座	U 形螺栓 M16	70
9	W 型定位支座	U 形螺栓 M16	70
10	ZJ 型限位定位器	M10 限位螺母	20

续上表

序号	紧固件名称	螺栓名称	力矩/(N·m)
11	电气连接跳线	M10 螺栓	25
12	定位线夹	M10 螺母、螺栓	25
13	弹性吊索线夹	螺栓 M8	23
14	整体吊弦承力索吊弦线夹	螺栓 M10	25
15	整体吊弦接触线吊弦线夹	螺栓 M10	25
16	腕臂底座	螺栓 M20	120
17	旋转平双耳	螺栓 M18	80～90

4. 调整

(1)对外观有裂纹、腐蚀现象的零部件进行更换,对开口角度不到位的开口销进行更换并掰开 120°～130°,对不受力的吊弦进行更换。

(2)对关节处电连接状态不符合要求的,根据项目六任务五进行检修、调整。

(3)腕臂底座有扭曲变形、焊接点脱焊,要立即更换。将承力索、接触线卸载时,注意非支张力较大,配合 4 t 链条式手扳葫芦先将非支承导线全部卸载后,再拆除腕臂更换腕臂底座。

(4)转换柱承力索水平间距调整

根据测量转换柱非工作支承力索拉出值 a_1 和工作支承力索拉出值 a_2,计算出两支承力索的水平间距:$\Delta a = a_1 - a_2$,确定出调整方向及调整量。

承力索水平间距不符合标准的调整方法:

①先确认工作支承力索拉出值是否符合标准,当工作支承力索拉出值不符合标准时,人工调整工作支承力索拉出值。如果承力索受力较大,在支柱柱顶搭 1.5 t 手扳葫芦拉住承力索(直线、曲外)或工作支腕臂管插入一根带两个定位环的 1 m 长定位管(曲内),调整定位管的外露长度,在定位管上搭 1.5 t 手扳葫芦拉住承力索,摇动手扳葫芦将工作支承力索卸载,松开工作支承力索座,按照设计的拉出值确定调整方向和数据,将工作支承力索位置调整到标准位置。

②调整后承力索水平间距仍不符合标准的,再调整非工作支承力索。在支柱柱顶搭 1.5 t 手扳葫芦拉住承力索(直线、曲外)或非工作支腕臂管插入一根带两个定位环的 1 m 长定位管(曲内),调整定位管的外露长度,在定位管上搭 1.5 t 手扳葫芦拉住承力索,摇动手扳葫芦将非工作支承力索卸载,松开非工作支承力索座。如果承力索水平间距大,减小非支和工支承力索座之间的距离;如果承力索水平间距小,增大非支和工支承力索座之间的距离,将非工作支承力索位置调整到标准位置。复测承力索水平间距符合设计要求。

(5)转换柱承力索垂直间距调整

根据测量转换柱非工作支承力索高度 H_1 和工作支承力索高度 H_2,计算出两支承力索的垂直间距:$\Delta H = H_1 - H_2$,确定出调整方向及调整量。

承力索垂直间距不符合标准的调整方法:

①先确认工作支承力索高度是否符合标准,当工作支承力索高度不符合标准时:在支柱柱顶搭 1.5 t 手扳葫芦拉住承力索(直线、曲外)或工作支腕臂管插入一根带两个定位环的 1 m 长定位管(曲内),调整定位管的外露长度,在定位管上搭 1.5 t 手扳葫芦拉住承力索,摇动手扳葫芦将工作支承力索卸载,松开工作支双套筒座。如果工作支承力索低,向支柱方向调高双

套筒座到标准位置；如果工作支承力索高，向支柱反方向调低双套筒座到标准位置。

②调整后承力索垂直间距仍不符合标准的，再调整非工作支承力索。在支柱柱顶搭 1.5 t 手扳葫芦拉住承力索（直线、曲外）或工作支腕臂管插入一根带两个定位环的 1 m 长定位管（曲内），调整定位管的外露长度，在定位管上搭 1.5 t 手扳葫芦拉住承力索，摇动手扳葫芦将非工作支承力索卸载，松开非工作支双套筒座。如果承力索垂直间距大，向支柱反方向调低双套筒座到标准位置；如果承力索垂直间距小，向支柱方向调高双套筒座到标准位置。复测承力索垂直间距符合设计要求。

(6) 转换柱接触线水平间距调整

根据测量转换柱非工作支接触线拉出值 a_1 和工作支接触线拉出值 a_2，计算出两支接触线的水平间距：$\Delta a = a_1 - a_2$，确定出调整方向及调整量。

接触线水平间距不符合标准的调整方法：

①先确认工作支接触线拉出值是否符合标准，当工作支接触线拉出值不符合标准时，人工调整工作支接触线拉出值。如果接触线受力较大，则在支柱上搭 1.5 t 手扳葫芦拉住接触线（直线、曲外）或腕臂端部搭 1.5 t 手扳葫芦拉住接触线（曲内），摇动手扳葫芦将工作支接触线卸载，松开工作支定位支座，按照拉出值的大小调整方向和数据，将工作支接触线位置调整到标准位置。

②调整后接触线水平间距仍不符合标准的，再调整非工作支接触线。在支柱上搭 1.5 t 手扳葫芦拉住接触线（直线、曲外）或非工作支腕臂管插入一根带两个定位环的 1 m 长定位管（曲内），调整定位管的外露长度，在定位管上搭 1.5 t 手扳葫芦拉住接触线，摇动手扳葫芦将非工作支接触线卸载，松开非工作支接触线锚支卡子。如果接触线水平间距大，减小锚支卡子和工作支定位支座的距离；如果接触线水平间距小，增大锚支卡子和工作支定位支座的距离，将非工作支接触线位置调整到标准位置，使两支接触线水平间距符合标准。复测接触线水平间距符合设计要求。

③当工作支接触线拉出值符合标准时，通过调整非工作支接触线的拉出值调整接触线的水平间距，调整方法同工作支接触线拉出值不符合标准时非工作支接触线的调整方法。

(7) 转换柱接触线垂直间距调整

根据测量转换柱非工作支接触线高度 H_1 和工作支接触线高度 H_2，计算出两支接触线的垂直间距：$\Delta H = H_1 - H_2$，确定出调整方向及调整量。

接触线垂直间距不符合标准的调整方法：

①先确认工作支接触线高度是否符合标准，当工作支接触线高度不符合标准时，调整或更换工作支定位点两侧吊弦，将工作支接触线高度调整至标准值。

②以工作支接触线为基准，按调整数据调整或更换非工作支定位点两侧第一根吊弦，使高差符合标准，再依次调整或更换其他吊弦，使两支接触线间垂直间距符合标准。复测接触线水平间距符合设计要求。

③当工作支接触线位置符合标准时，调整或更换非工作支定位点两侧第一根吊弦，使高差符合标准，再依次调整或更换其他吊弦，使两支接触线间垂直间距符合标准。复测接触线水平间距符合设计要求。

(8) 中心柱承力索水平间距调整

根据测量中心柱高支承力索拉出值 a_1 和低支承力索拉出值 a_2，计算出两支承力索的水平间距：$\Delta a = a_1 - a_2$，确定出调整方向及调整量。

调整方法参见“转换柱承力索水平间距调整”方法。

(9)中心柱承力索垂直间距调整

根据测量中心柱高支承力索高度 H_1 和低支承力索高度 H_2，计算出两支承力索的垂直间距：$\Delta H = H_1 - H_2$，确定出调整方向及调整量。

调整方法参见"转换柱承力索垂直间距调整"方法。

(10)中心柱接触线水平间距调整

根据测量中心柱一支接触线拉出值 a_1 和另一支接触线拉出值 a_2，计算出两支接触线的水平间距：$\Delta a = a_1 - a_2$，确定出调整方向及调整量。

①当两支工作支接触线拉出值不符合标准时，先调整一支。如果接触线受力较大，则在支柱上搭1.5 t手扳葫芦拉住接触线（直线、曲外）或腕臂端部搭1.5 t手扳葫芦拉住接触线（曲内），摇动手扳葫芦将工作支接触线卸载，按照设计的拉出值确定调整方向和数据，松开工作支定位支座，将一支工作支接触线位置调整到标准位置。

②调整后接触线水平间距仍不符合标准的，再调整另一支工作支接触线。在支柱上搭1.5 t手扳葫芦拉住接触线（直线、曲外）或腕臂端部搭1.5 t手扳葫芦拉住接触线（曲内），另一端与工作支接触线连接，摇动手扳葫芦将工作支接触线卸载，松开工作支定位支座。如果接触线水平间距大，减小定位支座之间的距离；如果接触线水平间距小，增大两工作支定位支座之间的距离，使两支接触线水平间距调整至符合标准。复测接触线水平间距符合设计要求。

③当一支工作支接触线拉出值符合标准时，调整另一支接触线，调整方法同两支工作支接触线拉出值不符合标准时的另一支工作支接触线的调整方法。

(11)中心柱接触线垂直间距调整

根据测量转换柱非工作支接触线高度 H_1 和工作支接触线高度 H_2，计算出两支接触线的垂直间距：$\Delta H = H_1 - H_2$，确定出调整方向及调整量。

调整方法见"转换柱接触线垂直间距调整"方法。

(12)定位器坡度及间隙调整

对位器坡度及间隙如不符合设计要求的参照定位装置中检修作业指导书进行检修、调整。中心柱定位器不受力的应参照设计方案进行调整。

5. 参数复测

检修作业完毕后，对检修后的设备质量进行复测验收，验收关键点如下：

(1)关节中心柱处接触线比相邻定位点抬高20 mm，困难时不得超过40 mm。

(2)关节闭口侧工作支吊弦与非工作支接触线水平距离不小于50 mm。

(3)转换柱处非工作支接触线距工作支定位管及限位状态下定位器的垂直距离不小于50 mm。

6. 办理收工手续

(1)工作领导人确认各作业组工作结束，人员机具均已撤至安全地带后，通知监护人员撤除底线及其他安全措施。

(2)工作领导人确认安全措施撤除后，通知驻站联络员申请消除停电作业命令和线路封锁命令。

(3)工作领导人召开收工会，办理手工手续。

7. 填写检修记录

按照当天检修情况填写检修记录。

四、分析与思考

本任务主要是四跨非绝缘锚段关节检调，填写“锚段关节维修记录”关系到接触网的结构和技术标准要求。因此，如何保证设备各项参数的合格至关重要，本任务在实际工作中需要注意以下问题：

(1)作业车移动或作业平台升降、转向时，严禁人员上、下作业平台。禁止从未封锁线路侧上、下作业车。

(2)作业人员在作业平台防护栅外作业时，必须将安全带系在牢固可靠部位。

(3)作业平台严禁向未封锁的线路侧旋转。当邻线有列车通过时，作业人员应提前停止作业，并在平台远离邻线侧避让，列车通过后方可继续作业。

(4)作业平台上的作业人员在车辆移动中应注意防止接触网设备伤人。

(5)冰、雪、霜、雨等天气条件下，应有防滑措施。

(6)当结构高度较大，台上作业人员够不着时，作业人员可站在特制的作业凳上，将安全带系在不动的那支承力索上，进行操作。

五、任务评价

姓名：

任务名称：锚段关节的维护与检修　　　　实际考核时间：　　min

项目	配分	序号	评分标准	扣分	得分	备注
作业准备	15分	1	人员着装整齐，安全劳保用品佩戴齐全，一项不合格扣2分			
		2	材料、工具型号选择正确、齐全、作业前摆放整齐，并进行检查。材料、工具选错一项扣2分，一项未检查或检查不到位扣2分			
作业质量	60分	1	测量锚段关节中心柱处两组接触悬挂各部参数符合技术标准，否则每项扣3分			
		2	测量锚段关节中心柱处两组接触悬挂定位拉出值符合设计要求，否则每项扣3分			
		3	检查中心柱处两接触悬挂定位点间的水平距离、垂直距离符合设计标准，中心柱处两接触悬挂的水平距离、垂直距离允许误差0～50 mm，否则每项扣2分			
		4	中心柱处各部连接零部件，连接牢固，力矩达标，否则每项扣2分			
		5	检查中心柱处两接触等高点接触线高度不应低于相邻吊弦点，允许高于相邻吊弦点0～10 mm，否则每项扣2分			
		6	检查两接触悬挂接触线工作支过渡处接触线调整符合运行要求，否则每项扣3分			
		7	对测量结果记录并进行分析，明确需调整部位，进行调整，否则扣5分			
		8	调整后的中心柱工、非支各部参数符合设计要求，否则每项扣3分			
安全及其他	20分	1	不得出现划伤、碰伤、高处落物，否则每次扣5分。手拿工、料具上下车梯扣3分			
		2	不得出现其他违反作业标准项，否则每次扣5分			
		3	调整参数时，高处作业人员不得位于线索受力方向反侧，否则扣5分			
		4	地面辅助人员一名，只允许绑扎、起吊工料具，扶稳部件，除严重的安全问题，不得提醒高处作业人员，否则扣5分			
		5	作业过程中规范使用安全带，否则提醒一次扣2分			
		6	作业时间20 min，每超1 min扣1分，时间以秒计，不足1 min算1 min，超过5 min判定失格			
作业结束	5分	1	清理工料具，并摆放整齐，未按照要求扣5分			
合计	100分					

注：每个项目扣分累计不超过其配分，扣完为止。

操作开始时间：　　时　　分　　　　操作结束时间：　　时　　分

考评员：　　　　统分人：　　　　年　　月　　日

任务五 中心锚结的维护与检修

中心锚结是接触网的核心设备，其典型工作任务是接触网维护与检修的重要组成部分，和其他模块共同组成接触网的日常维护与检修工作。

一、任务书

图 4-52 是两跨式中心锚结结构示意，根据实训基地实物进行两跨式中心锚结检调，并将检调结果填入表 4-22 中。

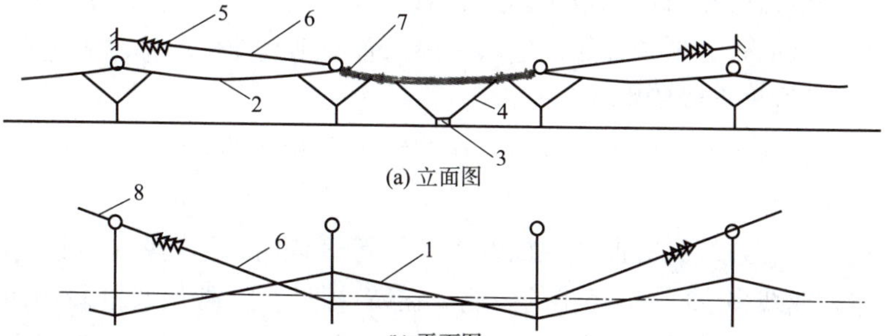

1—接触线；2—承力索；3—中心锚结线夹；4—辅助绳；5—绝缘子串；6—承力索辅助绳；7—钢线卡子；8—拉线。

图 4-52 全补偿悬挂中心锚结

表 4-22 中心锚结维修记录

检修日期	位置	中心锚结处导高/mm	相邻吊弦处导高/mm	中心锚结线夹			备注
				螺栓紧固力矩/(N·m)	是否打磨	是否涂电力复合脂	

二、知识准备

(一) 中心锚结的作用和安设

1. 中心锚结的作用

设在接触悬挂锚段中部通过将承力索、接触线进行固定，防止两端补偿器向一侧滑动或缩小事故范围的装置，称为中心锚结，简称中锚。线索在中心锚结处的固定点在任何情况下不会出现偏移，因此当温度变化时，锚段内线索的热胀冷缩便发生在中心锚结与两端的补偿器间，有效缩短了线索的伸缩范围。

中心锚结具有以下作用：

(1)缩短了补偿器补偿范围，使锚段线索张力比较均匀，保证接触悬挂处于良好工作状态。

(2)设立中心锚结后可以缩小事故范围，即当中心锚结一侧发生断线事故时不至影响另一侧悬挂线路，有利于抢修事故和缩短事故抢修时间。

(3)可防止线索在外力作用下向一侧窜动，如风力、受电弓摩擦力、因坡道和自身重力引起的窜动力。

2. 中心锚结的安设

在两端装设补偿器的接触网锚段中，必须加设中心锚结。每个锚段中心锚结安设位置应根据线路情况和线索的张力增量计算确定。一般布置原则是使中心锚结固定点两侧线索的张力尽量相等，并尽可能靠近锚段中部。

当锚段全部在直线区段或整个锚段布置在曲线半径相同的曲线区段时，该锚段中心锚结应设在锚段的中间位置。

当锚段布置在既有直线又有曲线且曲线半径不等区段时，该锚段的中心锚结应设在偏离锚段中间位置靠近曲线多、曲线半径小的一侧。在特殊情况下，锚段长度较短时(一般定为锚段长度 800 m 以下)，可不设中心锚结，而是将锚段一端硬锚，另一端线索安装补偿器，此时的硬锚就相当于中心锚结。

(二)中心锚结的结构及要求

中心锚结的形式和结构根据接触网的悬挂类型和安装地点不同而有所不同。按照接触悬挂类型分为简单悬挂中心锚结、半补偿链型悬挂中心锚结和全补偿链型悬挂中心锚结。半补偿链型悬挂目前已很少使用，干线铁路常见的是全补偿链型悬挂中心锚结。

1. 半补偿链型悬挂中心锚结

半补偿链型悬挂中心锚结的结构如图 4-53 所示。

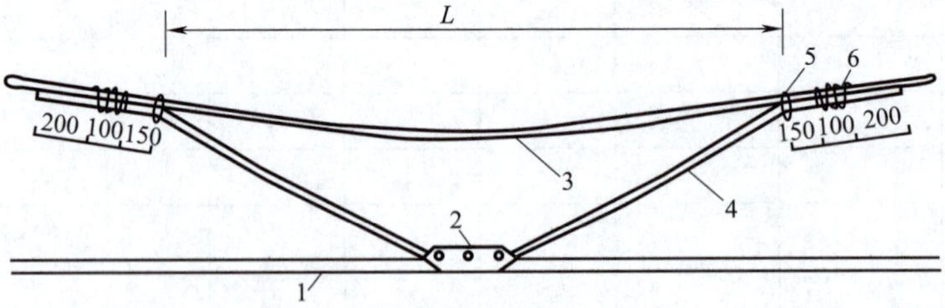

1—接触线；2—中心锚结线夹；3—承力索；4—中心锚结辅助绳；5—钢线卡子；6—绑扎段。

图 4-53 半补偿链型悬挂中心锚结(单位：mm)

由于接触线安设补偿器，因此应装设中心锚结，其中心锚结辅助绳采用 GJ-50 镀锌钢绞线(19 股)制成。在线索张力大时(如 3 t 系接触悬挂)时，锚结绳根据需要选择 GJ-70 等线索。辅助绳中间用中心锚结线夹与接触线固定，辅助绳两端分别用两个相互倒置的钢线卡子紧固在承力索上。当一侧接触线断线后，另一侧接触线在中心锚结辅助绳的拉力下，不发生松动现象,起到了缩小事故范围的作用。

中心锚结绳的长度为所在跨距中心处接触线与承力索间距的 20 倍,但不应小于 15 m。若太短,当两侧张力不均匀时,接触线会向张力较大的一侧偏移,导致中心锚结线夹处接触线被抬高,出现较大的负弛度,使受电弓取流情况变坏,造成该处接触线磨耗严重。

2. 全补偿链型悬挂的中心锚结

全补偿链型悬挂的承力索和接触线两端都是补偿下锚,均可能因两端张力不平衡而产生移动,所以承力索和接触线都要设置中心锚结进行固定,其固定形式相当于由半补偿链型悬挂中心锚结与承力索中心锚结两部分组成。全补偿链型悬挂中心锚结按照结构主要分为三跨式中心锚结和两跨式中心锚结。

(1)三跨式中心锚结

接触线的中心锚结绳在某跨中间与承力索固定,承力索的中心锚结是在接触线中心锚结所在的跨距内增加一根承力索中心锚结辅助绳,在该跨距两端的腕臂上固定后,再延长一个跨距拉向另一支柱锚固,使该跨距的承力索不产生位移,因此承力索中心锚结由三个跨距组成,故称为三跨式中心锚结。考虑到线索断线时承力索中心锚结绳可能有较大张力,中心锚结绳下锚支柱要设置拉线。中心锚结处固定锚结绳的各线夹要有足够的加持力,防止线索抽脱。全补偿链型悬挂中心锚结形式如图 4-52 所示,这种结构是 2000 年以前电气化铁路中心锚结的主要形式。

承力索中心锚结辅助绳一般采用和承力索相同的线索制成,承力索中心锚结辅助绳应在该跨距中部及相邻两悬挂处与承力索用钢线卡子固定,跨距中部用 3 个,悬挂点两侧各 2 个,相互倒置,间距为 100 mm。在中间一跨,中心锚结辅助绳的弛度应等于或略小于跨距承力索的弛度,辅助绳两端应分别固定在设有拉线的支柱上,辅助绳下锚时不宜低于承力索高度,应抬高下锚。中心锚结跨距内,不得有接触线接头,中心锚结线夹在直线区段应端正,曲线区段应与导线倾斜度一致。

(2)两跨式中心锚结

在 2000 年以后,随着时速 200 km 及以上线路的修建,在学习德国 RE200C 接触网技术后,新建线路全补偿链型悬挂中心锚结主要采用两跨式中心锚结,如图 4-54 所示。中心锚结需要三根支柱两个跨距,中间支柱是固定点支柱,其他左右端的是固定点下锚支柱。弹性链型悬挂中,接触线中心锚结绳采用 70 ~ 95 mm^2 镁铜绞线,正线长度约 10 m(站线 5 m),分别在 2 个跨距中,呈“Z”字形布置,也称为“Z”绳。承力索中心锚结绳采用和承力索同材质线索,在中间支柱通过一对中心锚结承力索线夹固定后,在两相邻支柱处下锚。

安装各承力索、接触线中心锚结线夹时应用钢刷清洁线夹和线索接触部位的杂物、氧化物,保证机械、电气连接可靠。各线夹螺栓应该轮流用扭矩扳手紧固到规定力矩。接触线中心锚结绳在接触线中锚线夹端使用电动液压钳通过专用模具压接管压接。

在简单链型悬挂时,接触线中心锚结绳也可采用“八”字形布置,如图 4-55 所示。弹性链型悬挂不能采用这种形式的原因是弹性吊索和锚结绳交叉互磨。这种结构的零件装配要求同“Z”字形布置。

在中心锚结安装施工中,要注意承力索中心锚结辅助绳的安装弛度。承力索中心锚结辅助绳的安装状态是一个两端硬锚的“简单悬挂”。其张力和弛度随着温度变化遵循简单悬挂

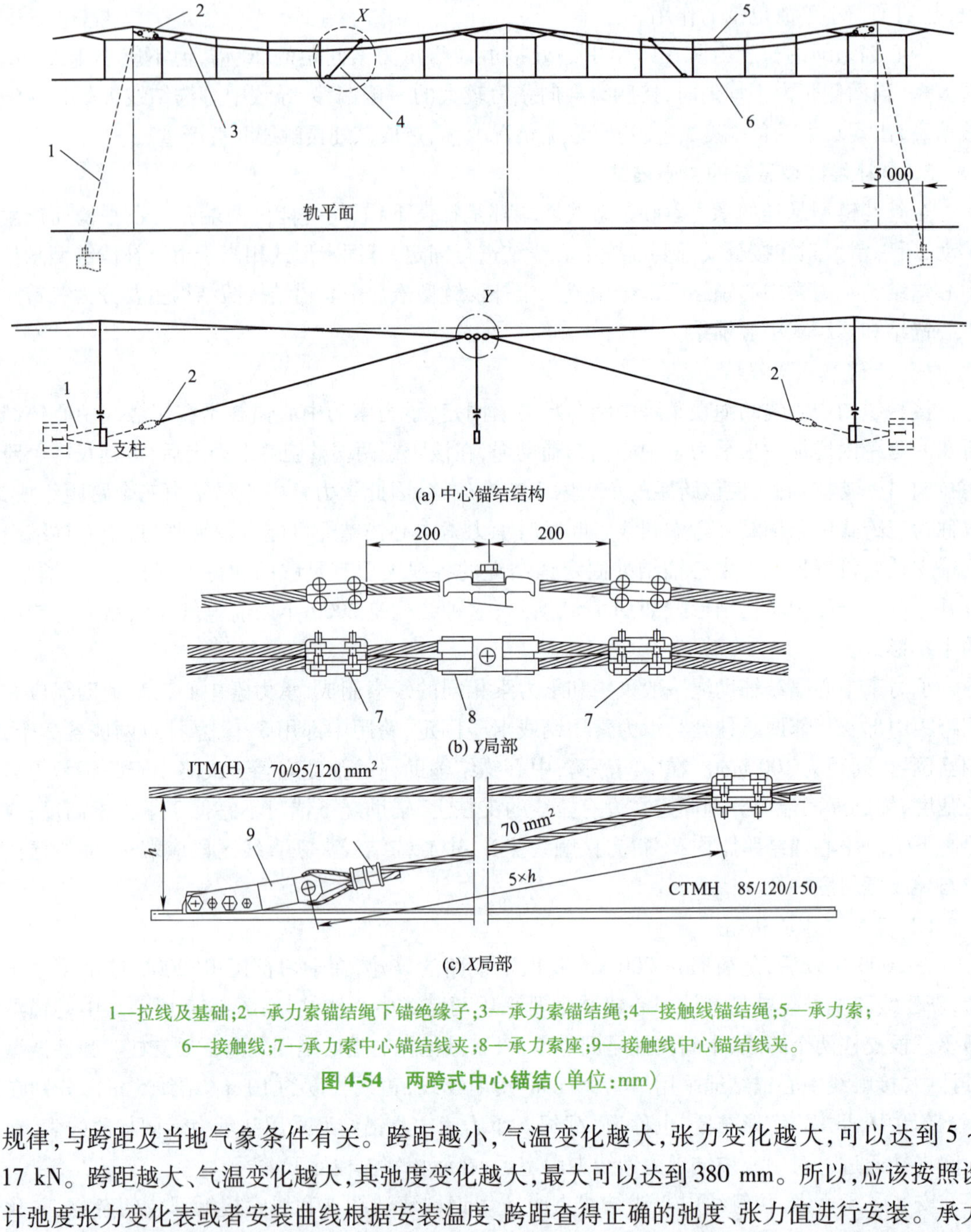

1—拉线及基础;2—承力索锚结绳下锚绝缘子;3—承力索锚结绳;4—接触线锚结绳;5—承力索;
6—接触线;7—承力索中心锚结线夹;8—承力索座;9—接触线中心锚结线夹。

图 4-54 两跨式中心锚结(单位:mm)

规律,与跨距及当地气象条件有关。跨距越小,气温变化越大,张力变化越大,可以达到 5 ~ 17 kN。跨距越大、气温变化越大,其弛度变化越大,最大可以达到 380 mm。所以,应该按照设计弛度张力变化表或者安装曲线根据安装温度、跨距查得正确的弛度、张力值进行安装。承力索中心锚结辅助绳弛度变化时承力索的弛度因为补偿装置的存在是不变的,所以不能简单认为承力索中心锚结绳在其垂直投影与线路钢轨交叉处高于接触线 300 mm 即为合格。应该是承力索中心锚结辅助绳处于设计的理想工作状态,既防止其在最高温度弛度过大发生弓网事故,又要避免其在最低温度时中心锚结绳的张力过大而影响中锚柱的安全并影响到接触悬挂的技术状态。

中心锚结按照功能分类有防断(FD)中心锚结和防窜(FC)中心锚结两种。在接触悬挂线索出现断线时,可以可靠保证接触悬挂在锚结处的可靠固定,将事故范围限制在半个锚段内,

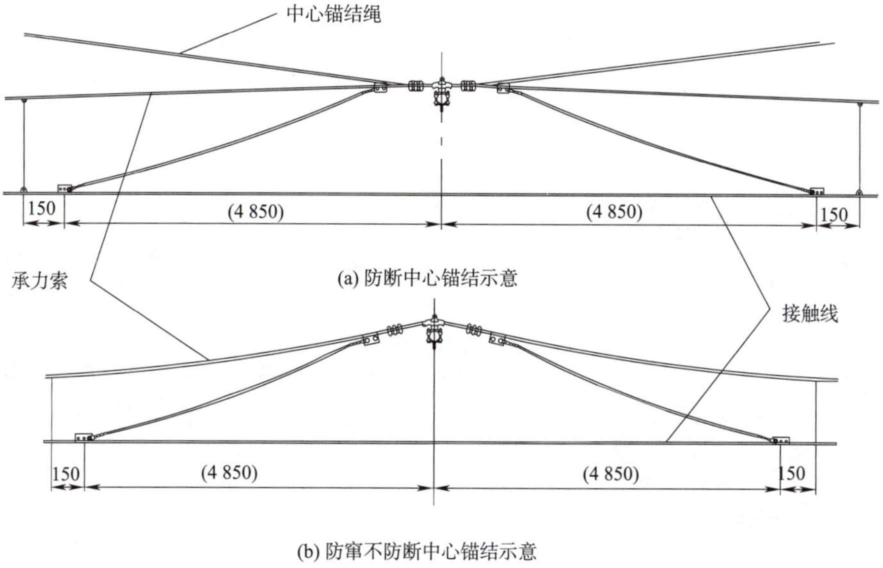

图 4-55 简单链型悬挂中心锚结示意（单位：mm）

这种中心锚结称为防断中心锚结。高速铁路的正线、联络线和站线都应该优先选用防断中心锚结。在条件不允许时（主要是承力索锚结绳无法设置下锚固定点），中心锚结仅用来防止两端补偿器向一侧滑动，称为防窜中心锚结。电气化铁路的运行实践表明，站场上承力索断线事故较少，采用防止窜动的全补偿中心锚结可以满足需要，其优点是结构简单，安装方便，缺点是不能有效减少断线事故范围。

在软横跨站场的正线及站线防窜中心锚结用软横跨节点 14 实现，结构如图 4-56 所示。通过承力索上两个中心锚结线夹和一根约 1 m 的承力索中心锚结辅助绳将承力索和悬吊滑轮相对固定下来，防止接触悬挂向某一端窜动。

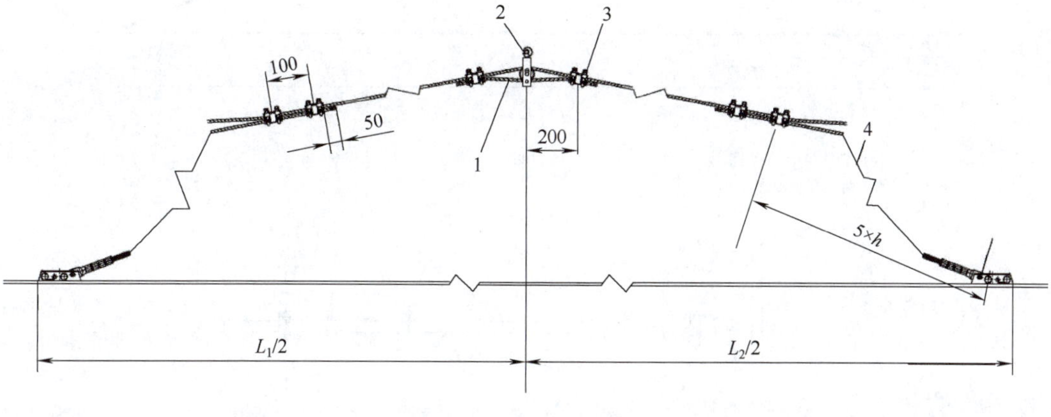

1—承力索中心锚结辅助绳（JMTH95）；2—选调滑轮；3—承力索中心锚结线夹；
4—接触线中心锚结辅助绳（JMTH70）。

图 4-56 软横跨防窜中心锚结（单位：mm）

在采用硬横跨和腕臂柱的站场，防窜中心锚结的实现是通过防窜不防断中心锚结腕臂柱来实现的。其结构形式如图 4-57 所示。这种特殊的装配形式中，在平腕臂底座处设置三底座槽钢。平腕臂固定在三底座槽钢的中间腕臂底座上，在同一高度处，设置两根斜（单耳）腕臂通过套管双耳和平腕臂相连，组成一个稳定结构，使得该处的腕臂结构不能水平旋转，达到防窜目的。

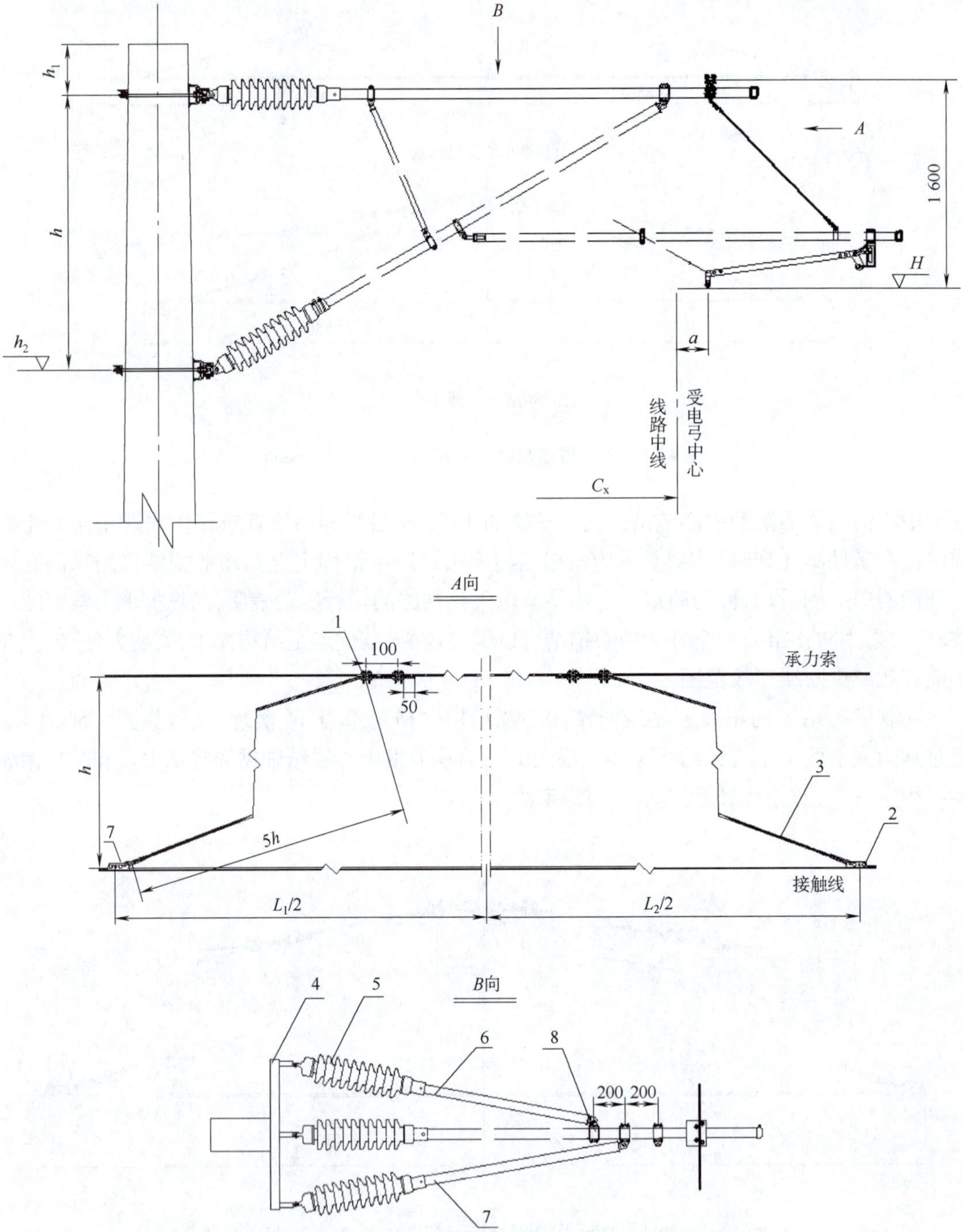

1—承力索中心锚结线夹；2—接触线中心锚结线夹；3—接触线中心锚结辅助绳（JTMH95）；

4—中心锚结三腕臂底座；5—棒式绝缘子；6、7—斜腕臂；8—套管双耳。

图 4-57　腕臂柱防窜中心锚结（单位：mm）

在城市轨道交通的停车场、车辆段和干线铁路的机务段、检修库内可能采用简单悬挂。简单悬挂中心锚结仅需增设一条中心锚结辅助绳，辅助绳采用 GJ-50 镀锌钢绞线或 JTMH 绞线制成，辅助绳的两端分别通过一串悬式绝缘子锚固在中心锚结所在跨距两侧的支柱上（即等于在该跨距中增加了一段承力索）。该支柱应打拉线以保证断线事故时有足够的强度，其结构如图 4-58 所示。

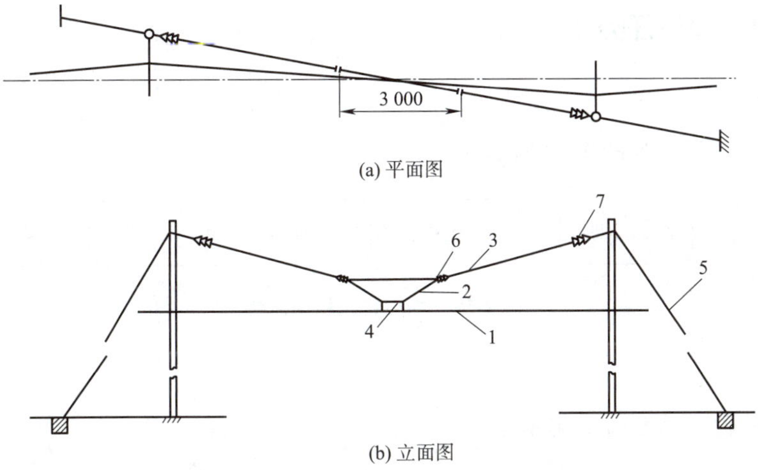

1—接触线；2—中心锚结绳；3—辅助索；4—中心锚结线夹；5—拉线；
6—承力索中心锚结线夹；7—悬式绝缘子。

图 4-58　直线简单悬挂中心锚结（单位：mm）

采用简单悬挂的站场上一般不需另设中心锚结，而是在应设置中心锚结处把定位吊索放置在钩头鞍子中紧固，代替中心锚结结构（悬挂点一般将吊索放在悬吊滑轮中）。

（三）中心锚结检调重点

（1）接触线中心锚结线夹处导高应与邻点吊弦处导高相等，允许抬高为 0 ~ 10 mm，中心锚结线夹锚结绳两边张力相等，不得松弛或低于接触线。锚结绳处于受力状态，但不改变相邻吊弦受力和导线高度。

（2）接触线中锚线夹安装应牢固、端正、不打弓、无裂纹。在直线上应保持铅垂状态，在曲线上应与接触线的倾斜度一致。接触线侧锚结绳压接后回头外露长度不小于 30 mm，承力索中心锚结线夹辅助绳外露长度不小于 50 mm。

（3）接触线中心锚结绳与承力索固定线夹的设置和间距应符合设计要求。中心锚结绳范围内不得安装吊弦和电连接。中心锚结绳两端距相邻的吊弦或电连接距离不得小于 2 m，锚结绳与鸡心环接触密贴。

（4）承力索中心锚结绳范围内承力索不得有接头和补强。中心锚结绳两端固定线夹的设置和间距应符合设计要求，中心锚结绳的弛度应等于或略高于该处承力索的弛度，中锚两侧弛度均匀，承力索中心锚结绳在其垂直投影与线路钢轨交叉处，应高于接触线 300 mm 以上防止钻弓事故。所有线材不得有腐蚀、断股、交叉、折叠、硬弯、松散、烧伤等缺陷。

（5）接触线、承力索中心锚结线夹紧固力矩应符合要求。接触线中心锚结线夹为 100 N · m，承力索中心锚结线夹为 46 N · m。

思考：

1. 中心锚结的作用是什么？
2. 不同类型的中心锚结的应用范围有什么区别？
3. 中心锚结的常见故障有哪些？

三、工作流程与任务

（一）流程图

中心锚结检修流程如图 4-59 所示。

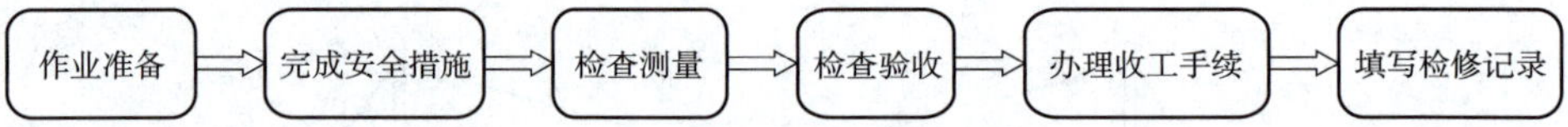

图 4-59　中心锚结检修流程

（二）任务组织

中心锚结检修人员配置见表 4-23。

表 4-23　中心锚结检修人员配置表

序号	项　目	单位	数量	备　注
1	工作领导人	人	1	
2	主防护员	人	1	
3	地线操作	人	2	
4	地线监护	人	2	兼行车防护
5	作业人员	人	2	
6	辅助人员	人	2	兼测量
7	司乘人员	人	2	司机、副司机各 1 人

中心锚结检修工具配置见表 4-24。

表 4-24　中心锚结检修工具配置表

序号	名　称	规格或型号	单位	数量
1	作业车（或车梯）	—	台	1
2	数字化激光接触网检测仪	DJJ-8	台	1
3	钢卷尺	10 m	把	1
4	小绳	—	条	1
5	温度计	—	个	1

续上表

序号	名　称	规格或型号	单位	数量
6	力矩扳手	0～100 N·m	套	1
7	直弯器	—	套	1
8	扭面器	—	套	2
9	手扳葫芦(含套子)	4 t	台	1
10	断线钳	—	把	1
11	紧线器	4 t	个	2

中心锚结检修材料配置见表4-25。

表4-25　中心锚结检修工具配置表

序号	名　称	规　格	单位	数量
1	接触线中心锚结线夹	—	套	1
2	承力索中心锚结线夹	—	套	1
3	承力索本线	—	m	若干
4	接触线中心锚结绳	—	套	1
5	铁线	ϕ4.0 mm	kg	适量
6	电力复合脂	—	管	适量
7	支持装置零部件	—	套	根据需要
8	复合绝缘子	—	支	1

(三)技术标准

1. 中心锚结绳受力状态

中心锚结线夹辅助绳两边张力相等,不得松弛,高度不得低于接触线。

2. 中心锚结线夹处的接触线高度

中心锚结线夹处的接触线高度比两侧吊弦点高出0～20 mm。

3. 接触线中心锚结线夹状态

接触线中心锚结线夹安装应牢固、端正、不打弓。在直线上应保持铅垂状态,在曲线上应与接触线的倾斜度一致。

4. 钢丝卡子状态

(1)接触线辅助绳中心锚结线夹侧安装2个钢线卡子,穿向为相互倒置,钢线卡子间距100 mm;与承力索连接侧各安装3个钢线卡子,相互倒置安装,间距为100 mm。

(2)软横跨防窜中心锚结,在悬吊滑轮两侧各安装2个钢线卡子,相互倒置安装,间距为100 mm,钢线卡子距悬吊滑轮均为200 mm。

5. 中心锚结绳的弛度

中心锚结绳的弛度应等于或略高于该处承力索的弛度,承力索中心锚结辅助绳在其垂直投影与线路钢轨交叉处，应高于接触线 300 mm 以上。

6. 中心锚结绳范围内接头情况

(1)承力索中锚跨距范围内不得有承力索接头或补强，接触线中锚跨距范围内不得有接触线接头或补强。

(2)中心锚结绳范围内不得安装吊弦和电连接器，接触线中心锚结绳不得侵入吊弦和电连接范围内，当中心锚结绳两端距相邻的吊弦或电连接距离小于 2 m 时应拆除。

7. 螺栓紧固力矩

紧固力矩按标准值进行紧固(标准值见附录一)。

8. 防窜中心锚结的技术状态

(1)防窜绳两端固定线夹的设置和间距符合设计要求，如图 4-60 所示。

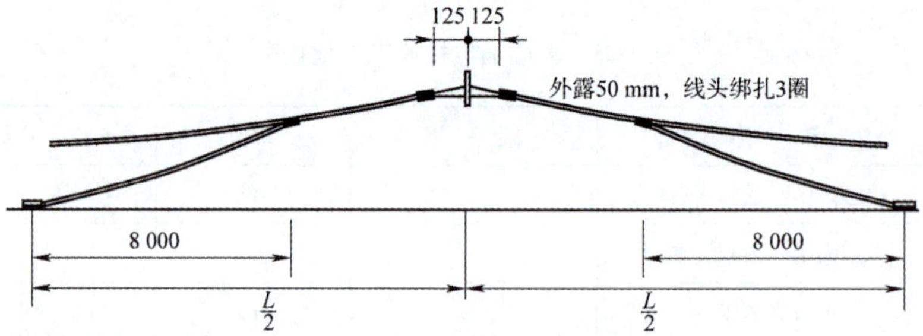

图 4-60 防窜中心锚结结构(单位：mm)

(2)接触线中心锚结绳检修标准同防窜防断式中心锚结。

(3)双线隧道防窜防断中心锚结检修应注意检查图 4-61 中所标示空气绝缘距离 1、空气绝缘距离 2，两者距离必须大于 300 mm 以上。

(4)其他检修标准同隧道外防窜防断中心锚结。

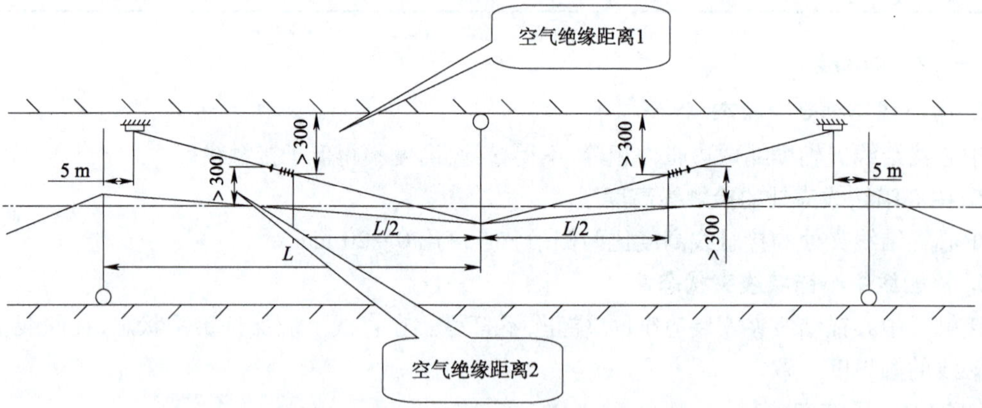

图 4-61 双线隧道防窜防断中心锚结示意(单位：mm)

(四)检修程序和方法

1. 作业准备

按规程要求填写工作票并交付工作领导人，工作领导人向作业组全体成员宣读工作票、分工并进行安全预想，检查工具、材料。

2. 完成安全措施

做好安全措施，工作领导人确认完成安全措施后，通知各作业组开工。

3. 检查测量

(1)防窜中心锚结检查测量

①中锚柱检查。

a. 中锚柱腕臂垂直于线路中心线，无断裂、烧伤，两支撑腕臂无变形。

b. 承力索中心锚结绳辅助线无断股、散股，安装在承力索座靠近支柱侧槽内。

c. 承力索中心锚结线夹外观良好，无裂纹、锈蚀等现象。

②接触线中心锚结检查。

a. 如图4-62所示，接触线中心锚结应安装在腕臂与第一根吊弦间，中心锚结线夹距离最近吊弦或腕臂距离为150 mm，中心锚结绳露头50 mm。

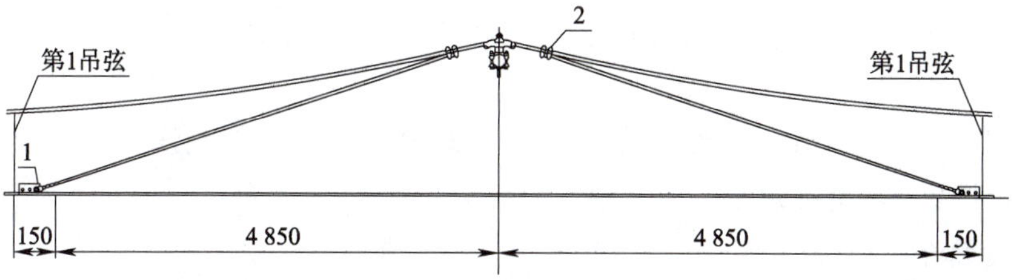

1—接触线中心锚结线夹；2—承力索中心锚结线夹。

图4-62　中心锚结绳安装位置及状态(单位：mm)

b. 中心锚结绳两边张力相等，不得松弛或高度低于接触线。锚结绳处于受力状态，但不改变相邻吊弦受力和导线高度。

c. 无散股、断股、电气烧伤等。

d. 接触线中心锚结线夹安装应牢固、端正、不打弓，在直线上应保持铅垂状态，在曲线上应与接触线的倾斜度一致。接触线中心锚结线夹与接触线沟槽密贴入槽；接触线侧锚结绳压接后回头外露长度不小于30 mm。

e. 承力索中心锚结线夹由上向下穿，长螺栓侧朝向田野侧。

③中锚柱参数测量。

a. 如图4-63所示斜腕臂套管座与支撑腕臂套管座间距为150 mm，两支撑腕臂套管座间距为150 mm，两支撑腕臂受力均匀。

b. 承力索中心锚结线夹安装在距腕臂200 mm位置，螺栓穿向田野侧，长螺栓一侧朝向田野侧。

④接触线中心锚结弛度测量。

接触线中心锚结线夹处导高应与邻点吊弦处导高相等，允许抬高0～10 mm。

测量方法：

a. 测量中心锚结线夹处接触线高度H_1；

b. 测量该中心锚结线夹处两侧吊弦的高度H_2，H_3；

c. 弛度$\Delta H=(H_2+H_3)/2-H_1$，该弛度应为负值。

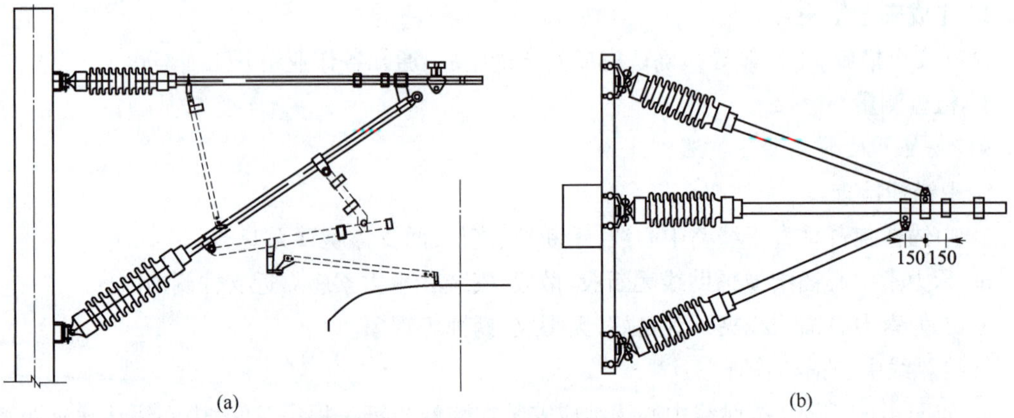

图 4-63　斜腕臂套管座与支撑腕臂套管座安装示意(单位:mm)

⑤接触线中心锚结绳安装在距离邻近吊弦 150 mm 位置,两侧吊弦及中心锚结绳处于受力状态。

⑥力矩检查。

螺栓紧固力矩承力索中心锚结线夹为 46 N·m,接触线中心锚结线夹为 70 N·m。

(2)防断中心锚结检查测量

①落锚装置检查。

依照项目六任务四执行。

②承力索中心锚结绳检查。

无散股、断股、电气烧伤等;不得有补强或接头;中心锚结绳的弛度应等于或略高于该处承力索的弛度。

③中心锚结支柱检查。

a. 中心锚结支柱的腕臂应垂直于线路。

b. 承力索中心锚结线夹安装在距腕臂 200 mm 位置,如图 4-64 所示。螺栓穿向田野侧,长螺栓一侧朝向田野侧。

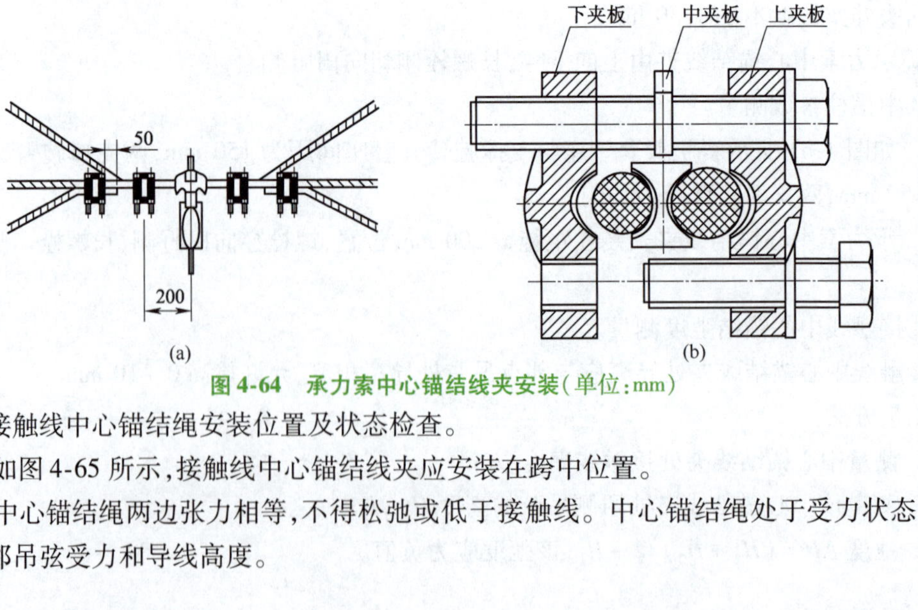

图 4-64　承力索中心锚结线夹安装(单位:mm)

④接触线中心锚结绳安装位置及状态检查。

a. 如图 4-65 所示,接触线中心锚结线夹应安装在跨中位置。

b. 中心锚结绳两边张力相等,不得松弛或低于接触线。中心锚结绳处于受力状态,但不改变相邻吊弦受力和导线高度。

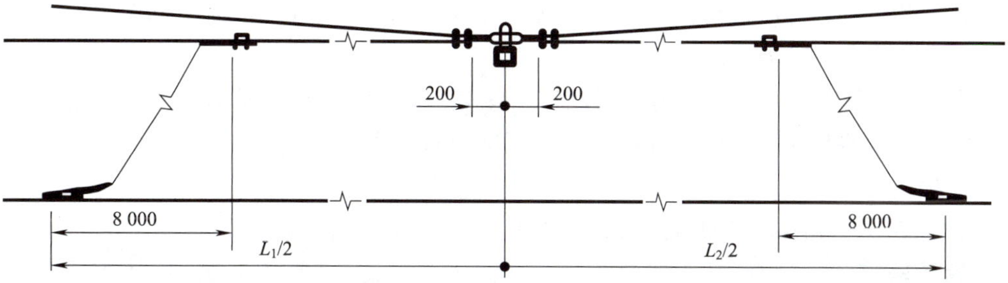

图 4-65　接触线中心锚结线夹安装(单位:mm)

c. 无散股、断股、电气烧伤等。

d. 接触线中心锚结线夹安装应牢固、端正、不打弓,在直线上应保持铅垂状态,在曲线上应与接触线的倾斜度一致。接触线中心锚结线夹与接触线沟槽密贴入槽,接触线侧锚结绳压接后回头外露长度不小于 20 mm,如图 4-66 所示。

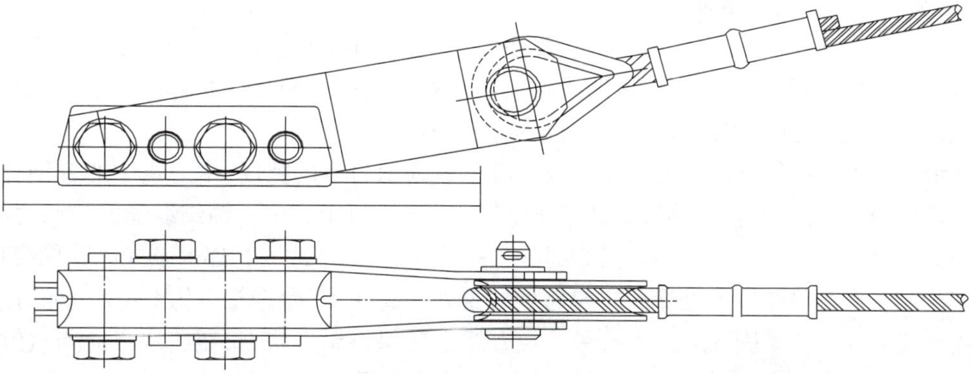

图 4-66　接触线中心锚结线夹

e. 如图 4-67 所示,承力索中心锚结线夹由上向下穿,长螺栓侧朝向田野侧。

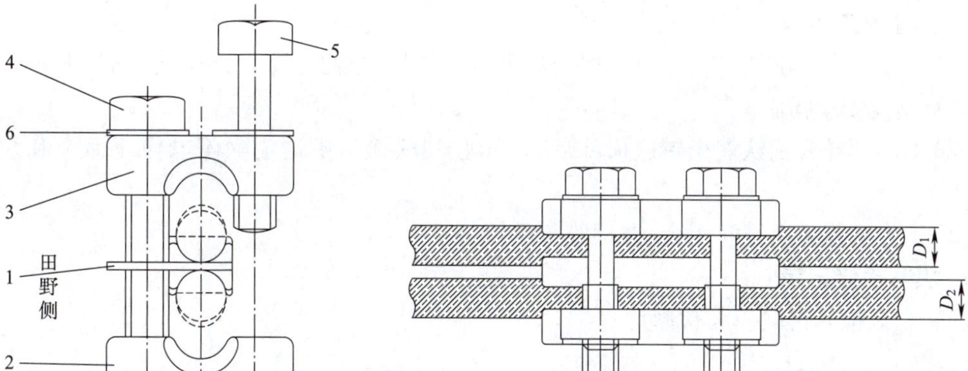

1—中夹板;2—下夹板;3—上夹板;4—长螺栓;5—短螺栓;6—上动垫片。

图 4-67　承力索中心锚结线夹安装

⑤承力索延长落锚悬挂点

当承力索中心锚结绳因空间限制延长落锚时,悬挂点位置悬挂装置力矩应符合设计标准值。承力索中心锚结绳在悬吊滑轮内固定时,承力索中心锚结绳应安装预绞式保护条。预绞式保护条安装应符合温度偏移，悬吊滑轮应处于良好工作状态，开口销掰至120°。

⑥承力索中心锚结绳弛度测量。

承力索中心锚结绳的弛度应等于或略高于该处承力索的弛度。承力索中心锚结辅助绳在其垂直投影与线路钢轨交叉处，应高于接触线300 mm以上。

⑦接触线中心锚结安装位置。

中心锚结绳两端距相邻的吊弦或电连接距离不得小于50 mm。

4. 检查验收

(1)防窜中心锚结检查验收

①中心锚结状态良好，无散股、断股、烧伤；接触线中锚跨距范围内不得有接触线接头或补强；中心锚结绳范围内不得安装吊弦和电连接器；接触线中心锚结绳不得侵入吊弦和电连接范围内；当中心锚结绳两端距相邻的吊弦或电连接距离小于2 m时应拆除。

②防窜中心锚结支撑装置及定位装置各零部件几何参数符合设计规定。

(2)防断中心锚结检查验收

①中心锚结状态良好，无散股、断股、烧伤；承力索中锚跨距范围内不得有承力索接头或补强；接触线中锚跨距范围内不得有接触线接头或补强；中心锚结绳范围内不得安装吊弦和电连接；接触线中心锚结绳不得侵入吊弦和电连接范围内。

②承力索中心锚结绳的弛度应等于或略高于该处承力索的弛度；承力索中心锚结辅助绳在其垂直投影与线路钢轨交叉处，应高于接触线300 mm以上。中心锚结线绳两边张力相等，不得松弛或高度低于接触线。中心锚结绳处于受力状态，但不改变相邻吊弦受力和导线高度。

③接触线中心锚结线夹处导高应与邻点吊弦处导高相等，允许抬高为0～10 mm，接触线中心锚结线夹安装应牢固、端正、不打弓。在直线上应保持铅垂状态，在曲线上应与接触线的倾斜度一致。接触线中心锚结线夹与接触线沟槽密贴入槽。

④承力索中心锚结延长落锚悬挂点位置几何参数符合要求，安装有预绞式保护条，交叉处符合设计标准。

5. 办理收工手续

(1)工作领导人确认各作业组工作结束，人员机具均已撤至安全地带后，通知监护人员撤除地线及其他安全措施。

(2)工作领导人确认安全措施撤除后，通知驻站联络员申请消除停电作业命令和线路封锁命令。

(3)工作领导人召开收工会，办理收工手续。

6. 填写检修记录

按照当天检修情况填写检修记录。

四、分析与思考

本任务主要是两跨式中心锚结检调，关系接触网的结构和技术标准要求。因此，如何保证设备各项参数的合格至关重要，在实际工作中需要注意以下问题：

(1)作业人员不宜位于线索受力方向的反侧，并采取防止线索滑脱的措施。

(2)中锚偏移较大的情况下，检查中锚处吊柱支持装置底座、定位管定位钩有无变形现象。

(3)承力索与承力索吊弦线夹接触部位涂抹适量电力复合脂。

五、任务评价

姓名：

任务名称：中心锚结的维护与检修　　　　实际考核时间：　　min

项目	配分	序号	评分标准	扣分	得分	备注
作业准备	15 分	1	人员着装整齐，安全劳保用品佩戴齐全，一项不合格扣 2 分			
		2	材料、工具型号选择正确、齐全、作业开始前摆放整齐，并进行检查。材料、工具选错一项扣 2 分，未进行检查或检查不到位扣 2 分			
作业质量	60 分	1	检查接触线中心锚结绳应状态良好，不应散股、断股、烧伤；接触线中心锚结绳范围内接触线不应有接头或补强，且不应安装吊弦、电连接，否则每项 3 分			
		2	检查中心锚结线绳两边应张力相等，不应松弛或低于接触线。中心锚结绳应处于受力状态，但不应改变相邻吊弦受力和导线高度，否则每项扣 2 分			
		3	检查接触线中心锚结线夹处导高应与相邻吊弦处导高相等，允许抬高为 0 ~ 10 mm，接触线中心锚结线夹安装应牢固、端正、不打弓。在直线上应保持铅垂状态，在曲线上应与接触线的倾斜度一致，否则每项扣 3 分			
		4	检查接触线中心锚结线夹与接触线沟槽应密贴入槽；接触线侧锚结绳压接后回头外露长度不应小于 20 mm，否则每项扣 3 分			
		5	检查接触线中心锚结线夹螺栓紧固力矩 A2-80 螺栓 100 N · m，A2-70 螺栓 44 ~ 56 N · m，否则每项扣 3 分			
		6	检调完毕后，应对调整过的接触线中心锚结线夹处进行测量，否则每项扣 3 分			
安全及其他	20 分	1	不得出现划伤、碰伤、高处落物，否则每次扣 5 分			
		2	不得出现其他违反作业标准项，否则每次扣 5 分			
		3	作业过程中规范使用安全带，提醒一次扣 2 分			
		4	作业时间 20 min，每超 1 min 扣 1 分，时间以秒计，不足 1 min 算 1 分钟，超过 5 min 判定失格			
作业结束	5 分	1	清理工料具，并摆放整齐，未按照要求扣 5 分			
合计	100 分					

注：每个项目扣分累计不超过其配分，扣完为止。

操作开始时间：　　时　　分　　　　操作结束时间：　　时　　分

考评员：　　　　统分人：　　　　年　　月　　日

任务六　电连接的维护与检修

电连接是接触网的重要设备，其典型工作任务是接触网维护与检修的重要组成部分，和其他模块共同组成接触网的日常维护与检修工作。

一、任务书

图4-68是横向电连接结构图，根据实训基地实物进行电连接检调，并将检调结果填入表4-26中。

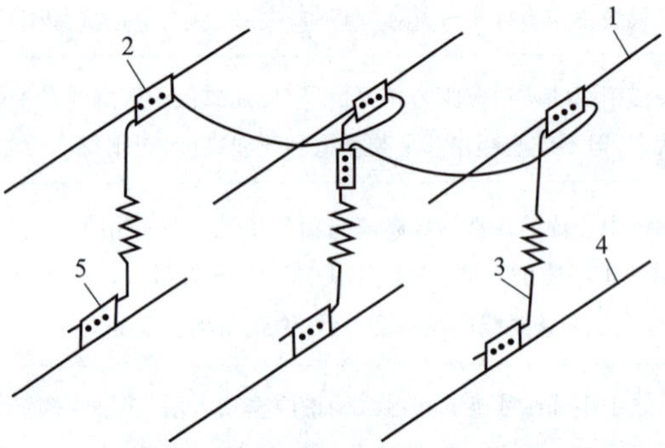

1—承力索；2—承力索电连接线夹；3—电连接线；4—接触线；5—接触线电连接线夹。

图4-68　横向电连接结构

表4-26　电连接维修记录表

检修日期	位　置	性　质	电连接状态	电连接线夹			位移长度/mm	备注
				螺栓紧固力矩/(N·m)	是否打磨	是否涂电力复合脂		

工长：__________

二、知识准备

电连接的作用是将接触悬挂各分段供电间的电路连接起来，保证电路的畅通，实现并联供电，减少电能损耗，提高供电质量。在电气设备与接触网之间，用电连接线进行可靠的连接，使设备充分发挥作用，避免出现烧损事故，完成各种供电方式和检修的需要。电连接的使用场合包括承力索和接触线间、股道间、锚段关节、道岔等处。

电连接线用导电性能好的材料制成，在铜和铜合金接触线区段采用软铜绞线 TJR95、TJR120。电连接线的线径选择主要依据承力索的截面积确定，当承力索为 95 mm^2 及以下导线时，电连接线用 TJR95，承力索为 120 mm^2 导线时，电连接线用 TJR120，在钢铝接触线区段，采用 LJ-150 多股铝绞线。为减少电连接线与接触线连接处的硬点，保持接触网弹性，要求电连接线做成螺旋弹簧状，以适应线索间顺线路方向发生移动时的拉伸。当电连接线在连接处意外烧损时，还可放开几圈继续使用，以便节约材料。

(一)电连接的分类

电连接按其用途分为以下几类：

1. H 型电连接装置

即横向电连接，多用于承力索和接触线间的电气连接。

H 型电连接的主要作用是实现并联供电。主要用于载流承力索区段，使承力索承担的牵引电流通过电连接线进入接触线最终流向受电弓。要求每隔 200 ~ 250 m 在承力索与接触线间，安装一组 H 型电连接线。

在载流承力索区段，保证从承力索向接触线的横向电流通道的可靠性和保证主导电回路的可靠性一样重要。接触网结构中承载横向电流的部件非常多，比如腕臂结构、吊弦、接触线中心锚结绳和 H 型电连接，这些通道电气连接不可靠，将会造成发热和烧损。因此，腕臂的定位环(定位底座)和定位器间的电连接，定位线夹安装时的除锈涂电力复合脂，整体载流吊弦、吊弦线夹安装时的除锈涂电力复合脂都是非常重要的安装工艺。

当隧道内为简单悬挂，隧道外为链型悬挂时，应在隧道口承力索与接触线间安装电连接线，这样可以避免承力索电流经吊弦流向接触线，防止吊弦烧损。

2. G 型电连接装置

即股道电连接，用于多股道接触悬挂间的电气连接。

站线接触悬挂的接触线一般比正线接触线线径小，为满足站场上电力机车启动时所需的大电流，在各股道间安装股道电连接线，实现几股道接触网并联供电，可减少能耗和电压损失。

3. M 型电连接装置

即锚段关节电连接，用于非绝缘锚段关节处两支接触悬挂间的电气连接，保证牵引电流通道的可靠性。

4. D 型电连接装置

即道岔电连接，用于道岔两支接触悬挂间的电气连接。

M、D 型电连接线的外形结构相同，也习惯于将使供电分段或机械分段处两侧接触悬挂实现电的连通的装置称为纵向电连接，比如 M 型电连接、电分段处隔离开关与接触悬挂间的电连接线、线岔处的电连接线。电连接线的关键零件是接触线和承力索电连接线夹。

(二)高速铁路电连接线

在高速铁路中,电连接线采用了不同于既有线电连接线的零件和形式。其主要的结构形式如图 4-69 所示。高速铁路的电连接线一般不采用弹簧圈状,接触线和承力索间、承力索间的电连接线为了不增加接触线吊弦间弛度,一般装在吊弦附近,自然松弛不得有拉力改变相邻吊弦的受力状态。

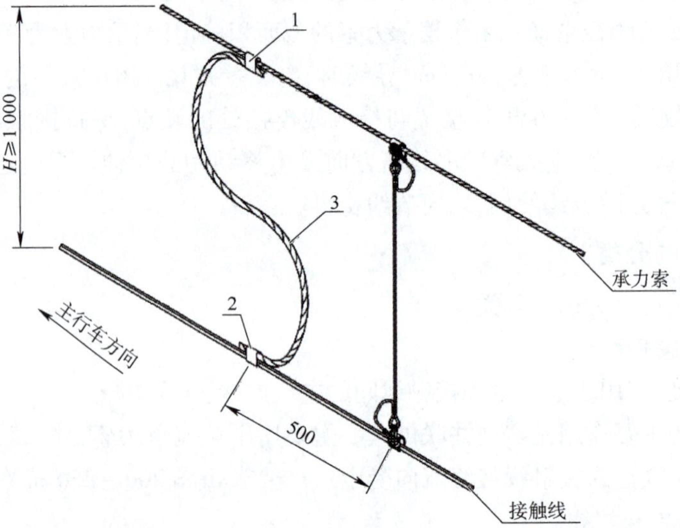

(a) H型(横向)电连接

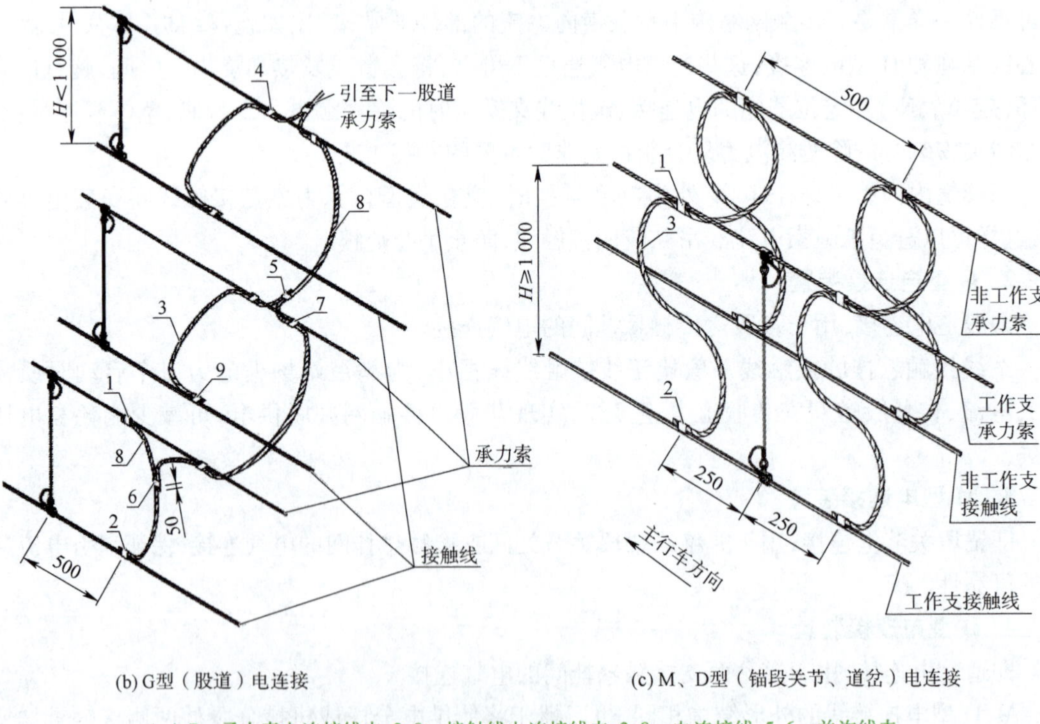

(b) G型(股道)电连接　　(c) M、D型(锚段关节、道岔)电连接

1、4、7—承力索电连接线夹;2、9—接触线电连接线夹;3、8—电连接线;5、6—并沟线夹。

图 4-69　高速铁路电连接线结构(单位:mm)

从承力索、接触线间电连接外形上来说，分为 S 形和 C 形两类，S、C 表示出了电连接线在承力索、接触线间的布置形式，在图 6-64 的(a)图和(b)图中，分别为 S、C 形。S 形在接触线、承力索间距 $H \geq 1.0$ m 时采用，C 形在 $H < 1.0$ m 时采用。在接触线线夹处，电连接线线头朝向主行车方向。高速铁路采用了 E 形接触线电连接线夹、C 形承力索电连接线夹，如图 4-70 所示，须采用专用模具压接和拆除。为了达到足够的载流能力，除 H 形电连接外，每处电连接安装两套电连接装置。

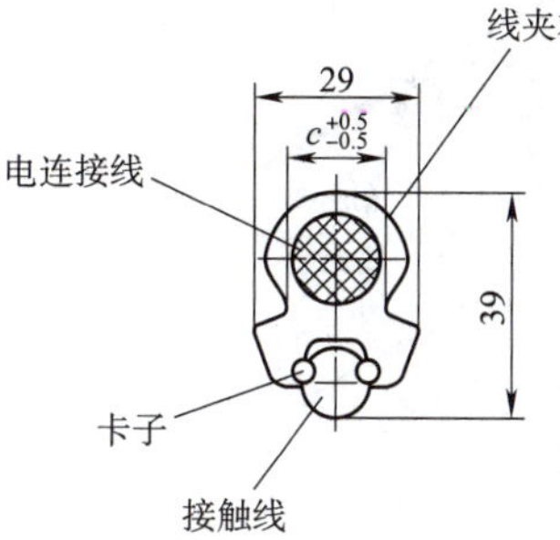

(a) E形接触线电连接线夹（单位：mm）

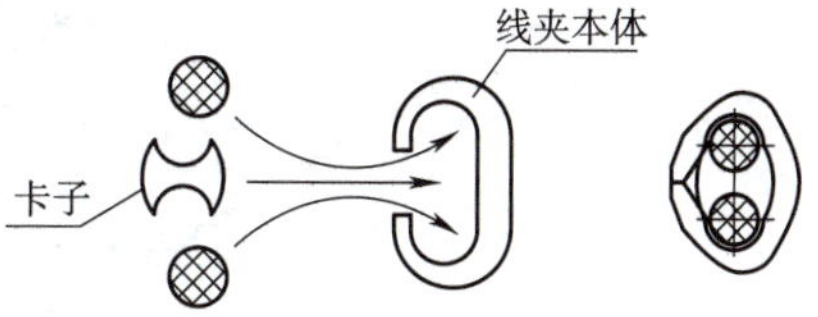

(b) C形承力索电连接线夹

图 4-70　高速铁路用电连接线夹

高速铁路的精细化施工对电连接线的预制长度、安装位置提出了精确的要求，特别是在锚段关节处。锚段关节处（或分相处）的电连接线将两组接触悬挂连接起来，是纵向电流的通道，是主牵引回路的重要构成部分。但是，这两组接触悬挂的下锚方向相反，温度变化时，电连接线的线夹有较大的纵向移动，电连接线的预制长度必须满足位移需要，电连接线的安装位置必须使得极限温度时纵向移动最小。对于线岔处电连接线，当线岔处两接触悬挂下锚方向相反时，情况类似（有交叉吊弦时，线岔处下锚方向最好是同向）。

1. 电连接的安装位置

电连接线在锚段关节处的偏斜情况如图 4-71 所示，其偏斜量 S 是由腕臂无偏斜温度、两接触悬挂中心锚结间距和当前温度决定。在进行安装时必须按照设计位置进行安装才能保证极限温度时偏斜量最小。

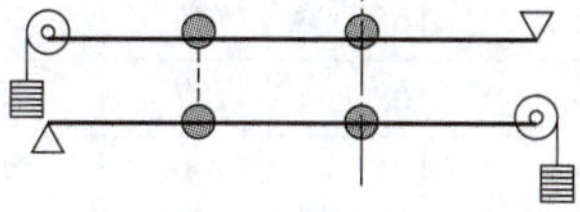

腕臂无偏斜温度(30 ℃)时
电连接线垂直于正线

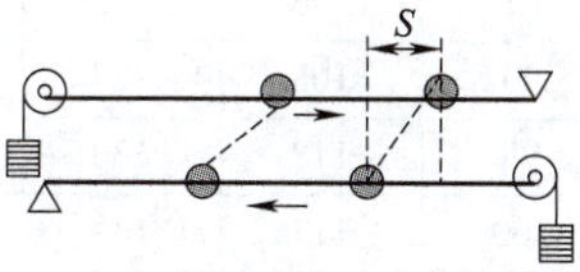

温度低于30 ℃时，电连接
向各自偏向中心锚结处

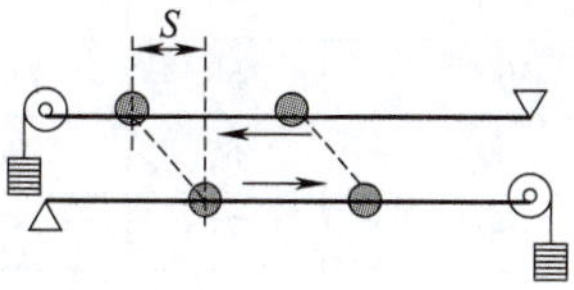

温度高于30 ℃时，电连接
向各自偏向下锚处

图 4-71　电连接线的偏斜

注：实心圆表示承力索（接触线）电连接线夹位置；三角表示中锚。

2. 电连接线预制长度的确定

电连接线的长度既要满足接触悬挂间偏斜的需要，又要满足自然松弛状态，因此必须根据安装点情况，精确确定电连接线的长度。电连接线的预制长度主要由三个部分组成，如图 4-72 所示。悬挂 1 处接触线、承力索间高度加安装余量 $H_1 + K_1$；悬挂 2 处接触线、承力索间高度加安装余量 $H_2 + K_2$，两悬挂间段接触线长度（要满足极限温度下的偏移要求）加安装余量 $a + 15$。

总线索长度 $L = a + 15_0 + H_1 + K_1 + H_2 + K_2$ （mm）

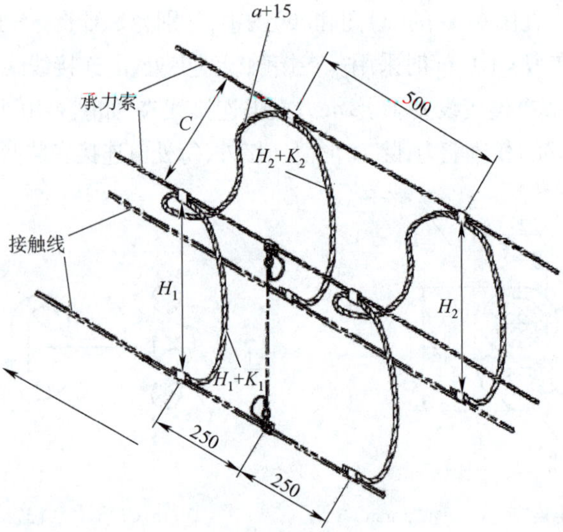

图 4-72 电连接线各部分尺寸（单位：mm）

式中安装余量 K 根据表 4-27 确定，a 由表 4-28 根据两中锚距离和两接触悬挂间距 C 确定。

表 4-27 安装余量 ***K*** 值表

安装余量	C 形电连接/cm		S 形电连接/cm								
H	80	90	100	110	120	130	140	150	160	170	180
K	27	26	30	29	28	27	26	25	25	24	23

表 4-28 ***a*** 值对照表

两中锚距离/mm	C/cm								
	40	60	80	100	120	140	160	180	200
400	53	69	87	106	125	144	164	183	203
500	58	73	90	108	127	146	165	185	204
600	65	79	95	112	130	149	168	187	206
700	72	85	100	117	134	152	171	190	209
800	79	91	105	121	138	156	174	192	211
900	87	98	111	126	143	160	178	196	214
1 000	94	104	117	131	147	164	181	199	217
1 100	102	112	123	137	152	169	186	203	221
1 200	108	117	128	141	156	172	189	206	224
1 300	118	126	137	149	164	179	195	211	229
1 400	126	133	144	155	169	184	199	216	233
1 500	134	141	151	162	175	190	205	221	237
1 600	142	149	158	169	181	195	210	226	242
1 700	150	157	166	176	188	202	216	231	247
1 800	158	164	173	183	194	207	221	236	252

(三)电连接线检修技术标准

(1)电连接应装在设计规定的位置,施工偏差为 ±500 mm。电连接线夹与导线接触面应平整、光洁。电连接线载流截面应与被连接导线载流截面相当,并应完好,无松散、断股等现象。铜接触线与铝连接线连接时应采用铜铝过渡措施。

(2)电连接线与导线连接应符合下列规定:不同材质承力索、接触线与电连接线夹连接时,导线与线夹接触面均用细钢丝刷清除表面氧化膜,并用汽油清洗,清洗长度不应少于连接长度的 1.2 倍,接触面涂电力复合脂。钢铝接触线与铝电连接线夹连接时,线夹型号与接触线型号应相符。接触线与电连接线夹及楔子的接触面的处理同导线与线夹接触面处理方式。楔子要安紧,岔头劈开。电连接线夹螺栓受力均匀,安装时逐个拧紧,其螺栓的拧紧扭矩符合设计要求。

(3)电连接长度应根据实测或以设计要求确定,股道间的电连接应呈弧形,预留因温度变化而产生的位移长度。

(4)承力索和接触线间的横向电连接应做成弹簧形状,弹簧圈的内径为 80 mm,弹簧圈铝电连接线可绕 3 圈,铜电连接线可绕 2 圈,其底圈与接触线的距离为 200 ~ 300 mm。两承力索间的电连接线做成弹簧形状,弹簧圈的内径为 80 mm,可绕 3 ~ 4 圈,弹簧圈应设置在承力索中间,预留两承力索随温度变化时不同方向产生的相对位移长度。

(5)多股道的电连接在平均温度时,应垂直于正线,如无正线时应垂直于较重要的一条线路。任意温度安装电连接时,全补偿链型悬挂承力索与接触线采用同材质时应垂直安装,不同材质时应按吊弦计算偏移值安装或按设计提供的吊弦安装曲线安装。半补偿链型悬挂同吊弦安装。

(6)隔离开关电连接线距瓷裙的间距不得小于 150 mm,与地部分不得小于 400 mm。引线跨带电导线的高度不小于 400 mm。

思考:

1. 电连接的作用是什么,由哪几部分组成?
2. 对电连接的技术要求是什么?
3. 电连接常见故障有哪些?

三、工作流程与任务

(一)流程图

电连接检修流程如图 4-73 所示。

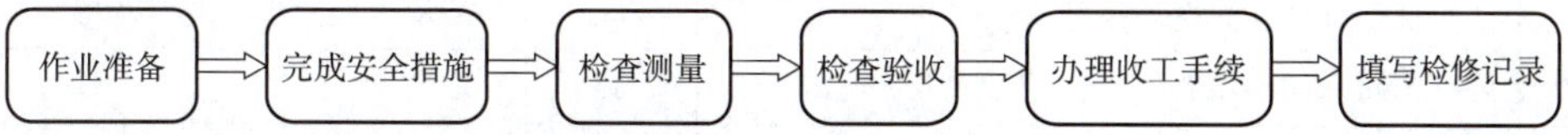

图 4-73　电连接检修流程

(二)任务组织

电连接检修人员配置见表 4-29。

表 4-29　电连接检修人员配置表

序号	项　目	单位	数量	备　注
1	工作领导人	人	1	
2	主防护员	人	1	
3	地线监护人	人	2	兼行车防护
4	地线操作人员	人	2	
5	高处作业人员	人	2	
6	辅助人员	人	2	
7	司乘人员	人	2	司机、副司机各 1 人

电连接检修工具配置见表 4-30。

表 4-30　电连接检修工具配置表

序号	名　称	规格或型号	单位	数量	备　注
1	作业车（或车梯）	—	台	1	
2	滑轮	—	个	1	
3	小绳	—	条	1	
4	力矩扳手	0～100 N·m	套	1	
5	温度计	—	个	1	
6	激光测量仪	DJJ-8	台	1	
7	盒尺	5 m	把	1	
8	短接线	—	套	2	
9	液压式电连接压接钳	—	台	1	
10	齿轮剪	—	把	1	
11	游标卡尺	—	把	1	

电连接检修材料配置见表 4-31。

表 4-31　电连接检修材料配置表

序号	名　称	规　格	单位	数量	备　注
1	砂纸	—	张	若干	
2	棉纱	—	kg	适量	
3	压接式承力索电连接线夹	依据现场实际需要	套	适量	
4	压接式接触线电连接线夹	依据现场实际需要	套	适量	
5	电连接线	依据现场实际需要	m	适量	
6	铜绑扎线	—	根	适量	
7	电力复合脂	—	管	1	

(三)技术标准

在锚段关节、线岔和车站电力机车、动车组经常起动处的股道之间等处所,应装设电连接。

(1)电连接位置和数量符合设计要求,安装位置允许偏差 ±500 mm。

(2)电连接线要求如下:

①承力索、接触线间距 <1 000 mm 时采用"C"形连接的方式;间距≥1 000 mm 时采用"S"形连接。其裕度应满足接触线、承力索因温度变化伸缩的要求。

②电连接线均要用多股软铜线制成,其额定载流量不小于被连接的接触悬挂、附加导线的额定载流量,且不得有接头、压伤和断股现象,电连接线端头外露 10 ~ 20 mm。

③对于压接式电连接线夹,电连接线不应有压伤和断股现象。

(3)电连接线夹要求如下:

①电连接线夹的材质和规格须与被连接线索相适应,优先采用压接形式。

②电连接线夹与接触线、承力索、附加导线之间连接牢固,线夹内无杂物。

③承力索、接触线电连接线夹压接后应端正,符合压接标准。接触线电连接线夹在直线处应处于铅垂状态,在曲线处应与接触线的倾斜度一致。

④工作支接触线电连接线夹处接触线高度与最近相邻吊弦点高度相等,允许偏差 0 ~ 5 mm。

⑤压接式接触线电连接线夹与线槽契合的 U 形螺纹卡子应平行压接于线槽内,不得跳出接触线线槽。U 形螺纹卡子应保证卡子插入后,另一端露头 1 ~ 3 mm。

(4)电连接线夹与线索接触面均应涂电力复合脂。

(5)极限温度条件下,交叉跨越线索间距不足 200 mm 的处所应加装等位线。等位线及其连接线夹应与被连接线索材质匹配,截面积不小于 10 mm^2。

(四)检修程序和方法

1. 作业准备

按规程要求填写工作票并交付工作领导人,工作领导人向作业组全体成员宣读工作票、分工并进行安全预想,检查工具、材料。

2. 完成安全措施

做好安全措施,工作领导人确认完成安全措施后,通知各作业组开工。

3. 检查测量

(1)电连接安装结构

在锚段关节处装设 2 组、线岔处装设 1 组电连接器。在链型悬挂与简单悬挂的衔接处、加强线(载流承力索)的终端、车站电力机车经常起动处所的股道之间,应装设电连接器。

(2)外观检查

①检查电连接线本体

a. 检查电连接本体无断股、散股、无机械损伤、电弧烧伤断股现象。

b. 检查电连接线伸缩圈无松弛、变形。

②检查电连接弛度

a. 对照安装曲线检查电连接预留弛度。

b. 外观检查电连接不得过紧或过松。

c. 电连接不得低于接触线面。

③检查接触线电连接线夹

a. 线夹应涂有导电膏。

b. 电连接线夹内不得有杂物。

c. 电连接固定牢固。

d. 接触线电连接线夹在直线处应处于铅垂状态,在曲线处应与接触线的倾斜度一致。

e. 电连接线夹无裂纹,不得压偏。

f. 螺纹卡子卡在接触线槽内,环口朝向机车前进方向。

④检查承力索电连接线夹

a. 线夹应涂有导电膏,压接结合处不得有胶带等绝缘杂物。

b. 电连接线夹无裂纹、变形,不得压偏。

c. 检查中夹板安装情况,压块平面应与线夹本体平面相对,不可装反。压块半径小的圆弧面对应直径小的导线,压块半径大的圆弧面对应直径大的导线。中间夹板不得卡在线夹开口之间。

d. 内衬垫的使用范围及型号见表4-32。

观察线夹内衬垫的安装方向,衬垫刻有字样的一面朝外安装、没有字样的一面朝线夹内安装即为正确,否则为错误,应组织更换。

表4-32 承力索电连接线夹本体与内衬垫对照表

序号	使用范围及型号	组合关系	
		线夹本体	内衬垫
1	120/95f、95f/120f、120/120f	B型	A
2	95/120f、95f/95f	B型	B
3	70/95f、70/120f	B型	C
4	120/120f	A型	D
5	95/95f	A型	B

(3)参数测量

①接触线、承力索电连接线夹的露头长度

用盒尺测量接触线、承力索电连接线夹的露头长度,电连接线露头应在1~20 mm之间,如图4-74所示。

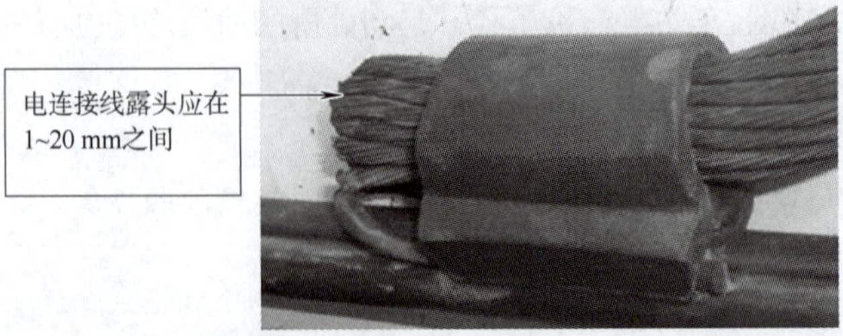

图4-74 电连接线

②测量螺纹卡子外漏长度

用盒尺测量螺纹卡子穿入接触线电连接线夹后应露出接触线电连接线夹 1～3 mm，露头过长或过短均会出现线夹与接触线接触面的接触力减少，致使易出现松脱现象，如图 4-75 所示。

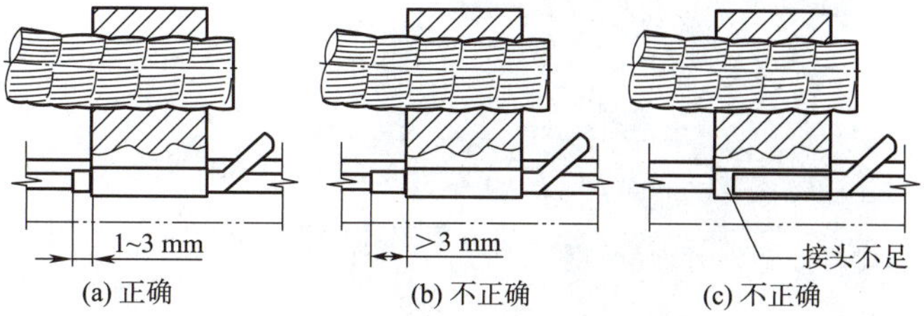

图 4-75　螺纹卡子穿入示意

③电连接线夹处接触线高度

a. 用接触网激光测量仪测量电连接处的接触线高度 h；

b. 用接触网激光测量仪测量与电连接相邻吊弦点的接触线高度 h_1、h_2；

c. 计算电连接线夹处接触线高度与相邻吊弦点的高差 $\Delta h=(h_1+h_2)/2-h$。

④电连接线预留量检查

用温度计测量现场温度，根据安装曲线查出极限温度下电连接偏移量，检查电连接预留量能否满足偏移量的要求。或计算出电连接在极限温度下的偏移量，比较电连接的预留量能否满足偏移量的要求，公式如下：

一支悬挂电连接最大偏移值：

$$E=L\cdot a\cdot(T_{\max}-T_{\text{x}})\quad 或\quad E=L\cdot a\cdot(T_{\text{x}}-T_{\min})$$

式中　E——偏移值(m)；

L——电连接至中心锚结的距离(m)；

a——线胀系数(1/℃)；

T_{x}——检修时温度(℃)；

$T_{\max}$——设计最高温度(℃)；

$T_{\min}$——设计最低温度(℃)。

锚段关节、线岔或股道电连接的偏移值要将相关悬挂电连接的最大偏移值按偏移方向进行加或减。

⑤利用通止规检测接触线电连接线夹压接是否满足要求

利用通止规检测接触线电连接线夹压接是否到位，主要是通规检测压接后的电连接线夹高度 H 与宽度 W 两个数值，通侧与止侧开口的距离相差为 1 mm。也就是说，若在通侧接触线电连接线夹可以通过而止侧接触线线夹无法通过，证明压接后的电连接线夹外形与规定的尺寸误差在 1 mm 以内。通过竖向与横向两个方面来卡控电连接线夹的外形，基本上可以对电连接线夹压接是否到位进行判断。检测 H 与 W 的通止规分别是两块独立的模板。

⑥通过 H 判断电连接是否压接到位

通规检测接触线电连接线夹时，可以将整个线夹嵌入通规侧，说明线夹在压接时已经承受了规定的压接力，内部不存在压接不到位的情况。同时通规垂直部分必须与接触线电连接线夹侧面相贴，如图 4-76 所示。

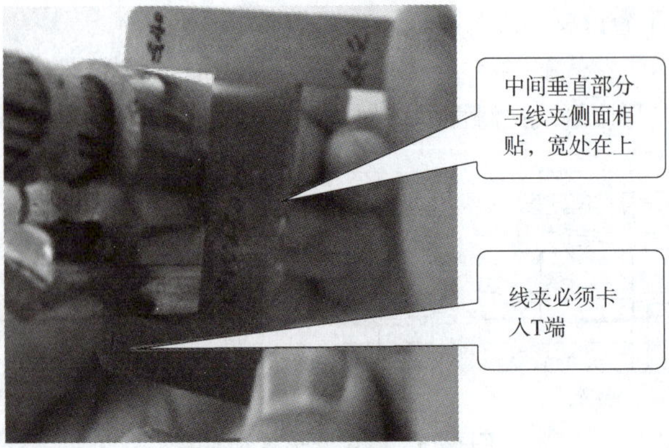

图 4-76　通规检测 *H*

止规检测接触线电连接线夹时，线夹本体无法从止规侧通过，且线夹本体与止规垂直面不得接触，若接触证明线夹已经压变形了，如图 4-77 所示。

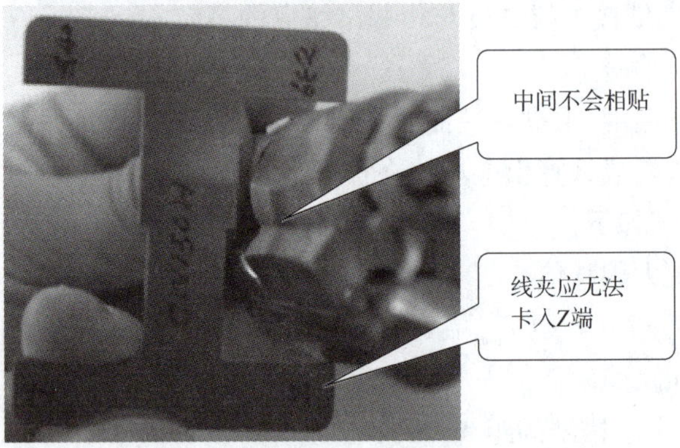

图 4-77　止规检测 *H*

⑦通过 *W* 判断电连接是否压接到位

通规检测接触线电连接线夹时，可以将整个线夹嵌入通规侧，说明线夹在压接时已经承受了规定的压接力，内部不存在压接不到位的情况。同时通规垂直部分必须与接触线电连接线夹斜面相贴，证明线夹本体与接触线压接密贴，如图 4-78 所示。

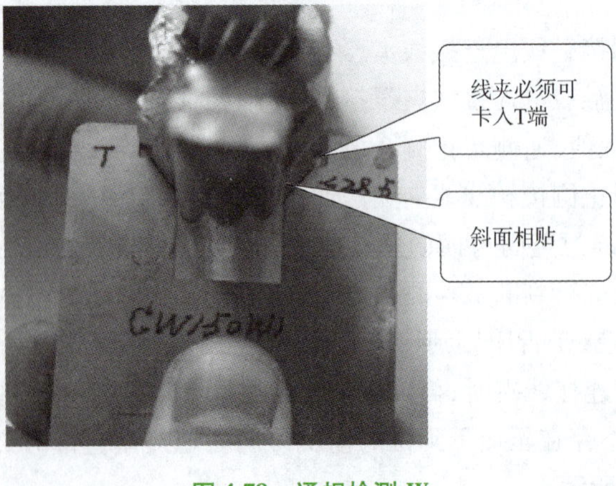

图 4-78　通规检测 *W*

止规检测接触线电连接线夹时，线夹本体无法从止规侧通过，且线夹本体与止规垂直面不得接触，若接触证明线夹已经压变形了，如图 4-79 所示。

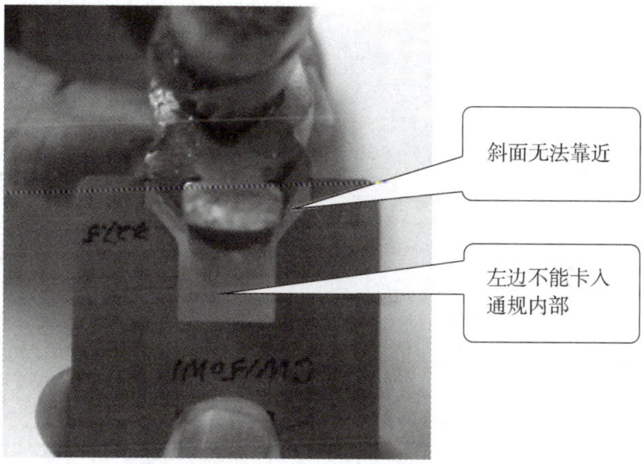

图 4-79　止规检测 *W*

凡出现不能满足以上要求的电连接线夹，必须及时安排进行处理，重新压接。

⑧线夹卡线口宽度尺寸检验

在电连接线夹已经压接到位后，对接触线电连接线夹要进行日常例行检查，具体手段为利用线夹卡线口宽度专用检测通规进行检查。

原理：由于接触线电连接线夹只有在受到较大外力作用时，下部卡线口张开才可能脱离接触线，所以专用通规检测卡线口宽度的变化可以判定接触线电连接线夹状态是否安全。

以压接后的接触线底面为定位基准面，以通规 W_1 尺寸为基准，测量压接卡口（变形区域内两点之间）的尺寸。若 $W \leq W_1$，则卡口尺寸合格，即压接后卡口未松弛；若 $W > W_1$，则卡口尺寸不合格，即压接后卡口松弛，如图 4-80 所示。

图 4-80　专用通规

使用时将通规的圆弧槽底部紧贴接触线底部，从线夹出线端卡入，顺线方向滑过整个线夹，整个过程中通规的圆弧槽底部应始终紧贴接触线底部。

当尺寸正常时，线夹可以贴着通规的底部圆弧槽顺利卡入并从通规开口中通过。

当尺寸异常时，线夹可能有一段可以贴着通规的底部圆弧槽顺利卡入并从通规开口中通过。如果末端不能通过，或者通规卡口两顶点顶住线夹两侧，而通规圆弧槽底部离开接触线底部,应立即予以更换。检查发现卡口尺寸异常情况如图 4-81、图 4-82 所示。

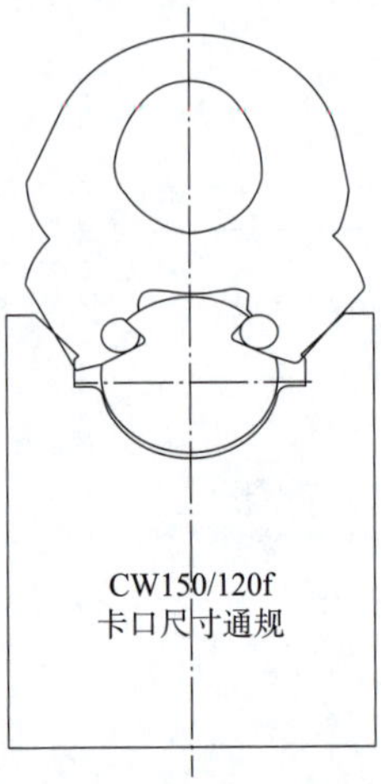

图 4-81　通规圆弧槽底部离开接触线

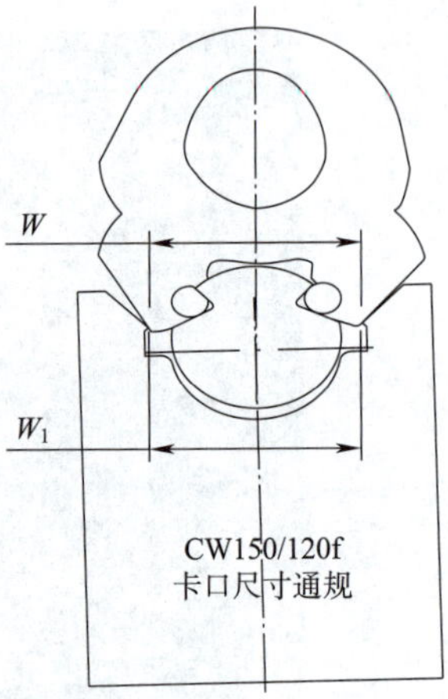

图 4-82　线夹端面与通规卡口干涉

4. 检查验收

检修作业完毕后,对检修后的设备质量进行检查验收,验收关键点:

(1)电连接线及线夹选型符合设计要求。

(2)U 形螺纹卡子外漏 1 ~3 mm,卡子还环口朝向机车前进方向。

(3)电连接线在接触线电连接线夹外漏 5 ~10 mm。

(4)道岔电连接安装数量为 2 根,必须安装在始触区以外(两接触线间距大于 1 050 mm),根据线索型号选用电连接线夹。

5. 办理收工手续

(1)工作领导人确认各作业组工作结束,人员机具均已撤至安全地带后,通知监护人员撤除地线及其他安全措施。

(2)工作领导人确认安全措施撤除后,通知驻站联络员申请消除停电作业命令和线路封锁命令。

(3)工作领导人召开收工会,办理收工手续。

6. 填写检修记录

按照当天检修情况填写检修记录。

四、分析与思考

本任务主要是电连接检调,填写“电连接维修记录”关系到接触网的结构和技术标准要求。因此,如何保证设备各项参数的合格至关重要,在实际工作中需要注意以下问题:

(1)作业过程中要严格复核受电弓动态包络线。

(2)电连接线夹不应装在线岔始触区内。

五、任务评价

姓名：

任务名称：电连接的维护与检修　　　　实际考核时间：　　min

项目	配分	序号	评分标准	扣分	得分	备注
作业准备	15分	1	人员着装整齐，安全劳保用品佩戴齐全，一项不合格扣2分			
		2	材料、工具型号选择正确、作业开始前摆放整齐，并进行检查。材料、工具选错一项扣2分，未进行检查或检查不到位扣2分			
作业质量	60分	1	根据现场设备掌握电连接安装形式及标准（C形或S形）；电连接与相邻吊弦间距大于500 mm，否则每项扣3分			
		2	接触线电连接线夹方向安装一致，否则扣3分			
		3	电连接安装后在线夹处露头10～20 mm，否则扣3分			
		4	安装时应对电连接进行绑扎，未绑扎每处扣3分			
		5	安装完成后电连接无散股，断股，否则扣5分			
		6	安装完成后电连接弛度符合标准，且不得侵入受电弓动态包络线，否则扣2分			
		7	安装完成后接触线电连接线夹不得倾斜，且安装处接触线高度比相邻吊弦抬高0～10 mm，否则扣2分			
		8	安装完成后电连接整体美观，无扭转，否则扣2分			
		9	电连接线夹螺栓力矩应符合标准，否则每处扣2分，使用力矩扳手紧固，否则扣3分			
		10	作业完毕，工料具不得遗留在线路上，否则扣10分			
安全及其他	20分	1	不得出现划伤、碰伤、高处落物，否则每次扣5分			
		2	出现较重伤害，取消资格			
		3	不得出现其他违反作业标准项，否则每次扣5分			
		4	作业过程中规范使用安全带，否则提醒一次扣2分			
		5	辅助人员1名，辅助人员仅可参与扶稳工具、并沟线夹、传递工具的工作且需要作业人员口头指挥后方可执行，除严重安全问题外，不得提醒作业人员，否则裁判提醒一次扣2分			
		6	作业时间30 min，每超1 min扣1分。时间以秒计，不足1 min算1 min，超过10 min判定失格			
作业结束	5分	1	清理工料具，并摆放整齐，未按照要求扣5分			
合计	100分					

注：每个项目扣分累计不超过其配分，扣完为止。

操作开始时间：　　时　　分　　　　操作结束时间：　　时　　分

考评员：　　　　统分人：　　　　年　　月　　日

任务七　补偿装置的维护与检修

补偿装置是接触网的重要设备，其典型工作任务是接触网维护与检修的重要组成部分，和其他模块共同组成接触网的日常维护与检修工作。

一、任务书

图 4-83 是全补偿棘轮式补偿装置结构图。根据实训基地实物进行全补偿棘轮补偿装置检调，并将检调结果填入表 4-33 中。

表 4-33　补偿装置维修记录

_______站场(区间)

支柱号	检修日期	坠砣					滑轮注油及动作情况	补偿绳断股、散股及涂油	制动器、限制器及其他零件	检测人/互检人
	年/月/日	温度/℃	*a* 值(承力索/接触线)/mm	*b* 值(承力索/接触线)/mm	质量(承力索/接触线)/kg	坠砣状态(承力索/接触线)				

设备责任人:___________

注:*a* 为补偿绳回头末端至定滑轮或制动部件的距离;*b* 为坠砣底部距地面的距离。

二、知识准备

接触网补偿装置，又称张力自动补偿器，安装在锚段的两端，并且串接在接触线、承力索内。其作用是补偿线索内的张力变化，使张力保持恒定。因为在大气温度发生变化时，接触线或承力索会发生伸长或缩短，从而使线索内张力发生变化，这时就会影响到接触线或承力索的弛度，使受流条件恶化。为改变这种情况，一般在一个锚段两端，在接触线及承力索内串接张力自动补偿装置后，再进行下锚。

接触网补偿装置有许多种类，有滑轮式、棘轮式、鼓轮式、液压式及弹簧式等。

对张力自动补偿装置的要求有二:其一，补偿装置应灵活，在线索内的张力发生缓慢变化时，应能及时补偿，传送效率不应小于 97%;其二，具有快速制动作用，一旦发生断线事故或其他异常情况，线索内的张力迅速发生变化时，补偿装置应有制动功能。一般对于全补偿的承力索内的补偿装置，如不具备制动功能时，需专门增加断线制动装置，以防止在发生断线时，坠砣串落地而造成事故扩大、恢复困难。

我国电气化铁路中使用最广泛的是滑轮式和棘轮式补偿装置。

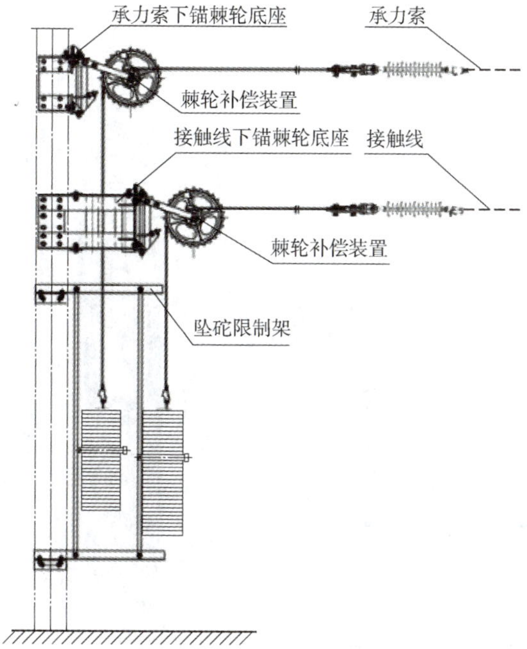

图 4-83　棘轮式补偿装置结构

(一)滑轮式补偿装置

1. 主要组成部分

我国普速铁路广泛采用滑轮式补偿装置。它由补偿滑轮(滑轮组)、补偿绳、杵环杆、坠砣杆、坠砣、连接零件和限制导管组成。补偿滑轮分为定滑轮和动滑轮(构造相同),定滑轮改变受力方向,动滑轮除改变受力方向外还可省力和移动位置。滑轮一般都装有轴承,其结构如图 4-84所示。我国电气化铁路补偿滑轮早期为 130 mm 小直径可锻铸铁滑轮,补偿绳为 50 mm^2(19 股)镀锌钢绞线 GJ-50。补偿滑轮半径较小,易造成补偿绳因为弯曲疲劳而断股。目前,铝合金滑轮补偿装置是可锻铸铁滑轮的替代产品。铝合金滑轮补偿装置由滑轮组、不锈钢丝绳、连接框架及双耳楔型线夹组成,备有 1∶2、1∶3、1∶4、1∶5四种规格,可满足不同标准张力要求,其结构形式如图 4-85 所示。

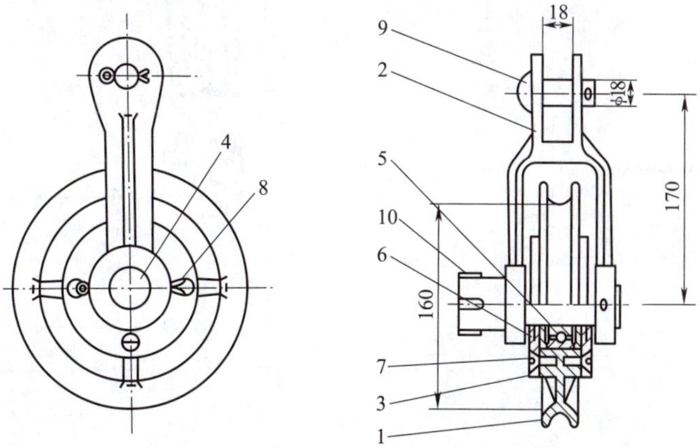

1—圆轮;2—框架;3—盖板;4—轴;5—滚动轴承;6—挡环;7—螺钉;
8—开口销;9—销钉;10—注油盖。

图 4-84　补偿滑轮结构(单位:mm)

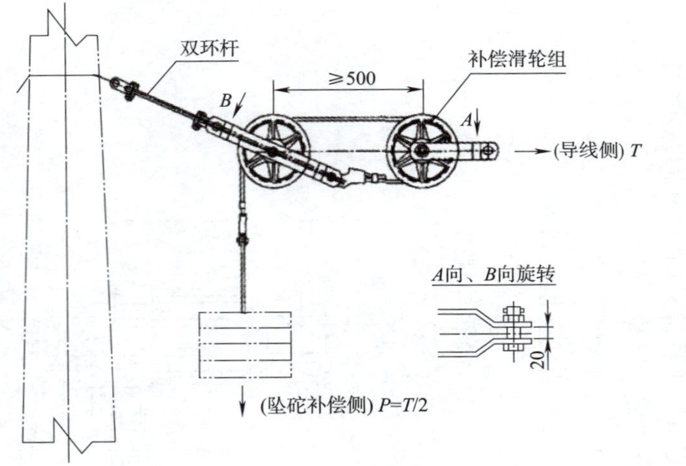

(a) 1：2型滑轮补偿装置示意

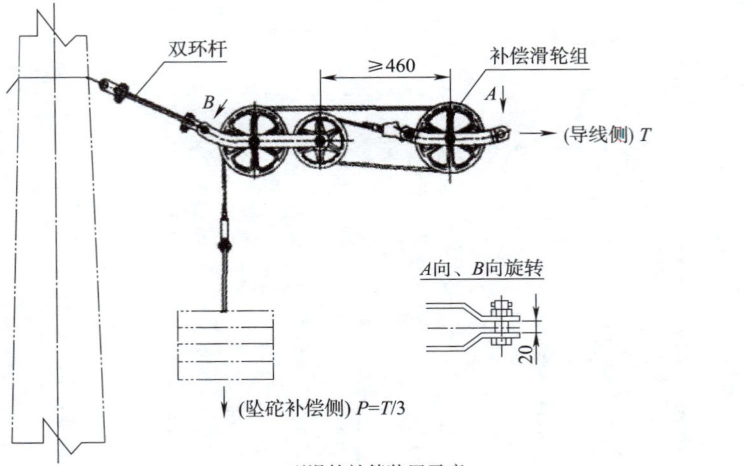

(b) 1：3型滑轮补偿装置示意

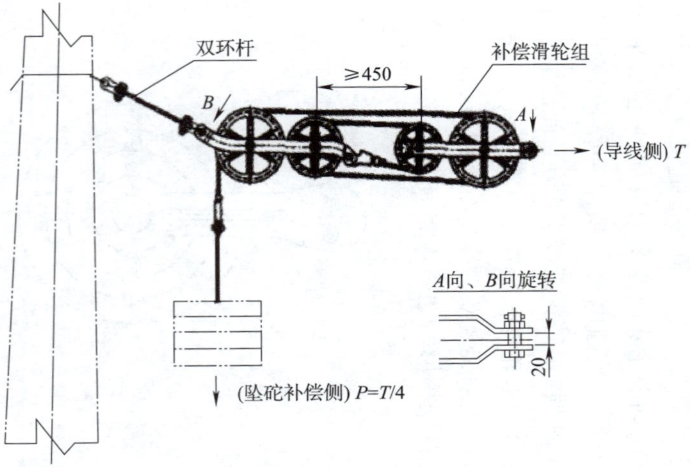

(c) 1：4滑轮补偿装置示意

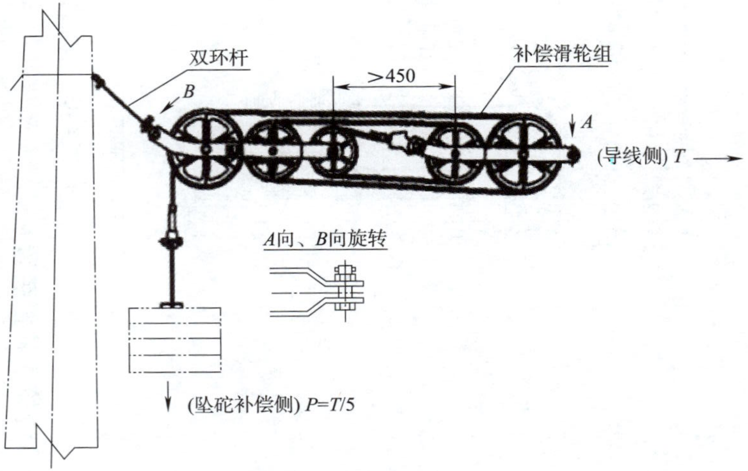

(d) 1：5型滑轮补偿装置示意

图4-85　铝合金滑轮组结构（单位：mm）

滑轮轮体按不同组合要求，备有 270、205、165 mm 三种直径，材质为 ZL114A 铝合金，制造工艺为国际先进的金属模低压铸造。轮体与轴连接采用滚动轴承（G 型）或者滑动轴承（H 型）。补偿绳采用结构为 8T(12 +6/6 +1) +7(12 +6 +1)，直径 ϕ8. 75mm 的镀锌钢丝绳。补偿滑轮最大工作荷重：1∶2型为 15 kN、1∶3型为25 kN、1∶4型为 25 kN、1∶5型为 25 kN。

与可锻铸铁滑轮相比，铝合金滑轮重量轻、强度高、耐腐蚀性能好、轮径大。柔韧的不锈钢丝绳与大直径的轮槽贴合密切，是镀锌钢绞线和小轮径滑轮无法比拟的。两个滚动轴承比一个滚动轴承承受力更加均匀，转动平稳、灵活。加上在结构、设计、制造方面都精良的连接框架，保证了铝合金滑轮补偿装置具有较高的机械强度和传动效率，且重量轻、寿命长。铝合金滑轮补偿装置的主要缺点是随着变比的增大，整套装置的体积和重量也明显增加，在空间受限的隧道等处安装困难。

坠砣块一般采用混凝土或灰口铸铁制成，每块质量约 25 kg，误差不大于 3%，呈中间开口的圆饼状，如图 4-86 所示。混凝土坠砣材质为不低于 150 标号的混凝土，主要用于时速 200 km 以下线路。铸铁坠砣一般使用于高速铁路以及大型桥梁隧道中。铸铁坠砣从形状上分圆形铁坠砣和方形铁坠砣，圆形铁坠砣用于隧道外，方形铁坠砣主要用于隧道内。铸铁坠砣应用 2 级热浸镀锌并涂黑色油漆作防腐措施。铸铁坠砣和混凝土坠砣相比，坠砣串的长度较短，可以获得更大的补偿范围，在锚段长度较长（比如大于 1 600 m）时，能满足补偿坠砣移动范围要求，但是造价较高，易丢失。坠砣杆一般由 ϕ16 mm 圆钢加工制成，上端有单孔焊环，底部焊有托板。坠砣杆的型号规格根据其放置坠砣块数量的不同分为三种：17 型、20 型和 30 型。型号中的数字表示坠砣杆所悬挂坠砣的数量。

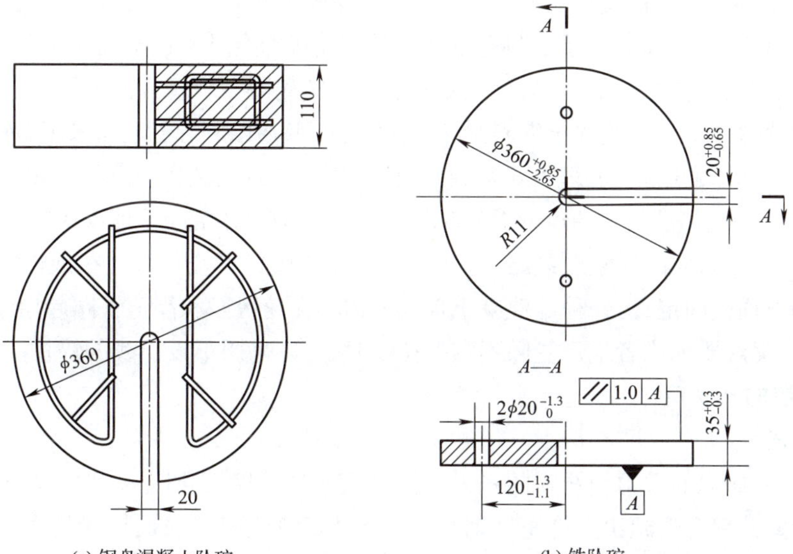

图 4-86　坠砣示意（单位：mm）

补偿装置重量允许偏差为额定重量的 ±2%，坠砣串重量应包括坠砣杆、坠砣抱箍及连接的楔型线夹重量。运行速度在大于 160 km/h 时，对补偿坠砣重量提出了更严格的要求，补偿坠砣串的质量允许偏差为 ±1%，同一锚段两坠陀串质量的相对偏差不大于 1%。

2. 补偿器的安设与要求

半补偿时，接触线补偿器多采用两滑轮组结构，滑轮组的传动比为 1∶2，即坠砣块的重力为接触线标称张力的一半。

全补偿时，接触线与承力索两端均带补偿器，接触线补偿器的安设与半补偿相同，承力索补偿器则采用三滑轮组式，传动比为1∶3。采用传动比比较大的滑轮组时坠砣串的块数减少，但坠砣串上升和下降的距离会按倍数增大，减小了补偿器的补偿范围，不利于施工和维修。

在运营线路上，当接触线因磨耗而截面逐渐减小时，坠砣串块数也应相应减少，使接触线维持一定的张力防止出现断线事故。线索的张力是根据线索的抗拉断力除以安全系数决定的，铜或铜合金接触线在最大允许磨耗面积20%的情况下，其强度安全系数不应小于2.0。承力索的强度安全系数，铜或铜合金绞线不应小于2.0，钢绞线不应小于3.0，钢芯铝绞线、铝包钢和铜包钢系列绞线不应小于2.5。

不同材质、不同截面积线索，选用张力不同时，坠砣的重量（片数）和传动比会有所不同。坠砣应完整，叠码整齐，其缺口相互错开180°。坠砣块自上而下按块编号，并标明重量。

早期电气化铁路接触网补偿装置安装采用了接触线、承力索在支柱异侧下锚的安装方式。运行表明，这种安装方式下，支柱顶端的定滑轮顺线路方向上的偏角不可调整，造成补偿绳和滑轮轮槽发生偏磨，严重时补偿绳可能从轮槽中脱出、卡滞。目前，补偿装置的安装趋于使用同侧下锚，即接触线、承力索在支柱同侧下锚，如图4-83所示。同侧下锚时，补偿滑轮在补偿绳的拉力作用下，和补偿绳在一条直线上，可以减少偏磨。同侧下锚时，要注意防止承力索补偿绳和接触线补偿滑轮上的双环杆相磨。

为了防止在外力作用下（比如风力），坠砣串摆动侵入行车限界，补偿装置装设有坠砣限制架。坠砣限制架根据使用的支柱类型（横腹杆式、等径杆式及锥形钢管柱、H形钢柱、格构式钢支柱等）分为A、B、C、D型四种，主要区别是框架和支柱连接的金具零件不同。H形钢柱安装坠砣限制框架后，在坠砣上加装坠砣抱箍，使坠砣只能沿着坠砣限制导管方向上下移动，增强了坠砣稳定性。但要注意防止坠砣抱箍卡滞限制导管的发生。坠砣限制导管上端采用角钢限制框架固定，下端可以采用混凝土浇筑的埋入式基础和角钢固定式限制框架两种类型。两种基础形式都有固定功能，运营经验表明，下端角钢限制框架容易被盗，宜采用混凝土埋入式基础。

为了平衡锚柱承受的线索顺线路方向张力，锚柱要设置下锚拉线。拉线的固定方式有两种，一种是埋设锚板固定，另一种是混凝土现浇地锚。提速区段和高速铁路趋向使用混凝土现浇地锚。为了美观要求或者地形受限不宜打拉线时，可以采用不设拉线的锚柱。

3. 补偿器的 a、b 值

（1）a、b 值

补偿器靠坠砣串的重力使线索的张力保持平衡。当温度变化时，线索的伸缩使坠砣串上升和下降，当坠砣串升降超出允许范围时（如下降过多使坠砣串底面接触地面或上升过多使坠砣杆耳环孔卡在定滑轮槽中），会使补偿器失去补偿作用。因此用补偿器的 a、b 值来限定坠陀串的升降范围。

坠陀杆耳环孔中心至补偿（定）滑轮下沿的距离为 a 值。坠陀串最下一块坠陀的底面至地面（或基础面）的距离称为补偿器的 b 值。补偿器 a、b 值随温度变化而发生变化，接触线和承力索补偿器的 a、b 值不相等。

为了使补偿器不失去补偿作用，对补偿器 a、b 值提出以下要求：

在最低温度时，a 值应大于零，最高温度时 b 值应大于零。根据《维规》规定，补偿器 a、b 值

的最小值不小于 200 mm，在进行接触网设计时，a、b 值不小于 300 mm。

(2) a、b 值的计算及坠砣安装曲线

在不同温度时，补偿器 a、b 值不同，其计算方法如下：

$$a = a_{min} + nLa(t_x - t_{min})$$

$$b = b_{min} + nLa(t_{max} - t_x)$$

式中　a_{min}——设计时规定的最小 a 值(mm)；

b_{min}——设计时规定的最小 b 值(mm)；

t_{min}——设计时采用的最低气温(℃)；

t_x——安装或调整作业时的温度(℃)；

t_{max}——设计时采用的最高气温(℃)；

n——补偿滑轮传动系数(即传动比的倒数)；

L——锚段内中心锚结至补偿器间距离(mm)；

a——线索的线胀系数($℃^{-1}$)。

为了施工和维修的方便，利用上述公式，根据不同的温度和中心锚结至补偿器间距离，可以计算出多组 a、b 值，如图 4-87 所示为某型线索的安装曲线。将计算结果标注在图中，通过描点作图绘制出补偿器安装曲线，供施工和维修人员参照调整，准确控制坠砣串的高度。

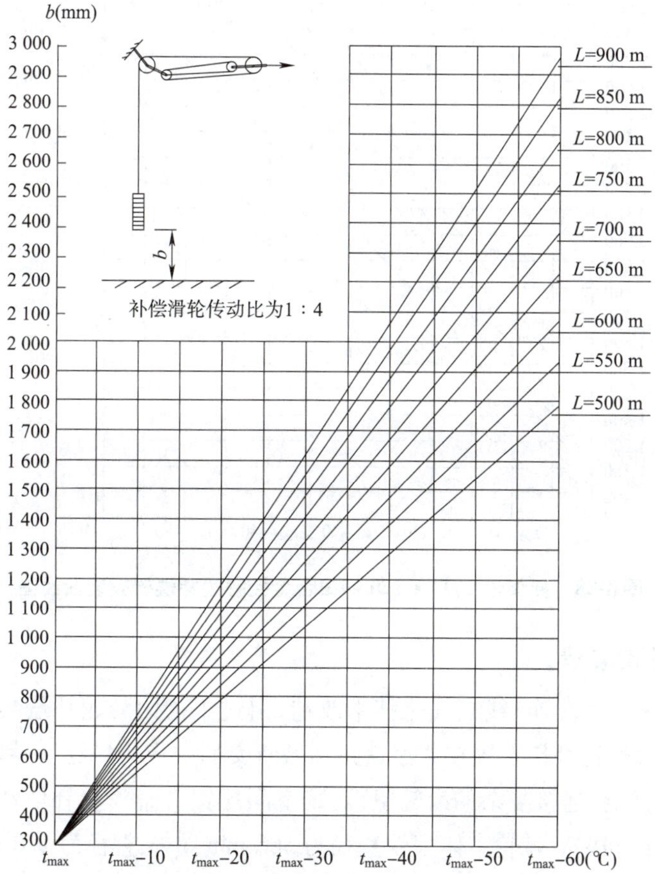

图 4-87　THJ-100 承力索补偿器安装曲线

新线架设时，接触网线索存在初伸长问题，即线索承受张力后，会蠕变延伸。线索的初伸长会影响到接触网施工时补偿器 b 值。新线考虑线索延伸时，其 a、b 值的计算公式为

$$a = a_{\min} - n\theta L + nL\alpha(t_x - t_{\min})$$

$$b = b_{\min} + n\theta L + nL\alpha(t_{\max} - t_x)$$

式中　θ——新线延伸率，钢承力索为 3.0×10^{-4}，铜合金承力索和接触线取 6.0×10^{-4}。

新线的延伸会影响到补偿装置的安装曲线，安装时应考虑线索超拉伸长后坠砣位置符合设计要求，故新线安装曲线采用如图 4-88 所示的安装曲线。

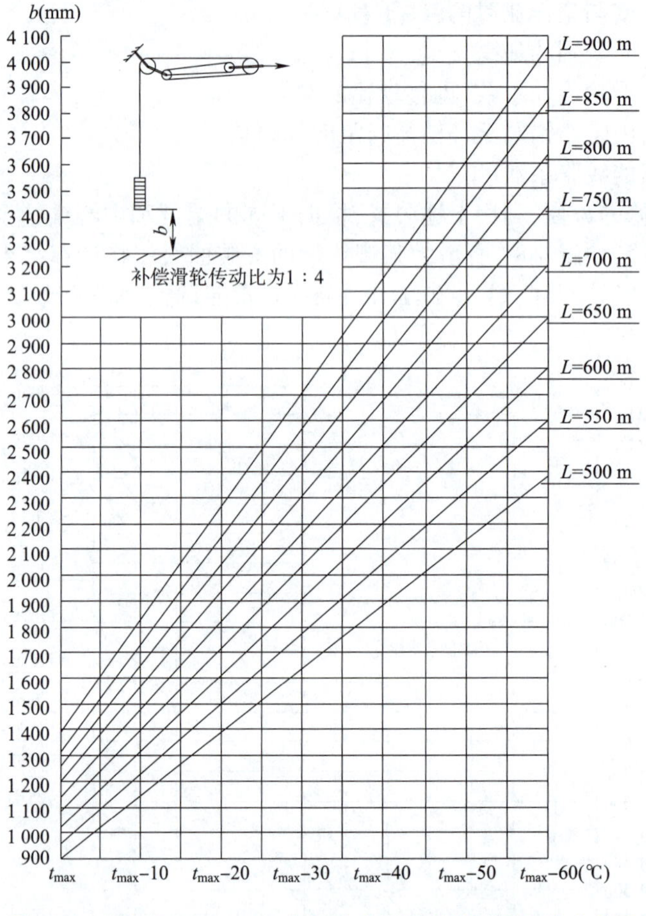

图 4-88　新架设 CHTA-120 铜银合金接触线补偿器安装曲线图

(二) 棘轮式补偿装置

我国哈(尔滨)——大(连)线电气化技术改造，引进了德国棘轮补偿装置，外形及结构如图 4-89 所示。目前，棘轮补偿装置在高速铁路和城轨交通中应用广泛。棘轮装置的棘轮与其他工作轮共为一体，没有连接复杂的滑轮组，安装空间比铝合金滑轮补偿装置小很多，可以解决空间受限时的补偿问题。棘轮本体大轮直径为 566 mm，小轮直径为 170 mm，传动比为1∶3，补偿绳为柔性不锈钢丝绳。工作荷重有 30 kN、36 kN 两种，主要优点是具有断线制动功能。正常工作状态下，棘齿与制动卡块之间有一定间隙，棘轮可以自由转动。当线索断裂后，棘

轮和坠砣在重力作用下下落，棘齿卡在制动卡块上，坠砣下落不低于200 mm，从而可以有效地缩小事故范围、防止坠砣下落侵入限界。棘轮补偿装置分为Z型和F型两种，其区别主要是棘轮支架的长度和补偿绳的绕向。Z型装置中，坠砣补偿绳在棘轮的支柱侧，F型反之。Z、F型装置安装后棘齿制动的方向是不同的，要注意制动卡块的安装方向。F型多用于隧道。

京沪高速铁路接触线用棘轮下锚补偿装置的断线制动棘齿采用伞齿结构设计，如图4-89(b)所示，进一步提高了大张力条件下断线制动的可靠性。棘轮装置具有转动灵活、传动效率高（与铝合金滑轮补偿装置相当）、防腐性能好、使用寿命长等优点，但价格较高。由于棘轮本体形状复杂、轮径大、薄壁部位多，因而制造上对设备的要求很高，同时对铸造技术水平的要求也很高。

棘轮的安装除了对坠砣 a、b 值进行确定外，还包括补偿绳在棘轮上的缠绕圈数。理顺补偿绳与轮体之间的缠绕关系，并使其正确入槽，防止绳股之间交错、重叠。大、小轮绕绳圈数应遵循以下原则：大轮最少缠绕半圈，最多缠绕三圈半；小轮最少缠绕半圈，最多缠绕三圈半，缠绕时注意两边对称。首次安装时，根据设计坠砣曲线，调整初始缠绕圈数。

棘轮补偿装置在应用中，有多种安装形式，一种为接触线、承力索补偿棘轮上下布置，这种布置对支柱高度、容量要求较高；另外一种为承力索、接触线下锚棘轮水平布置，分别安装在支柱的两侧；还有承力索、接触线共用一个棘轮的并联棘轮补偿装置。安装后，棘轮轴必须处于水平位置，坠砣钢绳运行时不得越过棘轮的齿面。注意补偿绳在棘轮上的缠绕方向，如图4-90所示。

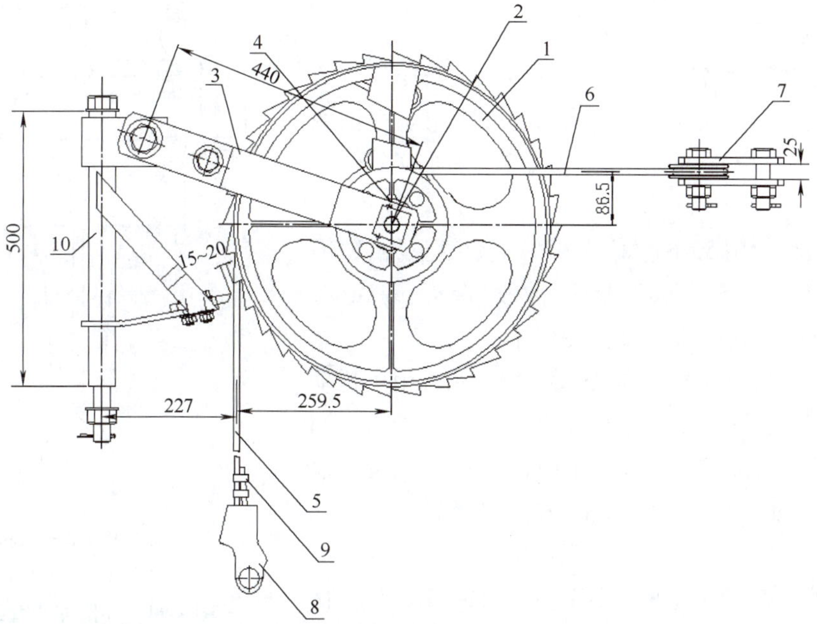

1—棘轮本体；2—棘轮轴；3—棘轮支架；4—圆柱滚子轴承；5、6— 浸沥青钢丝补偿绳；
7—平衡轮（线索端）；8—双耳楔型线夹（坠砣端）；9—绳头夹子；10—制动架。

(a) 棘轮零件图

图4-89 棘轮结构（单位：mm）

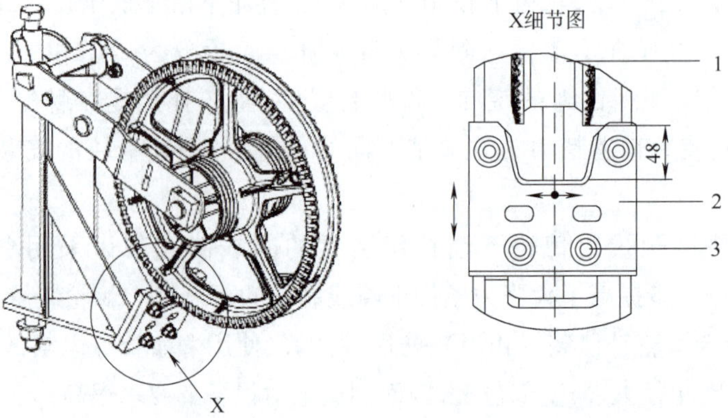

X—制动架;1—轮体;2—制动卡块;3—M12×50 螺栓。

(b) 棘轮示意图及局部放大图

图 4-89 棘轮结构(单位:mm)(续)

(三)补偿器检修要点

1. 滑轮补偿装置检修要点

(1)补偿装置的 a、b 值应符合安装曲线的要求,允许误差 ±200 mm,b 值最小不得小于 200 mm。在最低温度下的 a 值不得小于 200 mm。

(2)坠砣应完整,无严重破损(砣块有环状裂纹或损伤体积超过 1/5 为严重破损),重量符合张力补偿要求,允许误差不超过 2% 。

(3)坠砣叠码整齐,其缺口相互错开 180°;坠砣块自上而下按块编号,每块砣块的编号、重量应用黑色油漆标注在侧面同一位置,上下各一块坠砣侧面涂上白色油漆。

(4)补偿绳须用 50 mm^2 截面积的不锈钢丝绳,整绳破坏拉断力不少于 54 kN,无断股、散股、接头、锈蚀,有防腐油层,不得与其他部件、线索相摩擦。

(5)补偿滑轮应完整无损、转动灵活(人力用手托动坠砣能上下自由移动),没有卡滞现象。对需要加注润滑油的补偿滑轮,应按产品规定的期限加注润滑油,没有规定者至少每年 1 次。定滑轮槽应保持铅垂状态,动滑轮槽偏转角度不得大于 45°。同一滑轮组的两补偿滑轮的工作间距,任何情况下不小于 500 mm。承力索、接触线两下锚绝缘子串应对齐,允许偏差为 ±150 mm。

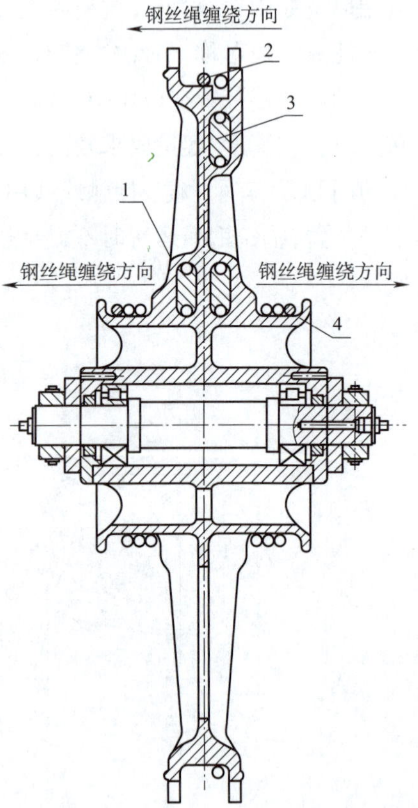

1—小轮楔子;2—大轮绳;
3—大轮楔子;4—小轮绳。

图 4-90 补偿绳的缠绕示意

(6)坠砣应有限制架,限制坠砣串的摆动,但不得妨碍坠砣的升降。限界架安装正确,不得侵入限界。

2. 棘轮补偿装置的检修要点

(1)目测检查棘轮是否有损坏,是否与补偿绳摩擦,是否有开裂现象。棘轮应处于垂直状态。

(2)平衡轮的偏斜角度不超过20°。

(3)限制导管、坠砣、补偿绳检修要点同滑轮补偿装置。

(4)棘轮上补偿绳要排列整齐,不得交错、重叠,水平补偿绳平顺无交叉。

(5)隧道外棘轮齿与制动块的间隙为20 mm,隧道内为14～17 mm。

(6)隧道内坠砣框架纵横向垂直对补偿装置灵活性影响极大,应使用专业测量垂度仪精确测量。检查导向滑轮与大轮的出线口是否垂直。

思考:

1. 补偿装置的作用是什么,由哪几部分组成?
2. 对补偿装置的技术要求是什么?
3. 如何使用补偿器安装曲线?

三、工作流程与任务

视频

补偿装置*a*、*b*值的调整

(一)流程图

补偿装置检修流程如图4-91所示。

图4-91　补偿装置检修流程

(二)任务组织

补偿装置检修人员配置见表4-34。

表4-34　补偿装置检修人员配置表

序号	项　目	单位	数量	备　注
1	工作领导人	人	1	
2	主防护员	人	1	
3	地线操作	人	2	
4	地线监护	人	2	兼行车防护
5	高处作业人员	人	2(3)	
6	辅助人员	人	2(4)	兼测量
7	司乘人员	人	2	司机、副司机各1人

补偿装置检修工具配置见表4-35。

表 4-35　补偿装置检修工具配置表

序号	名　称	规格型号	单位	数量
1	作业车	—	台	1
2	紧线器	16～70	套	1
3	紧线器	50～150	套	1
4	手扳葫芦	3 t	个	1
5	手扳葫芦	4 t	个	1
6	钢丝套子	—	套	4
7	手锤	4 磅	个	2
8	温度计	—	支	1
9	水平尺	500 mm	把	1
10	小绳	—	根	1
11	力矩扳手	60～200 N·m	套	1
12	盒尺	5 m	把	1
13	活口扳手	450/300	把	2

补偿装置检修材料配置见表 4-36。

表 4-36　补偿装置检修材料配置表

序号	名　称	规格型号	单位	数量	备　注
1	铁线	ϕ2.0 mm	kg	若干	
2	铁线	ϕ4.0 mm	kg	若干	
3	螺栓	—	套	若干	根据现场实际需要选用
4	螺母	—	个	若干	根据现场实际需要选用
5	开口销	—	个	若干	
6	补偿绳	ϕ50 mm	根	2	
7	坠砣	—	块	若干	根据现场实际需要选用
8	坠砣杆	—	套	2	根据现场实际需要选用
9	坠砣抱箍	—	套	1	
10	承力索终端锚固线夹	—	个	2	根据现场实际需要选用
11	接触线终端锚固线夹	—	个	2	根据现场实际需要选用
12	双耳楔形线夹	—	个	2	
13	止动卡块	—	个	2	
14	棒形悬式复合绝缘子	—	个	2	根据现场实际需要选用

(三)技术标准

1. *a* 值、*b* 值

标准值:设计值;

标准状态:标准值 ±100 mm;

警示值:标准值 ±200 mm;

限界值:200 mm。

2. 坠砣

(1)坠砣宜采用铁质或高密度复合坠砣。

(2)坠砣块应完整,自上而下编号且叠码整齐,其缺口相互错开 180°。坠砣串的重量(包括坠砣杆的重量)符合规定,整串重量偏差小于 1% 。

(3)限制器的安装位置应满足坠砣升降变化要求。山谷口、高路堤(一般指高出自然地面 5 m)、高架桥等“风口”地段,宜采用防风型坠砣限制架。

3. 补偿绳

(1)补偿绳不得有散股、断股、接头现象,且不得扭绞,不得与其他部件、线索相摩擦。

(2)棘轮装置大、小轮缠绕补偿绳符合要求。

(3)承力索、接触线两下锚绝缘子串应对齐,允许偏差为 ±100 mm。

4. 棘轮补偿装置

(1)棘轮补偿装置安装正确,棘轮本体无裂纹、变形,转动灵活无卡滞(人力用手托动坠砣能上下自由移动)。

(2)对需要加注润滑油的棘轮补偿轮,应按产品规定的期限加注润滑油,没有规定者至少 3 年一次。

(3)制动装置作用良好,制动卡块到大轮轮齿间的距离符合设计要求。

(4)平衡轮与棘轮的间距不小于 500 mm。

(5)棘轮大小轮转动灵活,轮槽上下偏斜不得大于 5 mm。

(四)检修程序和方法

1. 作业准备

按规程要求填写工作票并交付工作领导人,工作领导人向作业组全体成员宣读工作票、分工并进行安全预想,检查工具、材料。

2. 完成安全措施

做好安全措施,工作领导人确认完成安全措施后,通知各作业组开工。

3. 检查测量与调整

(1)外观检查

①终端锚固线夹检查

a. 承力索终端锚固线夹:检查销钉是否有锈蚀、裂纹现象,检查销钉处开口销是否扳到位,检查终端线夹本体是否有裂纹、锈蚀等现象。检查承力索终端锚固线夹本体与螺纹锲套的距离为 8 ~9 mm,如图 4-92 所示,允许误差 ±1 mm。

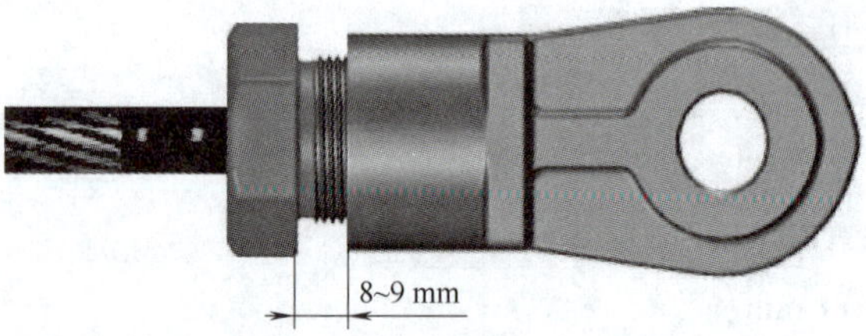

图 4-92　承力索终端锚固线夹与螺纹锲套示意

b. 接触线终端锚固线夹安装正确，外观状态良好，线夹无烧伤、裂纹、锈蚀等异常情况，线索与终端线夹连接符合设计要求。检查接触线露出双耳螺栓的距离，150 型接触线终端锚固线夹接触线露头长度为 15 mm，如图 4-93 所示，允许误差 ±1 mm；85 ~ 120 型接触线终端锚固线夹接触线露头长度为 10 mm，如图 4-94 所示。

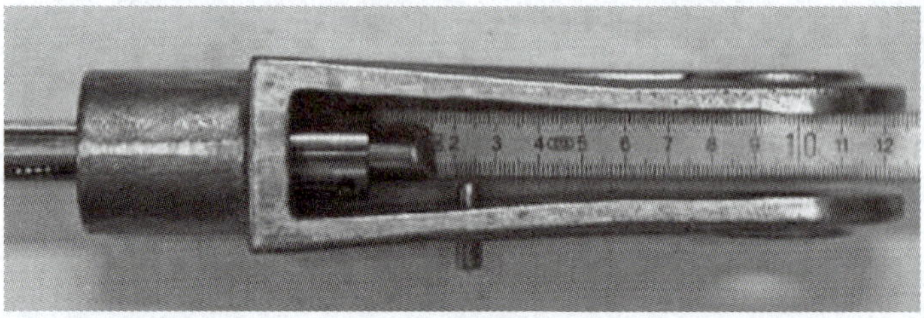

图 4-93　150 型接触线终端锚固线夹安装示意

图 4-94　85 ~ 120 型接触线终端锚固线夹安装示意

②下锚绝缘子检查

承力索、接触线下锚绝缘子应对齐，允许误差为 ±100 mm。绝缘子外观状态良好，无放电烧伤、脏污、破损等，与绝缘子相连接的零部件齐全无缺失。

③下锚拉线检查

外观检查拉线本体，是否出现断股或电气灼伤情况。在确认外观状态良好的基础上，检查拉线的受力情况，在正常状态下，承力索、接触线下锚的拉线必须绷紧受力，拉线回头绑扎 100 mm，允许误差 ±10 mm。UT 型线夹 U 形螺栓露头长度应大于 20 mm，拉线基础应完整无损，拉线基础地板应与基础密贴。

④棘轮本体检查

棘轮本体如图 4-95 所示，检查其有无损伤，是否存在变形、裂纹、锈蚀等，转动应灵活。

图 4-95　棘轮本体

⑤下锚底座检查

下锚底座应零配件齐全，型号符合设计要求，底座各零部件连接牢固，底座应无变形、裂纹、锈蚀等。用水平尺测量，下锚底座应安装水平，如图 4-96、图 4-97 所示。棘轮安装好后必须保证棘轮轮缘平面与地面垂直，如图 4-98 所示，避免造成棘轮与补偿绳偏磨。

⑥补偿绳与大小轮、平衡轮检查

a. 检查内容

补偿绳不得与棘轮本体发生偏磨，补偿绳不得脱槽，在轮槽内不得重叠，棘轮本体和平衡轮之间的补偿绳不得交叉缠绕，补偿绳应无断股、散股等现象。

大小轮内部有无槽道，对无槽道的棘轮要加强对补偿绳的检查，发现补偿绳有断股或者断丝时，要及时对补偿绳进行更换，补偿绳缠绕是否沿槽道缠绕，补偿绳是否重叠相磨。

钢丝绳上线运行第三年开始每年应均匀涂覆一层中性凡士林加以保护。

图 4-96　下锚座安装

图 4-97　水平尺测量

图 4-98　棘轮轮缘与地面垂直

平衡轮应完整无损伤，在受力后应呈水平状态，允许偏差在 20°以内。

检查大轮及小轮上的楔子是否安装正确，楔子是否正确安装在棘轮本体楔形槽内，补偿绳与棘轮本体及楔子本体是否紧密贴合，受力面是否正确。

b. 检查步骤

楔子必须进入棘轮本体楔形槽内，补偿绳必须准确的缠绕在楔子上，楔子、绳、外壳要密贴，如图 4-99 所示。

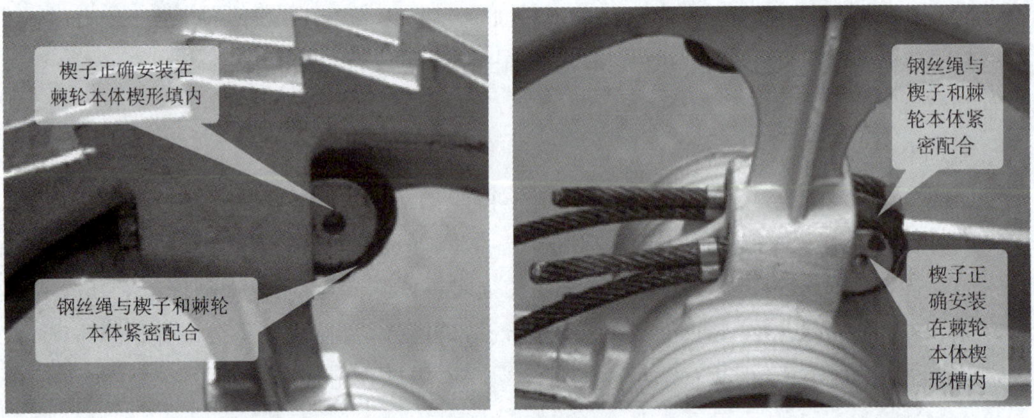

图 4-99　补偿绳缠绕楔子

铜线头卡子抱紧补偿绳，铜线头卡子不受力，不应产生受力畸变、开裂等现象，在正常使用后，与补偿绳间不应产生超过 4 mm 的相对滑移。

露出铜线头卡子外的补偿绳回头应不小于 60 mm，如图 4-100 所示。

⑦限制框架、坠砣串检查

a. 坠砣限制框架应安装正确，满足坠砣串升降变化时的要求，限制坠砣串的摆动，不妨碍升降且受力良好，零部件无锈蚀。

b. 隧道外检查抱箍是否与坠砣限制管存在摩擦，隧道内检查坠砣与框架角钢是否存在偏磨。

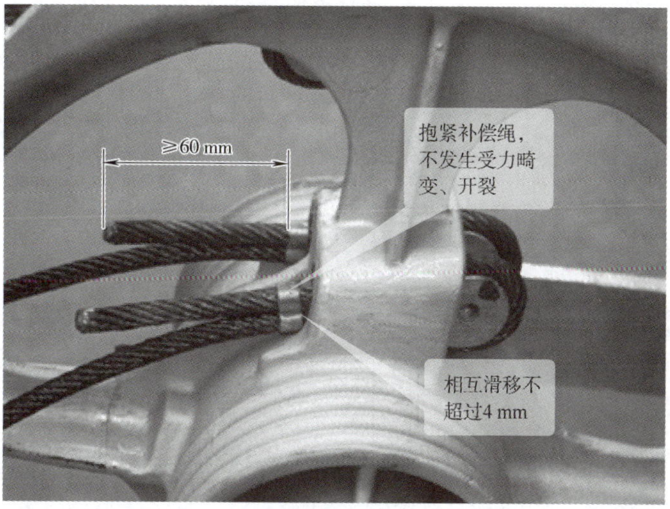

图 4-100　补偿绳回头

c. 坠砣串应完整，叠码整齐，其缺口互相交错 180°，坠砣块无锈蚀、破裂等，坠砣串上、下串动灵活，整串重量差小于 1%。

补偿坠砣串检查方法如图 4-101 所示。

图 4-101　补偿坠砣串检查示意

⑧承力索棘轮防鸟装置检查

防鸟装置本体应安装牢固，连接螺栓无缺失，外观无裂纹、变形、锈蚀等。

(2) 棘轮补偿装置几何参数检查

①a、b 值测量

补偿装置 a 值(坠砣顶部至棘轮中心的距离)、b 值(坠砣底部距基础面距离)及补偿绳缠绕圈数应符合安装曲线的要求，a、b 值不得大于安装曲线值 ±200 mm，且 a、b 值在极限温度时不得小于 200 mm。

②大、小轮圈数测量

按照图 4-102 所示的安装曲线图检查大、小轮缠绕的圈数是否符合规定，大、小轮缠绕时最小缠绕一圈，最多缠绕三圈半，小轮缠绕时必须两边对称。

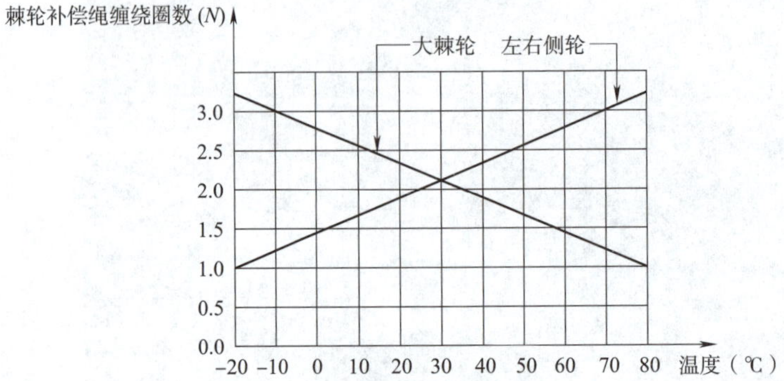

图 4-102　棘轮安装曲线

③止动卡块与棘轮轮体间隙测量检查

用盒尺测量止动卡块与棘轮轮体的间距，如图 4-103 所示，止动卡块与棘轮轮体之间的距离标准应在 15 ~20 mm 之间。

图 4-103　间距测量

④螺栓、开口销检查

检查各连接部件螺栓安装正确，螺母、垫片无缺失，螺栓力矩符合要求。开口销不得缺失，开口销的掰开角度 120° ~130°，特别是要检查坠砣杆底部的承重板上的膨胀销钉是否安装。上下底座连接角钢内侧间距保证 502 mm，螺栓紧固力矩 120 N · m，并拧紧备紧螺母。

4. 办理收工手续

(1)工作领导人确认各作业组工作结束，人员机具均已撤至安全地带后，通知监护人员撤除地线及其他安全措施。

(2)工作领导人确认安全措施撤除后，通知驻站联络员申请消除停电作业命令和线路封锁命令。

(3)工作领导人召开收工会，办理收工手续。

5. 填写检修记录

按照当天检修情况填写检修记录。

四、分析与思考

本任务主要是棘轮补偿装置检调，填写“补偿装置维修记录”关系到接触网的结构和技术标准要求。因此，如何保证设备各项参数的合格至关重要，在实际工作中需要注意以下问题：

(1)需要停电作业的项目必须在停电时间内进行，开具第一种工作票。

(2)使用作业车时，平台旋转要专人盯控，严防碰伤支柱。作业车要设置相应防倾倒措施。

(3)在调整、检修过程中要时刻注意支柱的受力情况，防止支柱受力过猛而发生变形或损坏。

(4)更换补偿绳或调整滑轮间距等使补偿卸载的操作时，为防止紧线器滑脱，必须采取防脱措施，在紧线器下部加一个钢线卡子卡住。

(5)测量 b 值时，还要考虑坠砣抱箍与限制架角钢的距离；测量 a 值时，要考虑坠砣串上沿与双底座槽钢的关系。

五、任务评价

姓名：

任务名称：补偿装置的维护与检修　　　　实际考核时间：　　min

项目	配分	序号	评分标准	扣分	得分	备注
作业准备	15 分	1	人员着装整齐，安全劳保用品佩戴齐全，一项不合格扣 2 分			
		2	材料、工具型号选择正确、齐全、作业前摆放整齐，并进行检查。材料、工具选错一项扣 2 分，一项未检查或检查不到位扣 2 分			
作业质量	60 分	1	检查承力索导线终端锚固线夹安装正确，外观状态良好，线夹无烧伤、裂纹、锈蚀等异常情况，线索与终端线夹连接符合设计要求，否则每项扣 5 分			
		2	检查承力索、接触线下锚绝缘子应对齐，允许误差为 ±100 mm。绝缘子外观状态良好，无放电烧伤、脏污、破损等，与绝缘子相连接的零部件齐全无缺失，否则每项扣 3 分			
		3	检查承力索、接触线下锚的拉线必须绷紧受力，拉线回头绑扎 100 mm，允许误差 ±10 mm，UT 型线夹 U 形螺栓露头长度应大于 20 mm，拉线基础应完整无损，否则每项扣 3 分			
		4	检查棘轮本体有无损伤，是否存在变形、裂纹、锈蚀等，转动应灵活；制动卡块到大齿轮间隙 15 ~ 20 mm，否则每项扣 5 分			
		5	补偿绳不得与棘轮本体发生偏磨，补偿绳不得脱槽，在轮槽内不得重叠，补偿绳应无断股、散股等现象，否则每项扣 3 分			
		6	发现补偿绳有断股或者断丝时，要及时对补偿绳进行更换，补偿绳缠绕是否沿槽道缠绕，补偿绳是否重叠相磨，否则每项扣 3 分			
		7	平衡轮应完整无损伤，在受力后应呈水平状态，允许偏差在 45°以内，否则扣 5 分			
		8	坠砣串应完整，叠码整齐，其缺口互相交错 180°，坠砣块无锈蚀、破裂等，坠砣串上、下窜动灵活，整串重量差小于 1%，否则每项扣 2 分			
安全及其他	20 分	1	不得出现划伤、碰伤、摔伤，否则每次扣 5 分			
		2	不得出现高处坠物、抛掷工具、材料，否则每项扣 5 分			
		3	作业过程中规范使用安全带，否则提醒一次扣 2 分			
		4	不得出现其他违反作业标准项，否则每次扣 5 分			
		5	作业时间 20 min，每超 1 min 扣 1 分，时间以秒计，不足 1 min 算 1 min，超过 5 min判定失格			
作业结束	5 分	1	清理工料具，并摆放整齐，未按照要求则扣 5 分			
合计	100 分					

注：每个项目扣分累计不超过其配分，扣完为止。

操作开始时间：　　时　　分　　　　操作结束时间：　　时　　分

考评员：　　　　统分人：　　　　年　　月　　日

任务八 线岔的维护与检修

接触网线岔的作用是保证电力机车受电弓安全平滑的由一条接触线过渡至另一条接触线，达到转换线路的目的。线岔是接触网系统中重要设备，其典型工作任务是接触网维护与检修的重要组成部分。

一、任务书

在站场上，站线、侧线、渡线、到发线总是并入正线的。如果线路设一个道岔，接触网就必须设一个线岔（也称架空转辙器）。交叉线岔结构示意如图4-104所示。根据实训基地实物进行线岔的检调，并将检调结果填入表4-37“交叉线岔检查记录”。

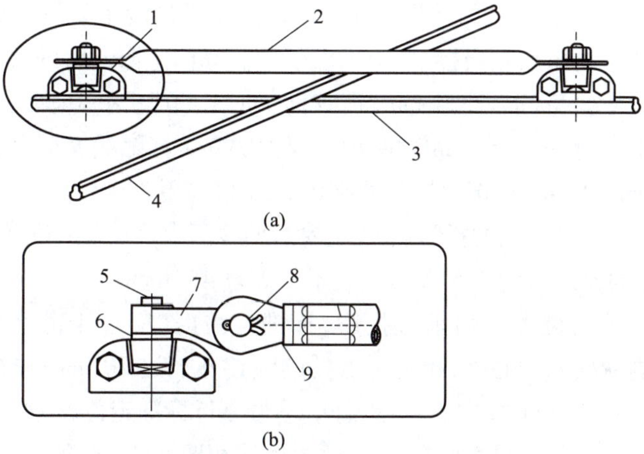

1—定位线夹；2—限制管；3—正线接触线；4—侧线接触线；5—方头螺栓；6—垫圈；7—连接双耳；8—销钉＋开口销；9—限制管接头。

图4-104 线岔结构

表4-37 交叉线岔检修记录

________站场（区间）

日期	线岔号	支柱号	作业项目	道岔定位柱1/道岔定位柱2的拉出值	闭口侧定位柱两承力索垂直间距/mm	始触区内是否有金具、线夹	道岔定位器支座、软横跨定位立柱是否侵入本线及邻线受电弓动态包络线	交叉点					
								纵向距道岔定位柱距离/m（>2.5 m）	横向距两线路中心距离/mm	交叉点位置两内轨距离/mm	横向偏移/mm	两承力索垂直距离/mm	限制管处两接触线是否能自由伸缩

续上表

两接触线距 500 mm 处高差			开口方向道岔定位后第一悬挂点与相邻线路中心距离/mm	支持、定位装置及接触悬挂、线岔电连接状态是否良好、限制管长度是否符合设计要求	检修人/互检人	备注
两支均为工作支时，正线线岔的侧线支抬高量/mm	两支均为工作支时，侧线线岔的高差/mm	非支抬高量/mm				

二、知识准备

1. 交叉线岔

在两接触线交叉处用限制管固定，并限制两相交接触线位置的设备，成为接触网线岔。线岔的作用是保证电力机车受电弓安全平滑地由一条接触线过渡至另一条接触线，达到转换线路的目的。接触网线岔是由两相交接触线，一根限制管和固定限制管的线夹、螺栓组成。

限制管用 3/8 英寸（1 inch = 25.4 mm）镀锌钢管加工制成，两端扁平有圆孔，有 500 型（长度 1 300 mm）和 700 型（长度 1 550 mm）两种。根据所安装接触线处至中心锚结的距离确定，当距离不超过 500 mm 时，采用 500 型；超过 500 mm 时，采用 700 型。

线岔定位是指两导线交叉点的投影点，在道岔导曲线两内轨轨距的位置。线岔的定位要求：

（1）道岔定位柱的拉出值为 375 mm，最大不得超过 450 mm。

（2）线岔处两接触线交叉点的垂直投影，标准定位时，应位于道岔导曲线两内轨轨距 630 ~ 760 mm 范围内的横向中心处，相对中点处的误差不超过 20 mm；非标准定位时，应在导曲线两内轨轨距 735 ~ 935 mm 横向中点处，且应尽量靠近标准定位。

（3）线岔一侧两接触线均为工作支时，在两接触线相距 500 mm 处，为受电弓始触点，要求此点两接触线对轨面等高，误差为 10 mm，线岔的另一侧，当两接触线有一条是非工作支时，在两线间距为 500 mm 处，非工作支接触线比工作支接触线抬高不小于 50 mm。

（4）凡是安装线岔的地方，均应安设电连接线，电连接线安装在距离线岔 1 500 ~ 2 000 mm 处。

（5）线岔处两组接触悬挂应自然相交，正线位于侧线下方，若同为侧线时，距离中心锚结近的在下面。

（6）相邻的两条正线或主要站线用专设渡线连接起来的称为交叉渡线。它由两条线和四组单开道岔组成。两接触线应相交于两渡线中心线的正上方，如图 4-105 所示。

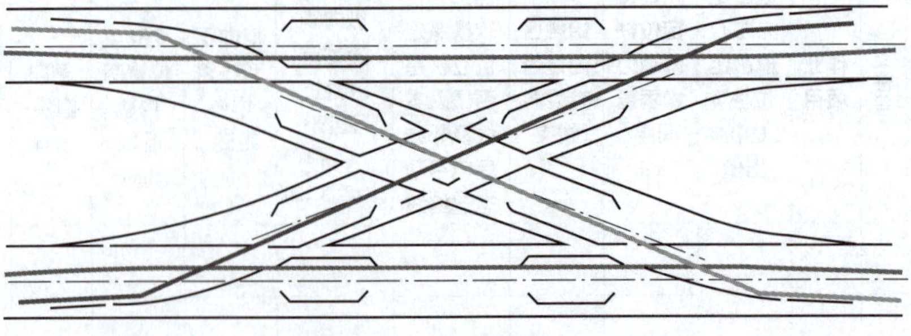

图 4-105　交叉渡线示意

2. 无交叉线岔

无交叉线岔的主要特点是：机车受电弓沿正线高速行驶通过线岔时，不与渡线接触线接触，因而不受渡线接触悬挂的影响。机车从正线驶入渡线时（或从渡线驶入正线），要使受电弓平稳过渡，不出现钻弓和打弓现象，且接触良好。对于接触悬挂的结构而言，无交叉线岔主要表现为：道岔处两支悬挂线在空间是分开的，无交叉点，如图 4-106 所示。

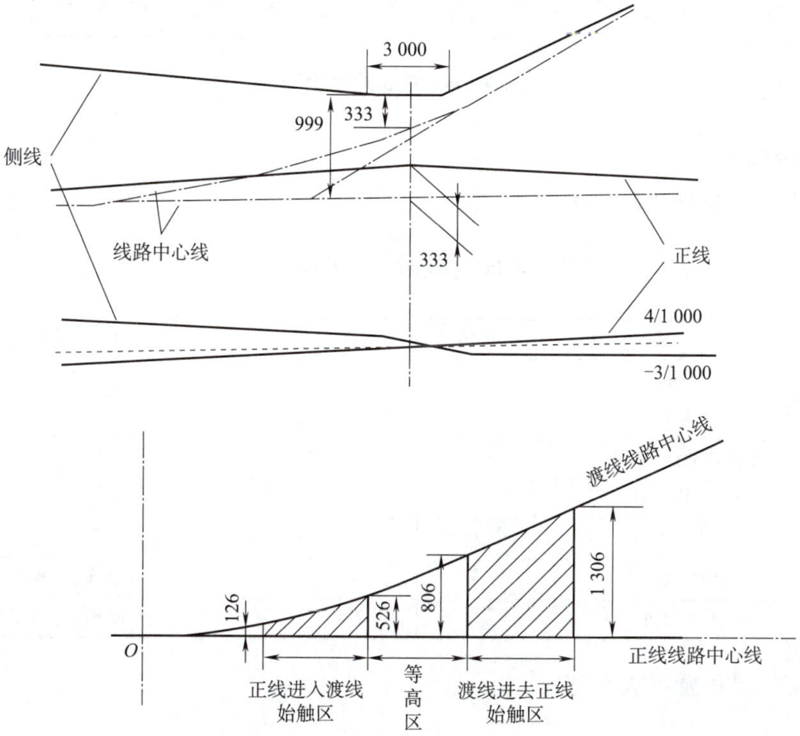

图 4-106　无交叉线岔示意（单位：mm）

相对于交叉线岔，无交叉线岔的安装调整比较麻烦，但其能满足高速电气化铁路的要求，机车经过线岔时平稳良好的受流性能是其他结构无法替代的。机车受电弓模拟通过无交叉线岔如图 4-107 所示。

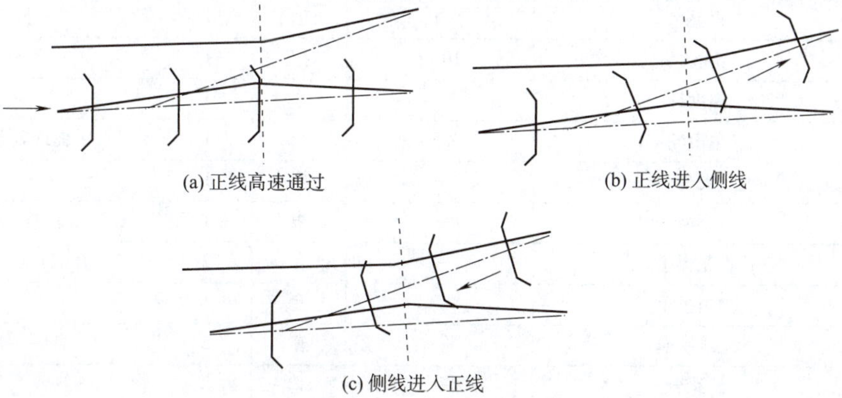

图 4-107　机车受电弓通过无交叉线岔示意

三、工作流程与任务

(一)流程图

线岔检修流程如图 4-108 所示。

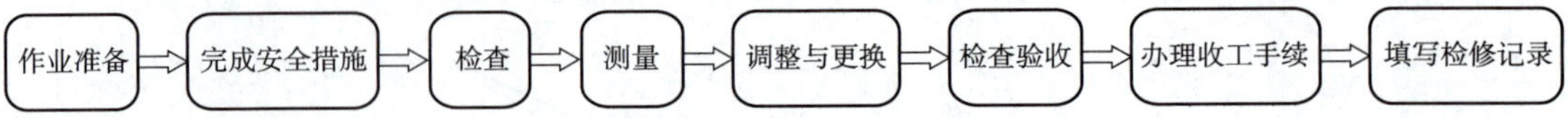

图 4-108　线岔检修流程

(二)任务组织

线岔检修人员配置见表 4-38。

表 4-38　线岔检修人员配置表

序号	项　目	单位	数量	备　注
1	工作领导人	人	1	
2	主防护员	人	1	
3	行车防护兼地线监护	人	2	
4	地线操作人员	人	2	
5	高处作业人员	人	3(2)	作业车(车梯)
6	辅助人员	人	2(4)	作业车(车梯)
7	作业车司机	人	2	正、副司机各 1 人

线岔检修工具配置见表 4-39。

表 4-39　线岔检修工具配置表

序号	名　称	规格或型号	单位	数量	备　注
1	作业车(车梯)	—	台	1	
2	接触网多功能检测仪	DJJ	台	1	
3	水平尺	500 mm	个	1	
4	钢卷尺	2 m	把	1	
5	钢卷尺	10 m	把	1	
6	温度计	—	个	1	
7	单滑轮	0.5 t	个	1	曲线处备用
8	大绳	—	根	1	
9	小绳	—	根	1	
10	梅花扳手	—	套	2	
11	力矩扳手	—	套	1	
12	绝缘手套	—	套	2	
13	绝缘靴	—	套	2	
14	游标卡尺/磨耗仪	—	套	1	

线岔检修材料配备见表4-40。

表4-40　线岔检修材料配置表

序号	项　目	规格及型号	单位	数量	备　注
1	线岔限制管	设计型号	根	—	数量根据安装所需
2	载流整体吊弦	设计型号	套	—	含压接管、线鼻子、心形环
3	螺母、垫片	—	个	若干	
4	镀锌铁线	$\phi 2.0$	mm	若干	

(三)作业内容与标准

1. 交叉线岔检调

(1)作业准备

按规程要求填写工作票并交付工作领导人,工作领导人向作业组全体成员宣读工作票、分工并进行安全预想,检查工具、材料。

(2)完成安全措施

做好安全措施,工作领导人确认完成安全措施后,通知各作业组开工。

(3)外观检查

检查各零部件外观状态,应无缺失、裂纹及腐蚀等现象,螺母、零部件标画有印记时,应检查印记位置不得发生变化,吊弦装置应无不受力、断股、散股及烧伤等现象,止动垫片无裂纹、破损,用游标卡尺或磨耗仪检查接触线剩余线径或磨耗情况,判定采取安全措施的必要性;电连接应由双根组成,无散股、断股及烧伤现象,线夹应压接或紧固牢靠;限制管应安装在工支接触线上,本体状态应良好、安装牢固,无裂纹、弯曲等现象。

(4)测量

用激光测量仪对腕臂偏斜情况、承导线位置、线岔始触区进行测量。

①对于线岔交叉点位置:

a. 标准值:横向距两线路任一线路中心不大于350 mm,纵向距道岔定位柱大于2.5 m。

b. 标准状态:交叉点位于道岔导曲线两内轨距735~1 050 mm范围内的横向中间位置,允许偏差±50 mm。

c. 限界值:交叉点位于道岔导曲线两内轨距630~1 085 mm范围外的横向中间位置,允许偏差±50 mm。

②线岔始触区测量:

始触区附近设有电连接和交叉吊弦,所以只需测量交叉吊弦和电连接的接触线线夹是否在始触区范围内,即可判断始触区是否有线夹。测量方法如下:

a. 将测量仪放置于道岔直股的一对钢轨上,测量侧股接触线上的吊弦线夹和电连接线夹的拉出值。

b. 将测量仪放置于侧股的一对钢轨上,测量直股接触线上的吊弦线夹和电连接线夹的拉出值。

c. 测量出的数值,应在始触区要求范围之外。线岔两工作支中任一工作支的垂直投影距另一股道线路中心 600 ~ 1 050 mm 的区域。

(5)调整与更换

①调整单开道岔交叉点位置:

a. 确认限制管位置,不影响悬挂调整。

b. 调整正线工作支拉出值至标准定位。在钢轨上标记处内轨间距 735 ~ 1 050 mm 范围,将线坠挂在正线接触线(即交叉点下边的接触线)位于 735 ~ 1 050 mm 范围(即预设正线接触线拉出值);松定位器的定位器支座;调整正线接触线拉出值,直至预设交点(即线坠尖指向位置)在 735 ~ 1 050 mm 的辙叉角平分线上。

c. 调整侧线(上边的接触线)接触线的拉出值,直至该线交于线坠处,则该点就是两接触线的交叉点。

d. 反复调整,直至符合要求。调整限制管、紧固螺母检查间隙。

e. 如果交叉点的位置达不到标准时,调整相邻支柱处的拉出值。调整时,保证正线和侧线的拉出值都不超过界限值。

f. 调整接触线的高度。

调整两接触线 500 mm 处等高:

②正线线岔:保证正线接触线高度的前提下,调整或更换测线吊弦,达到高差标准。

③侧线线岔:保证重要侧线导高的前提下,调整或更换另一侧线吊弦,保证两接触线等高。

④调整道岔定位柱接触线高度、拉出值、定位器坡度:

通过调整定位点两端的吊弦使其符合标准,调整时要考虑与相邻吊弦的高差、接触线的高度。

⑤调整复式交叉线岔(图 4-109)处两接触线交叉点投影位置:

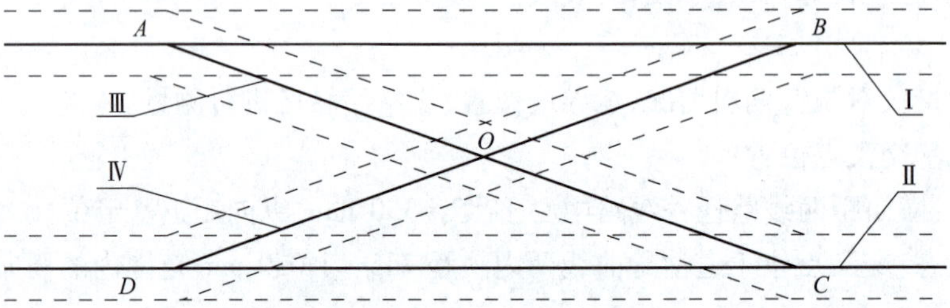

图 4-109 复式交叉线岔示意

a. 调整 A、C 线岔处渡线Ⅲ的拉出值,使渡线Ⅲ接触线与 O 点重合,同时保证 A、C 单开道岔处线岔拉出值、交叉投影符合标准。

b. 调整 B、D 线岔处渡线Ⅳ的拉出值,使渡线Ⅳ接触线与 O 点重合,同时保证 B、D 单开道岔处线岔拉出值、交叉投影符合标准。

c. 交叉点横向和纵向允许偏差为 50 mm。

检查线岔螺栓紧固状态:

线岔螺栓紧固力矩要求见表 4-41。

表 4-41　线岔螺栓紧固力矩表

序号	名称	螺栓直径/mm	标准紧固力矩/(N·m)
1	吊弦线夹	M10	25
2	线岔限制管线夹	M10	25

(6)检查验收

检修作业完毕后,对检修后的设备质量进行检查验收,验收关键点如下:

①线岔交叉点位于道岔导曲线两内轨距 735～1 050 mm 范围内的横向中间位置,横向位置允许偏差 50 mm。

②两接触线相距 500 mm 处的高差:当两支均为工作支时,正线线岔的侧线接触线比正线接触线高 20 mm(误差 ±10 mm),侧线线岔两接触线等高(高差不大于 30 mm);当一支为非工作支时,非工作支接触线比工支接触线抬高 80～100 mm,并按设计要求延长一跨抬高 350～500 mm 下锚。

③道岔柱接触线高度、拉出值:接触线高度误差 ±30 mm,拉出值误差 ±30 mm。

④两支承力索间距:两支承力索间隙及一承力索距另一锚段腕臂间距不应小于 50 mm。

⑤线岔始触区:始触区范围为 600～1 050 mm,不得安装除有吊弦之外的任何线夹。

(7)办理收工手续

工作领导人确认各作业组工作结束,人员机具均已撤至安全地带后,通知监护人员撤除地线及其他安全措施。

工作领导人确认安全措施撤除后,通知驻站联络员申请消除停电作业命令和线路封锁命令。

工作领导人召开收工会,办理收工手续。

(8)填写检修记录

按照当天检修情况填写检修记录。

2. 无交叉线岔检调

(1)作业准备

按规程要求填写工作票并交付工作领导人,工作领导人向作业组全体成员宣读工作票、分工并进行安全预想,检查工具、材料。

(2)完成安全措施

做好安全措施,工作领导人确认完成安全措施后,通知各作业组开工。

(3)外观检查

对支持装置、定位装置和线索进行外观检查,检查各零部件外观状态,应无缺失、裂纹及腐蚀等现象,检查吊弦应无不受力、断股、散股及烧伤等现象。无交分线岔始触区前安装一组交叉吊弦安装方式的滑动吊弦,安装在线间距 550～600 mm 处的位置,两根交叉吊弦的安装距离为 2 m,受电弓从线岔开口方向进入线先接触侧线承力索与工支接触线之间的一根吊弦;检查道岔电连接线及线夹外观状态,电连接应由双根组成,无散股、断股及烧伤现象,线夹应压接牢靠;线索与腕臂、线索与线索之间不相磨。

(4)几何参数测量

以支柱在正线侧为例,无交叉线岔区域如图 4-110 所示。

A0 柱处正线无交分线岔正线接触线高度标准值为 5 300 mm(5 500 mm),侧线接触线抬高 450 mm。正线拉出值为 -200 mm;侧线拉出值为 600 mm。所有拉出值都是相对于正线线路中心。

B0 柱处正线无交分线岔正线接触线高度标准值 5 300 mm(5 500 mm),侧线接触线高度比正线抬高 200 mm。正线拉出值为 +300 mm;侧线拉出值为 +200 mm。

C1 柱处接触线为联络线抬高下锚。接触线抬高 600 mm,拉出值相对于正线线路中心为 -1 200 mm。

C0 柱辅助线为工作支,拉出值为 -200 mm,接触线高度为 5 300 mm(5 500 mm)。正线拉出值为 200 mm,接触线相对抬高 200 mm。此处拉出值均相对于正线线路中心。

D1 柱处接触线为联络线。接触线抬高 250 mm,拉出值相对于侧线线路中心为 -600 mm。

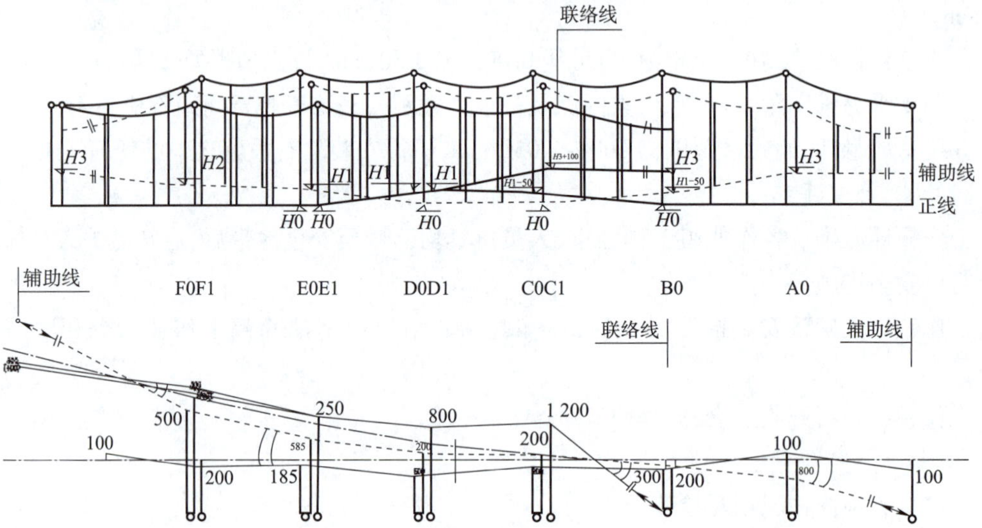

图 4-110　无交叉线岔区域(单位:mm)

D0 柱正线拉出值为 500 mm,接触线高度抬高 250 mm。辅助线为工作支,拉出值为 -200 mm,接触线高度为 5 300 mm(5 500 mm)。拉出值相对于正线线路中心,测量时激光测量仪摆放在正线。

E1 柱处接触线为联络线,接触线高度标准值 5 300 mm(5 500 mm),拉出值相对于侧线线路中心为 -250 mm。

E0 柱处正线相对于正线线路中心拉出值为 150 mm,接触线高度标准值 5 300 mm(5 500 mm);辅助线相对于侧线线路中心拉出值为 500 mm,抬高 250 mm。

F0 辅助线相对于侧线线路中心拉出值为 500 mm,抬高 350 mm;正线接触线高度标准值 5 300 mm(5 500 mm),相对于正线线路中心拉出值为 200 mm。

F1 联络线拉出值相对于侧线线路中心 -500 mm,接触线高度标准值 5 300 mm(5 500 mm)。

(5)调整与更换

对外观有裂纹、腐蚀现象的零部件进行更换，对开口角度不到位的开口销进行更换并掰开120°～130°，对不受力的吊弦进行更换。

对道岔处接触线存在明显磨耗严重的情况根据接触线检修作业指导书进行检修、调整。对道岔处电连接状态不符合要求的根据道岔电连接检修作业指导书进行检修、调整。

对各支柱接触线的导高、拉出值根据检调标准进行调整。

(6)检查验收

检修作业完毕后，对检修后的设备质量进行检查验收，验收关键点如下：

①岔区道岔柱三腕臂中过渡支悬挂始终处于中间位置。

②在A柱处过渡支拉出值相对于正、侧线均为110 mm，误差±10 mm，正、侧线支接触线相对于过渡支均抬高150 mm，误差±20 mm。

③在B柱处过渡支拉出值相对于正、侧线均为400 mm，误差±20 mm，过渡支相对于正、侧线支接触线抬高150 mm，误差±20 mm。

④在C柱处非支接触线抬高350～500 mm，同时应保证非支接触线与工支定位管及最大限位状态下定位器垂直距离不小于50 mm。

(7)办理收工手续

工作领导人确认各作业组工作结束，人员机具均已撤至安全地带后，通知监护人员撤除地线及其他安全措施。

工作领导人确认安全措施撤除后，通知驻站联络员申请消除停电作业命令和线路封锁命令。

工作领导人召开收工会，办理收工手续。

(8)填写检修记录

按照当天检修情况填写检修记录。

四、分析与思考

该任务主要是线岔的维护与检修，主要包括交叉线岔装置、无交叉线岔系统，如何保证线岔装置和无交叉系统各项参数的合格至关重要，而在实际工作中应注意以下问题：

(1)电力机车在转换处要平滑过渡，保证电力机车受电弓在转辙的地方，能够由一股道的接触线平滑过渡到另一股道的接触线，避免刮弓或钻弓现象。

(2)通过限制管等装置，确保接触线在受电弓通过时保持适当的高度差和位置关系，以保证行车安全。

(3)根据道岔类型和列车运行速度，合理调整交叉点的位置和高差，确保受电弓能够顺利交接。

(4)在线岔交点两端的一定区域内不设置任何零件，以减少受电弓在动态抬升过程中与线夹发生冲撞的风险。

五、任务评价

姓名:

任务名称:线岔的维护与检修　　　　实际考核时间:　　min

项目	配分	序号	评分标准	扣分	得分	备注
作业准备	15 分	1	人员着装整齐,安全劳保用品佩戴齐全,一项不合格扣 2 分			
		2	材料、工具型号选择正确、齐全、作业前摆放整齐,并进行检查。材料、工具选错一项扣 2 分,一项未检查或检查不到位扣 2 分			
作业质量	60 分	1	测量拉出值、定位坡度、导高判断是否达设计标准,否则每项扣 2 分			
		2	检测线岔交叉点位置符合技术标准,允许误差 50 mm,否则每项扣 2 分			
		3	检测两接触线相距 500 mm 处高差是否符合技术标准;否则每项扣 3 分			
		4	检调限制管:应安装牢固,并使两接触线有一定的活动间隙,保证接触线自由伸缩,否则每项扣 2 分			
		5	检测始触区该区域不得安装除吊弦线夹(必须时)外的其他线夹和零件,否则每项扣 3 分			
		6	检测 160 km/h 及以下区段的线岔定位拉出值不得大于 450 mm;160 km/h 以上区段的线岔定位拉出值不大于 400 mm,否则每处扣 2 分			
		7	检测 160 km/h 及以上区段的正线线岔在两工作支接触线导线间距 550 ~ 600 mm处宜设一组交叉吊弦,使两支接触导线登高,否则扣 2 分			
		8	检测道岔开口方向上道岔定位后的第一个悬挂点设在线间距大于等于 1 220 mm 处,并应保证两线接触悬挂的任一接触线分别与相邻线路中心的距离不小于 1 220 mm,否则扣 2 分			
		9	对测量结果记录并进行分析,明确需调整部位,进行调整,否则扣 5 分			
		10	调整后对线岔相关技术参数进行测量并记录,否则扣 2 分			
安全及其他	20 分	1	不得出现划伤、碰伤、高处落物,否则每次扣 5 分			
		2	不得出现其他违反作业标准项,否则每次扣 5 分			
		3	作业过程中规范使用安全带,否则提醒一次扣 2 分			
		4	调整时,作业人员始终要处于线索受力方向反侧,否则扣 5 分			
		5	地面辅助人员一名,只允许绑扎、起吊工料具,扶稳部件,听从高处人员指挥,除严重的安全问题,不得提醒高处作业人员,否则扣 5 分			
		6	作业时间 20 min,每超 1 min 扣 1 分,时间以秒计,不足 1 min 算 1 min,超过 5 min 判定失格			
作业结束	5 分	1	清理工料具,并摆放整齐,未按照要求扣 5 分			
合计	100 分					

注:每个项目扣分累计不超过其配分,扣完为止。

操作开始时间:　　时　　分　　　　操作结束时间:　　时　　分

考评员:　　　　统分人:　　　　年　　月　　日

项目五

接触网单项设备的维护与检修

在交流电气化铁路接触网中，除了前面五个项目涉及的设备外还有不少特殊的接触网专用设备，如隔离开关、分段绝缘器等，它们都是接触网上的重要电气设备。对于这些设备的检修维护也需要特定的知识和技能。

项目描述

以接触网设备为载体，依据接触网检修作业标准，在校内铁路综合实训基地和校外供电段实训基地，对隔离开关、分段绝缘器等接触网单项设备进行检调并分析、上报相关资料。

学习目标

1. 素养目标

(1)能够向铁路工匠学习，热爱铁路工作；

(2)培养学生责任意识和风险意识；

(3)坚持上标准岗，干标准活。

2. 知识目标

(1)理解隔离开关、分段绝缘器等接触网单项设备的作用；

(2)理解隔离开关、分段绝缘器等接触网单项设备的结构；

(3)理解隔离开关、分段绝缘器等接触网单项设备的类型；

(4)理解隔离开关、分段绝缘器等接触网单项设备检调方法和步骤；

(5)会描述检修记录单填写规定。

3. 技能目标

(1)会使用接触网检修作业车、接触网参数测距仪等专用工具、仪器；

(2)会进行隔离开关检调；

(3)会进行分段绝缘器检调；

(4)会进行分相绝缘器检调；

(5)会填写检修记录单。

素养园地

【最美铁路人】

金丝银线舞安全

——记中国铁路昆明局集团有限公司昆明供电段接触网检修车间检修一工区接触网工代云华

“好的作业习惯是一辈子的事情”，代云华是这样做的，也是这样教导徒弟的。接触网分相作业是高精尖的技术活，标准参数多，作业程序繁杂，高低误差不超过 2 mm。为了把活儿干得既快又好，每次接到分相作业任务后，代云华都要提前在工区根据现场调查情况，模拟计算好各类数据，再把零部件组装成完整的高速分相绝缘器，拿到现场直接安装，标准率和速度超过别人好几倍。

据杨青山回忆，有一次，为了锻炼他的实战技能，代云华让他独立安装分相。作业完后，代云华拿着游标卡尺检测杨青山安装的分相，发现超出标准范围 5 mm。代云华板起了脸，迅速调整不达标分相，重新组装铜滑道，此时离“天窗”结束还有 10 min，一般人装一侧分相至少得 15 min，时间十分紧迫。杨青山捏了一把冷汗，却见代云华有条不紊地动作着，不出 5 min，调整的高速分相重新上线，误差为零。

记者问他：“精准到毫厘不差，你是怎么做到的？”代云华平实地回答，“没有什么诀窍，只是比别人多走了一步，作业前准备充分一点，再把标准装在心里。”

“几年跟着师傅一路走来，我从来没有发生过一起违章作业，负责检修的设备也没发生过一起故障。”正如杨青山所说，带徒弟以来，代云华硕果累累，先后带出了 3 名全路技术能手、1 名云南省技术状元、4 名铁路局集团公司技术标兵、近 20 名铁路局集团公司技术能手。特别是 2017 年，他负责培训的 8 名“90 后”职工全部通过考评，拿到参加全国接触网工技能大赛的资格，并在决赛中获得团体第五名，其中两名“90 后”选手斩获个人 15 名、16 名的好成绩。担任兼职教员至今，他先后带出的 600 多名学员已扎根于昆明局集团公司供电系统的各个领域，70% 的大学毕业生都成了业务骨干，有些甚至还成了车间的工班长、技术员和车间主任。

参加工作以来，他检修了 9 800 多条公里接触网设备，未发生一起设备故障；开展技术革新 2 项、技术攻关数十项、工具改装 20 多项，获得 1 项国家发明专利，多项成果荣获表彰并在全路供电系统推广使用。

众所周知，接触网工是高压、高空、高危作业工种，工作难度不小，是个吃苦的行当。在采访中，记者问代云华“干了这么长时间接触网工、取得了这么大的成就，有没有想过有一天不在这个岗位上工作”时，代云华一愣，继而哽咽了。他红着眼眶回答：“接触网是我的事业，我离不开接触网！”他就是这样用自己对铁路工作的一腔热血，把人们眼中的苦变成了甜，把自己吃过的苦变成了荣光。

参加工作以来，作为党员的代云华时时处处身先士卒、发挥先锋模范作用。现如今，电气化铁路已经遍布云南各地，他的足迹也遍布云岭铁路。无论身在何处，他心系接触网的情怀从未改变。

把工作培养成爱好，把奉献转化为收获，把汗水汇聚成荣光，这何尝不是代云华等千千万万普通铁路职工最接地气的大智慧？

任务一　隔离开关的维护与检修

隔离开关是接触网的重要设备，其典型工作任务是接触网维护与检修的重要组成部分，和其他模块共同组成接触网的日常维护与检修工作。

一、任务书

图 5-1 是隔离开关结构示意。根据实训基地实物进行隔离开关检调,并将检调结果填入表 5-1“隔离开关维修记录”。

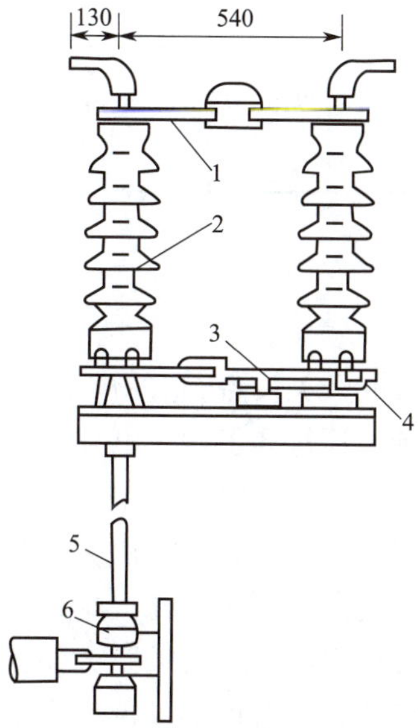

1—导电刀闸;2—瓷柱;3—交叉连杆;4—底座;5—传动杆;6—操动机构。

图 5-1　隔离开关结构(单位:mm)

表 5-1　隔离开关维修记录

________站场(区间)　　　　________年

开关编号及型号	维修日期	项别	主闸刀		接地闸刀接触情况	主闸刀与接地闸刀间隙/mm	止钉间隙/mm	操作机构和连锁装置的状态	电连接器的状态	接地线的状态	绝缘电阻/MΩ	检修人/互检人
	月/日		分闸角度	接触状态								
		修前										
		修后										
		修前										
		修后										
		修前										
		修后										
		修前										
		修后										
		修前										
		修后										
		修前										
		修后										
		修前										
		修后										

续上表

开关编号及型号	维修日期	项别	主闸刀		接地闸刀接触情况	主闸刀与接地闸刀间隙/mm	止钉间隙/mm	操作机构和连锁装置的状态	电连接器的状态	接地线的状态	绝缘电阻/MΩ	检修人/互检人
	月/日		分闸角度	接触状态								
		修前										
		修后										
		修前										
		修后										

设备负责人______　　　　工长______　　　　领工员______

二、知识准备

隔离开关是一种没有灭弧装置的开关设备,它的作用是连通或切断接触网供电分段间的空载线路,增加供电的灵活性,以满足检修和不同供电方式运行的需要。

隔离开关一般装设在大型建筑物(如长大隧道和长大桥梁)两端、车站装卸线、专用线、电力机车库线、机车整备线、绝缘锚段关节、分区绝缘器、分相绝缘器等需要进行电分段的地方。高速铁路和普速铁路不同的是将馈线隔离开关移到上网点的接触网支柱上,在普速铁路中,上网隔离开关设置在变电所内。这种设置的主要目的是方便馈线电缆的停电检修。当27.5 kV采用GIS设备时,多采用这种方式,这种设置增加了接触网专业维护的设备量。

(一)隔离开关的类型和结构

接触网采用电力系统中的35 kV单级隔离开关和电气化铁路专用耐污型单级隔离开关,在AT区段,因为要同时断开接触悬挂和AF线,多用双极隔离开关。常见的隔离开关如图5-2所示。

按其用途分为带接地刀闸和不带接地刀闸两种。其型号为GW_4-35、GW_4-35D、GW_4-25/630T、GW_4-25/630TD。其中,G—隔离开关;W—户外型;4—产品序号;35、25—额定电压为35 kV、25 kV;D—带接地刀闸;T—铁路专用;630—额定电流(A)。

按操作次数多少分为经常操作和不经常操作两种。经常操作的隔离开关安装在车站货物装卸线、机车整备线和库线等处,选用带接地刀闸的GW_4-35D或GW_4-25/630TD型开关。当开关打开的同时,接地刀闸将接通停电侧刀闸,以保证装卸货物和检修机车人员的安全。不经常操作的隔离开关安装在绝缘锚段关节、分相电分段和馈电线等处,采用不带接地刀闸的GW_4-35、GW_4-25/630T型开关。

按照结构分为单极隔离开关和双极隔离开关。单极隔离开关是仅与主回路一条导电路径相连的隔离开关,在电气化铁路中最为常见。双极隔离开关是主回路两条导电路径相连的隔离开关,主要用于AT区段AT上网馈电线,AT区段的绝缘锚段关节处、变电所出口的并联开关和吸流变压器处等。

从操作机构上分类可以分为手动隔离开关和电动隔离开关。手动隔离开关依靠操作人员就地操作,电动隔离开关可以实现就地操作和远动控制。变电所附近的电动隔离开关,可以采用控制电缆控制,线路上离变电所较远的隔离开关采用光纤通信控制。在既有线中,大多数接触网隔离开关都是手动就地操作。在高速客运专线中,上网点、隧道外绝缘锚段关节处和分相处(负荷开关)多为电动隔离开关,纳入远动控制。但是大型客站基本站台相邻股道设置的隔

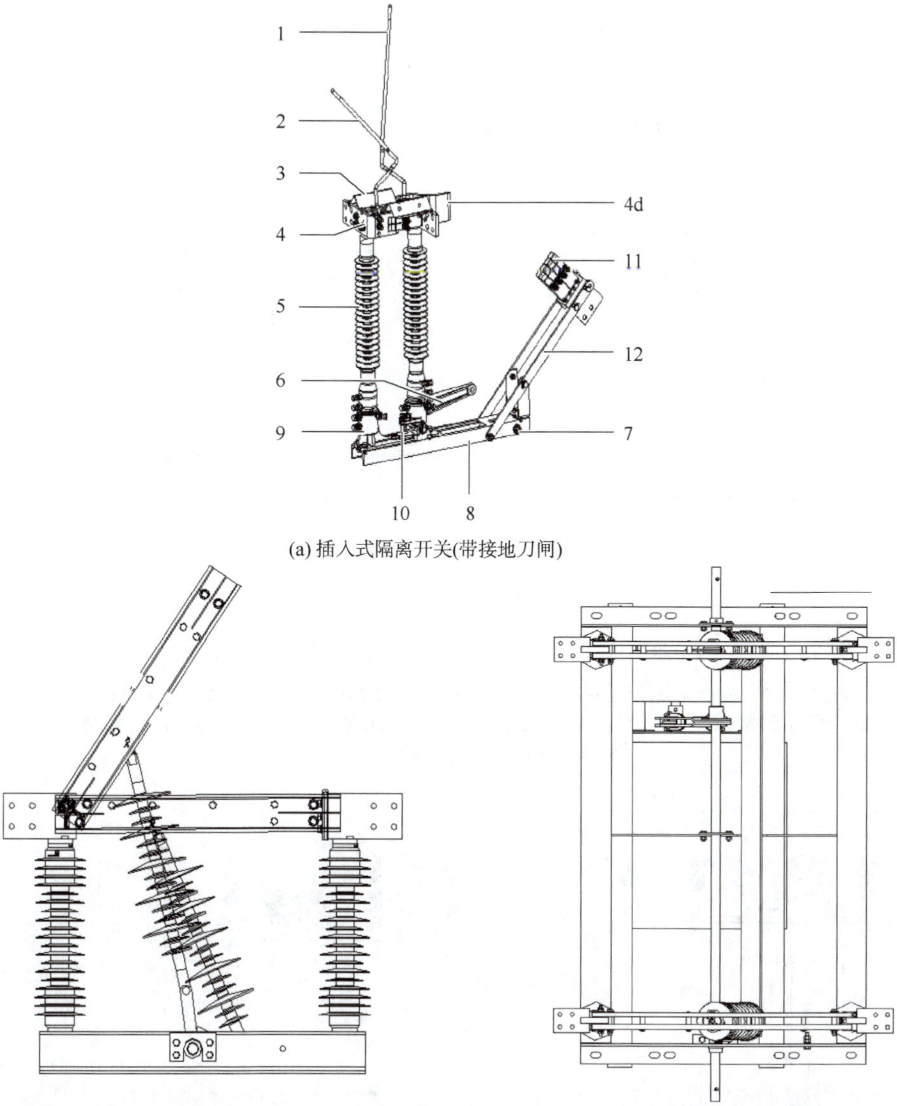

(a) 插入式隔离开关(带接地刀闸)

(b) 双断口隔离开关

(c) 隔离开关俯视图

1—电弧角(可移动);2—电弧角(固定);3—保护外壳;4—主接触件;4d—接地接触刀闸;5—硅胶复合绝缘子;6—旋转杆;7—接地螺栓;8—底座;9—牙槽;10—行程限制器;11—接地接触弹簧;12—接地刀闸支架。

图 5-2　隔离开关结构

离开关、动车运用所(库)和机务检修线路处仍然应该设置手动隔离开关。

上述开关的主体结构基本相同,只是带接地刀闸的开关多了一套接地刀闸和联动装置。它由金属底座、绝缘瓷柱、导电刀闸、接地刀闸和操动机构组成。开关的分合过程是操作操动机构,经转动杆转动主轴上的瓷柱,并带动导电刀闸实现分合闸。

隔离开关安装时,腕臂柱安装在支柱顶部,软横跨柱安装在支柱的 1/2 高度处,导电刀闸通过电连接线与接触网连接,如图 5-3 所示。在高速铁路中,隔离开关一般安装在专门的隔离开关支柱上,在 H 形钢柱的顶端装有避雷器、隔离开关、电缆头等装置。图 5-4 为 H 形钢柱上网点的装配结构,其结构零件见表 5-2。从牵引所馈出的供电线(T 线)、正馈线(AF 线)接至支柱上的母排,在母排上接有避雷器,保护电缆安全。供电线通过软铜绞线、正馈线通过铝绞线接各自的隔离开关接线柱,经过隔离开关后,和接触悬挂、AF线相连。现场运行表明,操作机构动作时,支柱晃动明显,支柱顶端设备多,绝缘空气间隙相对较小,受鸟害影响大,对运营造成一定不良影响。

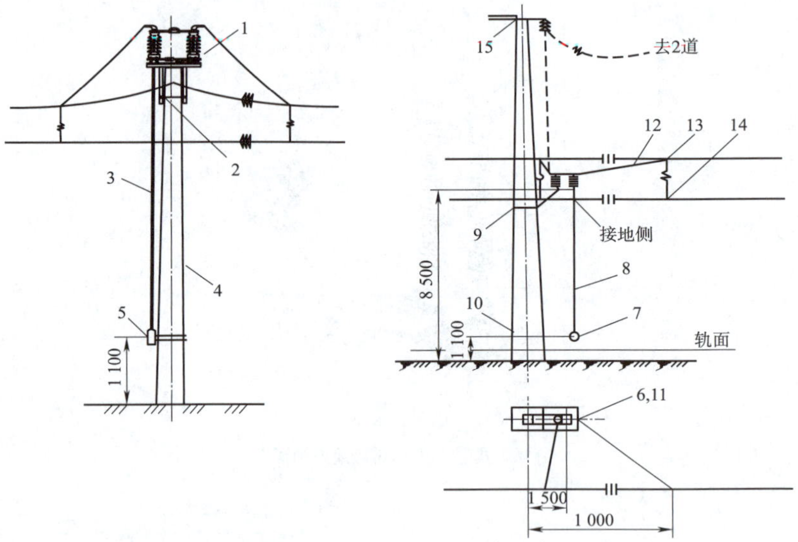

(a) 隔离开关在钢筋混凝土柱上的安装　　(b) 隔离开关在软横跨柱上的安装

1—隔离开关;2—隔离开关托架;3—传动杆;4—支柱;5—手动操动机构;6—隔离开关;7—操动机构;8—传动杆;9—避雷器;10—支柱;11—隔离开关托架;12—电连接线;13—承力索;14—接触线;15—架空地线。

图 5-3　隔离开关安装图(单位:mm)

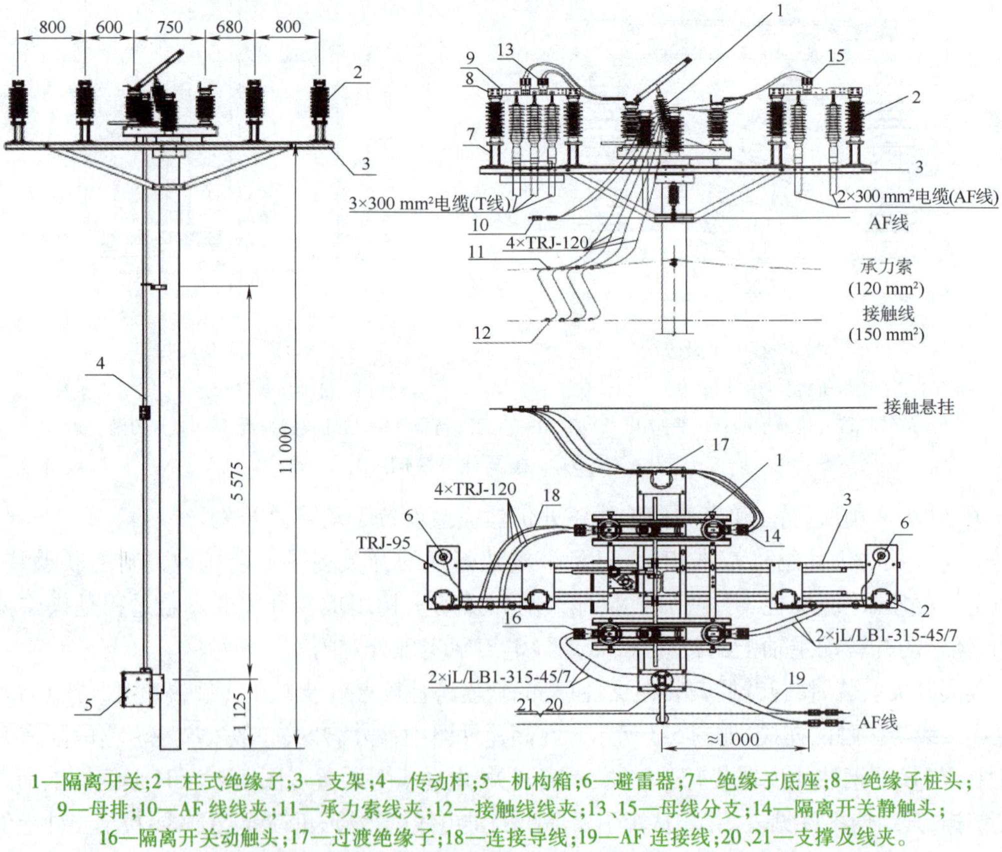

1—隔离开关;2—柱式绝缘子;3—支架;4—传动杆;5—机构箱;6—避雷器;7—绝缘子底座;8—绝缘子桩头;9—母排;10—AF 线线夹;11—承力索线夹;12—接触线线夹;13、15—母线分支;14—隔离开关静触头;16—隔离开关动触头;17—过渡绝缘子;18—连接导线;19—AF 连接线;20、21—支撑及线夹。

图 5-4　高速铁路 AT 区段上网点隔离开关安装图(单位:mm)

表 5-2　结构零件名称

序号	名　称	序号	名　称
1	双极电动隔离开关	12	120 型电连接线夹
2	支柱绝缘子	13	铜双线设备线夹
3	双极开关托架	14	铝铜过渡双线设备线夹
4	传动杆	15	铜铝过渡双线设备线夹
5	电动操作机构	16	铝双线设备线夹
6	氧化锌避雷器	17	过渡铜牌
7	增高底座	18	电连接线
8	母排固定底座	19	电连接线
9	800 型母排	20	支柱绝缘子
10	JB-5 型并沟线夹	21	MSC-5/120 型母排固定金具
11	120/120f 型承力索电连接线夹		

隔离开关常见故障有：

(1)当隔离开关绝缘子破损、脏污会造成绝缘子闪络或击穿事故。

(2)电连接引线与开关设备上的设备线夹和接触线上的电连接线夹接触不良，会引起接触线、承力索、电连接线、吊弦的烧损事故。

(3)开关引线弛度小拉力大，会使设备线夹或支持绝缘子折断。

(4)开关主刀闸闭合不良，造成触头长期发热而烧损。

(5)开关长期不用，又未及时检修，使传动轴锈蚀造成开关无法正常使用。

(6)在有负载的线路上操作隔离开关，引起电弧烧损开关或支持绝缘子爆炸。

(二)负荷隔离开关

隔离开关没有灭弧能力，只能开断空载线路。当带负荷开断某一供电分区或空载线路较长空载电流较大时，需要采用负荷开关。负荷开关是能够分断工作电流或小过载电流的开关设备。负荷隔离开关的结构是将隔离开关和带有真空灭弧机构的负荷串联布置，既能开断负荷电流，又能形成明显的宽口，起到隔离作用。在电气化铁路中，多用于分相开关、备用联络开关、隧道内绝缘锚段关节等处。

图 5-5 所示的是在高速铁路使用的某型负荷隔离开关在支柱上的安装图。开关安装在支柱的顶端。距离地面 1 050 mm 高度安装有电动操作机构，可以实现手动和电动操作，电动负荷隔离开关一般纳入远动控制。

思考：

1. 隔离开关的选择原则是什么？
2. 说明隔离开关的操作过程。
3. 隔离开关的常见故障有哪些？

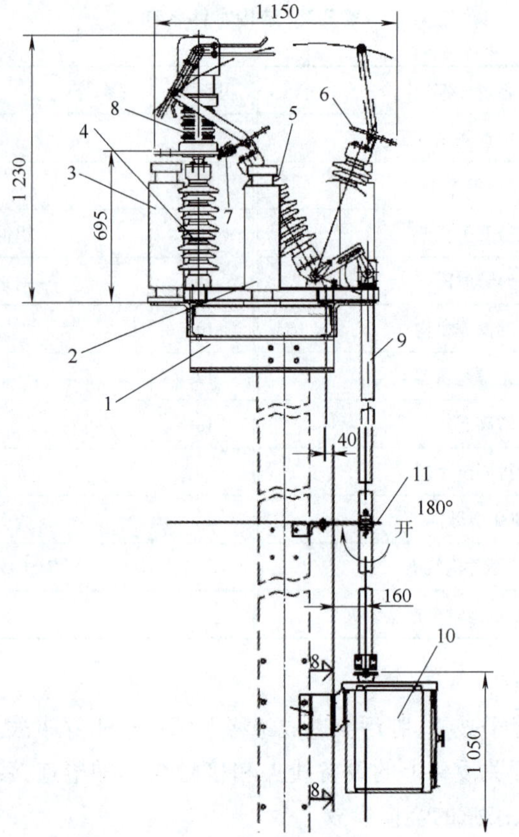

1—托架;2—避雷器;3—支持绝缘子;4—负荷开关支撑绝缘子;5—操作绝缘子;6—动触头;7—静触头;8—真空灭弧机构;9—传动杆;10—电动操作机构;11—传动杆支持装置。

图 5-5　负荷开关安装图(单位:mm)

三、工作流程与任务

(一)流程

隔离开关检修流程如图 5-6 所示。

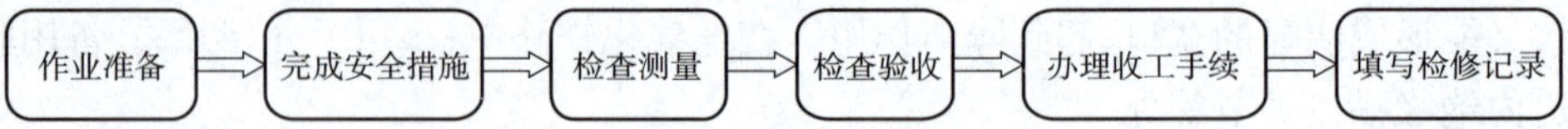

图 5-6　隔离开关检修流程

(二)任务组织

隔离开关检修人员配置见表 5-3。

表 5-3　隔离开关检修人员配置表

序号	项　目	单位	数量	备　注
1	工作领导人	人	1	

续上表

序号	项　　目	单位	数量	备　　注
2	主防护员	人	1	
3	行车防护兼地线监护人	人	若干	根据现场设备情况定
4	地线操作人员	人	若干	根据现场设备情况定
5	高处作业人员	人	1～2	作业车(车梯)
6	辅助人员	人	2(4)	作业车(车梯)
7	作业车司机	人	2	司机、副司机各1人

隔离开关检修工具配置见表5-4。

表5-4　隔离开关检修工具配置表

序号	名　　称	规　　格	单位	数量	备　　注
1	车梯	—	台	1	
2	安全带	—	根	2	现场作业每人1条
3	游标卡尺	—	把	1	
4	卷尺	5 m	把	1	
5	塞尺	—	把	1	
6	水平尺	600 mm	把	1	
7	脚扣	H形	副	2	
8	兆欧表	2 500 V	台	1	
9	大绳	ϕ18 mm	条	1	
10	小绳	ϕ12 mm	条	1	
11	套筒扳手	M16	把	1	
12	力矩扳手	0～100 N·m	套	1	
13	梅花扳手	M16	把	1	
14	开关短封线	—	套	2	
15	手锤	4磅	把	1	
16	开关操作机构钥匙	—	把	1	
17	接地电阻测试仪	—	台	1	

隔离开关检修材料配置见表5-5。

表5-5　隔离开关检修材料配置表

序号	名　　称	规　　格	单位	数量
1	铜铝过渡设备线夹	—	套	2
2	螺栓螺母	M8～M16	套	4
3	砂纸	—	张	适量
4	润滑油	—	kg	适量

续上表

序号	名　　称	规　　格	单位	数量
5	防锈漆	—	kg	适量
6	中性凡士林	—	kg	若干
7	刷子	—	把	1
8	抹布	—	块	若干
9	电连接	—	m	15
10	铁线	—	kg	若干

(三)技术标准

(1)隔离(负荷)开关应动作可靠、转动灵活,转动部分应注适合当地气候的润滑油。分闸角度及合闸状态应符合产品技术要求,止钉间隙符合规定。

(2)隔离(负荷)开关触头接触面应平整、光洁无损伤,并涂以导电介质。触头间接触紧密,接触压力均匀,用 0.05×10(mm)的塞尺检查,线接触为 0,面接触不大于 4 mm。

(3)引线和连接线的截面与开关额定电流及所连接接触网当量截面相适应,引线连接良好且不得有接头。引线及连接线应连接牢固接触良好,无破损和烧伤。当接触悬挂受温度变化偏移时,引线的长度应保证有一定的活动余量并不得侵入限界,摆动到极限位置对接地体的距离不小于 350 mm。

(4)支持绝缘子应清洁,无破损和放电痕迹,瓷釉剥落面积不超过 300 mm^2。

(5)隔离开关操作机构应完好无损并加锁,转动部分注润滑油,操作时平稳正确无卡阻和冲击。

(6)新安装的隔离(负荷)开关在投入运行前应按照《电气装置安装工程　电气设备交接试验标准》(GB 50150—2016)进行交接试验,试验合格后方可投入运行。

(7)负荷开关的技术状态应符合产品技术要求。

(四)检修程序和方法

1. 作业准备

按规程要求填写工作票并交付工作领导人,工作领导人向作业组全体成员宣读工作票、分工并进行安全预想,检查工具、材料。

2. 完成安全措施

做好安全措施,工作领导人确认完成安全措施后,通知各作业组开工。

3. 检查测量

(1)开关托架检查

隔离开关托架各零部件齐全,托架呈水平状态,连接牢固,无松动、变形、裂纹、锈蚀等现象。

(2)操作机构状态检查、监测

①在调试开关时,操作机构要打到当地位(非远方位),用摇把进行调试时要打到手动位,调试作业完毕后,操作机构恢复到远方位。

②隔离开关操作机构应良好无损并加锁,传动杆与隔离开关操作机构保持顺直,不得歪斜,与操作机构和操作轴紧密配合,不得松动。隔离开关遥控驱动装置密封良好,盖帽齐全,操

作时平稳无卡阻和冲击现象。

③操作机构箱地面到曲柄中心的安装为 1 100 mm，误差为 ±50 mm。

④操作机构箱到支柱间的距离大于等于 135 mm，以保证开关连接件的安装，安装误差为 0 ~ 50 mm。

⑤电动隔离开关电动机转向正确；机械传动系统润滑良好，动作平稳、噪声小、无卡阻、冲击等异常情况；机构的分、合闸指示与开关的实际分、合闸位置相符。

(3)隔离开关本体状态检查

①隔离开关本体应动作可靠、转动灵活，合闸时触头接触良好。

②隔离开关的触头接触面应平整、光洁无损伤，涂以中性凡士林。

③分闸角度及合闸状态应符合产品的技术要求。

(4)隔离开关绝缘子检查

①对绝缘子脏污情况进行检查，发现脏污利用抹布进行清扫。

②当开关绝缘子要求直立安装时，其倾斜度不得超过 2°。超过时松开绝缘子底座，添加适量垫片使其垂直。

③开关瓷柱绝缘子、翻转绝缘子表面应清洁，无破损和放电痕迹。绝缘子表面破损面积达到或超过 300 mm 时，应进行更换。

(5)设备线夹检查

①设备线夹规格型号应符合设计要求，与引线连接牢固，接触良好，无破损和烧伤现象。

②设备线夹与开关铜牌连接密贴、牢固，并涂导电膏。

(6)隔离开关引线检查

检查隔离开关引线与承力索、接触线连接线夹有无烧伤、断裂，电连接线有无散股、断股。

(7)隔离开关接地状态检查

①隔离开关有 3 种接地方式。方式 1：采取双接极，分别埋设单独接地极；方式 2：有保护线区段，则一根接地线接入综合接地系统，一根连接保护线接地；方式 3：无保护线区段，则两根接地线均应接入综合接地系统。

②检查接地电缆与各部螺栓连接是否紧密，有无松动现象。检查接地线、并沟线夹等表面是否有锈蚀、放电痕迹。

(8)分、合状态(图 5-6、图 5-7)及触头状态检查

图 5-6　单极常开开关

图 5-7　双极常闭开关

①检查隔离开关分、合闸时,动触头动作是否灵活。

②合闸时刀闸接触是否密贴,隔离开关分闸距离是否约等于 340 mm。

③隔离开关必须调至"分"或"合"位,不允许有中间状态,隔离开关分闸示意如图 5-8 所示。

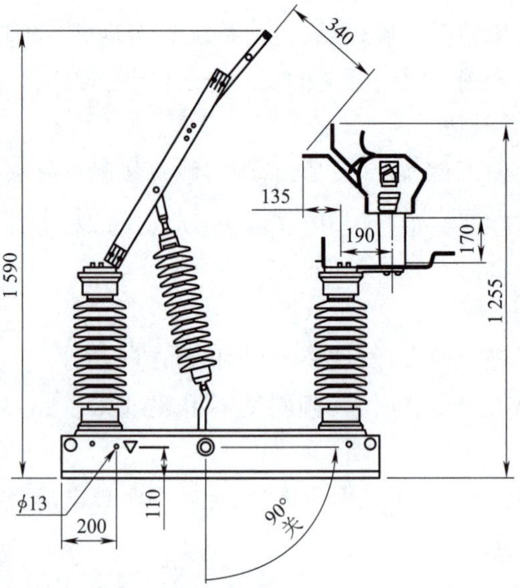

图 5-8 隔离开关分闸示意(单位:mm)

④开关"合"到位是指开关触头、触母间的间隙符合要求的尺寸,即 3 ~ 7 mm。触头闭合时,触头间应接触紧密,接触压力均匀,对于面接触,以 0.05 ×10(mm)的塞尺检查,其塞入深度不应超过 4 mm。

⑤开关"分"到位是指分闸角度符合产品设计说明要求,接触刀闸距离接触弹簧至少约 30 ~35 mm 位置,开关才会发出隔离开关"分"的信号。接触刀闸和间隔套件的距离大约在 15 mm 至 20 mm 之间。

(9)绝缘距离检查

①任何条件下,开关引线对接地体间绝缘距离应大于 350 mm。

②引线长度应预留因温度变化而引起的伸缩距离,并保证不侵入受电弓限界。

③引线在钢轨相交处比接触线高 300 mm。

④每年用 2 500 V 的兆欧表测量一次绝缘电阻,与前一次测量结果相比不应有显著降低。

(10)螺栓、开口销检查

检查各连接部件螺栓安装正确,螺母、垫片有无缺失,螺栓力矩(见表 5-6)是否符合要求。开口销不得缺失,开口销的掰开角度为 120° ~130°。

表 5-6 零件紧固力矩表

序号	螺栓规格	Q235A 钢螺栓紧固力矩/(N·m)(4.6 级)	允许紧固力矩误差范围/(N·m)	不锈钢螺栓紧固力矩/(N·m)(A2-70 级)	允许紧固力矩误差范围/(N·m)
1	M8	7	7 ~9	13	13 ~16
2	M10	13	13 ~16	25	25 ~32

续上表

序号	螺栓规格	Q235A 钢螺栓紧固力矩/(N·m)(4.6 级)	允许紧固力矩误差范围/(N·m)	不锈钢螺栓紧固力矩/(N·m)(A2-70 级)	允许紧固力矩误差范围/(N·m)
3	M12	25	25～30	44	44～56
4	M14	40	40～50	70	70～80
5	M16	60	60～70	—	—
6	M18	80	80～90	—	—
7	M20	120	120～135	—	—
8	M22	160	160～180	—	—
9	M24	200	200～220	—	—

(11)接地电阻测量

方法1:使用手摇式接地电阻测量仪,需将接地电缆与综合贯通接地引线断开,再用接地电阻测量仪对该综合贯通接地线进行测量;方法2:使用钳形电阻测试仪,可直接将钳形接地电阻测量仪卡到接线上,进行测量读数。接地电阻不大于10 Ω。

(12)隔离开关调试

联系牵引所、分区所、AT所和电调端在隔离开关远方位状态进行开关操作调试。

4. 检查验收

检修作业完成后,对检修后的设备质量进行复核验收,验收关键点:

(1)任何条件下,开关引线对接地体间绝缘距离应大于350 mm;引线在钢轨相交处比接触线高300 mm。

(2)检查确认开关开、合闸时,动触头动作灵活,分、合闸状态符合产品的技术要求。

5. 办理收工手续

(1)工作领导人确认各作业组工作结束,人员机具均已撤至安全地带后,通知监护人员撤除地线及其他安全措施。

(2)工作领导人确认安全措施撤除后,通知驻站联络员申请消除停电作业命令和线路封锁命令。

(3)工作领导人召开收工会,办理收工手续。

6. 填写检修记录

按照当天检修情况填写检修记录。

四、分析与思考

本任务主要是隔离开关检调,填写"隔离开关维修记录"表关系到接触网的结构和技术标准要求。因此,如何保证设备各项参数的合格至关重要,本任务在实际工作中需要注意以下问题:

(1)检修电动隔离开关前,首先断开操作机构的操作电源。

(2)所有隔离开关检修作业前必须装好短接线。

(3)带接地刀闸的开关在操作过程中,任何情况下,接地刀闸与带电体保持350 mm以上的绝缘距离。

(4)开关检修时,要做好上下配合,防止挤伤。

(5)各种高处作业做好安全防护措施。

(6)测量接地电阻时,要将地线断开,同时做好旁路措施。

五、任务评价

姓名：

任务名称：隔离开关的维护与检修　　　　实际考核时间：　　min

项目	配分	序号	评分标准	扣分	得分	备注
作业准备	15分	1	人员着装整齐，安全劳保用品佩戴齐全，一项不合格扣2分			
		2	材料、工具型号选择正确、齐全、作业开始前摆放整齐，并进行检查。材料、工具选错一项扣2分，未进行检查或检查不到位扣2分			
作业质量	60分	1	隔离开关检调包含内容：开关本体、柱式绝缘子、开关引线、操作机构一套及连接部件等，否则每项扣3分			
		2	应将开关倒至合闸位置，检查其合闸是否成直线，检查合闸止钉间隙，以及触头密贴情况，用塞尺进行检查后调整，否则每项扣2分			
		3	应将开关倒至分闸位置，检查其分闸角度，分闸角度应符合要求，检查分闸止钉间隙及接地闸刀的接触情况，并调整，否则每项扣3分			
		4	检查其操作机构是否灵活，连接部件是否齐全牢固，有无锈蚀，接地电阻是否合格，否则每项扣2分			
		5	检查分、合闸止钉间隙，间隙为1~3 mm，否则扣3分			
		6	检查触头状态是否良好，是否有烧伤痕迹，否则扣3分			
		7	清扫绝缘子，检查其绝缘状态，是否有损伤及放电痕迹，绝缘电阻是否合格，否则扣3分			
		8	检查开关本体、连接引线、操作机构各部力矩应达标，连接引线对地距离应符合标准，否则每项扣2分			
安全及其他	20分	1	不得出现划伤、碰伤、高处坠物，否则每次扣5分			
		2	作业过程中规范使用安全带，否则提醒一次扣2分			
		3	出现较重伤害，取消资格			
		4	不得出现其他违反作业标准项，否则每次扣5分			
		5	作业时间20 min，每超1 min扣1分。时间以秒计，不足1 min算1 min，超过5 min判定失格			
作业结束	5分	1	清理工料具，并摆放整齐，未按照要求扣5分			
合计	100分					

注：每个项目扣分累计不超过其配分，扣完为止。

操作开始时间：　　时　　分　　　　操作结束时间：　　时　　分

考评员：　　　　统分人：　　　　年　　月　　日

任务二　分段绝缘器的维护与检修

分段绝缘器是接触网的核心组成部分,其典型工作任务是接触网维护与检修的重要组成部分,和其他模块共同组成接触网的日常维护与检修工作。

一、任务书

图 5-9 是消弧分段绝缘器结构示意。根据实训基地实物进行消弧分段绝缘器检调,并将检调结果填入表 5-7 中。

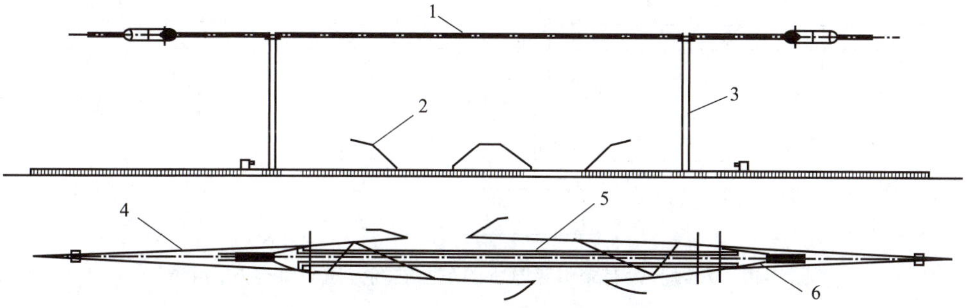

1—承力索绝缘子;2—消弧角;3—吊弦;4—铜导流板;5—主绝缘滑道;6—接头线夹。

图 5-9　对消弧分段绝缘器结构示意

表 5-7　分段、分相绝缘器维修记录

____站场(区间)　　　　____年

绝缘器编号	维修日期 日/月	项别	主绝缘	分段绝缘子	空气间隙/mm	绝缘间隙/mm	主绝缘磨耗/mm	辅助滑道	过渡是否平滑	与线路中心线的偏移	与轨面连线是否平行	电连接及其他零件标志等	检修人/互检人
		修前											
		修后											
		修前											
		修后											
		修前											
		修后											
		修前											
		修后											
		修前											
		修后											

设备负责人:________　　　　工长:________

二、知识准备

接触网是一种特殊形式的供电线路，为了保证供电的可靠性和灵活性，并缩小停电事故发生的范围，要对接触网进行电气分段，即纵向或横向将接触网从电气上互相分开，并用隔离开关连接。当某区段发生事故或停电进行检修时，可以打开相应段的隔离开关使该区段无电，而不致影响其他各段接触网的运行。

接触网分段有横向分段和纵向分段两种形式，如图 5-10 所示。

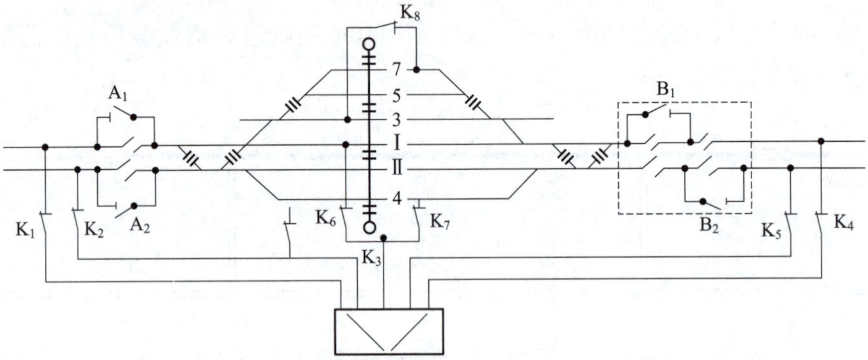

图 5-10　双线区段有牵引变电所的车站站场分段与供电方式示意

1. 横向分段

接触网线路(或线群)之间所进行的分段称为横向分段。如站场内因各股道的作用不同进行的分段。图 5-10 中，某车站的 6 个股道，在线路横向分为三个供电分区，分别为 5、7，Ⅰ、3，Ⅱ、4 股道。

在双线和多线路区段上，不论是区间或者站场，其正线间电气上总是分开的，其分段方式、方法视股道的具体情况而定。如果正线间有渡线道岔，则往往是在此处进行分段。Ⅰ、Ⅱ股道为下行、上行正线，其通过渡线处的分段绝缘器和各个软横跨处的 5(9)号节点实现横向电气分段。

在枢纽(含大型客站及区段站)的各分场中，为方便供电和检修的需要，按电化股道群不同供电分区进行供电，称为分束供电。

装卸线、旅客列车整备线、检查电力机车上部设备的线路均应分段，并在该处安装带接地刀闸的隔离开关。

每条库线应当单独分开，且用带接地刀闸的隔离开关连接。为保证检修工作的安全，还应在适当位置上装设隔离开关开闭位置的灯光指示器。

大型车场上的电分段应特别注意其灵活性。在各个线群之间有分段时，应能打开任一网组(或车场)而不影响其他网组的接/发列车。图 5-10 中经 5、7 股道和Ⅰ、3 股道分成两个线群，在 5、7 道停电检修、装卸作业时，不影响正线的接发车。

对站场的供电线路应做到既能向站场供电，也可作为区间供电线的后备。在选择供电线的截面时，应保证有向站场和区间同时供电的可能性。在复线区段上，区间每条正线都应有单独的供电线路，如图 5-11 中的 K_1 与 K_4 和 K_2 与 K_5 供电线均应通过隔离开关而与站场或区间相连接。设置隔离开关的原则是既保证供电的可靠性，又要保证供电的灵活性，既可以向整个站场供电，也可以分别向站场各网组供电。

选择隔离开关的安设地点时，应注意操作方便和便于实现距离控制，连接跳线应简单和安全。在绝缘关节处，开关一般设在靠近车站的转换支柱上。

2. 纵向分段

接触网沿线路方向所进行的分段称为纵向分段，如在站场和区间衔接处所进行的分段。站场和区间的接触网应是各自独立的，因此在它们的连接处必须进行分段。图中 A_1、A_2 开关处采用绝缘锚段关节实现电分段，A_1、A_2 为常开隔离开关，实现区间和站场分开供电。区间接触网一般不进行电分段，但遇有大型人工建筑物（长大隧道及长大下承桥）时，应将这些建筑物的接触网单独分段。

在交流电气化铁路区段同一变电所供电的不同供电分区的同相电之间的绝缘，称为电分段，实现电分段绝缘的装置称为分段绝缘装置。分段绝缘装置可以用绝缘锚段关节或分段绝缘器实现。采用绝缘锚段关节形式可以提高列车通过电分段时的允许运行速度。在系统正常运行时，分段绝缘装置两端几乎没有电位差，当相邻的供电分区有一个停电检修时，分段绝缘装置承受 25 kV 工作电压。绝缘锚段关节作为电分段使用时，两支接触悬挂过渡区域较长，当机车受电弓停留在等高点附近的时候，可能因为不同供电分区间的电位差发生拉弧，在一端接地时，将产生短路电弧烧损接触悬挂线索，故在绝缘锚段关节作为电分段使用时，要在两转换柱间设置禁停标，在 30 m 左右的范围内禁止电力机车在此停车。

不同相电采用分相绝缘器。图 5-11 中虚线框部分表示分相绝缘装置，线路在所示位置实现纵向电气分段。

3. 分段绝缘器

分段绝缘器又称分区绝缘器，是在接触悬挂中能使同相位的相邻两部分得到电分段并允许受电弓通过的绝缘设备，是接触网电气分段的常用设备。它安装在上下行正线间渡线接触网、基本站台须独立检修股道、各车站装卸线、机车整备线、电力机车库线、专用线、动车运用所分束供电区域等处。在正常情况下，机车受电弓带电滑行通过。当某一侧接触网发生故障或因检修需要停电时，可打开分段绝缘器处的隔离开关，将该部分接触网断电，而其他部分接触网仍能正常供电，从而提高了接触网运行的可靠性和灵活性。

分段绝缘器由于材质及结构上均存在一定的问题，虽经不断改进，但仍为接触网运营的薄弱环节，应合理使用，尽量少设，不应使分段绝缘器长时间处于对地耐压状态，尤其在雾、雨、雪等恶劣天气时，应尽量缩短其对地的耐压时间，即当作业结束后应尽快合上隔离开关，恢复正常运行。

分段绝缘器按照其结构分为滑道式分段绝缘器和非滑道式分段绝缘器。滑道式分段绝缘器的绝缘元件全部或部分可以作为滑道，运行时电力机车受电弓与其直接接触。非滑道式分段绝缘器的绝缘元件不作为滑道，运行时电力机车受电弓不与其直接接触。分段绝缘器多带有消弧角隙，具有消弧功能。

分段绝缘器的产品型号为：

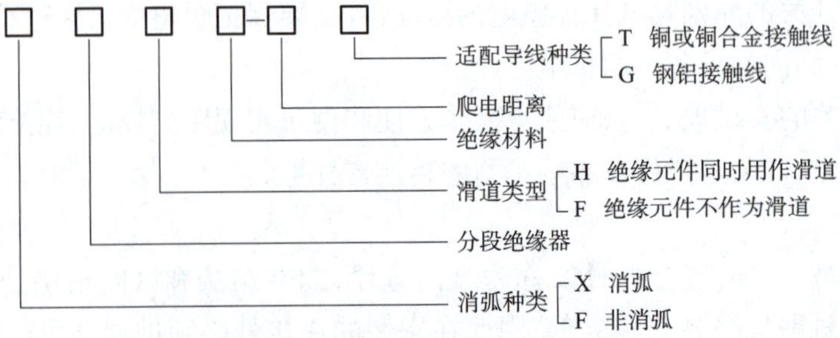

示例:XFHP-1. 20T 表示消弧型分段绝缘器,绝缘元件为合成材料,绝缘元件同时作为滑道,爬电距离为1. 20 m,适用于铜或铜合金接触线。

我国常见的分段绝缘器,有高铝陶瓷分段绝缘器、滑道式菱形分段绝缘器和各种消弧分段绝缘器等。其在结构上既保证机车受电弓平滑通过,又能满足供电分段的要求。

(1)高铝陶瓷分段绝缘器

高铝陶瓷分段绝缘器结构如图 5-11 所示,可满足 70 km/h 行车速度的要求。

其中绝缘元件为高铝陶瓷绝缘棒,它由高强度玻璃纤维芯棒、高铝陶瓷护套、密封垫圈、灌封层和金属接头组成,长度为600 mm,每侧用两根棒串接起来,总泄漏距离是1 200 mm。高强度玻璃纤维芯棒采用聚酯树脂或环氧树脂为胶粘剂,其抗拉强度超过 45 号钢,直径为 12 mm。

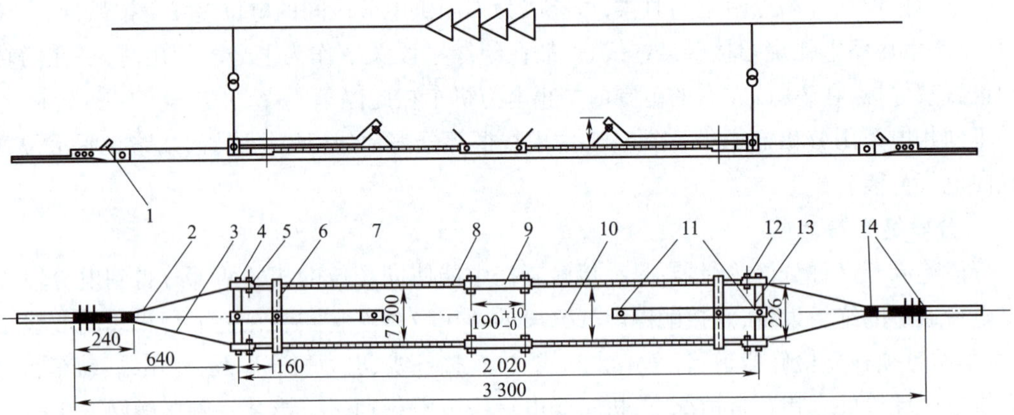

1—钢钻接触线接头线夹;2—导流框架Ⅰ;3—导流框架Ⅱ;4—销钉;5—接头;6—横撑架;7—角钢支架;8—绝缘元件;9—辅助滑道;10—导流角隙;11—螺栓;12—圆头销钉;13—横撑管;14—辅助导线及线夹。

图 5-11 高铝陶瓷分段绝缘器结构(单位:mm)

高铝陶瓷护套为 75 号氧化铝瓷,表面涂硅脂,有优异的耐磨和抗老化性能。密封垫圈起密封和缓冲作用,采用石棉垫和硅橡胶两种垫圈。硅橡胶垫圈在耐老化、抗漏电及工艺方面都优于石棉垫圈。

这种型号的分段绝缘器的缺点为:高铝陶瓷管容易受到受电弓冲击而破碎,受电弓滑板通过导流间隙易拉弧,不适合在通行速度较高线路上使用,目前属于淘汰产品,逐渐退出应用。

(2)滑道式菱形分段绝缘器

滑道式菱形分段绝缘器结构如图 5-12 所示。

受电弓通过分段绝缘器时,受电弓滑板与导流板和绝缘件同时接触。分段绝缘器绝缘件采用玻璃纤维树脂绝缘棒,具有较高的机械强度、绝缘强度和耐磨性。导流板用磷青铜制成,具有较好的导电性和耐磨性。桥绝缘子一般采用加强型玻璃纤维棒并覆盖硅橡胶或聚四氟乙烯护套,结构上起支撑和绝缘作用,桥绝缘子的伞裙下沿比滑道平面高。受电弓通过桥绝缘子下方时为防止在两导流板转换时拉弧,特设防闪络角隙,以保护桥绝缘子,角隙为 220 mm,采用不锈钢制成。绝缘泄漏距离 1 200 mm。当用于钢铝接触线时总长度为3 058 mm,用于铜接触线时,因接头线夹不同总长度为 2 812 mm。滑道式菱形分段绝缘器具有结构简单、质量轻、便于安装与维护、防污性能好等优点,可适应 160 km/h 的行车速度,目前应用较广泛。

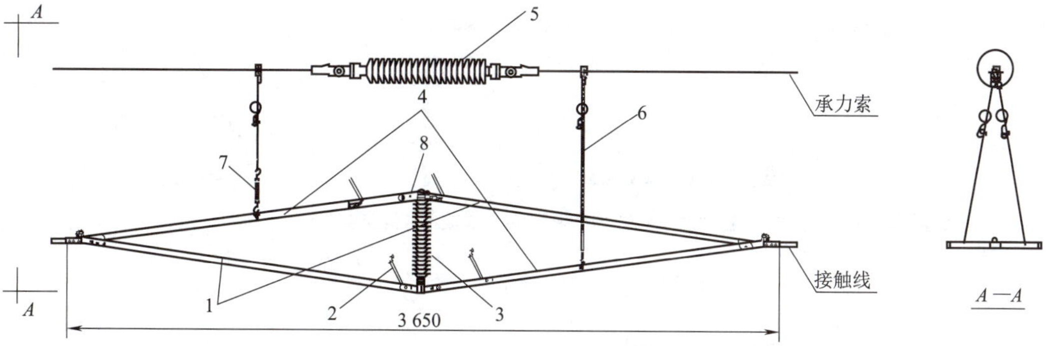

1—玻璃纤维树脂绝缘板;2—防闪络角隙;3—桥绝缘子;4—导流滑板;
5—复合悬式绝缘子;6—分段绝缘器吊弦;7—调整螺栓;8—桥绝缘子底座。

图 5-12 滑道式菱形分段绝缘器结构(单位:mm)

分段绝缘器安装于交叉渡线时,应安装在线路中心,安装后分段绝缘器滑道平面应与轨平面平行,过渡平滑。

(3)AF 分段绝缘器

AF 分段绝缘器基本结构如图 5-13 所示,其对应的国产化产品为 XFFP-1.6,可以满足 200 km/h 运行需要,目前在高速铁路中比较常见。承力索处绝缘采用长棒绝缘子(无伞裙),分段绝缘器吊弦上端固定在绝缘子上的滚柱上。为了减轻自重,绝缘器滑板采用多孔的结构,滑板伸出接触线线夹前部有一定距离,减小了接触线线夹处的冲击。其滑道为开口结构,为了防止受电弓和开口处滑板发生冲击,AF 分段绝缘器的安装调整非常重要。分段绝缘器的绝缘材料采用两根带 PTFE(聚四氟乙烯,具有较高的耐热、润滑和理想的憎水性)护套的 GRP(玻璃纤维树脂)杆。护套磨损到一定值或者露出 GPR 杆时,要更换绝缘杆。

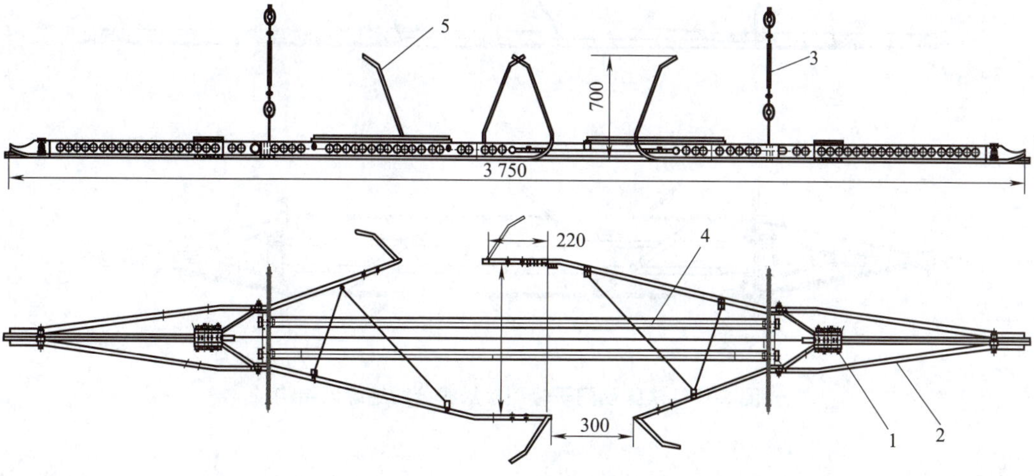

1—接触线线夹;2—滑板;3—调整螺栓;4—绝缘杆;5—消弧角。

图 5-13 AF 分段绝缘器结构(单位:mm)

(4)吉斯玛分段绝缘器

法国吉斯玛公司的分段绝缘器,其国产型号为 XFHP-(1.6)T,基本结构如图 5-14 所示。其具有较好的灭弧性能,主绝缘使用爬距是 1 600 mm 的绝缘子。

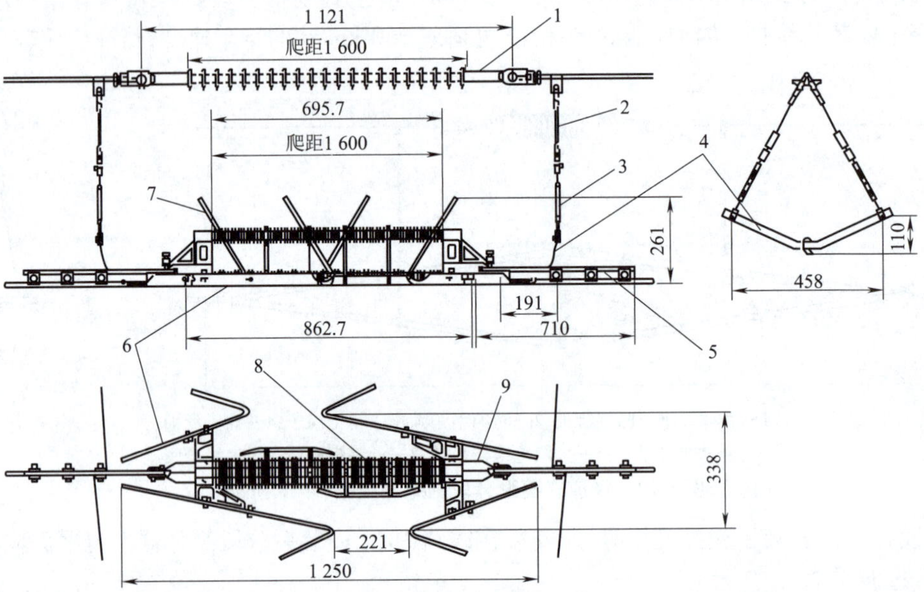

1—承力索绝缘子;2—吊弦线;3—吊弦调整螺栓;4—支承杆;5—辅助导线及线夹;6—滑板;7—消弧角;8—绝缘器绝缘子;9—接触线线夹。

图 5-14 吉斯玛分段绝缘器结构(单位:mm)

(5)轻型分段绝缘器

德国西门子轻型分段绝缘器,在提速区段和高速铁路中应用较多,基本结构如图 5-15 和图 5-16 所示。

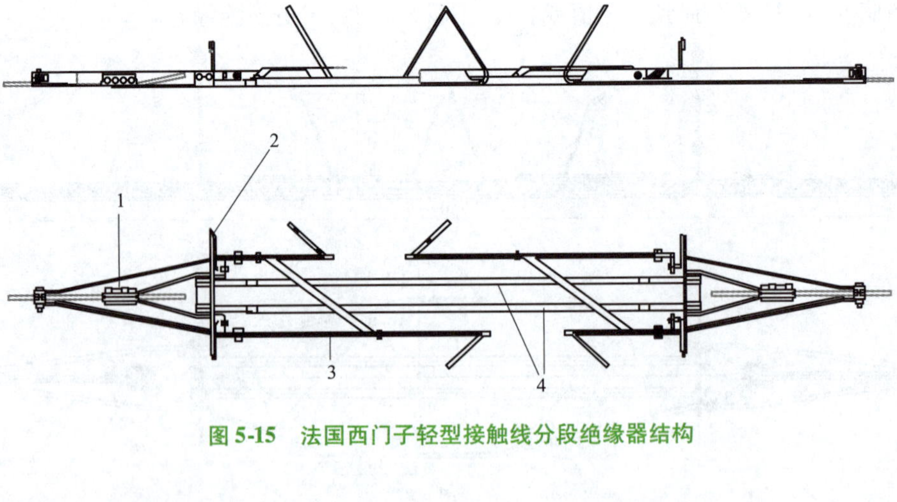

图 5-15 法国西门子轻型接触线分段绝缘器结构

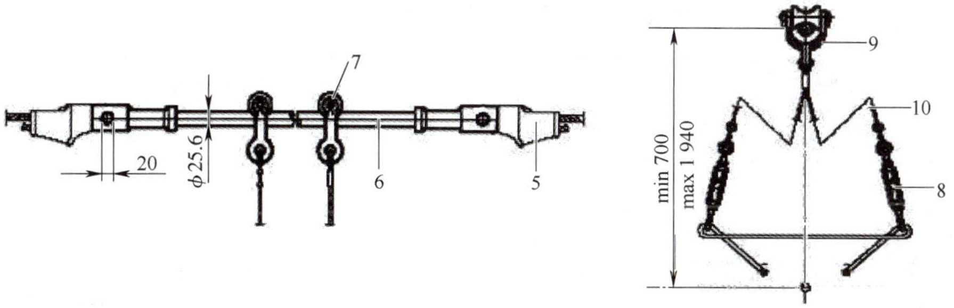

1—接触线接头线夹;2—横撑架;3—滑板;4—分段绝缘器绝缘子;5—楔型线夹;6—承力索绝缘子;
7—吊弦;8—可调螺栓;9—承力索线夹;10—吊弦。

图 5-16　法国西门子轻型承力索分段绝缘器结构(单位:mm)

(6)Re200C 用分段绝缘器

改型分段绝缘器主要应用在哈大线,其他线路较少使用。

4. 分段绝缘器检调要点

分段绝缘器时整个线路的薄弱环节,事故率较高,主要表现在分段绝缘器和轨面不平行,导致碰弓刮弓事故;分段绝缘器接头线夹处出现硬点,造成导线磨耗严重;分段绝缘器绝缘元件发生闪络击穿事故;接头线夹松动导致导线抽脱事故等。

分段绝缘器检调的要点有:

①各绝缘子是否脏污、破损。磁绝缘子(接触悬挂上的磁绝缘子逐渐被复合绝缘子代替)表面破损面积超过 300 mm^2时予以更换。长棒绝缘子表面应清洁、无烧伤、无裂纹,表面放电痕迹不应超过有效长度的 20%。绝缘棒直径为 20 mm 的圆形棒,当磨损超过 2. 5 mm 后旋转使用,可以旋转 4 ~5 次,每面磨损小于 3. 5 mm。

②分段绝缘器应与轨平面平行,位于受电弓中心位置,误差为 ±50 mm,框架本体完好,无变形、扭曲、裂纹等现象。安装处接触线和承力索必须垂直,注意安装点的轨道超高和坡度对分段绝缘器安装的影响。绝缘器导线接头处过渡平滑。

分段绝缘器安装高度应按照设计行车速度要求的抬高量确定,运行误差为 ±5 mm,如图 5-17所示。根据通过分段绝缘器的设计行车速度,确定受电弓抬升力,见表 5-8。用弹簧秤按照抬升力大小在安装位置中心向上提拉接触线,测出需抬高的值,确定分段绝缘器的安装高度。安装平面平行于轨面连线,最大误差不超过 10 mm。

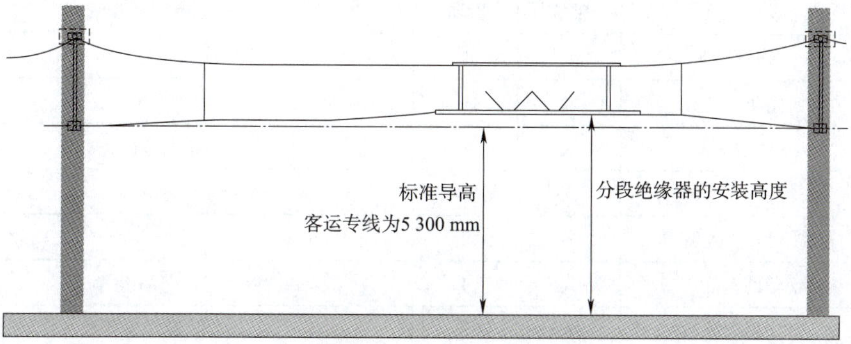

图 5-17　分段绝缘器安装高度示意

表 5-8　行车速度与受电弓抬升力对照表

允许行车速度/(km/h)	单接触线的抬升力/N
20	80
100	100
160	120
200	150

③滑板磨损大于 3 mm 时,需要重新调整滑板的高度,以便确保滑板与绝缘棒的间隙不小于 4 mm,当磨损达到最大值(滑板剩余高度余 1 ~2 mm)时,需要及时更换滑板。

④各部螺栓紧固力矩符合零部件规定值要求。

思考:

1. 在什么地方应该安装分段绝缘器,为什么?
2. 为什么说分段绝缘器是接触网的薄弱环节?
3. 分段绝缘器的常见故障有哪些?

三、工作流程与任务

(一)流程图

分段绝缘器检修流程如图 5-18 所示。

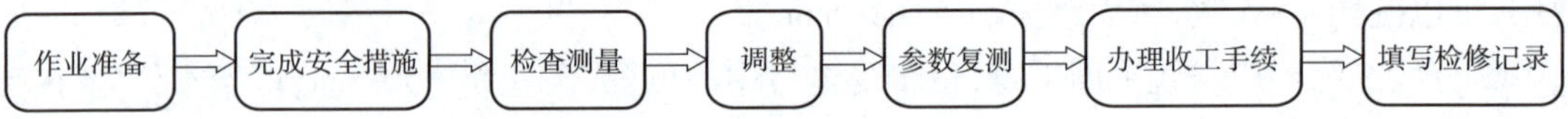

图 5-18　分段绝缘器检修流程

(二)任务组织

分段绝缘器检修人员配置见表 5-9。

表 5-9　分段绝缘器检修人员配置表

序号	项　目	单位	数量	备　注
1	工作领导人	人	1	
2	主防护员	人	1	
3	地线监护人	人	2	兼行车防护
4	地线操作人员	人	2	
5	高处作业人员	人	2	
6	辅助人员	人	4	兼测量
7	司乘人员	人	2	司机、副司机各 1 人

分段绝缘器检调工具配置见表5-10。

表5-10　分段绝缘器检调工具配置表

序号	名　称	规格或型号	单位	数量
1	作业车(车梯)	—	台	1
2	接触网激光测量仪	—	台	1
3	滑轮	—	个	1
4	力矩扳手	—	套	1
5	小绳	—	条	1
6	水平尺	600 mm	把	1
7	钢卷尺	5 m	把	1
8	短接线	—	套	1
9	紧线器	50 ~ 150	套	2
10	钢丝套	—	套	2
11	锉刀	—	把	1
12	扭面器	—	套	2
13	直弯器	五轮	套	1
14	橡皮锤	—	把	1
15	链条式手扳葫芦	3 t	台	1

分段绝缘器检调材料配置见表5-11。

表5-11　分段绝缘器检调材料配置表

序号	名　称	规　格	单位	数量	备　注
1	铁线	ϕ4.0 mm	kg	适量	
2	棉纱	—	kg	适量	
3	开口销	—	个	适量	
4	细砂纸	—	张	适量	
5	承力索绝缘子	—	根	1	
6	分段绝缘器(含配套零部件)	DXF-(1.6)Ⅱ	套	1	
7	承力索终端线夹	—	套	2	根据现场情况
8	整体吊弦	—	根	若干	根据现场情况

(三)技术标准

(1)分段绝缘器主绝缘应完好,其表面放电痕迹应不超过有效绝缘长度的20%。主绝缘严重磨损应及时更换。

(2)分段绝缘器通过速度不得超过120 km/h,空气绝缘间隙不小于300 mm。

(3)分段绝缘器应位于受电弓中心,一般情况下偏差不超过100 mm,相对于两侧吊弦有5 ~ 15 mm的负弛度。滑道底面应平行于轨面,最大偏差不超过10 mm。

(4)分段绝缘器导线接头、导流滑道端头处过渡平滑。承力索分段绝缘子应采用重量较轻的有机复合绝缘子。

(5)分段绝缘器不应长时间处于对地耐压状态。雨、雪、雾、冻雨等恶劣天气下,起电分相段作用的隔离开关应严格处于分闸状态。隔离开关应在作业开始前30 min内断开,在作业间歇时间大于30 min时应闭合,继续作业时再断开,作业结束后应及时闭合。

(6)分段主绝缘子与铜滑道间应保持2~5 mm高差。

(7)分段绝缘器安装位置应符合规定,距离定位点不得小于2 m。

(四)检修程序和方法

1. 作业准备

按规程要求填写工作票并交付工作领导人,工作领导人向作业组全体成员宣读工作票、分工并进行安全预想,检查工具、材料。

2. 完成安全措施

做好安全措施,工作领导人确认完成安全措施后,通知各作业组开工。

3. 检查测量

分段绝缘器的组装图及各组装件、紧固件如图5-19所示。

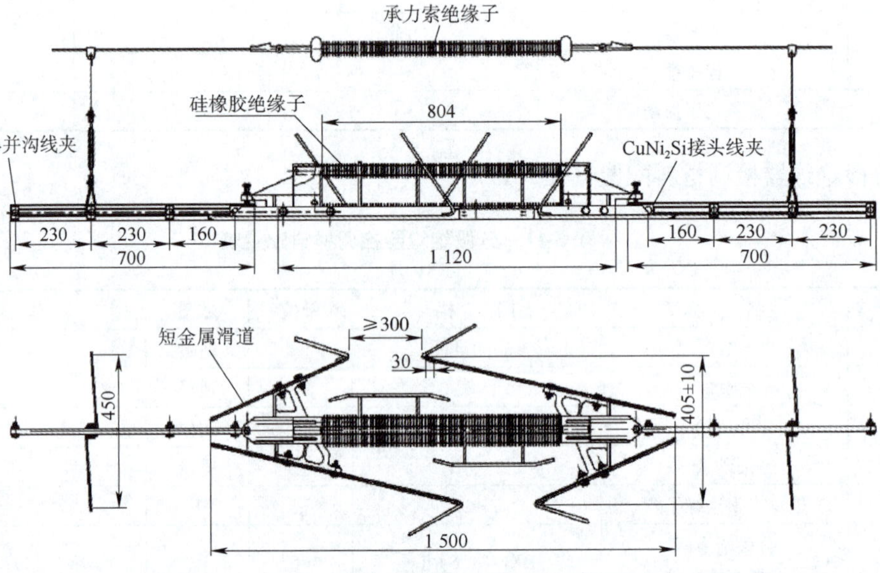

图5-19 分段绝缘器组装件及紧固件(单位:mm)

(1)检查主绝缘滑道:检查主绝缘及绝缘子支座有无裂纹、烧伤、破损和老化,并清扫绝缘部件。

(2)检查导流板:导流板的下部球状部分磨损高度。

(3)检查绝缘滑道的底面:分段绝缘器的绝缘滑道底面是否形成一条炭化通道。

(4)检查承力索分段绝缘子:分段绝缘子伞群有无破损、撕裂、气泡、老化,接缝有无开胶,电镀层有无剥落现象等。

(5)检查绝缘器接触线接头:绝缘器与接触线连接是否牢固、过渡是否平滑,各接头线夹有无裂纹和烧伤、腐蚀现象,线夹安装主线与辅线应为同一规格型号的接触线。

(6)消弧角:检查消弧角有无变形、损坏,是否有放电痕迹。

（7）调节吊弦：调节吊弦有无断股、受力不均匀现象，调节螺栓是否锈蚀、损坏。

（8）L 型支架：检查 L 型支架安装位置是否正确，安装方向是否正确，L 型支架本体是否有裂纹现象。

（9）分段绝缘器静态参数测量：在检测分段绝缘器静态参数时一般采用“六点标定检查法”进行检测，六个测量点如图 5-20 所示。

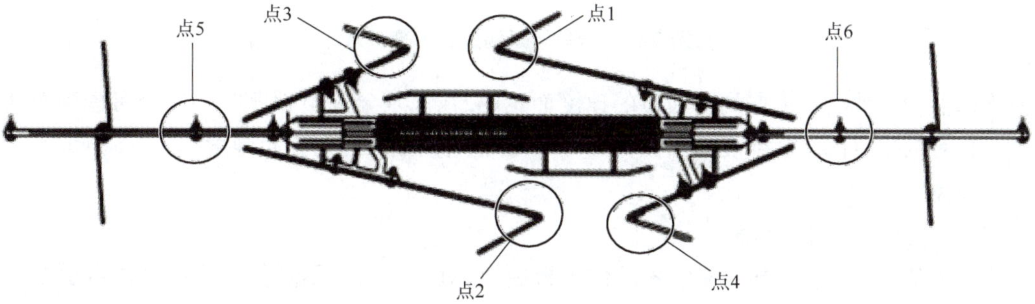

图 5-20　分段绝缘器六个测量点示意

①测量四个铜滑道的导高（点 1 ~4）。

②测量 T 形螺栓处接触线的导高及拉出值（ 点 5、点 6），具体如下：

a. 点 5、点 6 的拉出值控制在 ±50 mm 之内，困难时不得大于 100 mm；

b. 点 5、点 6 导高均应大于设计导高（负弛度另定）且高差控制在 10 mm 之内；

c. 点 1 ~4 相互间高差不得大于 10 mm。

（10）除了对分段本体六个测量点进行测量外，在分析负弛度时，结合现场实际情况，分段处于不同的位置时需要测量的范围也不一样。为直观方便可列表画图分析，具体分类如下：

①分段处于跨中时，如在渡线上，需要测量分段所在跨的跨中偏移值、前后定位点导高和拉出值、跨中各吊弦点导高，如图 5-21 所示，负弛度计算方法（条件：两端定位点导高相等且分段处于跨中）为分段所在跨内平均导高与分段绝缘器中心点导高的差值：$d_{平} = (d_1 + d_2)/2$。其中，d 分为分段中心点导高值。

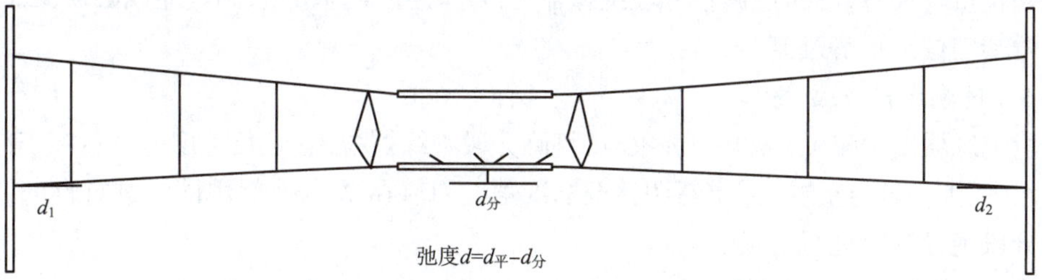

图 5-21　分段绝缘器负弛度计算示意

②当分段离一端定位点很近（10 m 以内）时，如靠近线岔、分束开关柱，除了测量图 5-21 中所述各点外，还需向靠近的定位点方向顺线路延长一跨测量定位点（含拉出值）及各吊弦定位点导高，如图 5-22 所示，此种情况下需要结合现场实际情况向分段靠近侧延长一跨综合考虑计算负弛度。

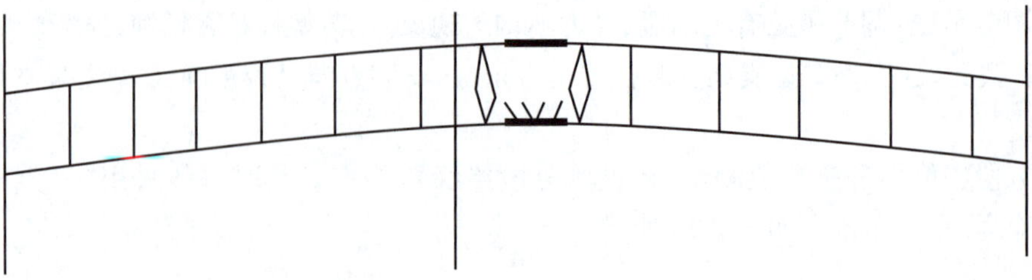

图 5-22 分段靠近侧延长一跨示意

分段绝缘器的负弛度是依据列车通过的速度而定的,在评判分段负弛度时要充分考虑列车通过速度。相对两端定位点负弛度一般在 50 ~70 mm,相对两端相邻吊弦负弛度在5 ~15 mm。

4. 调整

(1)外观缺陷调整、处理

①对外观有裂纹、放电现象的零部件进行更换,对开口角度不到位的开口销进行更换并掰开 120° ~130°,对不受力的吊弦进行调整、更换。

②对有脏污的分段绝缘器、绝缘子进行清扫,清扫时用棉纱清除绝缘子表面灰尘即可,脏污严重时可用清水清洗(注:采取防止破坏复合绝缘子表面憎水涂层的措施)。

(2)分段绝缘器与轨面连线平行调整

①顺线路方向:根据测量数据,确定调整方向和调整量,调整或更换分段绝缘器两侧吊弦,使分段绝缘器顺线路两端等高,最大误差不超过 10 mm。

②垂直线路方向:根据测量数据,确定调整方向和调整量,先调整一侧吊弦调节螺栓,再调节另一侧吊弦的调节螺栓,使分段绝缘器平面与其正下方的两轨顶连线平行。

(3)分段绝缘器中心与线路中心横向偏移调整

用接触网激光测量仪测量分段绝缘器两侧接头线夹处相对于线路中心的偏移值,确定调整量,适当增大或减小相邻定位点拉出值,必须保证分段绝缘器位于线路中心,横向偏移不大于 100 mm。

(4)负弛度调整

根据测量数据,确定调整方向和调整量,若调整较小时,可调整吊弦上的调节螺栓进行调整。若调整量较大时,可通过调整分段绝缘器与两端定位点间吊弦,调整完成必须保证分段绝缘器与两端定位点平滑过渡。

(5)分段绝缘器拉弧、放电

分段绝缘器发生拉弧、放电的现象时,复测分段绝缘器拉出值、负弛度是否达标,分段绝缘器是否水平,如不符合要求,需重新调整至标准值。对轻微放电处要用砂纸进行打磨,对放电严重的分段绝缘器要进行更换。

(6)分段绝缘器消弧角断裂

分段绝缘器消弧角断裂时必须更换分段绝缘器本体。更换方法如下:

①在分段绝缘器两侧挂接 25 mm 裸铜软绞短接线。

②更换安装前,先检查经过拉力试验合格的分段绝缘器各部元件及附件是否齐全,有无损伤,确认符合标准后方可使用。

③先将予以更换的分段绝缘器两侧接触线适当位置分别安装紧线器,挂上手扳葫芦。

④摇紧手扳葫芦,直至分段绝缘器卸载。

⑤拆除旧的分段绝缘器,更换新的分段绝缘器。

⑥松手扳葫芦与紧线器,使分段绝缘器充分受力,检查各部件受力情况并再次按照力矩大小紧固螺栓,确认分段绝缘器受力状态良好、安全可靠后,完全松开手扳葫芦。

⑦通过调整螺栓细调高度,并用水平尺测量滑轨横向连线与轨面连线平行度。调整后,用激光测量仪检测高度。

⑧更换完毕,撤除 25 mm 裸铜软绞短接线。

⑨检查分段绝缘器与接触线连接是否牢固、过渡是否平滑。

(7)承力索复合绝缘子更换

承力索复合绝缘子损坏、闪络时需更换绝缘子,更换方法为:在承力索绝缘子两侧用紧线器连接手扳葫芦,适当紧起手扳葫芦,使分段绝缘子卸载,拔出绝缘子与终端锚固线夹连接的销钉,拆下旧绝缘子,更换新绝缘子,松动手扳葫芦,检查受力情况。

(8)接头线夹处过渡不平滑

分段绝缘器与接触线连接处接头线夹过渡不平滑、有硬点时应对分段绝缘器的调整螺栓(图 5-23)进行微调。从滑板端部向分段中心量取 50 mm,把水平尺放在此处,如图 5-24 所示,用扳手调整螺栓直到水平尺处导线与滑板在同一水平面内,随后紧固防松螺母。

图 5-23　分段绝缘器调整螺栓示意

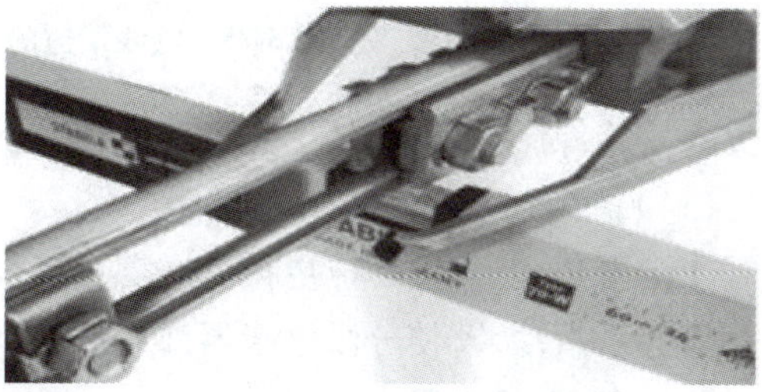

图 5-24　接头线夹调整示意

(9)导流板的下部球状部分磨损余下 1~2 mm 时更换导流板

①在需要更换的分段绝缘器元件两侧接触线适当位置分别安装多功能紧线器,挂上手扳葫芦。

②通过手扳葫芦紧线,直至安装分段绝缘器位置的线索充分卸载。

③做好标记,拆下旧分段绝缘器。

④将分段绝缘器骑跨在安装点的葫芦链上,端头需锉平,顺接头线夹沟槽插入,使接头线夹的齿形角嵌入接触线的凹槽内,与主绝缘滑道密贴、对齐、不留缝隙。接触线底面应与主绝缘滑道底面在一条直线上,否则,用木槌敲击调整正直。

⑤接头线夹三只螺栓用扭力扳手由内向外按顺序进行至少 3 次紧固。紧固时,应用力均匀,不能过急过猛,紧固力矩为 50 N · m。主绝缘元件与接头线夹连接螺栓紧固件要安装牢固,不能松动。

⑥松开手扳葫芦,使分段绝缘器充分受力,检查各部件受力情况,确认分相绝缘器受力状态良好、安全可靠后,拆卸手扳葫芦及其他紧线工具。

⑦安装两条可调整式整体吊弦。通过调整,使分段绝缘器底面对轨面连线平行,不能存在偏斜、不平现象。必要时,整理线面或用平锉整修。

⑧用作业车检测弓或水平尺模拟受电弓,沿分段绝缘器接头部位滑行,检查各零件衔接处

是否存在不平整、硬点,接触是否可靠。

⑨依次安装其他两组元件。

(10)主绝缘滑道底面有炭化通道

①当分段绝缘器的绝缘滑道底面形成一条炭化通道时,如果分段一侧停电,将会在分段绝缘器的绝缘滑道底面发生爬电闪络现象,严重时可能烧毁绝缘滑道。如有炭化通道,应使用酒精将主绝缘滑道或绝缘杆底平面擦干净,待酒精完全挥发后即可使用。

②主绝缘滑道单面允许的磨损深度为 2 mm,因此磨损深度不超过 2 mm 时,可将绝缘棒旋转 72°继续使用。旋转时可先拧松一根绝缘子两端的内六角螺栓,再用扳手转动绝缘滑道的两端,到位后(绝缘滑道两端金属件上有刻痕标记)拧紧螺栓。之后,再按上述步骤旋转另一根绝缘滑道。总共可使用 5 个磨损面,如图 5-25 所示。

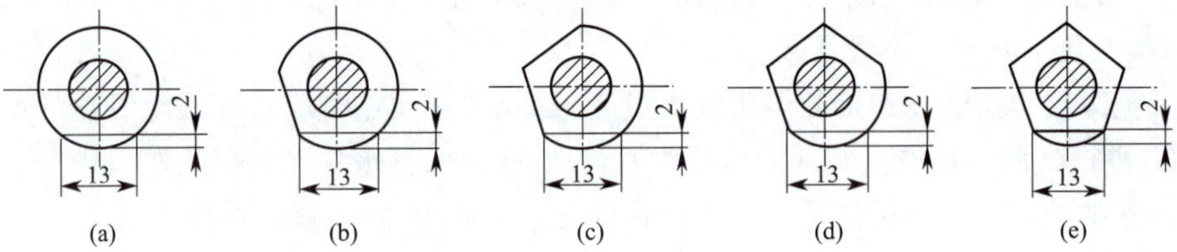

图 5-25 绝缘滑道的磨损周期示意(单位:mm)

③主绝缘严重磨损,超出允许值时,应及时更换。

(11)消弧角

①消弧角变形、损坏应更换。在需更换消弧角的分段绝缘器两侧用紧线器连接手扳葫芦,适当紧起手扳葫芦,使分段绝缘器卸载,拔出消弧角连接销钉,拆下旧消弧角,更换新消弧角,松动手扳葫芦,检查受力情况。

②如有放电痕迹,用砂纸进行打磨。

(12)调节吊弦

①调节吊弦有断股,调节螺栓锈蚀、损坏,更换后重新调整负弛度、顺线路方向水平、垂直线路方向水平。

②两调节吊弦受力不均时,在分段绝缘器的安装处,用弹簧秤提起接触线,并记下弹簧秤指示 120 ~ 150 N 时接触线到作业平台的高度 H,此高度为安装分段绝缘器的最佳高度,按此高度调整两调节吊弦到受力状态。调节吊弦受力不均如图 5-26 所示。

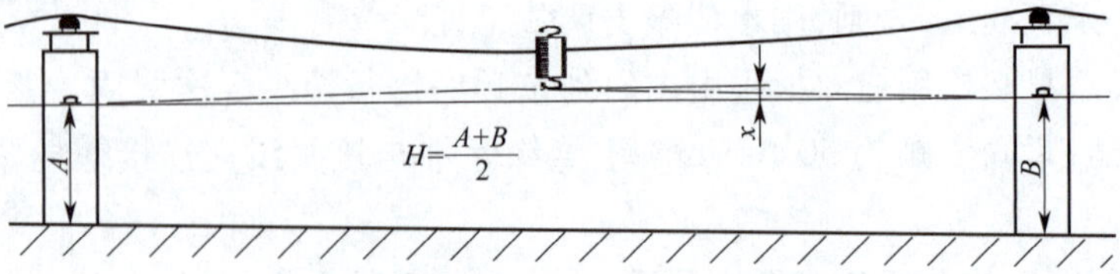

图 5-26 调节吊弦受力不均示意

(13)L 型支架

当 L 型支架断裂、变形时,应更换。

①在分段绝缘器两侧安装手扳葫芦,紧固手扳葫芦卸载分段绝缘器。

②拆下旧L型支架。

③安装新L型支架，暂不拧紧专用螺母和单孔线夹，通过调节吊弦调节分段绝缘器高度。

④测量分段绝缘器底面与轨平面平行后，拧紧专用螺母和单孔线夹。

⑤均匀拆除手扳葫芦，使分段绝缘器受力。

⑥复测检查各部参数。

(14)紧固力矩检查

检查各部件有无裂纹、损伤、缺失，螺栓有无脱扣、锈蚀，各部位连接是否正确。各部螺栓紧固状态应达标，见表5-12，销钉应齐全完好。

表5-12　螺栓力矩紧固标准

序号	名　称	螺栓直径/mm	标准紧固力矩/(N·m)	测试力矩/(N·m)
1	吊弦线夹	M10	25	23
2	接触线接头线夹	M12	55	50
3	并沟线夹	M10	25	23

5. 参数复测

检修作业完毕后，对检修后的设备质量进行检查验收，验收关键点：

(1)绝缘器应位于受电弓中心，一般情况下误差不超过100 mm。

(2)滑道应平行于轨面，最大误差不超过10 mm。

6. 办理收工手续

(1)工作领导人确认各作业组工作结束，人员机具均已撤至安全地带后，通知监护人员撤除地线及其他安全措施。

(2)工作领导人确认安全措施撤除后，通知驻站联络员申请消除停电作业命令和线路封锁命令。

(3)工作领导人召开收工会，办理收工手续。

7. 填写检修记录。

按照当天检修情况填写检修记录。

四、分析与思考

本任务主要是消弧分段绝缘器检调，填写“分段、分相绝缘器记录”关系到接触网的结构和技术标准要求。因此，如何保证设备各项参数的合格至关重要，本任务在实际工作中需要注意以下问题：

(1)检修绝缘器作业时，应用不小于25 mm^2的等位线先连接等位后再进行作业。

(2)检修时不得碰撞绝缘器和用脚踩踏绝缘器。

(3)硅橡胶绝缘清扫时，严禁使用带溶剂的各种清洗剂，可使用中性的清洗液(粉)。

(4)导流板不得有任何横纵向弯曲。

(5)安装过程中注意防止紧线器滑动，断线前必须检查紧线器的受力状态。

(6)调直接触线应用直弯器或用木槌敲打，严禁使用铁锤、铁管等硬物敲击。

五、任务评价

姓名：

任务名称：分段绝缘器装置的维护与检修　　　　实际考核时间：　　min

项目	配分	序号	评分标准	扣分	得分	备注
作业准备	15 分	1	人员着装整齐，安全劳保用品佩戴齐全，一项不合格扣 2 分			
		2	材料、工具型号选择正确、齐全、作业开始前摆放整齐，并进行检查。材料、工具选错一项扣 2 分，未进行检查或检查不到位扣 2 分			
作业质量	60 分	1	检修分段绝缘器与线索连接处过渡平滑，滑板端部向分段中心 50 mm 处，导线与滑板应在同一水平面内，否则扣 3 分			
		2	检查分段绝缘器应水平并平行于轨面连线，最大误差不超过 10 mm，否则扣 3 分			
		3	检查分段绝缘器调整后两端吊索（四根）应受力状态良好，否则每处扣 2 分			
		4	检查分段绝缘器应位于受电弓中心，误差不超过 ±100 mm，否则扣 3 分			
		5	检查分段绝缘器安装高度符合设计要求，负驰度相对相邻吊弦 5 ~ 15 mm，相对两端定位点 50 ~ 70 mm，否则扣 5 分			
		6	检查分段绝缘器各力矩应符合标准（接头线夹螺栓 A2-70 紧固力矩 55 N · m，螺栓 A2-80 紧固力矩 80 N · m。并沟线夹 M10 × 35 M10 × 45 螺栓的紧固力矩为 25 N · m。），否则每处扣 2 分			
		7	检查各部件齐全，开口销掰到位，否则每处扣 2 分			
		8	分段绝缘器调整后吊索尾端应盘绕整齐并绑扎牢固，否则每处扣 2 分			
		9	检查调节螺栓防松螺帽应紧固，否则每处扣 2 分			
		10	检修完成，利用水平尺验证受电弓通过情况，否则扣 3 分			
安全及其他	20 分	1	不得出现划伤、碰伤、高处落物，否则每次扣 5 分			
		2	不得出现其他违反作业标准项，否则每项扣 5 分			
		3	作业过程中规范使用安全带，否则提醒一次扣 2 分			
		4	作业时间 20 min，每超 1 min 扣 1 分，时间以秒计，不足 1 min 算 1 min，超过 10 min 判定失格			
		5	未加装等位线安全措施前，作业人员不得碰触设备，否则扣 5 分			
作业结束	5 分	1	清理工料具，并摆放整齐，未按照要求扣 5 分			
合计	100 分					

注：每个项目扣分累计不超过其配分，扣完为止。

操作开始时间：　　时　　分　　　　操作结束时间：　　时　　分

考评员：　　　　统分人：　　　　年　　月　　日

任务三　分相绝缘器的维护与检修

分相绝缘器是接触网的核心组成部分，其典型工作任务是接触网维护与检修的重要组成部分，和其他模块共同组成接触网的日常维护与检修工作。

一、任务书

图5-27是锚段关节式（六跨）电分相结构示意。根据实训基地实物进行锚段关节式电分相的检调。

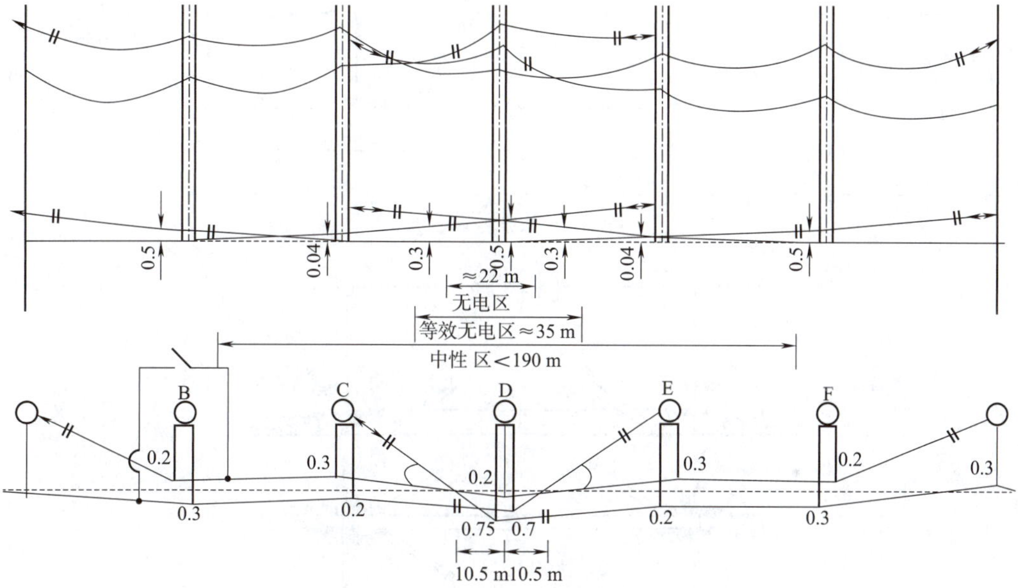

图5-27　锚段关节式（六跨）电分相结构示意

二、知识准备

在单相交流牵引供电系统中，电力机车由单相电供电，为了平衡电力系统的U、V、W各相负荷，一般要实行U、V相轮流供电。所以不同相供电的接触网之间要进行可靠绝缘，称为电分相。电分相通常由分相绝缘器实现。分相绝缘器是接触网中用于两段不同电压或不同相位处，避免接触网在受电弓通过时被连通的装置。

分相绝缘器要有可靠的绝缘性能，其工作状态下需承受不同相之间的43.3 kV（120°相位差时）电位差，在处于不同电网交界处电分相装置承受的电压可达55 kV。同时又要保证列车受电弓平滑的通过。列车通过电分相采用机车主断路器打开，受电弓不降弓惰行方式。在变电所出口处及两牵引变电所之间（供电臂末端）必须设电分相装置。

电分相包括分相绝缘器和相应的线路标志构成。电分相根据其实现方法分为器件式绝缘电分相和锚段关节式电分相。

1. 器件式绝缘电分相

器件式绝缘电分相在接触悬挂中串入分相绝缘器，实现两侧接触悬挂的电气分段。电分相两侧机械上不分段，受电弓可以平顺地滑过分相装置，如图 5-28(a)所示。

早期分相绝缘器一般由三块(或四块)相同的环氧树脂玻璃层压布(俗称玻璃钢)绝缘件组成，每块玻璃钢绝缘件长 1. 8 mm、宽 25 mm、高 60 mm，底面做成斜槽，以增加表面泄漏距离。当机车受电弓有接触线进入绝缘元件时，产生的电弧容易烧坏绝缘件，破坏其绝缘性能。为了改善其性能，在绝缘元件两端设置消弧角，如图 5-28(b)所示。根据接触线所使用的导线类型不同，它可分为 T 型和 GL 型两种类型。两种电分相整机长度：T 型≥2 200 mm，GL 型≥2 300 mm。二者主要区别在于和铜(铜合金)接触线、钢铝接触线连接的线夹不同。

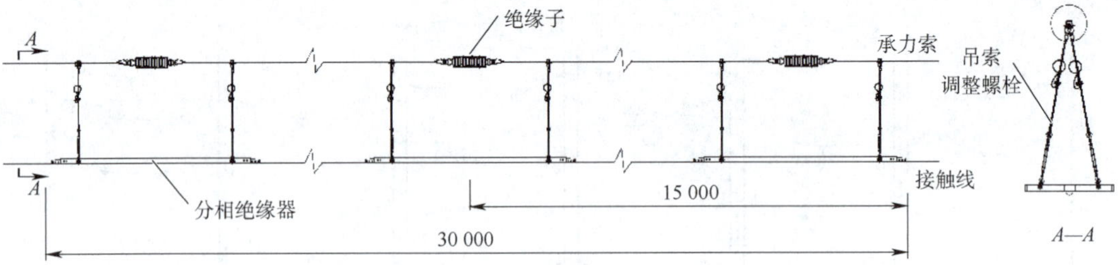

(a) 分相绝缘器结构

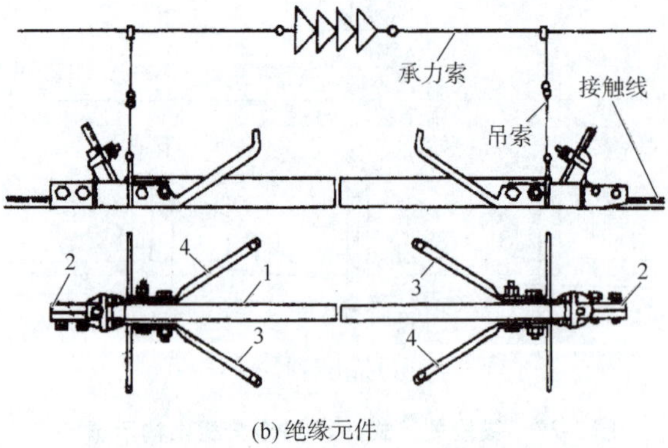

(b) 绝缘元件

1—绝缘元件；2—接头线夹；3、4—消弧角。

图 5-28　分相绝缘器结构(单位：mm)

两端部绝缘元件之间的不带电区段称为中性区段，电力机车通过中性区段时为断电惰行通过。电分相绝缘器两端的接触网为不同相供电，它应保证列车安全通过而不发生短接事故，因此，中性区段不宜过长，其长度以电力机车升起双弓时不短接不同相接触线为限。电分相绝缘器上方的承力索，通过与绝缘元件相对应的悬式绝缘子断开。分相绝缘器的设置应注意避开线路的大坡道，以利于电力机车惰行，同时还要考虑信号显示、调车作业、供电线径路及维修管理方面等条件。

随着铁路运行速度的提高，对分相元件的要求提高，消弧分相绝缘器产品的结构与分段绝缘器类似，区别在于要保证两侧可靠绝缘、滑道较短、有足够的爬距和空气绝缘距离。通过改进其材料、结构，其耐弧、耐污、耐漏电能力、耐磨性及减少硬点等方面优于前两种产品。改进后的分相绝缘器设有金属滑道及引弧装置，虽然重量上比 XTK 型重，但是分相绝缘器与导线连接头高出金属滑道 3 ~ 5 mm,避免了受电弓与接头线夹的直接接触。长三角形布置的金属滑道在接头线夹前分散了受力,减少了硬点。承力索绝缘子采用无裙边的聚四氟乙烯光棒绝缘子,有较好的自洁功能。

图 5-29 所示的是京津城际铁路在场站中使用的某型消弧电分相绝缘器,其特别之处是两组绝缘元件间的接触悬挂,承力索和接触线通过电连接线连接后接地。当机车不断电通过,严重的拉弧将一组分相绝缘器短路,发生来车方向供电臂的接地事故时,这种设计不会造成分相两侧两不同相供电分区的短路。在工程实践中,采用两元件式的分相装置将中性段接地的应用并不广泛,大多数情况下两元件(或三元件)中间的接触悬挂中性区不接地。器件式绝缘电分相主要应用在行车速度不高的场合。

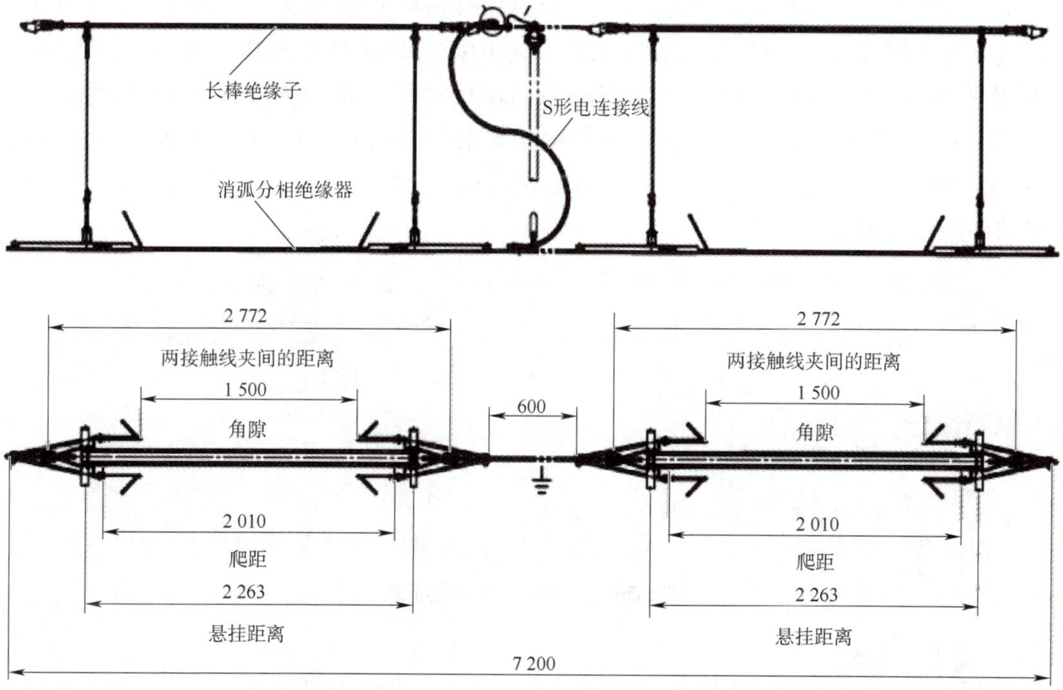

图 5-29　消弧电分相绝缘器(单位:mm)

器件式绝缘电分相的安装检调重点和分段绝缘器类似。在对分相绝缘器进行检调时,需要相邻两个供电分区同时停电。

2. 锚段关节式电分相

采用分相绝缘器的电分相装置在应用中存在多种问题:分相绝缘器存在明显的硬点,高速列车通过时,冲击达到 60 g(g 为重力加速度)以上;绝缘器绝缘部件表面易出现烧伤(甚至烧断);停电检修困难等。对于速度大于 160 km/h 的准高速和高速电气化铁路,电分相多采用带中性段、空气间隙绝缘的锚段关节式电分相。从广—深准高速铁路开始,我国近年来逐渐在提速干线、高速电气化铁路中使用锚段关节式电分相,满足高速时受电弓平稳通过要求。

锚段关节式电分相的缺点是结构复杂,检修工作量大,一旦发生接触网故障,抢修难度大;中性区长,对列车运行速度影响大;在坡道设置时,对牵引吨数和线路坡度会有严格的限制,分相区越长,对地形的适应性越差;两个空气间隙的存在要求重联机车牵引的受电弓间距必须限制，否则，可能造成相间短路；受电弓在中性锚段和带电锚段过渡时，由于电位差的存在，会产生电弧，影响过渡区内的接触线寿命。

锚段关节式电分相从分相区长度上可以分为两大类，长分相和短分相。从空气间隙绝缘的个数分类可以分为两断口式分相和三断口式分相。采用何种分相形式，和机车通过分相的自动装置的类型、机车（动车）重联、受电弓运行方式等因素有关。

在长分相方式时，即电分相无电区长度大于双弓间距，按照16（8+8）编组动车组受电弓前-前、后-后运行方式，双弓间距达到201 m，其无电区长度201～220 m（4跨），加上两绝缘锚段关节实现绝缘断口，这时的分相长度达到12～18跨。长分相方案不能采用列车断电惰性方式通过，否则将造成速度损失或者列车无电区停车事故增加。短分相方式指中性段的长度小于双弓间距。分相装置的无电区，指靠近中性段中心的两绝缘转换柱绝缘子外侧间的距离。分相装置的中性区，指远离中性段中心的两绝缘转换柱绝缘子内侧间的距离，如图5-30所示。《新建时速200 km客货共线铁路设计暂行规定》中规定，当列车采用多弓运行时，若多弓用高压母线连接，应保证两最远端受电弓之间的距离小于电分相无电区的长度D_1；若多弓不用高压母线连接，应保证任意两受电弓之间的距离小于无电区长度D_1或大于中性段的长度D_2。

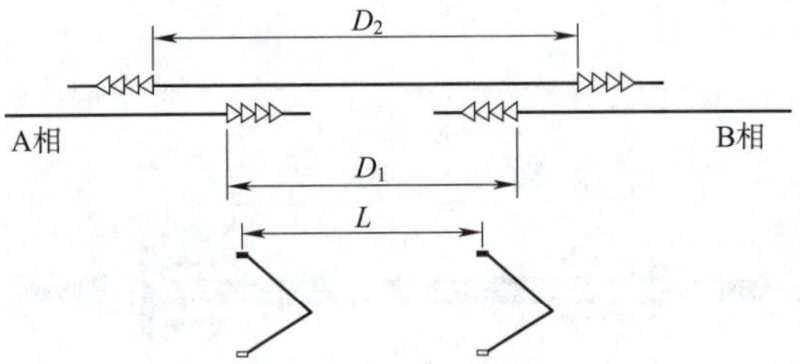

(a) 长分相方式中双弓间距小于无电区

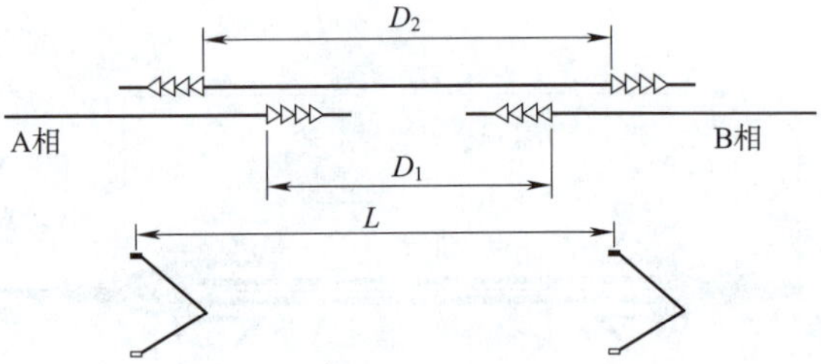

(b) 短分相方式中双弓间距大于无电区

图5-30　长分相与短分相示意

(1) 短分相方案

短分相方式的分相装置由两个连续的绝缘锚段关节组成，有一个中性段、两个空气绝缘断口。绝缘锚段关节可以采用四跨或五跨关节。其根据其重叠的跨数不同，构成了不同类型的短分相方案。从六跨到九跨关节式分相在我国都有采用。目前应用较多的是提速线路中使用的七跨分相和高速铁路中使用的六跨分相。

图5-31为我国高速铁路六跨锚段关节式电分相的典型结构。它由两个四跨绝缘锚段关节重叠2跨构成。两列动车联挂运行时，严禁“后弓—前弓”运行方式，两受电弓最小距离不小于190 m，两受电弓间不允许有高压母线连接。两外转换柱处两非支绝缘子串距离不大于190 m。为满足这一需要，运行绝缘子向中心柱方向移动，该型分相结构在武—广、郑—西、京—沪高速铁路等采用。其装配结构也和绝缘锚段关节类似，不同的是其存在一个三腕臂柱，装配形式如图5-32所示（在不同线路的设计中，也有一个双腕臂柱加一单腕臂柱形式）。图5-33为提速区段七跨锚段关节式电分相的立面图和平面图。

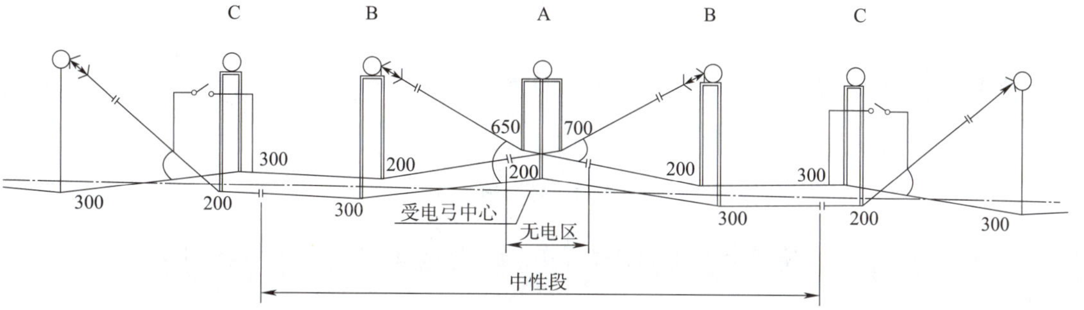

图 5-31　高速铁路六跨锚段关节式电分相（单位：mm）

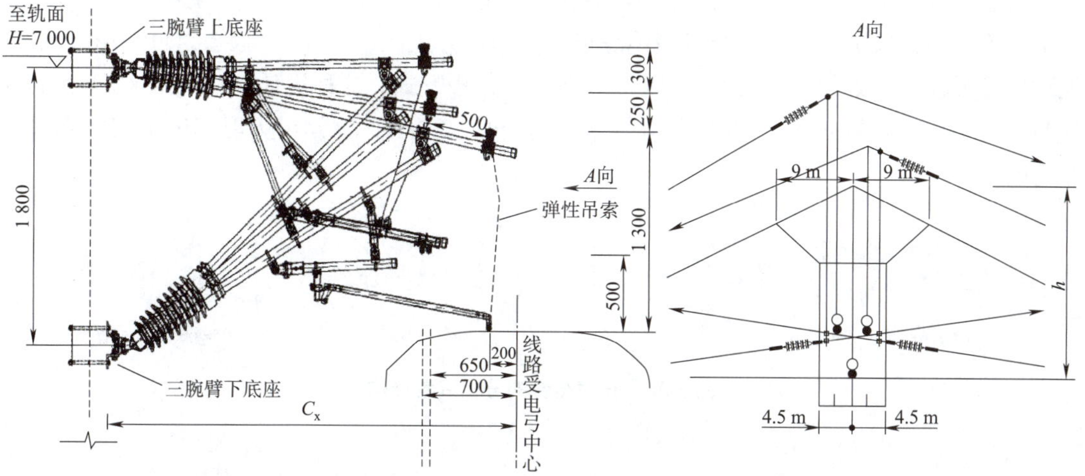

图 5-32　六跨锚段关节式电分相三腕臂支柱的装配（单位：mm）

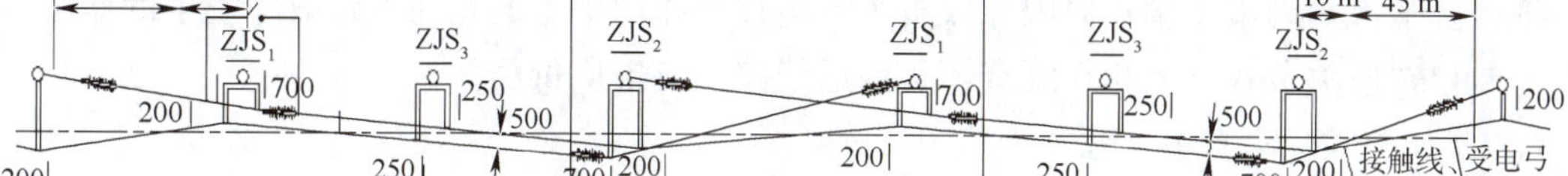

(a) 立面图

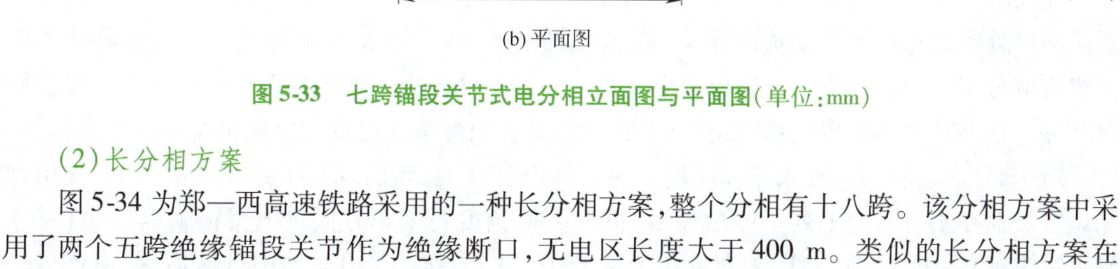

(b) 平面图

图 5-33　七跨锚段关节式电分相立面图与平面图（单位：mm）

(2) 长分相方案

图 5-34 为郑—西高速铁路采用的一种长分相方案，整个分相有十八跨。该分相方案中采用了两个五跨绝缘锚段关节作为绝缘断口，无电区长度大于 400 m。类似的长分相方案在京—津城际高速铁路也有应用，其设计无电区长度 220 m，由十二跨组成。

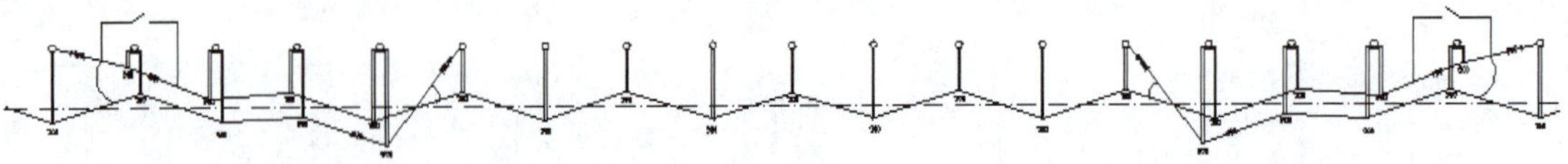

图 5-34　长分相示意

在分相两端分别设置两台双极电动负荷开关，与两侧馈电线或接触网相连，纳入远动控制。

(3)长短结合的关节式分相

长短结合的关节式分相装置的基本构成如图 5-35 所示，主要由一个六跨关节式电分相和一个五跨绝缘锚段关节构成。当五跨绝缘锚段关节的开关闭合时，工作状态为短分相方式；当五跨绝缘锚段关节处的开关打开时，工作状态为长分相方式。这种设计在郑—西、武—广高速铁路都有采用。其好处在于，在列车运行方式改变时，长分相、短分相实现起来不需要太多线路更改。

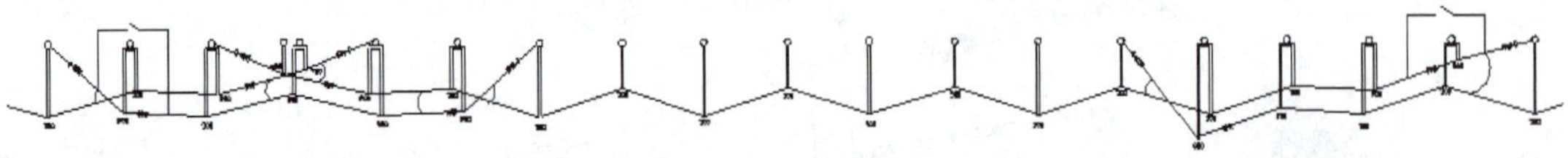

图 5-35　长短结合的分相装置结构

(4)三断口式分相

三断口式分相由三个连续的绝缘锚段关节组成，3 个绝缘关节共形成了 3 个断口和 2 个中性段。对于无高压母线连接的两支受电弓，无论双弓间距如何，两受电弓都不可能将三个断口同时短接起来，也就是说三断口电分相可以适应任意受电弓间距的列车运行。当列车双弓有高压母线连接时，两受电弓的间距应小于两外侧断口内侧绝缘间的距离。

其优点为：

①满足双列动车组无高压母线连接的不同双弓间距运行需要；

②满足多台机车重联、连挂升弓运行的需要；

③可降低人为因素或设备原因导致机车带电过分相而引起的相间短路故障发生的概率。

三断口锚段关节式电分相在既有客货混运线路上有推广价值。

(5)机车停在无电区的处理

在关节式分相装置中一般装设有隔离开关或负荷开关。对于高速铁路线路，一般在两个绝缘断口处都设有双极电动负荷开关(除越区供电外，两组开关不能同时闭合)，在联络线的关节式电分相机车前进方向设置单极电动负荷。提速区段中一般也只在机车前进方向设置隔离开关。这些开关可以提高系统运行的灵活性，并能对停在无电区的电力机车进行救援。

对于高速铁路而言，在来车和前进方向上都设有开关，当出现列车停在无电区时，先由列车调度员命令来车方向上列车停车降弓，再由供电调度对来车方向供电臂接触网停电(并联供电需先解环，再停电)，然后闭合分相处两开关。机车升弓受电驶离中性区后，供电调度恢复系统正常供电状态，断开分相处两开关，恢复来车方向供电。当来车方向供电臂中存在车站时，应上下行同时停电，防止上下行渡线上的分段绝缘器损坏导致短路事故。

当只有前进方向设置开关，机车停于无电区且和来车方向锚段间满足绝缘条件时，通过闭合隔离开关，可使机车恢复供电，开出无电区。在隔离开关没有纳入远动，需要接触网工区派员到现场确认受电弓与来车方向锚段间满足绝缘条件时，隔离开关闭合，机车可以自行驶离无电区。当开关远动操作时，机车乘务员无法可靠确定能否闭合前进方向的开关，盲目操作有安全隐患。即使让来车方向供电臂上的机车全部降弓，来车方向变电所对供电臂停电，然后闭合前进方向隔离开关对机车进行救援也不完全安全可靠。当受电弓刚好停留在来车方向等高区前的某些位置时，会有拉弧等安全问题。

(6)电分相线路标志

为了防止受电弓通过电分相元件时，拉弧烧损绝缘元件，甚至烧断线索，要求电力机车乘务员按照操作规程规定退级，关闭辅助机组，断开主断路器，惰性通过电分相装置后恢复机车运行。在电分相两端设置线路标志以提示机车乘务员操作。在双线电气化区段，考虑组织反方向行车需要，在“合”“断”标志背面，可分别加装“合”“断”字标，作为反方向行车的“合”“断”电标使用。标志牌应具有逆反射功能。采用锚段关节式电分相时，标志牌的起始位置从无电区绝缘子处算起。

3. 关节式电分相绝缘器检调重点(短分相方案为例)

(1)绝缘距离：在电分相的锚段关节内，2 支接触悬挂的水平间距均为 500 mm，2 支接触悬挂间空气绝缘间隙应≥450 mm，施工误差应控制在 0 ~ +50 mm，各个定位点抬高允许误差 ±20 mm；

(2)中性区：中性区长度为 35 m，机车惰行通过中性区，其长度应大于单台机车升双弓取流时的受电弓间距(一般不大于 26 m)。为了满足重联机车通过要求，35 m 中性区长度不足时，可以采用九跨式电分相(两个绝缘锚段关节间只重叠 1 跨)，中性段(包括中性区加两个过渡区)的长度应符合设计要求，施工允许偏差为 0 ~ +500 mm。

(3)为了减轻接触悬挂中的集中负载，非工作支中绝缘子宜采用合成绝缘子，绝缘锚段关节电分段绝缘子串安装位置应符合设计要求，施工允许偏差为 ±50 mm；承力索、接触线两绝缘子串中心应对齐，施工允许偏差为 ±50 mm。

(4)接触线高度：五跨绝缘锚段关节转换跨内两接触线等高处，行车速度为 160 km/h 路段，接触线高度比正常高度应高出 30 mm，施工允许偏差为 ±10 mm；行车速度为 200 km/h 路段，接触线高度比正常高度应高出 40 mm，施工允许偏差为 ±10 mm。

(5)腕臂顺线路偏移值应符合设计要求，允许偏差为 ±50 mm(注意双腕臂的偏移值方向相反，不要调错)。

(6)转换柱处，当非工作支接触线位于工作支定位管上面时，其间隙不应小于 50 mm。限位定位器的间隙应符合设计要求，允许偏差为 ±1 mm。

思考：

1. 在什么地方应该安装分相绝缘器，为什么？
2. 为什么说分相绝缘器是接触网的薄弱环节？
3. 分相绝缘器的常见故障有哪些？

三、工作流程与任务

（一）流程图

分相绝缘器检修流程如图 5-36 所示。

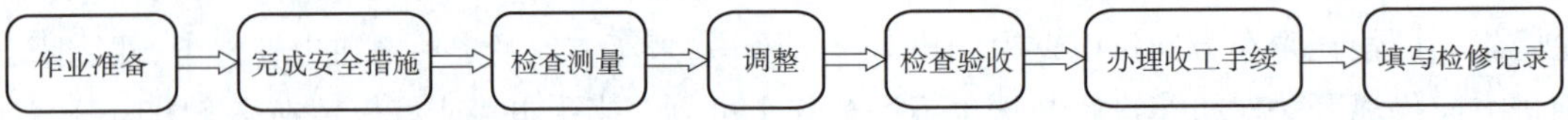

图 5-36　分相绝缘器检修流程

（二）任务组织

分相绝缘器检修人员配置见表 5-13。

表 5-13　分相绝缘器检修人员配置表

序号	项　目	单位	数量	备　注
1	工作领导人	人	1	
2	主防护员	人	1	
3	行车防护员	人	2	根据现场实际情况设置
4	地线监护人	人	2	根据现场实际情况设置
5	地线操作人员	人	2	根据现场实际情况设置
6	高处作业人员	人	3(2)	作业车(车梯)
7	地面辅助人员	人	4	推扶(车梯)
8	作业车司机	人	2	作业车

分相绝缘器检修所需工具见表 5-14。

表 5-14　分相绝缘器检修工具配置表

序号	名　称	规格或型号	单位	数量	备　注
1	作业车(车梯)	—	台	1	
2	紧线器	50～150	套	2	
3	钢丝套子	3 m	套	2	
4	扭面器	—	套	2	
5	钢卷尺	10 m	把	1	
6	棕绳	ϕ18 mm	条	1	10 m 以上
7	接触网激光测量仪	DJJ	台	1	
8	力矩扳手	0～100 N·m	套	1	
9	水平尺	600 mm	把	1	
10	木槌(橡皮槌)	—	把	1	
11	链条手扳葫芦	0.75 t	台	1	
12	安全带	—	条		高处作业人员每人 1 条

续上表

序号	名　称	规格或型号	单位	数量	备　注
13	个人防护用品及工具	—	套		现场作业人员每人1套
14	行车防护用品	—	套		防护员1人1套
15	接地线	—	组		按工作票执行
16	验电器	27.5 kV	套		按工作票执行
17	验电接地防护用品	—	套		按工作票执行
18	短封线	25 mm^2	套	1	
19	随车地线	—	套	1	

分相绝缘器检修所需材料见表5-15。

表5-15　分相绝缘器检修材料配置表

序号	名　称	规格或型号	单位	数量
1	组合定位装置	—	套	适量
2	可调整体吊弦	—	套	若干
3	承力索电连接线夹	—	套	4
4	接触线电连接线夹	—	套	4
5	电连接线	—	m	若干
6	定位线夹	—	套	4
7	定位环	—	套	2
8	锚支定位卡子	—	套	2
9	承力索本线绑线	—		若干
10	镀锌铁线	ϕ1.6 mm	kg	若干
11	镀锌铁线	ϕ4.0 mm	kg	若干
12	电力复合脂	—	kg	适量

(三)技术标准

(1)分相绝缘器通过速度不得超过120 km/h。

(2)分相绝缘器主绝缘应完好,其表面放电痕迹应不超过有效绝缘长度的20%。主绝缘严重磨损应及时更换。

(3)分相绝缘器应位于受电弓中心,一般情况下偏差不超过100 mm。双线区段,在列车运行方向为上升坡度;单线区段,为(50±10)mm的负弛度。

(4)分相绝缘器导线接头处应过渡平滑。承力索分段绝缘子应采用重量较轻的有机复合绝缘子。

(5)中性区长度应符合《铁路技术管理规程(高速铁路部分)》规定。

(四)检修程序和方法

1. 作业准备

按规程要求填写工作票并交付工作领导人,工作领导人向作业组全体成员宣读工作票、分工并进行安全预想，检查工具、材料。

2. 完成安全措施

做好安全措施，工作领导人确认完成安全措施后，通知各作业组开工。

3. 检查测量

电分相装置中外观检查按照各项目分别执行。除了常规外观检查外，还包括以下检查项目：

(1)承力索导线位置检查

①中心柱下锚支接触线应按设计要求抬高 40 mm，施工允许偏差为 ±10 mm。转换柱接触线非工作支应按设计要求抬高 500 mm，施工允许偏差为 ±10 mm。非工作支接触线和工作支的腕臂定位管等的距离应≥20 mm。中心柱处接触线等高点接触线高度不应低于相邻吊弦点，允许高于相邻吊弦点 0～10 mm。

②拉出值应符合设计要求，施工允许偏差为 ±20 mm。

③限位定位器的间隙应符合设计要求，施工允许偏差为 ±1 mm。

④凡松动过的紧固螺栓的紧固力矩，均应用力矩扳手检测，并达到设计要求值。止动垫片应弯到位。

⑤两悬挂间的空气绝缘间隙符合设计要求。

(2)线索与零件绝缘距离检查测量

利用卷尺或水平尺进行测量。重点检查中心柱（C 柱和 D 柱）线索与 T 型定位器以及平腕臂之间的绝缘距离（图 5-37）。

图 5-37　中心柱处绝缘距离测量

(3)工作支、非工作支绝缘距离测量

用接触网多功能检测仪，测量转换柱、中心柱非工作支承力索高度 H_1 和工作支承力索高度 H_2，计算出非工作支承力索抬高量：$\Delta H = H_1 - H_2$。

用接触网多功能检测仪测量转换柱、中心柱非工作支承力索拉出值 a_1 和工作支承力索拉出值 a_2，计算出两支承力索的水平间距：$\Delta a = a_1 - a_2$。

或使用 DJJ-8 测量仪"非工作支"测量功能，根据提示先后测量工作支和非工作支承力索参数，由测量仪自动换算出两支承力索的垂直和水平距离。

(4)两中心柱间接触线等高位置、等高值及偏移值

用接触网多功能检测仪在两中心柱跨中位置测量两工作支接触线高度 H_1、H_2，计算出两接触线的等高值：$\Delta H = H_1 - H_2$。用接触网多功能检测仪在两中心柱跨中位置测量两工作支接触线拉出值 a_1、a_2，保证两支接触线在最大风偏时跨中偏移值符合标准。顺线路方向水平移动接触网多功能检测仪，找出实际等高位置。

(5)无电区、中性区长度的测量

无电区长度 D_1 指靠近中性段中心的两绝缘转换柱绝缘子外侧间的距离；中性段长度 D_2 指远离中性段中心的两绝缘转换柱绝缘子内侧间的距离，如图 5-38 所示。

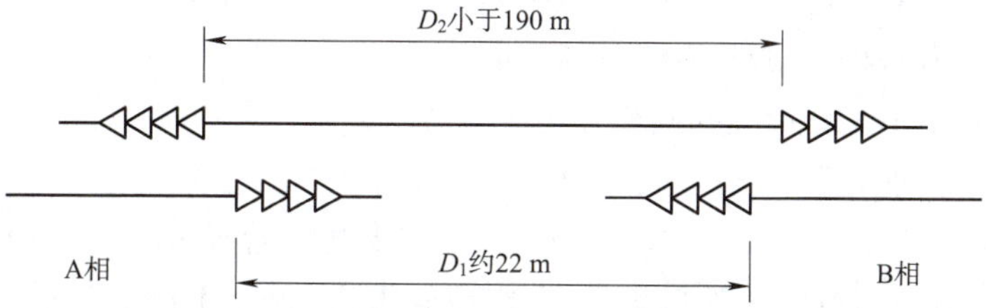

图 5-38　分相处无电区、中性区长度示意

(6)分相起始里程及中心里程的测量

根据线路公里标参数为基准，测量出分相两端的具体里程，关节式电分相起止里程按照最外端锚柱算起，中心里程按照分相的中点计算。

(7)螺栓紧固力矩检查，其力矩见表 5-16。

表 5-16　螺栓紧固力矩对照表

螺栓规格	紧固力矩/(N·m)	允许紧固力矩范围/(N·m)
M10 不锈钢	25	25～32
M12 不锈钢	44	44～56
M16 钩螺栓	59	59～70
M22 不锈钢	98	—

4. 调整

常规调整按照各项目分别执行。除了常规检调外，还包括各部位垂直水平距离调整。

(1)转换柱承力索水平间距调整

根据测量转换柱非工作支承力索拉出值 a_1和工作支承力索拉出值 a_2，计算出两支承力索的水平间距：$\Delta a = a_1 - a_2$，确定出调整方向及调整量。

承力索水平间距不符合标准的调整方法：

①先确认工作支承力索拉出值是否符合标准，当工作支承力索拉出值不符合标准时，人工调整工作支承力索拉出值。如果承力索受力较大，在支柱柱顶搭 1.5 t 手扳葫芦拉住承力索(直线、曲外)或工作支腕臂管插入一根带两个定位环的 1 m 长定位管(曲内)，调整定位管的

外露长度，在定位管上搭 1.5 t 手扳葫芦拉住承力索，摇动手扳葫芦将工作支承力索卸载，松开工作支承力索座，按照设计的拉出值确定调整方向和数据，将工作支承力索位置调整到标准位置。

②调整后承力索水平间距仍不符合标准的，再调整非工作支承力索。在支柱柱顶搭 1.5 t 手扳葫芦拉住承力索（直线、曲外）或非工作支腕臂管插入一根带两个定位环的 1 m 长定位管（曲内），调整定位管的外露长度，在定位管上搭 1.5 t 手扳葫芦拉住承力索，摇动手扳葫芦将非工作支承力索卸载，松开非工作支承力索座。如果承力索水平间距大，减小非支和工支承力索座之间的距离；如果承力索水平间距小，增大非支和工支承力索座之间的距离，将非工作支承力索位置调整到标准位置。复测承力索水平间距符合设计要求。

(2) 转换柱承力索垂直间距调整

根据测量转换柱非工作支承力索高度 H_1 和工作支承力索高度 H_2，计算出两支承力索的垂直间距：$\Delta H = H_1 - H_2$，确定出调整方向及调整量。

承力索垂直间距不符合标准的调整方法：

①先确认工作支承力索高度是否符合标准，当工作支承力索高度不符合标准时，在支柱柱顶搭 1.5 t 手扳葫芦拉住承力索（直线、曲外）或工作支腕臂管插入一根带两个定位环的 1 m 长定位管（曲内），调整定位管的外露长度，在定位管上搭 1.5 t 手扳葫芦拉住承力索，摇动手扳葫芦将工作支承力索卸载，松开工作支双套筒座。如果工作支承力索低，向支柱方向调高双套筒座到标准位置；如果工作支承力索高，向支柱反方向调低双套筒座到标准位置。

②调整后承力索垂直间距仍不符合标准的，再调整非工作支承力索。在支柱柱顶搭 1.5 t 手扳葫芦拉住承力索（直线、曲外）或工作支腕臂管插入一根带两个定位环的 1 m 长定位管（曲内），调整定位管的外露长度，在定位管上搭 1.5 t 手扳葫芦拉住承力索，摇动手扳葫芦将非工作支承力索卸载，松开非工作支双套筒座。如果承力索垂直间距大，向支柱反方向调低双套筒座到标准位置；如果承力索垂直间距小，向支柱方向调高双套筒座到标准位置。复测承力索垂直间距符合设计要求。

(3) 转换柱接触线水平间距调整

根据测量转换柱非工作支接触线拉出值 a_1 和工作支接触线拉出值 a_2，计算出两支接触线的水平间距：$\Delta a = a_1 - a_2$，确定出调整方向及调整量。

接触线水平间距不符合标准的调整方法：

①先确认工作支接触线拉出值是否符合标准，当工作支接触线拉出值不符合标准时，人工调整工作支接触线拉出值。如果接触线受力较大，则在支柱上搭 1.5 t 手扳葫芦拉住接触线（直线、曲外）或腕臂端部搭 1.5 t 手扳葫芦拉住接触线（曲内），摇动手扳葫芦将工作支接触线卸载，松开工作支定位支座，按照拉出值的大小调整方向和数据，将工作支接触线位置调整到标准位置。

②调整后接触线水平间距仍不符合标准的，再调整非工作支接触线。在支柱上搭 1.5 t 手扳葫芦拉住接触线（直线、曲外）或非工作支腕臂管插入一根带两个定位环的 1 m 长定位管（曲内），调整定位管的外露长度，在定位管上搭 1.5 t 手扳葫芦拉住接触线，摇动手扳葫芦将非工作支接触线卸载，松开非工作支接触线锚支卡子。如果接触线水平间距大，减小锚支卡子和工作支定位支座的距离；如果接触线水平间距小，增大锚支卡子和工作支定位支座的距离，

将非工作支接触线位置调整到标准位置，使两支接触线水平间距符合标准。复测接触线水平间距符合设计要求。

③当工作支接触线拉出值符合标准时，通过调整非工作支接触线的拉出值调整接触线的水平间距，调整方法同工作支接触线拉出值不符合标准时非工作支接触线的调整方法。

(4)转换柱接触线垂直间距调整

根据测量转换柱非工作支接触线高度 H_1 和工作支接触线高度 H_2，计算出两支接触线的垂直间距：$\Delta H = H_1 - H_2$，确定出调整方向及调整量。

接触线垂直间距不符合标准的调整方法：

①先确认工作支接触线高度是否符合标准，当工作支接触线高度不符合标准时，调整或更换工作支定位点两侧吊弦，将工作支接触线高度调整至标准值。

②以工作支接触线为基准，按调整数据调整或更换非工作支定位点两侧第一根吊弦，使高差符合标准，再依次调整或更换其他吊弦，使两支接触线间垂直间距符合标准。复测接触线水平间距符合设计要求。

③当工作支接触线位置符合标准时，调整或更换非工作支定位点两侧第一根吊弦，使高差符合标准，再依次调整或更换其他吊弦，使两支接触线间垂直间距符合标准。复测接触线水平间距符合设计要求。

(5)中心柱承力索水平间距调整

根据测量中心柱高支承力索拉出值 a_1 和低支承力索拉出值 a_2，计算出两支承力索的水平间距：$\Delta a = a_1 - a_2$，确定出调整方向及调整量。

调整方法参见“转换柱承力索水平间距调整”方法。

(6)中心柱承力索垂直间距调整

根据测量中心柱高支承力索高度 H_1 和低支承力索高度 H_2，计算出两支承力索的垂直间距：$\Delta H = H_1 - H_2$，确定出调整方向及调整量。

调整方法参见“转换柱承力索垂直间距调整”方法。

(7)中心柱接触线水平间距调整

根据测量中心柱一支接触线拉出值 a_1 和另一支接触线拉出值 a_2，计算出两支接触线的水平间距：$\Delta a = a_1 - a_2$，确定出调整方向及调整量。

①当两支工作支接触线拉出值不符合标准时，先调整一支。如果接触线受力较大，则在支柱上搭 1.5 t 手扳葫芦拉住接触线(直线、曲外)或腕臂端部搭 1.5 t 手扳葫芦拉住接触线(曲内)，摇动手扳葫芦将工作支接触线卸载，按照设计的拉出值确定调整方向和数据，松开工作支定位支座，将一支工作支接触线位置调整到标准位置。

②调整后接触线水平间距仍不符合标准的，再调整另一支工作支接触线。在支柱上搭 1.5 t 手扳葫芦拉住接触线(直线、曲外)或腕臂端部搭 1.5 t 手扳葫芦拉住接触线(曲内)，另一端与工作支接触线连接，摇动手扳葫芦将工作支接触线卸载，松开工作支定位支座。如果接触线水平间距大，减小定位支座之间的距离；如果接触线水平间距小，增大两工作支定位支座之间的距离，使两支接触线水平间距调整至符合标准。复测接触线水平间距符合设计要求。

③当一支工作支接触线拉出值符合标准时，调整另一支接触线，调整方法同两支工作支接触

触线拉出值不符合标准时的另一支工作支接触线的调整方法。

(8)中心柱接触线垂直间距调整

根据测量转换柱非工作支接触线高度 H_1 和工作支接触线高度 H_2，计算出两支接触线的垂直间距：$\Delta H = H_1 - H_2$，确定出调整方向及调整量。

调整方法见“转换柱接触线垂直间距调整”方法。

5. 检查验收

高速铁路电分段锚段关节及关节式分相的技术状态应符合下列要求：

(1)腕臂随温度变化顺线路的偏移量应符合设计要求，允许偏差 ±20 mm。

(2)五跨锚段关节中间跨为过渡跨，过渡跨两接触线等高处导线高度允许比相邻定位点抬高0 ~40 mm。

(3)转换柱、中心柱处两悬挂的垂直距离、水平距离符合设计要求，允许偏差为 ±20 mm。

(4)绝缘锚段关节的转换柱处绝缘子串距悬挂点的距离应符合设计要求，允许偏差为 ±50 mm。承力索、接触线两绝缘子串上下应对齐，允许偏差为 ±30 mm。

(5)绝缘锚段关节两锚段承力索、接触线相互间的空气绝缘间隙应符合设计要求。

(6)锚段关节式电分相中性区长度符合设计要求。

6. 办理收工手续

(1)工作领导人确认各作业组工作结束，人员机具均已撤至安全地带后，通知监护人员撤除地线及其他安全措施。

(2)工作领导人确认安全措施撤除后，通知驻站联络员申请消除停电作业命令和线路封锁命令。

(3)工作领导人召开收工会，办理收工手续。

7. 填写检修记录

按照当天检修情况填写检修记录。

四、分析与思考

本任务主要是器件式分相绝缘器检调，填写“分段、分相绝缘器记录”表关系到接触网的结构和技术标准要求。因此，如何保证设备各项参数的合格至关重要，在实际工作中需要注意以下问题：

(1)检修绝缘器作业时，应用不小于 25 mm^2 的等位线先连接等位后再进行作业。

(2)检修时不得碰撞绝缘器和用脚踩踏接触线。

(3)硅橡胶绝缘清扫时，严禁使用带溶剂的各种清洗剂，可使用中性的清洗液(粉)。

(4)接头线夹位置、接触线磨耗平面与分相绝缘器平面保持一致。

五、任务评价

姓名：　　　　　　　　　　　　　　　　　　　　　　　　　　单位：

任务名称：分相绝缘器的维护与检修　　　　　　　　　　　　　实际考核时间：　　min

项目	配分	序号	评分标准	扣分	得分	备注
作业准备	20 分	1	人员着装整齐，安全劳保用品佩戴齐全，一项不合格扣 2 分			
		2	材料、工具型号选择正确、齐全、作业开始前摆放整齐，并进行检查。材料、工具选错一项扣 2 分，未进行检查或检查不到位扣 2 分			
作业质量	60 分	1	检查中心柱下锚支接触线位置，否则扣 3 分			
		2	检查转换柱接触线非工作支位置，否则扣 3 分			
		3	检查各支柱拉出值，否则扣 3 分			
		4	检查线索与零件绝缘距离，否则扣 3 分			
		5	检查工作支与非工作支绝缘距离，否则扣 3 分			
		6	检查两中心柱间接触线等高位置的等高值及偏斜值，否则扣 3 分			
		7	检查无电区、中性区长度，否则扣 3 分			
		8	测量分相起始里程及中心里程，否则扣 3 分			
		9	作业完毕，工料具不得遗留在作业现场，否则扣 10 分			
安全及其他	15 分	1	仪表不得摔碰，否则扣 3 分。仪表不得损坏，否则扣 10 分			
		2	口述仪表的日常保管及维护方法，遗漏或者错误扣 5 分			
		3	不得出现其他违反作业标准项，否则每次扣 5 分。			
		4	作业时间 10 min，每超 1 min 扣 1 分，时间以秒计，不足 1 min 算 1 min，超过 2 min判定失格			
作业结束	5 分	1	清理工料具，并摆放整齐，未按照要求扣 5 分			
合计	100 分					

注：每个项目扣分累计不超过其配分，扣完为止。

操作开始时间：　　时　　分　　　　　　　　　　　　　　操作结束时间：　时　　分

考评员：　　　　　　　　　　　　　　统分人：　　　　　　　年　　月　　日

项目六

接触网运行与管理

接触网是电气化铁路重要的行车设备，接触网的运行检修应坚持“预防为主、重检慎修”的方针，按照“定期检测、状态维修、寿命管理”的原则，遵循专业化、机械化、集约化维修方式，依靠铁路供电安全检测监测系统（6C 系统）等手段，建立信息资源共享平台，实行“运行、检测、维修”分开和集中修组织模式，确保接触网运行品质和安全可靠性。

项目描述

接触网运行维修是通过对设备定期检测、分析诊断、质量评价和鉴定，并依据结果实施修理，恢复设备正常运行 状态的循环管理过程，主要包括运行、检测、维修等管理工作。

学习目标

1. 素养目标

（1）坚持执行管理和作业标准一丝不苟；

（2）坚持现场作业标准化、检查整治常态化；

（3）坚持安全责任重于泰山。

2. 知识目标

（1）掌握“6C”检测设备的使用原理和方法；

（2）掌握“6C”检测结果的分析方法。

3. 技能目标

（1）会用接触网“6C”检测监测设备；

（2）会对“6C”检测结果进行分析评价；

（3）会描述和统计接触网设备缺陷，并进行记录单填写；

（4）会进行接触网系统状态进行评价。

素养园地

青春“舞者”6 m 高空守护列车安全

2024 年 2 月 7 日清晨 7 时许，在昆明铁路枢纽桃花村至白塔村区间，中国铁路昆明局集团有限公司玉溪供电段的三台接触网轨道车发出“轰隆隆”的低吼，伴随着明亮的车灯，寂静的清晨顿时热闹起来。

“今天的春运安全隐患排查作业，需要对接触网设备松动、磨损、锈蚀等问题进行整治，进一步确保春运期间列车安全开行。时间紧、任务重，大家一定要相互配合好，在120 min内完成作业！"作业平台上，玉溪供电段接触网检修一工区工长杨绍斌一边检修设备，一边强调作业重点事项。昆明铁路枢纽连接中老铁路、成昆铁路、沪昆铁路、玉河铁路等线路，线路上的桃花村站、白塔村站、中谊村站等站点均是云南规模较大的铁路货运基地，开行着动车组、普速列车和货运列车，是重要的铁路客货运线路。

进入春运后，受车流量大、气温变化及设备老化等影响，铁路接触网设备可能会发生各类安全隐患。对此，玉溪供电段组织80余名青年骨干，对接触网设备进行集中排查，通过白天天窗和夜间天窗轮流进行，作业车和车梯相结合模式，提升设备质量，进一步保障客货运列车的安全开行。

在检修现场，几台轨道车分段排开，时走时停，轨道车的"隆隆"声、作业人员的呼喊声、扳手钳子发出的碰撞声交响着回荡在空旷的山间。作业平台时而升降，时而旋转，一位位"90后""00后"接触网工在6 m高空上下翻爬、分工明确、配合娴熟，站在地面往上看，犹如在云端舞动的青春舞者。

"右旋一下！"早上8时许，杨绍斌喊了一声，工友立刻把作业平台往右边旋转。原来，杨绍斌发现一处设备线夹有松动痕迹，他与3名工友熟练地拆开线夹，并按标准更换上一个崭新的线夹。2小时过后，天窗结束，他们顺利完成了当天的检修任务，共计消除设备隐患22个。职工们相继爬下作业平台，手套、衣服上已沾满灰尘和黑色油污，一张张年轻的面庞已经变成了一张张"花脸"，将工具材料进行收整后，轨道车往温泉驻点方向驶回。

"检修过程中，对于我们来说最难的就是白天天窗和夜间天窗轮流进行，白天天窗需要凌晨四点多起床，夜间天窗又是凌晨四点多才能回来睡觉，这让我们的生物钟都要不停地跟着变化，但为了客货列车开行安全，我们认真检查好每一个细节，让检查过、检修过的区域零缺陷、零隐患。"在车厢内，刚参加工作一年首次经历春运的吴桐说道。

一天后，他们将迎来又一个夜间天窗……

活动：榜样故事会

请每位同学选取铁路工匠分析其成长路径，并制订个人职业发展计划。

任务一　接触网运行管理

接触网设备应充分利用铁路供电安全检测监测系统（6C系统）等手段，定期进行检测，开展即时、定期分析诊断，按照标准值、警示值、限界值界定设备状态，划分缺陷等级（两级缺陷），为设备维修提供依据。

维修是指在接触网系统实际运行状态出现不允许的偏差或发生故障时，对接触网系统进行必要修复，恢复正常功能，以及通过精确检测、调整修理，恢复设备标准状态的过程。接触网维修分为一级修（临时修）、二级修（综合修）、三级修（精测精修）三级修程。

达到或超出限界值的一级缺陷纳入一级修（临时修），由运行工区及时组织修理；达到或超出警示值且在限界值以内的二级缺陷纳入二级修（综合修），由维修工区按计划修理；达到一定条件的开展三级修（精测精修），恢复设备标准状态。

一、任务书

为了加强接触网的运行管理工作，对于从事接触网运行维修人员，掌握有关规章制度十分必要。接触网工作制度主要包括工作票制度、验电接地制度、作业区防护制度、倒闸作业制度等。

开具工作票是接触网工区很重要的一项工作制度，严格按要求填写。根据作业计划时间提前一天开具工作票。

二、知识准备

（一）运行管理

1. 设备接管

（1）接触网设备开通运行前，应按规定进行检查验收，符合下列条件方可接管运行。

①接触网设备经过验收，具备开通条件。

②危及供电安全的树木清理、35 kV 及以下跨越线迁改，以及侵限建筑物拆除均已完成，接触网设备已采取必要的防鸟措施。

③接管单位的生活设施和生产配套设施已竣工，并交付使用。

④接管单位开展检测、维修以及抢修工作所需的工机具、材料等配备齐全。

⑤接管单位已配备接触网抢修列、绝缘子水冲洗车。

⑥接管单位收到开通所需的竣工文件和技术资料。

（2）接触网设备开通前，资产管理单位（或建设单位）应组织设计、施工、供应商等相关单位向接管单位提供下列书面和电子版技术资料。

①接触网竣工工程数量表。

②接触网竣工图纸。主要包括供电分段示意图，车站、区间接触网平面布置图，供电线路平面布置图，接触网装配图，设备零件图及安装曲线、接触线磨耗换算表等。

③工程施工记录。主要包括隐蔽工程记录，锚栓拉拔试验记录，轨面标准线记录（支柱侧面限界、外轨超高等），不同电压等级附加导线、引线、接触悬挂等线索交叉时的最小间距及对地距离等。

④每根支柱装配图表。主要包括定位、支持装置、相邻跨距吊弦等。

⑤各种线索、零部件、设备安装档案。主要包括生产厂家、批次、安装地点和安装时间等。

⑥设备、零部件、金具、器材的技术规格、合格证、出厂试验记录、试验报告、安装维护手册（使用说明书），承力索、接触线、绝缘部件及接触网零部件等抽样检验报告，电缆相关资料（主要包括电缆及附件合格证、出厂试验报告、现场试验报告、电缆清册、电缆路径图等）。

⑦项目可行性研究、初步设计及其批复文件、施工设计（含变更设计）、图纸及审核意见资料。

⑧设备招标技术规格书、采购的产品供应合同以及施工单位工程质量保证合同。

⑨上跨接触网电线路相关资料、主要包括上跨电线路名称、位置、电压等级、上跨线高度、产权单位及联系方式等。上跨接触网的构筑物相关资料，主要包括构筑物名称、位置，最近的构筑物墩距线路中心的距离，接触网带电部分距构筑物最小距离、产权单位及联系方式等。

⑩开通前最后一次接触网几何参数静态测量数据、波形图，动态检测波形图及检测报告。

2. 计划与天窗

接触网生产计划包括年度检测、维修计划和月度维修计划三部分。年度检测和维修计划由供电段于前一年11月底以前分别下达到车间，同时报铁路局集团公司。月度维修计划由供电段编制后下达维修车间。

为保证定期检查和及时处理设备缺陷，在列车运行图中须预留接触网维修天窗。接触网三级修或改造时，天窗计划原则上应逐日连续安排。对较大车站（如枢纽、区段站等）和必须利用垂直天窗作业的区段，应根据设备状况定期安排天窗停电维修。

3. 质量管理

为保证维修质量，接触网用料入库前，验收部门应对接触网重要零部件和线材进行检查，确认出厂合格证、检验报告与产品一致后实施验收，向供电段提供验收报告，否则不得上线使用。

接触网运行维修要落实记名制度，每次作业完成后应及时填写相应记录并签认。工长和车间主管人员要定期检查各项任务完成情况并签认。运行工区一级修或单项设备检查完成后，由当日工作领导人负责检查验收，确认作业质量。维修工区进行的所有作业，运行工区应进行质量检查验收。检测车间应及时将相应区段的即时分析、定期分析以及缺陷通知单报供电段技术主管部门，由技术主管部门下达至供电车间、维修车间。维修工作完成后，供电车间、维修车间应将缺陷反馈单反馈技术主管部门，维修记录留存备查。

接触网三级修、更新改造竣工后，由施工单位向铁路局集团公司提报验收申请，铁路局集团公司组织设计、施工、监理单位和供电段进行验收。质量分析应根据接触网检测和运行过程中存在问题，对接触网质量状态进行综合诊断，找出设备在运行中出现的特殊性、普遍性问题及质量状态变化规律，针对反映出的质量问题，制定整治措施，纳入维修计划。质量分析报告主要内容包括：

（1）检测、维修计划完成情况；

（2）检测、维修及设备运行中发现的具体问题；

（3）产生问题的原因分析及采取的措施；

（4）接触网质量状态的变化规律和趋势。

（二）修程修制

一级修（临时修）是为了使设备状态保持在限界值以内，对导致接触网功能障碍的缺陷、故障立即投入、无事先计划的临时性维修。主要包括一级缺陷的临时性修理、危及接触网供电周边环境因素处理、导致接触网功能障碍的故障修复（必要时采取降弓、限速、封锁等处置措施）。

二级修（综合修）是为了使设备状态保持在警示值以内，对定期检测发现缺陷有组织、有计划的维修，以及设备全面维护保养。主要包括二级缺陷集中修理和设备全面维护保养（必要的防腐和注油等）。二级修（综合修）可结合全面检查进行，或根据缺陷情况有计划地安排。

三级修（精测精修）是指通过检测动态条件下的弓网作用参数、测量静态条件下的接触网几何位置，检验零部件质量状态，依据检测、检验分析结果，全面调整接触网静态几何参数，更换失效或接近预期寿命的零部件和设备，更换局部磨耗接近限值的接触线，恢复接触网标准状态。

(1)满足下列条件时,应开展一次三级修(精测精修)工作。

①一般运行7年或弓架次达到50万次以上;

②动态检测发现弓网动态作用特性成区段持续不良、故障多发以及线路平纵断面发生调整的区段。

(2)铁路局集团公司应委托具有资质的设计单位完成三级修(精测精修)施工设计,并组建专业队伍或委托具有高速铁路接触网施工业绩的专业队伍实施。

供电段每年应对接触网线路周围2 km以内的所有污染源进行调查,确定污秽等级,明确绝缘部件监测监控及清扫维护要求。

绝缘部件清扫周期如下:

①Ⅰ、Ⅱ级污秽等级区段:3年;

②Ⅲ级及以上污秽等级区段:1年;

③分段、分相绝缘器:6个月。

④特殊处所应缩短周期,适时安排清扫。潮湿隧道的绝缘部件参照Ⅲ级及以上污秽等级管理。

(三)质量评价与鉴定

1. 质量评价

(1)质量评价是通过对接触网动态几何参数、接触线平顺性参数、弓网受流性能参数等进行综合分析,掌握设备动态运行功能。

(2)质量评价一般以正线公里为单元,根据每公里接触网扣分数进行评价。质量评价等级分为优良、合格、不合格三种。

总扣分 $t<10$ 为优良,$10\leqslant t<40$ 为合格,$t\geqslant 40$ 为不合格。

(3)区段质量评价根据区段内每公里接触网评价结果确定,优良、合格、不合格公里数为相同质量等级公里数之和。

优良率、合格率、不合格率分别按下列公式计算:

$$\text{优良率}=\frac{\text{优良设备数量(正线公里)}}{\text{设备评价总数量(正线公里)}}\times 100\%$$

$$\text{不合格率}=\frac{\text{不合格设备数量(正线公里)}}{\text{设备评价总数量(正线公里)}}\times 100\%$$

$$\text{合格率}=1-\text{不合格率}$$

2. 质量鉴定

(1)质量鉴定主要是通过静态方式对接触网几何参数、设备及零部件状态进行综合统计分析,掌握设备整体技术状态。

(2)质量鉴定可采用静态检测、接触网悬挂状态监测检测图像分析、人工检查的方式,按单项设备和整体设备分别进行。

接触悬挂、附加导线以条公里为单位,隔离(负荷)开关、避雷器等以台为单位,线岔、绝缘器(含关节式分相)等以组为单位,整体设备以换算条公里为单位。

质量鉴定以跨距为鉴定单元。若在被鉴定的跨距内有一处不合格,即视为该跨距不合格(在悬挂点及定位点处,跨距长度按相邻跨距的平均值计算)。

对一个锚段的接触线、承力索、附加导线等,当接头及补强数量超过规定值后,该锚段即视为不合格设备。整根高压电缆有一项不合格的，即视该根电缆为不合格设备。

（3）质量鉴定等级分为三种。

①优良：绝缘部件（含空气绝缘间隙）、接触线几何参数和主导电回路的设备状态未超过警示值者；

②合格：设备状态未超过限界值者；

③不合格：设备状态达到或超过限界值者。

优良率、合格率、不合格率分别按下列公式计算：

$$优良率=\frac{优良设备数量（换算条公里）}{设备鉴定总数量（换算条公里）}\times 100\%$$

$$不合格率=\frac{不合格设备数量（换算条公里）}{设备鉴定总数量（换算条公里）}\times 100\%$$

$$合格率=1-不合格率$$

（4）质量鉴定结果应详细记录，并作为当年设备质量运行状态填入接触网设备履历。供电段要针对鉴定存在的问题进行分析总结，提出整改措施并组织实施。对鉴定不合格的设备按照责任进行考核。

（5）质量鉴定范围应包括所有接触网设备，但下列设备可不作鉴定：

①已封存的设备；

②本年度新（改）建或已列入当年大修计划的设备。对本年度新（改）建或大修设备的质量状况，可按工程竣工验收质量评定结果统计。

三、工作票的签发

填写第一种工作票具体要求如下：

（1）字迹清楚、正确，不得涂改和用铅笔书写，统一用中性笔或碳素墨水钢笔书写，或打印（签名处不得打印）。打印时必须使用《高速铁路接触网安全工作规则》规定的格式、颜色；使用印刷好的工作票打印时应根据表格调整好打印内容，严禁打印内容超出格子。

（2）在________工区的空格上应注明工区名称全称。

（3）在右上角第________号间应注明工作票编号，编号规则："工区简称－年月－票号"，工作票编号从01开始依次类推，如：2018年5月第一张V形天窗工作票，工作票编号填写为：（工区简称）－1805－01。垂直天窗工作票编号从01开始，依次编写，工作票编号前加"⊥"符号以示区别，如：2017年6月第一张垂直天窗工作票，工作票编号填写为：（工区简称）－1706－⊥－C01。

（4）封锁范围栏，写明当日施工（维修）计划下达所××线××区间（站场），上行（下行）里程范围或××股道，××号（杆号）－××号（杆号），垂直天窗时上下行同时写明。

（5）在作业范围栏，应写明当日作业范围××区间（站场），上行（下行）里程范围或××股道，××号（杆号）－××号（杆号），垂直天窗时上下行同时写明。

（6）作业内容栏，写明作业的具体内容，重点作业项目（如检修开关、分段绝缘器等）要单独指出，以示醒目，如：接触网全面检查，分相检修。

（7）发票日期栏，年份为四位，月份二位，日期二位，不足部分用0补齐。

（8）工作票有效日期填写年、月、日方法同上。工作票有效期要包含作业全过程，有效期不得超过3个工作日。

(9)工作领导人:填写工作领导人姓名及安全等级,安全等级用中文数字填写,如:工作领导人安全等级为4级,则填写为4。

(10)作业组成员,不仅要写明人员姓名而且要注明其安全等级,安全等级用阿拉伯数字填写,工作领导人须纳入作业组成员中。作业车司机则注明“轨司”,作业车学习司机则注明“司助”;汽车司机要特别注明“汽司”字样;作业组成员列完后要画截止符号(从左下角至右上角划斜线)以示结束。

(11)共计人数包括作业组全体成员(含工作领导人),用会计数字填写。

(12)需停电的设备栏,除写明停电范围即××站(区间)上行(下行、××场、××—××股道)供电臂××号供电单元,还应注明××变电所(开闭所、站)××号断路器。当用负荷开关进行小范围停电时,应注明××区间(站场)×股道×号－×号负荷开关。当次作业项目中包含需进行接触网上网电缆、上网隔离开关停电作业时,应注明上网电缆在变电所(亭)GIS柜侧接地的接地刀闸编号。

(13)装设接地线位置栏,应注明××站(区间、场)上(下)行(××股道)××号网、回、正馈线,两端接地线位置均按上述标注方法标明并用“网、回、正馈线”字样标明,需使用短接线时注明数量、位置。涉及车梯、作业车作业时应设置随车地线。在其右下方“接地线共计×组、等位线共计×组”栏内用会计数字填写接地线组数。(注:)

(14)作业区防护措施栏,应注明驻站防护的处所,需封锁的站场(区间)上(下)行及股道,现场行车防护的地点。如××站驻站联络员,封锁××站(区间)上(下)行线路(股道),××站(区间)××号、××号设防护,注明作业人员进出通道位置。

(15)其他安全措施栏,要根据各种作业不同的特点及作业范围、环境、天气、人员素质等情况有针对性地提出安全措施,确保作业安全。如在设置封线时注意侵入邻线、封线固定好不侵限;短接封线使用位置;岔区作业时要有注意道岔位置、防止车梯掉道的安全措施;检修隔离开关时要有上下呼唤应答、配合妥当,防止开合刀闸时伤人及用等位线短接触头后再作业的安全措施。车梯、作业车作业范围内超高区段。当次作业涉及特殊区段时需采取的相应的安全措施。V形停电作业涉及作业车配合作业时应写明人员机具和作业车平台旋转不得侵入上(下)行限界范围。

(16)变更作业组成员记录栏中,去掉、增加的人员不仅要写姓名还应注明其安全等级(用阿拉伯数字填写),然后再填共计人数,如遇有附票时,附票不得填写变更记录。作业组成员没有变更时,变更作业组成员记录里用“/”划掉。

(17)工作结束时间填写方法同第(7)条,工作票结束时间以线路开通时间为准,但必须在工作票的有效期内召开收工会。

四、分析与思考

该任务主要是接触网的运行管理,根据《高速铁路接触网安全工作规则》和《高速铁路接触网运行维修规则》签发对应的工作票,是保障接触网安全作业的前提。在实际签发工作票过程中需要注意以下问题:

(1)工作票的签发,对于签发人的职责和具体要求。

(2)已签发的工作票,如果出现需要变更,如何正确开展变更。

(3)针对V形天窗作业,工作票如何全面体现采取的安全措施。

五、任务评价

姓名：

任务名称：接触网运行管理　　　　　　　　　　　　　　　　　　实际考核时间：　　min

项目	配分	序号	评分标准	扣分	得分	备注
作业准备	10分	1	人员着装整齐、携带有关作业用品、相关表单，缺一项扣5分			
作业质量	75分	1	工作领导人和作业组成员的人数和条件符合规定，否则扣5分			
		2	完备防触电、防感应电安全措施，特别是对电分相、电分段、隔离开关、绝缘锚段关节、吸上线、接地引线等设备检修过程中，要先将断口短接，防止穿越电流伤人；同时对禁止V形停电作业、平行架设、同杆架设、上跨电力线区段等特殊处所，要有针对性的安全措施，否则每缺一项扣3分			
		3	“其他安全措施”栏内应注明特殊区段的具体形式及相关安全保障措施，根据作业地点、作业内容、地形、环境、天气等特点，写明具体的安全措施，否则每缺一项扣3分			
		4	作业组成员没有变更时，“变更作业组成员记录”里用斜杠划掉；如有变更应写明增加××（等级）、减去××（等级），共计××人，发票人（工作领导人）签字，否则扣5分			
		5	字迹清楚、正确、不得涂改，内容不得有错别字、格式要正确，否则扣5分			
安全及其他	10分	1	签发过程中独立完成，否则取消资格			
		2	作业时间40 min，继续答题判定失格			
作业结束	5分	1	作业结束及时上交工作票，未按照要求扣5分			
合计	100分					

注：每个项目扣分累计不超过其配分，扣完为止。

操作开始时间：　　时　　分　　　　　　　　　　　　　操作结束时间：　　时　　分

考评员：　　　　　　　　　　　　　统分人：　　　　　　年　　月　　日

任务二　接触网检测与分析诊断

高速铁路的快速发展和运行品质的需求，对于铁路牵引供电系统供电设备的安全运行提出了更高的要求。铁路供电安全检测监测系统（6C 系统），是对高速铁路的牵引供电系统进行全方位、全覆盖的综合检测和监测，主要功能包括对高速铁路接触网悬挂参数和弓网运行参数的检测，对接触网悬挂、腕臂结构、附加线索和零部件的检测，对接触网参数的实时检测，对动车组受电弓滑板状态及接触网特殊断面和地点的实时监测，对接触网运行参数和供电设备参数的实时在线检测等。

6C 系统的技术性能要充分考虑高速铁路供电设备运行检测和监测的需要，所采用的技术和设备应建立在我国铁路现有的成熟技术装备的基础上、兼顾正在研发的技术装备，考虑技术发展的可能性。

一、任务书

接触网悬挂设备状态检测主要通过几何参数测量、高清图像，来评判接触网悬挂设备的实际状态，以辅助开展接触网的运行维修工作。

二、知识准备

（一）检测

检测是指利用仪器、设备或人工等方式，对接触网进行检查测量，掌握设备质量及运行状态的过程。其包含监测、静态与动态检测、检查、零部件检验四部分。检测后必须进行分析诊断，并以此作为编制维修计划的依据。

1. 监测

监测是对接触网外观、零部件状态、主导电回路、绝缘状况、外部环境和弓网配合等运行状态进行监视测量的过程，分为移动视频监测和定点监测两种方式。

（1）移动视频监测利用安装在检测车辆、机车或动车组上的监测设备对接触网进行外观检查。

（2）定点监测利用安装在接触网关键处所、特殊地点的监测设备，监测列车通过时接触网或受电弓状态，接触网设备绝缘状态、温度、位移变化，以及外部环境是否存在异常。

2. 静态与动态检测

（1）静态检测是指利用运行检测车辆在接触网静止状态下进行非接触式测量，或人工使用仪器、工具测量接触网技术状态。

（2）动态检测是指利用弓网综合检测装置（1C）、车载接触网运行状态检测装置（3C）等手段，测量接触网技术状态及弓网接触取流状态。

3. 检查

检查分为巡视检查、全面检查、单项设备检查和非常规检查。

巡视检查是对接触网外观、绝缘部件状态、外部环境及电力机车、动车组取流情况进行目视检查，分为步行巡视检查和登乘巡视检查。

全面检查、单项设备检查具有检查、测量和试验等多重职能。针对无法或不易通过静态和动态检测、监测手段掌握设备及零部件运行状态的所有项目，利用天窗在接触网作业车作业平台、车梯或支柱上进行近距离检查，并进行必要的测量和试验等。全面检查是对所有设备进行检查；单项设备检查是对个别设备进行专项检查，并兼有维护保养职能。

非常规检查通常在特殊情况下或根据需要进行。

视频

接触网步行巡视

(1)巡视检查

①步行巡视检查

步行巡视检查主要内容：有无侵入限界、妨碍列车运行的障碍；各种线索（包括供电线、正馈线、加强线、回流线、保护线、架空地线、吸上线和软横跨线索等）、零部件、各种供电附属设施等有无烧损、松脱、偏移等情况；补偿装置有无损坏，动作是否灵活；绝缘部件（包括避雷器、电缆终端）有无破损和闪络；吸上线及各部地线的连接是否良好；支柱、拉线与基础有无破损、下陷、变形等异常；限界门、安全挡板或网栅、各种标识是否齐全、完整；自动过分相地面磁感应器有无缺损、破裂或丢失。有无因塌方、落石、山洪水害、施工作业及其他周边环境等危及接触网供电和行车安全的现象。

步行巡视检查周期：防护栏内区间一般不进行步行巡视。车站、动车所巡视周期 3 个月，隧道内巡视周期 12 个月，防护栏外巡视周期 3 个月。

②登乘巡视检查

登乘巡视检查主要内容：接触网状态及外部环境，有无侵入限界、妨碍列车运行的障碍，有无因异物、落石、山洪水害、施工作业及其他周边环境等危及接触网供电和行车安全的现象；绝缘部件有无闪络放电现象以及电力机车、动车组受电弓取流情况。

登乘巡视检查周期：需要时。

(2)全面检查

全面检查主要内容：无法或不易通过监测、检测或其他检查手段掌握设备运行状态的所有项目，如接触悬挂、定位支撑装置、支柱（含拉线）和基础、附加悬挂、接地装置、标识等螺栓是否齐全，有无松脱现象，零部件安装方式是否正确、有无裂纹、变形、烧伤，线索有无锈蚀、散股、断股、烧伤等；重点处所的附加导线对地距离及线索、引线、接触悬挂间距测量，接触线重点磨耗测量，高压电缆绝缘测试；利用接触网作业车检测受电弓检查动态包络线。

全面检查周期：36 个月。

(3)单项设备检查

单项设备检查分为两种，具体如下：

①分段绝缘器、分相绝缘器、远动隔离开关及其操作机构的检查，其检查周期：6 个月。

②避雷装置（雷雨季节前，含接地电阻测量）、非远动隔离开关；高压电缆及附件的检查，其检查周期：12 个月。

(4)非常规检查

非常规检查一般用于在接触网发生跳闸、故障或出现极端天气气候条件和灾害后，对相应接触网设备状态变化、损伤、损坏情况进行检查。非常规检查的范围和手段根据检查目的确定。

4. 零部件检验

(1)零部件检验是指对拆卸送检的接触网零部件进行外观检查、补充特殊试验,确认其质量状态的过程。零部件性能下降、状态劣化,判定即将或基本达到寿命时,应进行更换。

(2)当接触网零部件接近预期寿命,或日常检查发现存在质量隐患、无法确认其能否在预期寿命周期内安全运行时,应对该类批零部件进行抽样质量检验。

(3)对满足下列情况之一,应根据分析结果进行专项或抽样质量检验。

①发现同一处所或部位重复发生磨损、裂纹、腐蚀、烧损等异常现象时。

②特殊环境(大风、严寒、沿海、潮湿、隧道、周边有严重污染源等)区段检查发现接触网零部件状态劣化,表面腐蚀或磨损明显,需确认其是否能够继续安全使用时。

③检测发现接触网参数与初始参数对比变化较大,经分析确认与其连接的零部件性能关联性较大时。

④区段内接触网零部件脱落、裂损、烧伤等故障多发时。

⑤需要检验判断确认零部件运行状态或预期残余寿命时。

(4)零部件检验应由获得国家计量认证和实验室认可的专业检验机构进行,并出具检验报告。

(5)零部件检验结果应纳入分析诊断和质量鉴定报告,作为接触网设备维修的依据。

(二)分析诊断

分析诊断是根据接触网检测结果,判断设备运行状态、判定缺陷等级,为维修提供依据。分析诊断包括即时分析诊断、定期分析诊断。

检测监测设备报警或发生危及行车信息时,应立即进行即时分析诊断。

(1)当弓网综合检测装置(1C)、车载接触网运行状态检测装置(3C)、受电弓滑板监测装置(5C)和接触网及供电设备地面监测装置(6C)等设备出现报警、异常信息时,应立即分析原因并安排处理。

(2)当接触网安全巡检装置(2C)、接触网悬挂状态检测监测装置(4C)及静态检测发现严重缺陷、状态异常时,检测工区应立即分析设备缺陷对接触网运行产生的影响,报供电车间安排处理。

(3)定期检测工作完成后,检测工区、运行工区应在表 6-1 所列时限内完成定期分析诊断。

表 6-1　6C 系统分析要求完成时间表

装置名称	分析项点	分析主体	完成时限
1C	缺陷数据	检测工区	3 日
	全面分析	检测工区	10 日
2C	季节性、关键性问题	检测工区	1 日
	全面分析	检测工区	3 日
3C	全面分析	检测工区	10 日

续上表

装置名称	分析项点	分析主体	完成时限
4C	季节性、关键性问题	检测工区	3 日
	全面分析	运行工区	20 日
5C、6C	全面分析	检测工区	1 日

（4）当检查和人工静态检测发现设备缺陷时，由发现班组分析并纳入维修处理；当零部件检验发现质量缺陷，供电段技术主管部门应立即分析零部件质量缺陷对接触网运行产生的影响，并安排修理；当发生跳闸、中断供电、打碰受电弓等异常情况时，供电段技术主管部门应立即组织对该区段检测资料进行分析诊断，查找原因并修理。

（5）根据检测结果，对设备的运行状态用标准值、警示值和限界值三种量值来界定。标准值为标准状态目标值，一般根据设计值确定；警示值为运行状态提示值，一般根据设备技术条件允许偏差来确定；限界值为运行状态安全临界值，一般根据计算或运行实践来确定。标准状态是设备最佳运行状态，一般根据施工允许偏差确定。

（6）根据设备运行状态值，设备缺陷分为两种。

①静态设备缺陷等级划分为两级。一级缺陷：达到或超出限界值。二级缺陷：达到或超出警示值且在限界值以内。

②动态检测缺陷等级划分见表 6-2。

表 6-2　高速铁路接触网动态检测评价标准

<table>
<tr><th colspan="4">项　　目</th><th>一级缺陷</th><th>扣分标准</th><th>二级缺陷</th><th>扣分标准</th><th>统计步长</th></tr>
<tr><td rowspan="4">接触网几何参数</td><td colspan="3" rowspan="2">接触线拉出值 a/mm</td><td>$a \geqslant 550$</td><td>40 分</td><td rowspan="2">$450 < a < 500$</td><td rowspan="2">5 分</td><td rowspan="2">跨</td></tr>
<tr><td>$500 \leqslant a < 550$</td><td>10 分</td></tr>
<tr><td colspan="3" rowspan="2">接触线高度 H/mm</td><td>$H \geqslant 6\ 600$
$H <$ 该区段允许的最低值</td><td>40 分</td><td rowspan="2">1. 标准值 $+100 \leqslant H <$ 标准值 $+150$
2. 标准值 $-100 \leqslant H <$ 标准值 -50</td><td rowspan="2">1 分</td><td rowspan="2">跨</td></tr>
<tr><td>$6\ 500 \leqslant H < 6\ 600$
$H \geqslant$ 标准值 $+150$
$H <$ 标准值 -100</td><td>5 分</td></tr>
<tr><td rowspan="3">接触线平顺性参数</td><td rowspan="2">硬点 A_v/ m/s^2</td><td colspan="2">200 ~ 250 km/h</td><td>$A_v \geqslant 588$</td><td>5 分</td><td>$490 \leqslant A_v < 588$</td><td>1 分</td><td>跨</td></tr>
<tr><td colspan="2">300 ~ 350 km/h</td><td>$A_v \geqslant 686$</td><td>5 分</td><td>$588 \leqslant A_v < 686$</td><td>1 分</td><td>跨</td></tr>
<tr><td colspan="3">一跨内接触线高差 $2A$/mm</td><td>$2A \geqslant 150$</td><td>5 分</td><td>$100 \leqslant 2A < 150$</td><td>1 分</td><td>跨</td></tr>
<tr><td rowspan="7">弓网受流参数</td><td rowspan="3">弓网接触力 F/N</td><td rowspan="2">最大接触力 F_{max}</td><td>200 ~ 250 km/h</td><td>$F_{max} \geqslant 250$</td><td>5 分</td><td>$200 \leqslant F_{max} < 250$</td><td>1 分</td><td>跨</td></tr>
<tr><td>300 ~ 350 km/h</td><td>$F_{max} \geqslant 300$</td><td>5 分</td><td>$250 \leqslant F_{max} < 300$</td><td>1 分</td><td>跨</td></tr>
<tr><td colspan="2">最小接触力 F_{min}</td><td>$F_{min} < 20$</td><td>5 分</td><td>$20 \leqslant F_{min} < 40$</td><td>1 分</td><td>跨</td></tr>
<tr><td rowspan="3">燃弧</td><td colspan="2">最大燃弧时间 t_{max}/ms</td><td>$T_{max} \geqslant 100$</td><td>5 分</td><td>$50 \leqslant T_{max} < 100$</td><td>1 分</td><td>跨</td></tr>
<tr><td colspan="2">燃弧率 u</td><td>$u \geqslant 5\%$</td><td>5 分</td><td>$1\% \leqslant u < 5\%$</td><td>1 分</td><td>公里</td></tr>
<tr><td colspan="2">燃弧次数 n 次</td><td>$n \geqslant 6$</td><td>5 分</td><td>$4 \leqslant n < 6$</td><td>1 分</td><td>公里</td></tr>
<tr><td colspan="3">接触线抬升量 ΔH/mm</td><td>$\Delta H \geqslant 120$</td><td>5 分</td><td>$80 \leqslant \Delta H < 120$</td><td>1 分</td><td>跨</td></tr>
</table>

续上表

项　目		一级缺陷	扣分标准	二级缺陷	扣分标准	统计步长
网压	接触网电压 U/kV	$U>29$ $U<19$	5 分	—		公里

6C 系统是对牵引供电和接触网设备进行全面检测与监测的综合系统，为高速铁路供电设备的安全运行、运行状态和参数的综合分析、设备的维修提供技术依据。其功能分类汇总见表 6-3。

表 6-3　6C 系统功能分类汇总表

6C 系统	系统搭载平台	主要功能	巡检周期	速度等级/(km·h^{-1})	管理部门
1C 装置：高速弓网综合检测装置	车载（综合检测车）	弓网接触力、接触网网压、接触线高度、接触线动态拉出值、接触线硬点、弓网离线火花等	10 天	200～350	国铁集团基础检测中心
2C 装置：接触网安全巡检装置	车载（运营动车组司机台）	采用便携式视频采集设备，对接触网的状态进行视频采集，分析接触网悬挂部件技术状态	定期	200～350	供电段
3C 装置：车载接触网运行状态检测装置	车载（运营动车组）	实现高速铁路接触网状态的动态检测	在线	200～350	供电段
4C 装置：接触网悬挂状态检测监测装置	车载（接触网作业车或专用车辆）	对接触网悬挂系统零部件实施高精度成像检测，指导接触网故障隐患的消缺	定期（天窗）	100 或规定速度	供电段
5C 装置：受电弓滑板监测装置	地面（车站或动车库出入线）	采用视频图像监测受电弓滑板的技术状态	实时	—	供电段
6C 装置：接触网及供电设备地面监测装置	地面（接触网特殊断面、供电设备处）	监测接触网的张力、振动、抬升量、线索温度、补偿位移及供电设备绝缘状态和温度等运行状态参数，指导接触网及供电设备的维修	实时	—	供电段

（三）6C 系统总体技术要求

1. 高速弓网综合检测装置（1C 装置）

1C 装置是安装在高速综合检测车上的固定检测设备。其测量方法和检测设备安装充分考虑综合检测车的运行条件，同时又要适应接触网检修和受电弓检修的需要。1C 装置如图 6-1 所示。

(a)

(b)

图 6-1　1C 装置

(1)1C 装置使用

高速综合检测列车上的 1C 装置由基础设施检测中心负责维护使用;铁路局集团公司接触网综合检测车上的 1C 装置由各铁路局集团公司供电检测主管部门负责维护使用。高速综合检测列车对运营高速铁路和提速干线接触网每 10 天 1 个周期进行检测,铁路局集团公司接触网综合检测车对管内其余线路接触网设备的检测次数每季度不少于 1 次。

(2)数据分析

基础设施检测中心负责高速综合检测列车上 1C 装置检测数据的管理,定期完成月度分析报告报送上级部门,同时将原始及超限检测数据上传至全路接触网动态检测管理信息系统。各级供电部门可登录全路接触网动态检测管理信息系统,根据管辖线路及公里标下载检测超限记录、波形截图、原始检测数据文件、月度分析报告等。铁路局集团公司供电检测主管部门负责接触网综合检测车上 1C 装置检测数据的管理,在检测结束后一周内将检测结果发至各供电段。铁路局集团公司应认真组织分析检测数据,督促各供电段对照超限数据,确认接触网的技术状态,及时处理存在的设备缺陷,同时形成月度报告,于每月上旬报国铁集团工电部。铁路局集团公司应认真组织分析检测数据,督促各供电段对照超限数据,确认接触网的技术状态,及时处理存在的设备缺陷,同时形成月度报告,于每月上旬报国铁集团工电部。

(3)添乘制度

1C 装置检测运行时,各铁路局集团公司需组织专业技术人员添乘检测列车。添乘人员携带供电专业相关技术资料配合检测工作,负责添乘区段的接触网检测数据初步确认与下载。在添乘过程中,添乘人员遇有接触网停电、网压不稳、打碰弓、接触网异常等紧急情况时,应立即通知相邻车站值班员或铁路局集团公司供电调度员,按规定进行处理。

接触网 1C 装置检测,除了硬件检测设备,主要的任务是对检测结果的分析。数据分析的解读方法主要包括以下几点:

①认识数据。

②明确评价标准。

③了解检测基本原理,分析数据特征。

④结合现场设备状态,分析缺陷原因。

⑤确定调整方案,检测数据验证。

2. 接触网安全巡检装置(2C 装置)

2C 装置是指通过在运营的动车组(或机车)司机室内临时架设便携式设备,对接触网的状态及外部环境进行视频采集,采集结果用于指导接触网运行维护的一种安全监测装置。

2C 装置包括高清摄像机、照明设备、图像处理设备等,其主要功能包括:

①2C 装置为便携式采集系统,便于安装在动车组的司机台上进行视频图像采集。

②2C 装置能有效判断接触网设备有无脱、断等异常情况,有无可能危及接触网供电的周边环境因素,有无侵入限界、妨碍机车车辆运行的障碍。

③2C 装置应具有高清图片输出、图像处理和分析功能。

(1)2C 装置使用

每个供电段至少应配置 3 套 2C 装置,对于新增电气化线路,每 200 km 营业里程对应 1 套增配。2C 装置配属在供电段,供电段指定专业部门、专业人员管理使用。临时架设在运营的动车组(或机车)司机室内,取用动车组(或机车)车载 220 V 交流电(装置功率不大于 100 W)作为工作电源。实行周期监测与重点监测相结合原则。

周期监测:对管内接触网设备进行周期性巡视检查,高速铁路线路每周不少于 1 次,普速线路每 10 天不少于 1 次。

重点监测:根据季节性设备变化、周边环境、跳闸及故障信息、天气异常等情况安排的专门巡视检查。

(2)数据分析

周期监测的数据按照先重点、后一般的原则分类检索分析。

一类:线岔、锚段关节、中心锚结、电连接、分段绝缘器、定位装置、电分相、绝缘子等关键部件和处所;

二类:附加线、支柱、补偿装置、上网点等;

三类:跨线桥、隧道、周边环境等。

一类、二类监测数据应当日完成分析,三类监测数据应在 24 h 内完成分析,并将缺陷问题传至相关车间、班组。

重点监测的数据应当日完成有针对性的专项筛选分析,并传至相关车间、班组。

按照分级处理原则,对监测发现影响接触网安全运行的问题,立即组织处理;其他问题纳入检修计划,及时安排处理。

供电段应实行监测数据分析、现场复核、检修处理和信息反馈的闭环管理,每月定期向铁路局集团公司供电部汇报上月监测数据分析报告;铁路局集团公司每季结束后 1 周内向国铁集团工电部上报监测工作总结。

(3)技术要求

2C 装置采用高清摄像机在动车组上记录行车沿线接触网设施全景,对接触网的关键区域进行采集并能够输出高清图片。全景视频画面应达到高清标准,覆盖行车沿线接触网设施,成像图片的清晰度应能够分辨定位器区域零部件的松动、脱落、裂损等故障现象。成像图片采用

JPEG 压缩编码标准压缩，图像分辨率不低于 1 024 ×1 024。适应线路上隧道、桥梁、弯道等情况，在轨道超高区段依然能对定位器区域成像。在无强烈雨雪、能见度良好的天气条件下工作。2C 装置应用情况如图 6-2 所示。

(a)

(b)

图 6-2　2C 装置安装应用实物

3. 车载接触网运行状态检测装置(3C 装置)

3C 装置是加装在运营动车组上的车载接触网运行状态检测装置，对弓网运行状态实时动态检测监测，结果用于分析接触网和受电弓的配合状态，指导接触网运行维修。

(1)3C 装置应用

3C 装置配属供电部门。其中，车载部分安装在动车组上，3C 装置地面接收、分析处理终端安装在铁路局集团公司供电段。铁路局集团公司供电部门指定专业机构、配备专业人员运用管理 3C 装置，及时分析检测监测信息，定期维修设备，确保 3C 装置正常使用，满足检测监测需求。铁路局集团公司供电部门负责 3C 装置的维修，维修作业需结合动车组运用检修作业同步进行，纳入动车所一体化作业管理。弓网监控视频的显示终端设置在动车组机械师乘务室，动车组机械师、供电检测人员均可查看，信息共享。供电部门人员可在动车所、终到站、停车站更换车内 3C 装置存储硬盘获取检测信息，可利用 3C 数据输出接口获取检测信息；发生弓网故障等特殊情况下，供电部门人员可上车查看、转储有关检测信息。车辆部门做好以上配合工作。铁路局集团公司优先安排安装有 3C 装置的动车组担当确认车，优先保证 3C 装置能够每天全覆盖检测管内高速铁路线路。特殊情况下，根据供电部门需求，铁路局集团公司应及时安排安装 3C 装置的动车组上线运行检测。

(2)数据分析

供电段设专人不间断接收报警信息，即时分析确认，必要时并通知相关单位处理。供电段定期对检测数据进行全面分析，每旬至少完成一次管内各线路全部检测数据的获取和分析。发生弓网异常等特殊情况时，应及时获取检测数据并完成分析确认。检测数据分析结果的处理实施分级管理，对影响接触网安全运行的问题，应立即安排处理；对一般性问题纳入维修计划处理。供电部门要充分利用历史数据，实现数据的深度分析，总结变化规律，指导接触网运行维修。

(3)技术要求

3C 装置检测测量模块技术标准见表 6-4。

表 6-4　3C 装置检测测量模块技术标准

测量项目	测量范围	分辨率	精度	备注
接触线高度/mm	5 100～6 600	2	20	
接触线拉出值/mm	±600	2	20	
双支接触线水平距离/mm	0～800	2	25	线岔、关节
燃弧持续时间/ms	0～100	1	2	
接触网温度/℃	0～200	1	2	
公里标/m		10	50	

3C 装置测量原理主要由红外热成像，物体热辐射通过镜头、光栅、探测器，形成红外热成像图。其测量原理如图 6-3 所示。

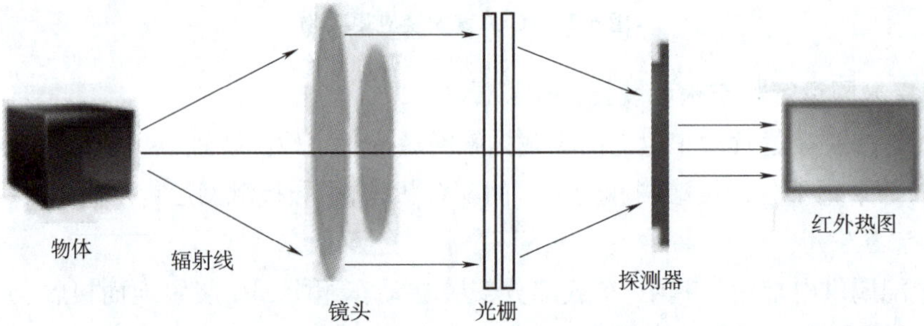

图 6-3　测量模块测量原理

4. 接触网悬挂状态检测监测装置(4C 装置)

4C 装置是安装在接触网作业车或专用车辆上的接触网检测监测装置，能够周期性地对接触网主要零部件、结构及相关位置参数进行高分辨率成像，对接触网的技术状态进行检测，在检测数据自动识别与分析的基础上，指导接触网维修。

(1)4C 装置使用

每个供电段至少应配置 1 套 4C 装置，对于新增电气化线路，按每 400 km 营业里程对应 1 套增配；铁路局集团公司接触网综合检测车可选配 4C 装置功能。供电段应指定专业部门、专业人员管理使用 4C 装置并负责检测数据分析与接触网技术诊断工作。4C 装置运用实行周期检测与重点检测相结合的原则。

周期检测：对管内接触网设备技术状态进行周期性检测，高速铁路线路每季度不少于 1 次，普速线路每半年不少于 1 次。

重点检测：根据跳闸、故障、特殊天气气象条件等信息及专项工作安排的专门检测。

4C 装置检测工作应申请专门行车计划或安排在施工维修天窗时间内进行。

(2)技术指标

4C 装置自动识别接触网定位点位置。定位可使用速度编码器、GPS、GYK、LKJ、射频标签信号、杆号识别等方式，准确定位杆号和公里标。4C 装置采用高清相机对接触网检测区域进行图像采集，输出高清图像。4C 装置成像范围应覆盖沿线接触网悬挂设备，成像图片的清晰度足够分辨支持装置及接触悬挂零部件的异常状态。

(3)数据分析

4C 装置周期检测的数据,在一个检测运行交路完成后,应在检测数据智能化分析结果的基础上进行人工识别干预和确认,一周内出具检测报告,检测报告经供电段技术科组织基础和历史数据比对系统分析后,制订检修方案和计划,安排处理。4C 装置重点检测的数据,应在检测完成后当日完成分析,出具专项检测结果报告。检测结果经初步筛选,对影响接触网安全运行的缺陷,立即组织处理。

4C 装置对所获取支持装置、接触悬挂等零部件的高清晰图像进行自动分析,确定结构异常(包括:变形、缺失、松脱、部件转动、移位、裂损等)部位。数据分析软件具备对任意标准格式图像识别功能,漏检率不大于0.1%。具备接触网全景视频回放(快放、慢放、暂停)及局部图像放大显示功能,提供故障标注界面,用户可在故障确认及处理后进行录入,故障信息由数据库统一管理,并可生成各类统计及分析报表。

(4)4C 装置应用情况

4C 装置(图 6-4)安装在轨道车或巡检车车顶,由多个高清相机朝向不同角度,根据触发装置的信号,进行设备成像记录。探照灯用于光线弱或夜间的补光作用。

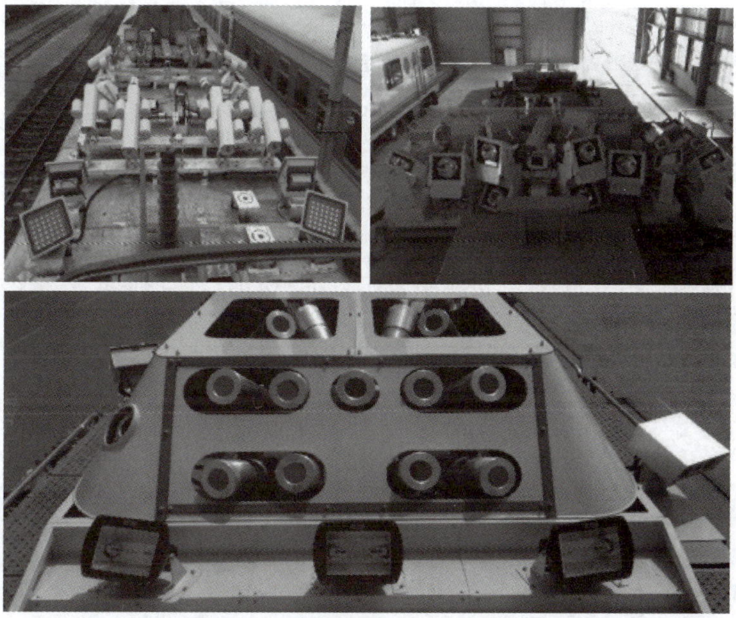

图 6-4　4C 装置车顶安装使用

5. 受电弓滑板监测装置(5C 装置)

5C 装置包括图像采集设备、电源、传输、显示、分析处理与存储等模块。采用图像采集设备对工作受电弓滑板、弓角进行状态监测,并可将监测的图像或视频通过有线或无线的方式进行远程传输,能对受电弓滑板状态进行自动分析处理,分辨出受电弓滑板的损坏、断裂等异常情况,并实时报警,能自动确定所监测受电弓的车号。

5C 装置适用海拔不超过 2 500 m,工作环境温度在 −25 ~ +45 ℃,能适用电气化铁路沿线工作条件,月平均最大相对湿度不大于 95%,能在昼夜且无强烈雨、雪、雾、霾的天气条件下正常工作,可以在正常动车组的速度下正常运行。5C 装置采集受电弓滑板区域的图片,成像区域不小于 2 000 mm × 1 500 mm,覆盖受电弓滑板及弓角区域,图像分辨率应不低于 4 000 ×

3 000,在实际线路上,漏检率应不大于1‰。

5C 装置实现故障图像信息存储 1 年,其他图像及视频存储期限不少于 3 个月。5C 装置监测项目包括装置安装位置、滑板图片、车号、监测时间,并采用一处一档的方式建立数据库。

6. 接触网及供电设备地面监测装置(6C 装置)

6C 装置安装在接触网特定位置及牵引变电所等处,用于监测接触网振动特性、线索温度、补偿位移、供电设备的绝缘状态等参数或特定位置的接触网技术状态,监测结果用于指导接触网及供电设备的运行维修。

(1)组成与功能

6C 装置主要包括测量传感器、数据采集处理、数据传输、数据接收存储及电源设备等。

在接触网的特定位置(如:定位点、锚段关节、线岔、隧道出入口、车站咽喉区等位置)及变电所(含 AT 所、开闭所、分区所,下同)处设置固定式监测装置,监测接触网振动特性、线索温度、补偿位移、供电设备的绝缘状态等参数或特定位置的接触网技术状态,并将监测数据通过有线或无线方式实时传输,发现异常及时报警。

(2)技术要求

6C 装置适用海拔不超过 2 500 m,工作环境温度在 -25 ~ +45 ℃,能适用电气化铁路沿线工作条件,月平均最大相对湿度不大于 95%,能在昼夜且无强烈雨、雪、雾、霾的天气条件下正常工作。可以在正常动车组的速度下正常运行。

三、6C 系统检测图像分析案例

1. 案例一:拉出值超限(1C 装置检测)

京哈线下行检出拉出值超限,其检测结果如图 6-5 所示。

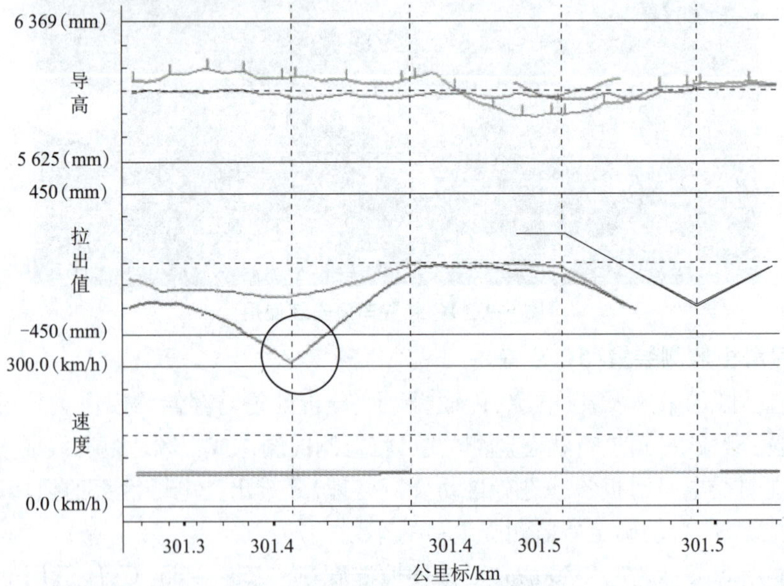

图 6-5　京哈下行接触线参数测量结果

根据 1C 装置测量接触线导高、拉出值曲线结果发现,在图 6-5 中红色圈出部分,拉出值超限,经分析计算,此处为曲线区段动态检测拉出值为 585 mm,分析拉出值超限原因,主要因为在曲线区段和道岔定位柱定位点处，由于轨道调整、腕臂装配错误或定位器底座位移等原因，拉出值发生变化，出现超限情况，调整后拉出值为 224 mm，满足设计标准。

2. 案例二：定位线夹螺母松脱

某定位点处，4C 装置检测结果如图 6-6 所示。

图 6-6(a)为正常状态下该点位点处定位线夹状态，图 6-6(b)为定位线夹螺母缺失。

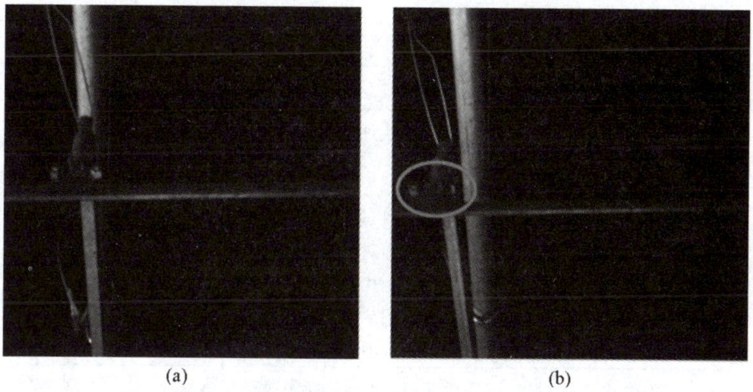

图 6-6 定位线夹 4C 装置检测结果

3. 案例三：线索断股

线索断股如图 6-7、图 6-8 所示。

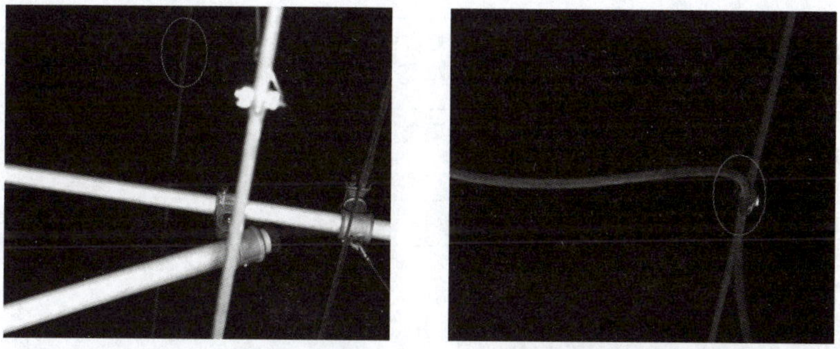

图 6-7 承力索断股　　图 6-8 电气连接线断股

四、分析与思考

该任务主要是接触网状态检测与分析，其目的是对高速铁路的牵引供电系统进行全方位、全覆盖地综合检测和监测，其结果作为接触网质量评价和鉴定的依据。在实际工作中应注意以下问题：

(1)接触网 6C 系统检测结果数据量庞大，如何开展精准的数据分析，并获得较准确的分析结果。

(2)接触网 6C 系统检测对检测数据评价标准的理解和把握。

(3)对接触网 6C 系统检测设备的维护也是实际工作中的重点，应确保检测设备良好运行。

五、任务评价

姓名：

任务名称：接触网检测与分析诊断　　　　实际考核时间：　　min

项目	配分	序号	评分标准	扣分	得分	备注
作业准备	10分	1	人员着装整齐，检查计算机、分析软件正常，否则扣5分			
		2	携带相关数据、有关表单，缺一项扣5分			
作业质量	75分	1	熟悉软件操作能正确导入数据、查找所要分析的区间、行别、杆号等内容，否则每项扣2分			
		2	能正确标识缺陷区域，选择缺陷部件，缺陷类型，标明缺陷部件名称，完成缺陷登记，否则扣2分			
		3	会操作缺陷总览，查看缺陷列表的过滤，缺陷的分布，缺陷图片预览，生成检测报告等，否则每项扣2分			
		4	会正确生成检测报告，按等级正确填写4C检测缺陷复核整改通知，否则一项扣3分			
		5	会上传4C缺陷，并正确填写缺陷等级、发现日期、发现人、线别、区间、行别、杆号/公里标，缺陷类别等，说明缺陷问题，上传缺陷图片及整改通知书，否则每项扣3分			
		6	正确使用移动硬盘，硬盘运行结束后应按规定退出后再拔离USB接口，防止硬盘损坏，数据丢失，否则扣2分			
安全及其他	10分	1	数据导入服务器之前，须确认移动硬盘无病毒，防止病毒侵入服务器，否则扣5分			
		2	不得出现其他违反作业标准项，否则每次扣5分			
		3	作业时间10 min，每超1 min扣1分，时间以秒计，不足1 min算1 min，超时5 min判定失格			
作业结束	5分	1	作业结束退出分析软件界面，返回到桌面状态，否则扣5分			
合计	100分					

注：每个项目扣分累计不超过其配分，扣完为止。

操作开始时间：　　时　　分　　　　操作结束时间：　　时　　分

考评员：　　　　统分人：　　　　年　　月　　日

项目七 接触网设备故障应急处置

接触网是电气化铁路重要的行车设备，是向电力机车、电动车组等移动设备安全可靠供电的特殊输电线路，一旦故障停电，将直接影响行车秩序。在接触网发生事故后，各有关单位必须立即组织人力、物力，全力以赴进行抢修，本着“先通后复”的原则，迅速送电、通车。

项目描述

以接触网设备为载体，依据接触网抢修规程，在校内铁路综合实训基地和校外供电段实训基地，能对接触网各设备进行应急故障情况下的抢修并分析、上报相关资料。

学习目标

1. 素养目标

(1)牢固树立“三点共识”；

(2)深刻认识“三个重中之重”；

(3)培养学生直面挑战的勇气、不折不挠的毅力和善战能胜的精神。

2. 知识目标

(1)掌握接触网设备故障抢修预案；

(2)掌握接触网设备故障抢修应急处置流程；

(3)掌握接触网设备典型故障抢修处置方法；

(4)掌握接触网抢修材料、机具储备定额。

3. 技能目标

(1)会制订接触网设备故障抢修预案；

(2)能处置典型的接触网设备故障；

(3)能正确定额接触网抢修材料、机具。

素养园地

武汉供电段开展接触网覆冰等应急演练

2024 年 2 月 18 日，中国铁路武汉局集团公司武汉供电段组织全段所有管辖动车径路的车间共计 60 余名干部职工，在汉口动车运用所模拟动车组车顶覆冰、接触网断线场景，开展登顶动车组处理接触网断线应急演练。

演练中，武汉供电段职工制订不同车型、不同接触网结构场景下的登顶动车组应急抢通方案，建立应急处置联系机制，优化使用应急工装器具，现场演练与动车组司机、机械师联动、动车组车体攀登、接触网故障抢修等各个环节，提升了协同联动效率，积累了宝贵实践经验。

同时，为应对新一轮低温雨雪冰冻天气侵袭，该段2 000余名干部职工全员上岗，24小时待命。每日全覆盖添乘管内线路，设置观察哨80处、应急值守处置点35处，成立应急突击队伍23支，配备打冰杆2 000余套、防滑用具500副，启动每日会商和包保督查机制，全力以赴确保春运后半程铁路供电设备安全畅通。

任务 接触网设备故障抢修作业

一、任务书

接触网设备故障应急处置是指高速铁路接触网故障、事故抢修及自然灾害和其他事故引起的接触网修复、配合工作。

二、知识准备

接触网应急处置应遵循规定的抢修原则，具体如下：

(1)接到高速铁路接触网故障的通知时，必须严格执行“一停用、二汇报、三处理、四确认”的规定，工区人员应及时携带应急抢修材料、工具赶赴故障现场，并立即向供电调度和段调度科汇报。

(2)逐级负责，统一指挥。接触网故障抢修工作实行段、车间、工区逐级负责制。接触网故障抢修工作必须服从铁路局集团公司供电调度员的统一指挥，抢修方案必须经由铁路局集团公司供电调度员批准后实施。

(3)高速铁路接触网故障抢修要遵循“先行供电”“先通后复”和“先通一线”的基本原则，以最快的速度满足滞留列车供电条件，必要时可采取变更供电方式(如迂回供电、越区供电、分段分束供电、AT供电改为直接供电、划小单元供电等)、降弓通过或设置无网区、限制列车速度通过等措施，尽快疏通线路并尽早恢复设备正常的技术状态。抢修方案的制订既要考虑压缩故障停时，又要考虑后续完全修复的条件。为保证快速抢通，在确保安全的前提下，允许接触网降低技术条件临时恢复供电、开通运行。

(4)按照“细分供电单元，缩小供电范围，准确判断故障，压缩故障停时”的要求，合理抢修布局，强化抢修设施配套，完善抢修预案，动态完善应急抢修划小单元方案，利用保护装置信息及故障测距装置初步判断故障地点及故障类型，快速隔离故障点，尽快恢复全部或部分接触网供电，实现快速响应、高效抢修。

(5)抢修料原则是“随用随补充”，使用完毕后及时登记并申请补充。

(6)加强应急联动。发生故障时，应优先考虑安排距离故障处所较近的抢修力量出动，距离故障处所次近的抢修力量应同步响应，根据掌握信息的变化和现场应急处置的需求做好人员、工具、材料、车辆的待命工作。

(7)建立值班制度，值班人员专业结构互补，发生事故后要立即了解情况，按事故性质、破坏情况，及时组织赶赴现场抢修。

①段应随时保证 1 名单位领导和 1 名安全或技术管理人员值班。

②各车间应随时保证至少 1 名车间应急小组人员值班。

③各工区必须保持一个接触网作业组的人员在工区值班。组长由工长或安全等级不低于四级的人员担任。组内人员明确分工。

④每台接触网作业车由相应司乘人员 24 h 值班待发，确保接触网作业车随时出动抢修。

⑤遇有大风、雨、雪、雾等恶劣天气，应视情况增加值班人员，相关工机具、材料装车，人员集中待命。

三、工作流程与任务

(一)流程图

接触网设备故障应急处置流程如图 7-1 所示。

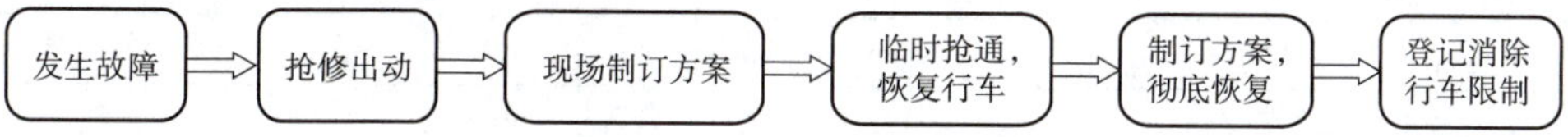

图 7-1　接触网设备故障应急处置流程

(二)任务组织

1. 人员组织

各工区应根据具体情况，做好接触网事故抢修的组织落实工作，工区负责人每日要对抢修值班人员进行明确分工，落实抢修工作责任，工区抢修班的人数必须满足一个作业组，凡遇到事故，工区所有人员必须参加抢修。

2. 抢修工具、材料、车辆、照明、通信工具管理

(1)抢修用工具、材料、零部件要有专人保管，专料专用，用后三日内补齐。接触网抢修材料储备定额见表 7-1。

表 7-1　接触网设备抢修材料储备定额表

序号	材料名称	规　格	单位	数　量		备　注
				工区	值守点	
一、支柱						
1	支柱	—	根	0	0	根据管内支柱类型确定
二、定位支撑装置						
1	常用的支撑定位结构	—	套	各 6	常用定位器 2 套	包括平、斜腕臂及连接、悬吊零部件，底座、定位器(含线夹)

续上表

序号	材料名称	规　格	单位	数　量		备　注
				工区	值守点	
2	非常用的腕臂固定底座	各种	套	各1	0	根据管内情况确定
3	隧道内悬挂及定位埋入杆件	—	套	4	0	根据管内情况确定
4	吊柱		套	4	0	根据管内情况确定
三、接触悬挂						
1	可调式整体吊弦	—	套	20	5	
2	弹性吊索	—	套	10	0	
四、下锚及补偿装置						
1	补偿滑轮	—	套	各1	0	管内各种规格
2	坠砣	铁材质	块	20	0	
3	棘轮	—	套	2	0	管内各种规格
五、线索及终端、接续线夹						
1	承力索及接触线	—	m	各100	0	管内各种规格
2	供电线、正馈线	—	m	各100	0	管内各种规格
3	回流线、保护线及架空地线	—	m	各100	0	管内各种规格
4	钢绞线	—	m	各100	0	管内各种规格
5	电连接线	120 mm^2	m	20	0	预制成组
6	承力索终端线夹	各种	套	各2	0	
7	附加导线终端线夹	各种	套	各2	0	
8	接触线终端线夹	各种	套	各2	0	
9	接触线接头线夹	各种	套	6	0	
10	承力索接头线夹	各种	套	6	0	
11	附加导线接头线夹	各种	套	各2	0	
六、硬(软)横跨零部件						
1	横承力索线夹	单、双	套	各4	0	
2	定位环线夹	—	套	6	0	
3	球头挂环	—	个	6	0	
4	开式螺旋扣	—	个	2	0	
5	悬吊滑轮	—	个	2	0	
6	双耳楔形线夹	—	个	10	0	
7	杵座楔形线夹	—	个	10	0	
七、其他零部件						
1	悬式绝缘子	—	组	5	0	
2	棒式绝缘子	—	支	5	0	爬距≥1 400 mm
3	复合绝缘子	硅橡胶	支	5	0	
4	线岔	—	套	2	0	
5	分段绝缘器	—	台	1	0	

续上表

序号	材料名称	规　格	单位	数　量		备　注
				工区	值守点	
6	线岔电连接器	—	组	1	0	
7	各种电连接线夹	—	套	各 4	0	
8	隔离开关	各种	台	0	0	容量按管内最大
9	接触线中心锚结线夹	—	套	1	0	
10	承力索中心锚结线夹	各种	套	各 1	0	
11	常用的肩架	—	套	2	0	
12	铁线	—	kg	10	5	

（2）抢修工具定额同检修工具定额一致。接触网抢修机具储备定额见表 7-2。

表 7-2　接触网设备抢修机具储备定额表

序号	名　称	规　格	单位	数　量		备　注
				工区	值守点	
1	接地线	—	根	4	2	
2	验电器	25 kV	个	2	2	
3	绝缘手套	—	副	4	2	
4	绝缘靴	—	双	4	2	
5	安全帽	—	个	10	4	
6	安全带	—	副	10	4	
7	充电电筒	—	个	20	4	
8	个人工具五件套	—	套	10	4	
9	数码照相机	—	个	1	1	
10	望远镜	≥10 倍	个	1	1	
11	打冰杆（绝缘杆）	—	套	2	1	根据需要配置
12	防护信号旗	—	套	4	4	红、黄各 2 套
13	防护信号灯	—	个	2	2	红、黄各 2 套
14	对讲机	—	个	10	—	
15	抢修组合箱（包）	便携式	个	6-8	2-4	根据需要组合
16	车梯	便携式	个	1	—	
17	人字梯	—	个	2	1	
18	挂梯	7～12 m	个	各 1	1	
19	梯子	7～12 m	个	各 1	—	
20	攀支柱的脚扣	各种型号	副	4	2	
21	断线钳	铜线、钢绞线	把	各 2	1	液压或充电式
22	棕绳	—	根	2	1	

续上表

序号	名　称	规　格	单位	数　量		备　注
				工区	值守点	
23	滑轮组	—	套	3	—	
24	链条葫芦	6 t、3 t	个	各1	—	
25	手扳葫芦	6 t、3 t	个	各1	—	
26	紧线器	—	套	各4	—	根据管内线索型号确定
27	钢丝套	—	个	4	—	
28	接触线紧线紧固夹具	—	套	2	—	
29	导线正弯器	五轮	个	2	—	
30	接触网激光测量仪	—	套	2	—	
31	皮尺	—	个	2	1	
32	游标卡尺	—	个	1	—	
33	水平尺及道尺	—	个	各2	—	
34	兆欧表	2 500 V	块	1	—	
35	发电机、临时照明用灯具、电缆	—	套	2	—	
36	便携式充电矿灯、安全帽	—	套	8	4	
37	射钉枪	—	把	1	—	
38	螺母粉碎机	—	个	1	—	
39	钢锯架	—	把	2	—	
40	力矩扳手	—	套	5	—	
41	管钳	—	把	2	—	
42	割刀	—	把	2	—	
43	扁锉	—	把	2	—	
44	平锉	—	套	2	—	
45	放线滑轮	—	个	10	—	
46	压接钳	—	套	2	—	
47	大锤	—	把	2	—	
48	橡胶锤	—	把	2	—	
49	干湿温度计	—	个	1	—	
50	急救药箱	—	个	1	—	

(3)小型零部件和工具应装入抢修材料箱和工具箱内,正常检修时原则上不得动用,若动用,使用后立即放回箱内,以备抢修时使用。

(4)抢修人员必须配备必要的通信设备,并定期对通信设备进行检查测试。

3. 抢修出动时间

当接到接触网故障信息时,工区应立即组织抢修人员携带抢修工具、材料出动抢修,最晚出动时间:白天 15 min,夜间 20 min。

4. 抢修指挥系统

（1）值班供电调度员为事故抢修的总指挥，负责与工区、事故现场、段生产调度及有关部门保持联系，负责抢修人员、车辆的组织调配，传达领导对事故抢修的指示，向段供电调度通报事故的抢修进展和完成情况。

（2）一般事故抢修由工区负责人担任现场抢修指挥。邻近工区支援抢修时，其抢修人员必须服从现场抢修指挥人员的统一指挥。

（3）重大事故抢修，需要相邻车间组织人员参与时，由发生事故车间主任担任现场抢修指挥。

5. 抢修中的信息传递

在事故抢修现场，现场指挥者必须指定专人在邻近车站坐台防护，与供电调度和段生产调度保持联系，并做好相应记录。

6. 抢修现场防护

抢修指挥者到达现场后，必须首先与供电调度取得联系，同时按规程要求做好现场防护。

7. 事故抢修后的分析、总结、上报

每次事故抢修后，工区、车间、段应本着"四不放过"的原则，认真调查、分析、总结、考核，并逐级上报。

（三）应急处置办法

1. 接触线断线应急处置办法

（1）任务组织

接触线断线抢修人员配置见表 7-3。

表 7-3　接触线断线抢修人员配置表

序号	人员分工	人数	主要工作
1	驻站（所）联络员	1	负责停送电命令的申请、作业区防护
2	工作领导人	1	负责抢修指挥及人员的安全
3	操作人员	3	负责上部抢修的全部作业
4	作业车司机	2	负责操纵作业车
5	验电接地	4	负责传递信号及验电接地，兼行车防护
6	辅助人员	1	负责地面作业及其他辅助工作

接触线断线抢修工具配置见表 7-4。

表 7-4　接触线断线抢修工具配置表

序号	工具名称	规格	单位	数量	备　注
1	作业车（或车梯）	—	台	1~2	
2	接触网激光测量仪	—	台	1	

续上表

序号	工具名称	规格	单位	数量	备　注
3	手扳葫芦	—	套	2	满足张力要求
4	断线钳(电动切刀)	—	把	1	
5	接触线扭面器	—	把	2	
6	手锤	—	个	1	
7	木槌	—	个	1	
8	锉刀	—	个	2	
9	棕绳	—	根	2	
10	滑轮组	—	组	1	
11	紧线器	—	套	4	
12	钢锯	—	个	2	
13	安全带	—	条	每人1	
14	直弯器	—	个	1	
15	通信照明工具	—	套	若干	
16	个人工具	—	套	每人1	
17	安全防护用品	—	套	每人1	
18	力矩扳手	—	套	1	

接触线断线抢修材料配置见表7-5。

表7-5　接触线断线抢修材料配置表

序号	材料名称	规格	单位	数量
1	接触线	—	m	若干
2	接触线接头线夹	—	副	2
3	铁线	ϕ4 mm	m	若干
4	定位器	—	个	若干
5	吊弦线夹	—	套	若干
6	临时吊弦	—	条	若干
7	弹性吊索	—	—	若干
8	瓷瓶、电连接、铜绑线、电力复合脂等	—	—	若干

(2)抢修方法

接触线发生断线事故之后，为了缩短抢修时间，尽快恢复供电行车，处理接触线断线一般有两种抢修方法。

①导线断线损坏范围较小，断口两侧无较大损伤、变形，可以将折断的导线用紧线器固定，直接紧线对接做导线接头。此方法只适用于导线断线损坏范围较小，断头的损坏不超过100 mm(断头两侧之和情况)。

②若导线损坏范围较大或抢修时间紧迫，可视具体情况确定方案。如果动车组惰行可以通过故障区段时，可把接触线临时连接（用手扳葫芦）吊在承力索上，但要保证跨中最小高度满足该区段限界要求，确定好升降弓运营里程，采取降弓通过的方法。具体遵循如下原则：

a. 站场侧线断线，可线将线索紧起，保证咽喉区行车，送电先开通正线。站场正线或区间断线，可将线索紧起，采取降弓通过的办法送电通车。

b. 利用紧线器、葫芦等临时连接方式送电时，必须加装分流短接线，严禁利用受力工具导通电流回路。

(3)抢修过程

①抢修人员到达现场后，先派人查看设备的损坏程度（并在断线落地点设置防护，未验明接地前，任何人不得进入断线落地点 10 m 范围内），工作领导人根据现场的具体情况（包括下锚、中锚、线岔等损坏情况）制定抢修方案和安全措施，同时和路局供电调度员取得联系，汇报现场的事故情况和抢修建议方案，申请停电抢修的命令。

②在与供电调度员联系的过程中，同时进行事故抢修的准备工作，备好各种工具和材料，确定操作人和辅助人员的职责，布置抢修方案和安全措施等。

③当收到供电调度员下达的停电抢修作业命令后（需封锁线路时还须在线路封锁后），工作领导人按照预定的分工，立即布置好防护工作，然后组织验电接地和抢修工作。

④接触线断线抢修时，在紧线之前和紧线过程中，应指定专人到中心锚结和断线侧的落锚处，主要观察事故对中心锚结的影响和紧线时中心锚结的受力情况。在落锚处，紧线时观察补偿绳在补偿装置内的动作情况，出现脱槽、卡滞等现象时立即通知工作领导人。

⑤断线点距离过大时可以使用滑轮组，或者选用 10 m 长 3 t 型号的手扳葫芦。在使用滑轮组时，接近达到满荷载前，用链条式手扳葫芦取代滑轮组。

⑥接触线接续的施工流程：

a. 首先安装两个楔形紧线器，其中一个紧线器紧靠断线点安装，另一个楔形紧线器则应该远离另一个断线点安装，用手扳葫芦紧线，直到吊弦恢复到垂直状态。如果断头不超过 100 mm，可直接用接触线接头线夹连接。

b. 接头做好后，先将紧线工具放松，使接头受力，检查接头质量，无误后，拆除紧线工具，安装临时吊弦，调整悬挂，整正导线达到标准，使设备达到开通条件。

c. 导线断线处理后，必须将该锚段全部巡视一遍，特别是中心锚结、线岔、补偿装置、锚段关节等设备，要考虑季节、气温变化时对设备的影响，确定是否可以送电通车。

⑦抢修工作完毕后，人员下网，拆除地线，撤除防护，消令送电。

⑧根据现场情况，限制动车组运行速度。按规定栅栏外观察动车组的运行情况，确认无异常并经供电调度员同意后人员撤离，抢修工作结束。

2. 腕臂损坏应急处置办法

(1)任务组织

腕臂损坏抢修人员配置参照接触线应急处置办法。腕臂损坏抢修工具配置见表 7-6。

表 7-6　腕臂损坏抢修工具配置表

序号	工具名称	规格	单位	数量
1	作业车(或车梯)	—	台	1
2	手扳葫芦	3.0 t/1.5 t	个	1
3	钢丝套子	—	个	1
4	大绳	—	条	1
5	滑轮	—	个	1
6	安全带	—	条	每人 1
7	通信照明工具	—	套	若干
8	个人工具	—	套	每人 1
9	安全防护用品	—	套	每人 1
10	力矩扳手	—	套	2
11	切管刀	—	套	1
12	钢卷尺	—	把	2

腕臂损坏抢修材料配置见表 7-7。

表 7-7　腕臂损坏抢修材料配置表

序号	材料名称	规格	单位	数量
1	平腕臂	ϕ70 mm	个	3
2	斜腕臂	ϕ70 mm	个	3
3	铁线	ϕ4.0 mm	m	若干
4	腕臂用棒式绝缘子	—	个	2
5	相关连接零部件	—	套	2

(2)抢修方法

①若平腕臂发生折断故障时,在处理过程中,要根据具体情况组织抢修措施。

②当斜腕臂发生折断事故时,则可现场更换。

(3)抢修过程

①当收到供电调度员下达的停电抢修作业命令后(需封锁线路时还须在线路封锁后),抢修人员按照预定的分工,立即布置好防护工作,验电接地。上网人员 1～2 人为宜。

②人员网上进行操作前,应先用手扳葫芦将接触线拉住,卸载以方便作业。

③拆除损坏的零部件,不同情况应采取不同的处理方法。

a. 当直线上水平腕臂发生故障时:

➢ 取掉斜腕臂管帽,用手扳葫芦倒链端钩在斜腕臂管口处。

➢ 另一端通过钢丝套子把手扳葫芦的另一个钩子连接到支柱上。

➢ 摇手扳葫芦使斜腕臂及其接触悬挂基本恢复到正常状态。

➢ 通过两股 ϕ4.0 mm 铁线从绝缘瓷瓶瓶口处与斜腕臂管口处连接,取代手扳葫芦。

➢ 拆除手扳葫芦。

b. 当直线上斜腕臂发生故障时：

➢ 把从斜腕臂上拆下来的定位管、定位器放好。

➢ 把足够长的新斜腕臂与绝缘子端连接好，另一端与套管座相连。

➢ 把拆除的定位管安装在斜腕臂上。

➢ 调整承力索的高度。

➢ 若斜腕臂露头过长，则锯掉多余部分。

➢ 调整定位。

c. 曲线外侧的水平腕臂和斜腕臂的处理方法与直线的方法相同。

d. 当曲线内侧发生故障时，由于受到向支柱侧拉力影响，需采取另一种处理方案。

➢ 准备一根足够长度的临时腕臂，此腕臂连接绝缘子的一端应预先做好套丝处理并接好连接件，处理时把此端同绝缘子连接好。

➢ 把斜腕臂恢复到正常角度后，把临时拉杆的另一端用 ϕ4.0 mm 铁线与斜腕臂固定到一起，要求牢固可靠。

➢ 若临时腕臂的长度过长与相邻线路的距离保证不了 1.6 m 时，则需锯断多余部分。

➢ 调整接触悬挂。

④抢修完毕后，人员下网拆除地线，撤除防护，消令送电，大约需要 30 ~ 60 min。

⑤按规定栅栏外观察送电后动车组的运行情况，确认无异常并经供电调度员同意后人员撤离，抢修工作结束。

四、分析与思考

本任务主要是接触网设备故障抢修，事故发生后对接触网抢修人员在抢修时间和作业能力上提出了很高的要求，如何在短时间内先恢复通车，关系到行车秩序。如何保证作业人员在抢修过程中采取合理的应急处置方案至关重要。在实际抢修工作中需要注意以下问题：

（1）抢修人员集合出动不及时，耽误抢修时间，导致影响行车时间延长。

（2）抢修人员对故障情况不清楚，现场所需的工具、材料等预想不到位，到达现场发现所带器具和抢修料不全或型号错误，导致影响抢修速度。

（3）抢修人员现场通信不畅通，与供电调度等沟通不及时，耽误抢修决策，影响故障抢修。

（4）抢修人员现场抢修作业时，过于追求速度，整个作业过程中增加了安全隐患。

（5）抢修人员抢修作业结束后，现场的工具和更换的材料应确认全部撤离。

五、任务评价

姓名：

任务名称：接触网设备故障抢修作业　　　　实际考核时间：　　min

项目	配分	序号	评分标准	扣分	得分	备注
作业准备	15 分	1	人员着装整齐，安全劳保用品佩戴齐全，一项不合格扣 2 分			
		2	材料、工具型号选择正确、齐全、作业开始前摆放整齐，并进行检查。材料、工具选错一项扣 2 分，未进行检查或检查不到位扣 2 分			
作业质量	60 分	1	接续前应对紧线器、手扳葫芦受力状态进行检查；更换完毕后卸载工具前应对设备连接状态进行检查，否则扣 3 分			
		2	作业过程中紧线器、手扳葫芦受力妥当，不得出现滑脱现象，否则扣 10 分			
		3	紧线前应观察该锚段中锚、吊弦、定位装置、补偿装置等状态，否则扣 3 分			
		4	应用钢锯将两接头锯齐，用平挫打磨断面使其平整并用砂纸去掉毛刺，涂抹电力复合脂，否则每项扣 5 分			
		5	应对导线及接头线夹表面检查，辅线截面应与现场一致，否则扣 5 分			
		6	接头应平齐，对接密贴（间隙不大于 1 mm），接触线不应弯曲、扭面，否则每处扣 5 分			
		7	紧固时应力矩达标，紧固顺序正确（由内到外，循环紧固），否则每处错误扣 5 分。接头应居线夹中间，误差 1 ~ 3 mm，否则扣 2 分			
		8	接头不宜在锚段关节内，且距悬挂点不小于 2.0 m，回答错误扣 2 分			
		9	接头线夹处应安装增加一根吊弦线，吊弦应正确安装，载流环方向和既有一致，吊弦应垂直、受力，否则扣 3 分			
		10	接头线夹与相邻吊弦处的导高应符合规定要求，比相邻吊弦抬高 0 ~ 10 mm，否则扣 3 分			
		11	安装后注意检查接头间隙，平滑程度，受力后应再检查一次，否则扣 2 分。拆除紧线器后应需用直弯器直弯，否则扣 2 分			
		12	锁片应正确安装，否则每处扣 2 分。安装后应测量参数，否则扣 2 分			
安全及其他	20 分	1	不得出现划伤、碰伤、高空坠物，否则每次扣 5 分			
		2	作业过程中规范使用安全带，不可将安全带系在需拆卸的设备上，否则提醒一次扣 2 分			
		3	出现较重伤害，取消资格			
		4	高处辅助人员一名只可从事搭接紧线器、链条葫芦及听从作业人员指挥不涉及设备连接调整等工作，地面辅助人员一名，只允许绑扎、起吊工料具，扶稳部件，听从高处人员指挥，除严重的安全问题，不得提醒高处作业人员，否则扣 5 分			
		5	作业时间 25 min，每超 1 min 扣 1 分，时间以秒计，不足 1 min 算 1 min，超过 10 min 判定失格			
作业结束	5 分	1	清理工料具，并摆放整齐，未按照要求扣 5 分			
合计	100 分					

注：每个项目扣分累计不超过其配分，扣完为止。

操作开始时间：　　时　　分　　　　操作结束时间：　　时　　分

考评员：　　　　统分人：　　　　年　　月　　日

参考文献

[1] 中国铁路总公司. 铁路技术管理规程(高速铁路部分)[S]. 北京:中国铁道出版社,2014.

[2] 国家铁路局. 电气化铁路接触网零部件技术条件:TB/T 2073—2020[S]. 北京:中国铁道出版社,2020.

[3] 中铁电气化局集团有限公司. 电气化铁道接触网[M]. 北京:中国电力出版社,2004.

[4] 张道俊. 接触网运营检修与管理[M]. 北京:中国铁道出版社,1996.

[5] 吉鹏霄,张桂林. 电气化铁路接触网[M]. 4 版. 北京:化学工业出版社,2023.

[6] 董昭德. 接触网[M]. 2 版. 北京:中国铁道出版社,2022.

[7] 于万聚. 高速电气化铁路接触网[M]. 成都:西南交通大学出版社,2003.

[8] 中国铁路总公司. 高速铁路接触网安全工作规则[S]. 北京:中国铁道出版社,2016.

[9] 中国铁路总公司. 高速铁路接触网运行维修规则[S]. 北京:中国铁道出版社,2016.

附录一

接触网各部螺栓紧固力矩

序号	名　称	螺栓规格	紧固力矩/(N·m)	允许紧固力矩范围/(N·m)
1	定位线夹	M10 不锈钢	25	25~32
2	承力索吊弦线夹	M10 不锈钢	25	25~32
3	可调整体吊弦、整体吊弦装置	M10 不锈钢	25	25~32
4	接触线吊弦线夹	M10 不锈钢	25	—
5	接地线连接线夹	M12 不锈钢	25	—
6	电连接线夹	M10 不锈钢	25	—
7	套管绞环	M10U 不锈钢	25	—
8	套管双耳	M10U 不锈钢	25	—
9	套管双耳	M10 不锈钢	25	25~32
10	杵座鞍子、钩头鞍子	M10 不锈钢	25	25~32
11	杵座鞍子、钩头鞍子	M10 不锈钢	25	—
12	线岔中心定位线夹	M10 不锈钢	25	25~32
13	接触线中心锚结线夹	M12 不锈钢	44	44~56
14	承力索中心锚结线夹	M12 不锈钢	44	44~56
15	承力索座	M12 不锈钢	44	44~56
16	定位环	M12 不锈钢	44	44~56
17	长定位环	M12U 不锈钢	44	—
18	铜接头线夹	M12 不锈钢	44	—
19	接地线连接线夹	M12 不锈钢	44	—
20	压管	M12 不锈钢	44	—
21	套管双耳	M12 不锈钢	44	44~56
22	定位器中定位支座	M12 不锈钢	44	44~56
23	特型定位器中定位支座	M12 不锈钢	44	44~56
24	接触线电连接线夹(斜型)	M12 不锈钢	44	44~56
25	电连接线夹(长方形)	M12 不锈钢	44	44~56
26	锚支定位卡子	M12 不锈钢	44	44~56
27	横承力索线夹	M12 不锈钢	44	44~56
28	双横承力索线夹	M12 不锈钢	44	44~56

续上表

序号	名　称	螺栓规格	紧固力矩/(N·m)	允许紧固力矩范围/(N·m)
29	定位环线夹	M12 不锈钢	44	44～56
30	带耳定位环线夹	M12 不锈钢	44	44～56
31	地线线夹	M16 钩螺栓	59	—
32	底座槽钢	M16 底座 U 形螺栓	59	—
33	特型拉杆底座	M16 不锈钢	59	—
34	定滑轮装置	M16 底座 U 形螺栓	59	—
35	地线线夹	M16 钩螺栓	59	—
36	承力索座	M16(Q235 A)	70	—
37	压管	M16 不锈钢	70	—
38	软横跨固底座	M16 不锈钢	70	—
39	套管绞环	M16 不锈钢	70	—
40	套管双耳	M16U 不锈钢	70	—
41	承力索接头线夹	锥套螺栓	80	—
42	接触线终锚线夹	锥套螺栓	80	—
43	承力索终锚线夹	锥套螺栓	80	—
44	承锚角钢	M22 不锈钢	98	—
45	特型钢锚角钢	M22 不锈钢	98	—

附录二

接触网图例

1. 本标准适用于一般的站场及区间接触网平面。
2. 本标准采用的线条宽度规定为以下三种：

   (1)粗型 宽度为0.9 mm

   (2)中型 宽度为0.6 mm

   (3)细型 宽度为0.3 mm
3. 符号中所注尺寸均以mm计，适用于比例尺1∶1 000及1∶2 000的接触网平面。
4. 规定符号见下表。

序号	图形符号	名　称	说　明
1	(粗)	接触网正线	
2	 (细)	加强线	
3	 (细)	供电线	
4		承力索硬锚	
5		接触线补偿下锚	
6		承力索补偿下锚	
7		链形悬挂硬锚	
8		半补偿链形悬挂下锚	
9		全补偿链形悬挂下锚	
10		加强线下锚	
11		回流线下锚	
12		AT供电线下锚	
13		保护线下锚	
14		架空地线下锚	

续上表

序号	图形符号	名　称	说　明
15		接触线硬锚供电线及分区亭引出线下锚	
16		拉出值	拉出值 300 mm，书写位置即为拉出方向
17	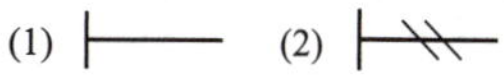	拉线基础	(1)单拉线基础 (2)双拉线基础
18	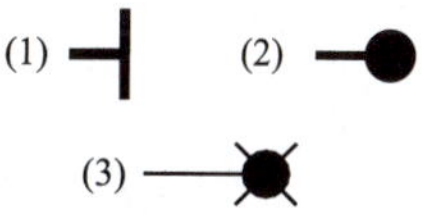	区间腕臂钢筋混凝土柱	(1)设计 (2)既有 (3)拆除
19	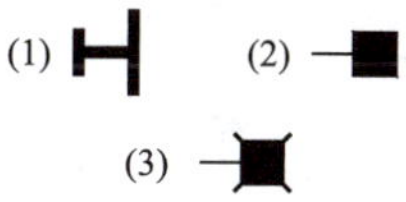	区间腕臂钢柱	(1)设计 (2)既有 (3)拆除
20		站场腕臂钢筋混凝土柱	圆直径 $d=2.5$(1/2 000) 圆直径 $d=4.0$(1/1 000)
21		站场腕臂钢柱	
22	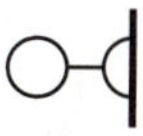	定位钢筋混凝土柱	
23		双线腕臂钢柱	用于高速铁路平面图
24	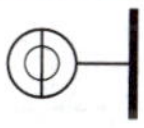	下锚钢柱	
25	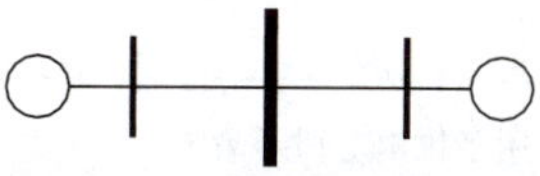	钢筋混凝土柱软横跨	
26	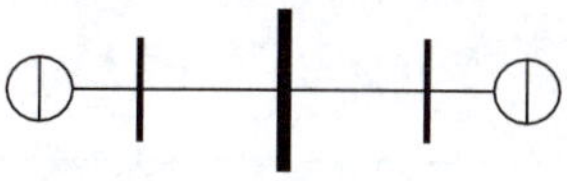	钢柱软横跨	
27	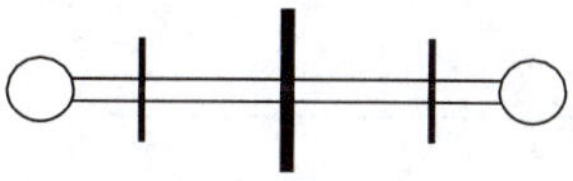	钢筋混凝土柱硬横跨	
28	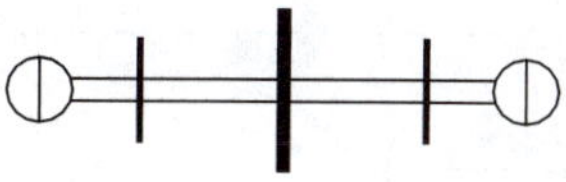	钢柱硬横跨	
29		隧道内接触网悬挂点	
30		隧道内接触网悬挂定位点	

续上表

序号	图形符号	名　称	说　明
31	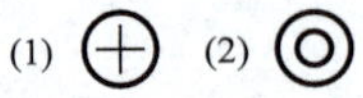	车站雨棚内接触网悬吊	(1)腕臂柱与雨棚柱合架 (2)雨棚内采用吊柱
32	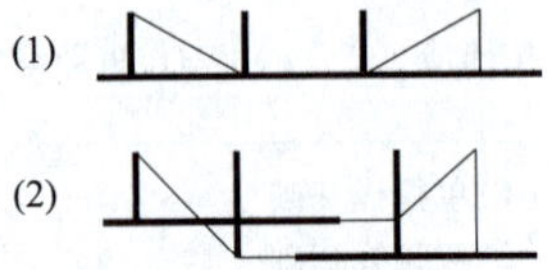	三跨关节	(1)非绝缘 (2)绝缘
33	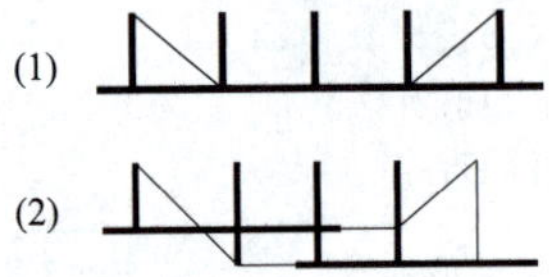	四跨关节	(1)非绝缘 (2)绝缘
34	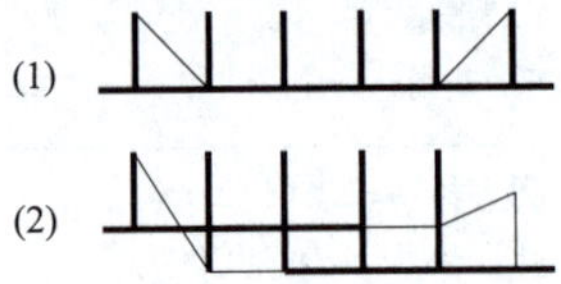	五跨关节	(1)非绝缘 (2)绝缘
35	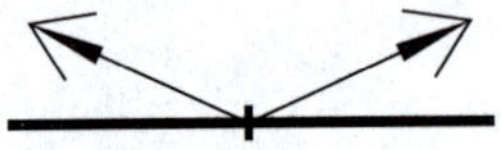	全补偿链型悬挂中心锚结	
36		防窜中心锚结	
37	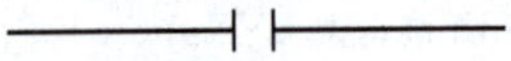	分段绝缘子串	
38		分段绝缘器	
39		分相绝缘器	
40		绝缘锚段关节	用于供电分段示意图
41		两断口关节式电分相	
42	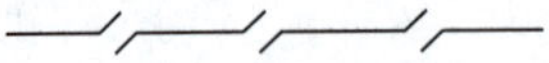	三断口关节式电分相	
43		氧化锌避雷器	
44	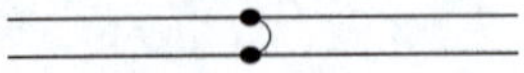	股道间电连接	
45	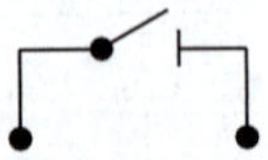	手动常开隔离开关	
46	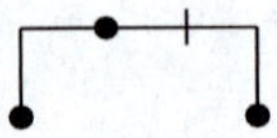	手动常闭隔离开关	

续上表

序号	图形符号	名　　称	说　　明
47	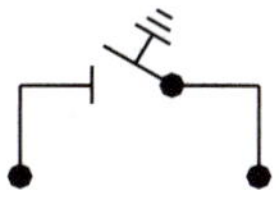	带接地刀闸隔离开关（打开状态）	
48	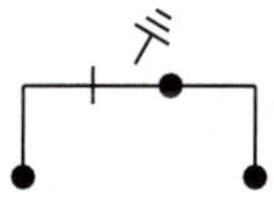	带接地刀闸隔离开关（闭合状态）	
49	(1) 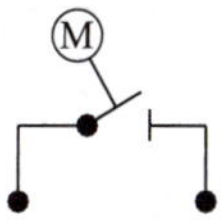 (2) 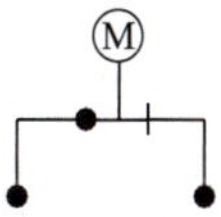	单级电动开关	
50	(1) 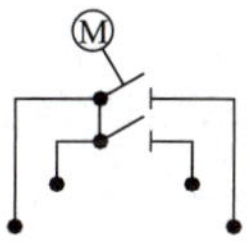 (2) 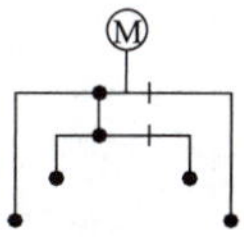	双级电动开关	(1)常开型 (2)常闭型
51	(1) 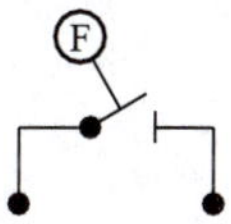 (2) 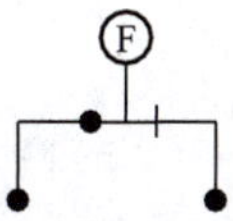	单级负荷开关	
52	(1) 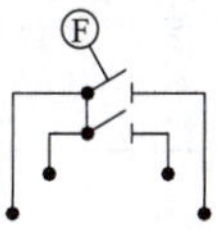 (2) 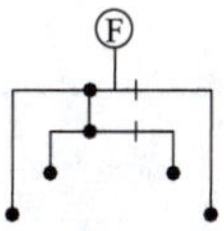	双级负荷开关	(1)常开型 (2)常闭型
53	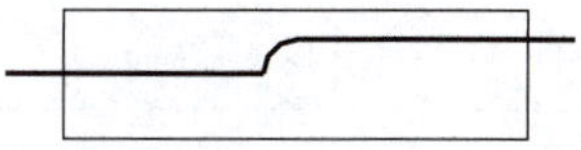	区间隧道	
54	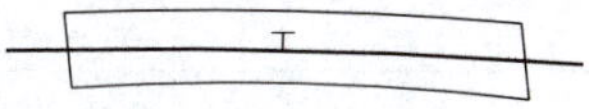	站场内隧道	

续上表

序号	图形符号	名　称	说　明
55	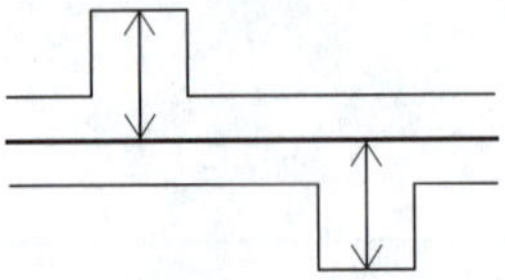	单线隧道内非绝缘关节	
56	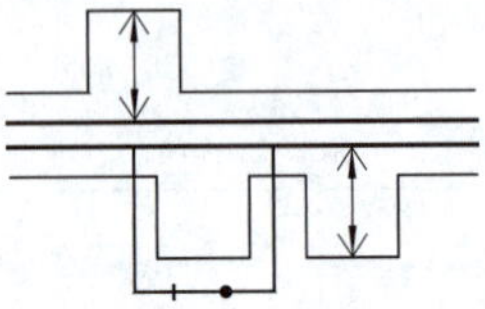	单线隧道内绝缘关节	
57	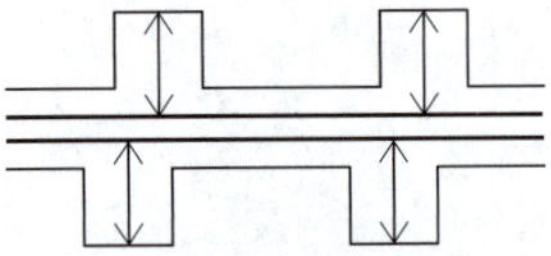	双线隧道内非绝缘关节	
58	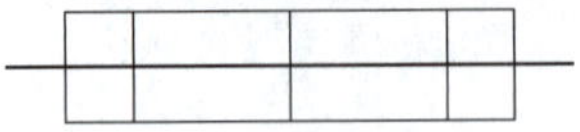	上承桥	
59	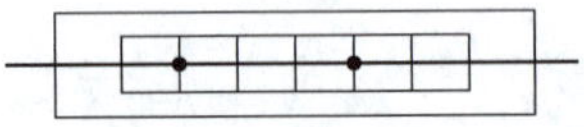	下承桥	圆点表示接触网悬挂点
60	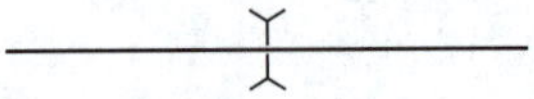	小桥、涵	
61	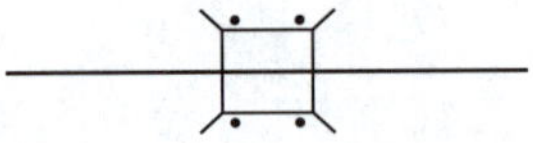	有限界门的平交道	
62	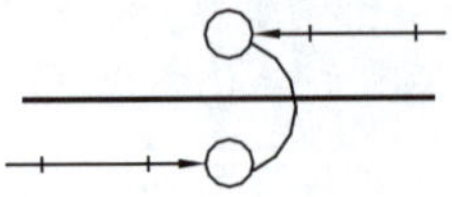	回流线跨越接触网	
63	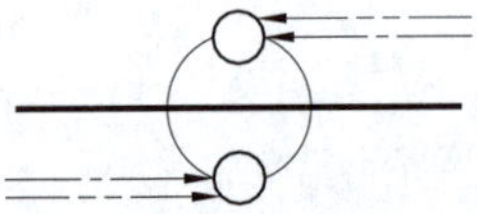	AT 供电线保护线跨越接触网	
64		吸上线位置	回流线、保护线、自耦变压器中性线与钢轨连接处
65		吸流变压器	
66		接触网起测点	
67		预留锯齿孔	
68		桥电缆孔	
69		手　孔	

续上表

序号	图形符号	名　称	说　明
70		牵引供电电缆	
71		接触网电缆过轨	
72		接扼流圈中性点	
73	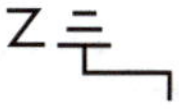	基础综合 地线端子	
74		接触网工区	用于供电分段示意图
75		接触网工区 附领工区	用于供电分段示意图
76		接触网普通 接地	
77		供电分束标志	

附录三

接触网常用零件

零　件	用　途	零　件	用　途
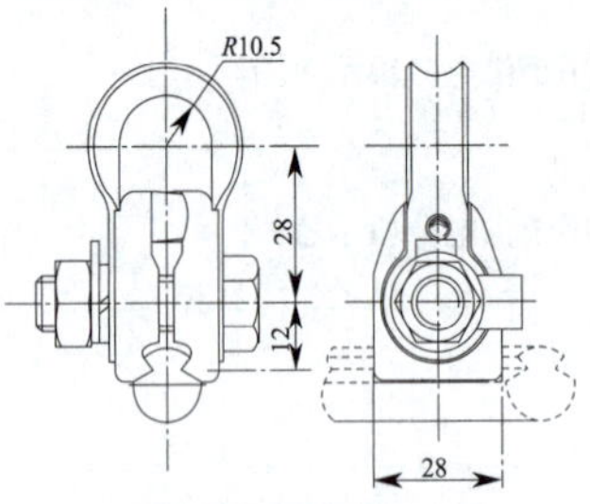 接触线吊弦线夹	用于直径不大于 5 mm 的吊弦分别悬吊标称截面为 85～150 mm^2 的铜合金接触线或 110 mm^2、85 mm^2 铜接触线	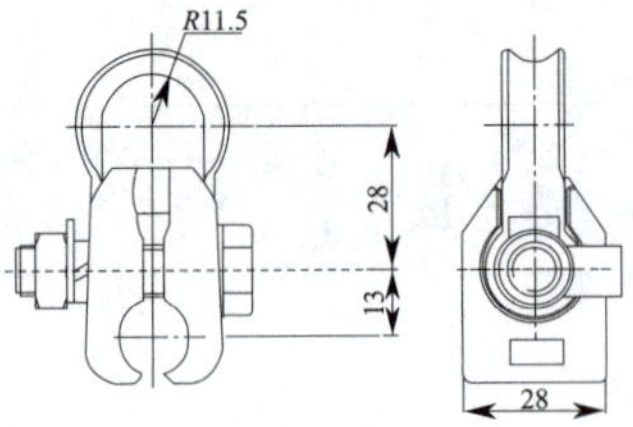 承力索吊弦线夹	用于铜镁合金承力索上悬吊直径不大于 5 mm 吊弦
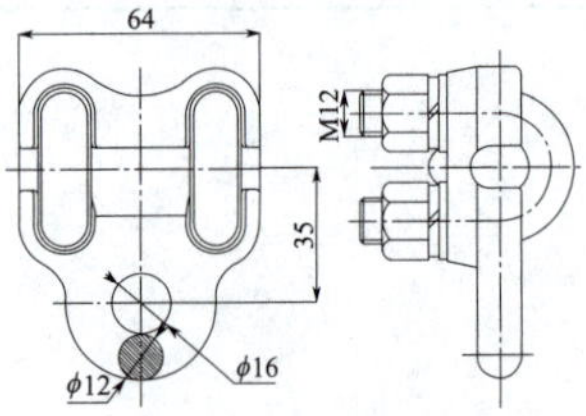 横承力索线夹	用于截面为 50～80 mm^2 的软横跨横承力索处悬挂吊弦	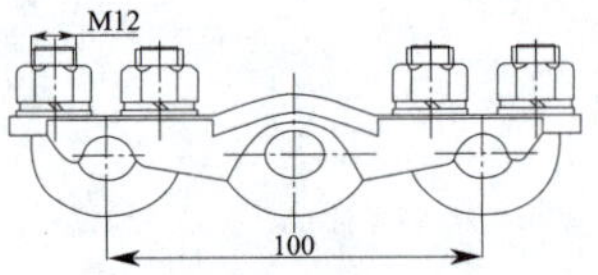 双横承力索线夹	用于截面为 50～80 mm^2 的软横跨双横承力索处悬挂吊弦
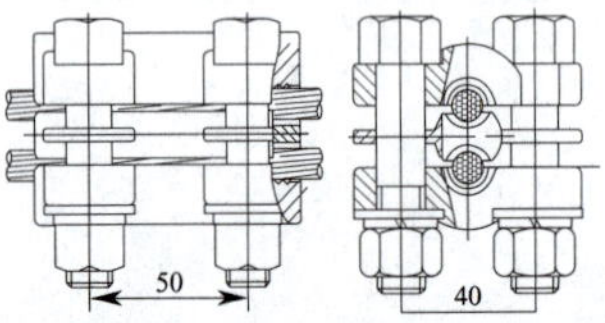 承力索中心锚结线夹	中心锚结处对承力索（THJ 70—120）与中心锚结绳（THJ 70—120）之间的固定和连接	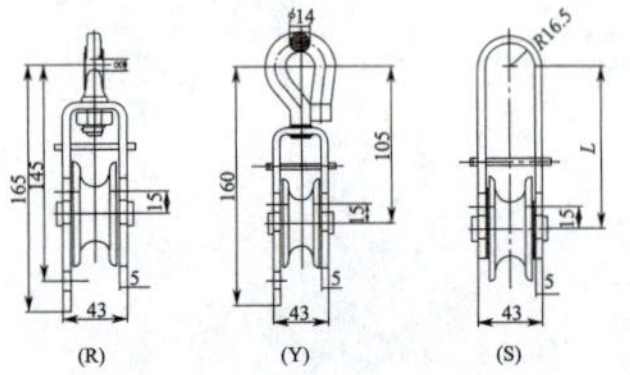 悬吊滑轮	用于腕臂、硬横跨、隧道悬挂承力索和弹性吊索
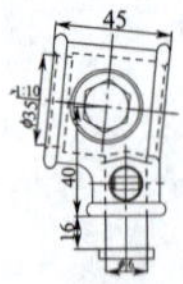 支持器	用于定位装置中固定定位线夹	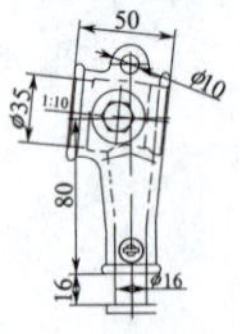 长支持器	定位装置中固定定位线夹
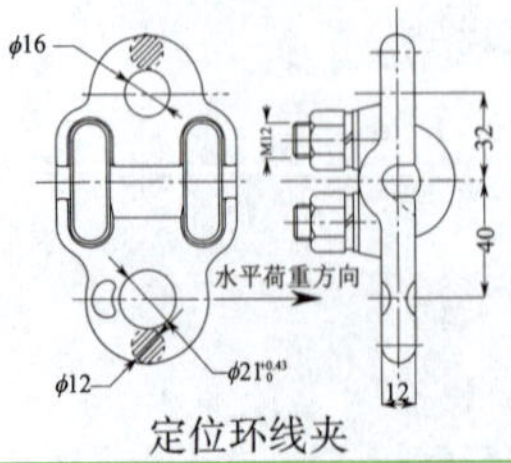 定位环线夹	软横跨 9～11.5 mm 的定位索上安装定位器或悬吊接触悬挂所用	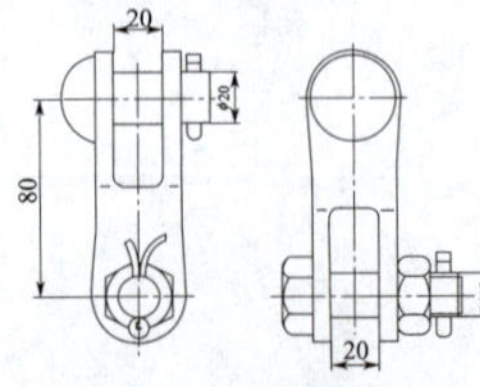 双耳连接器	用于两单环零件连接处

续上表

零　　件	用　途	零　　件	用　途
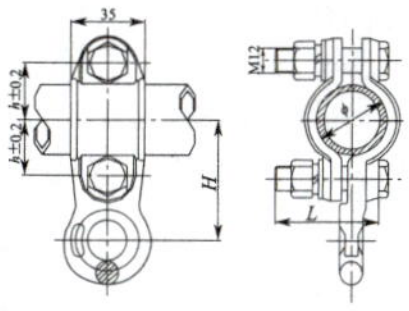 定位环	腕臂及定位管中连接定位器或连接其他带钩头型零件	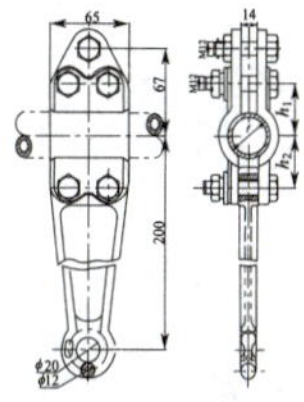 长定位环	用于道岔定位或反定位处连接定位器
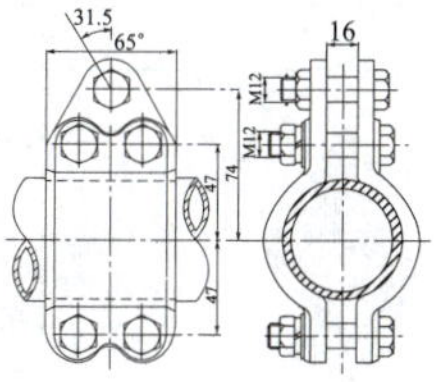 套管双耳	在腕臂或定位管上连接耳环型零件	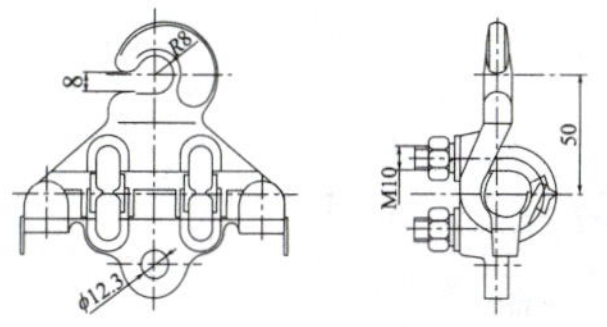 钩头鞍子	悬挂金属绞线所用
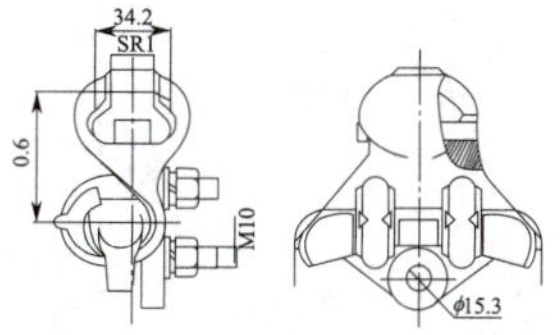 杵座鞍子	悬挂金属绞线所用	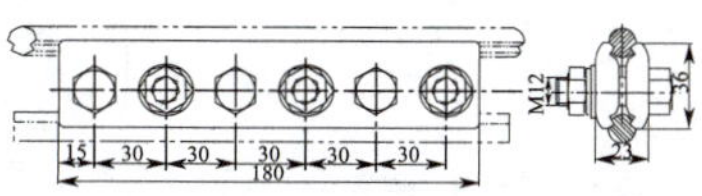 接触线接头线夹	双沟形铜或铜合金接触线的接头所用
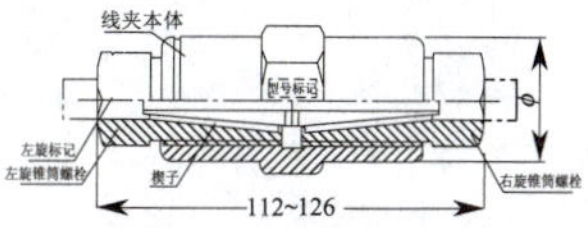 承力索接头线夹	用于承力索绞线接头	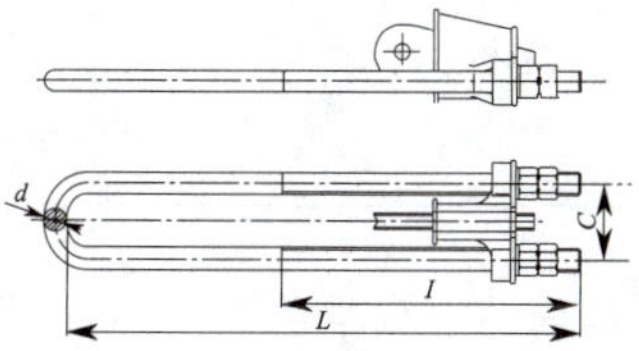 UT 型线夹	下锚拉线和单环类零件的连接
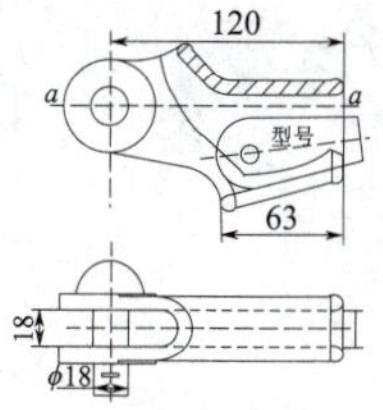 双耳楔型线夹	承力索、横向承力索、上下部定位绳及补偿绳等的终端与耳环形零件连接	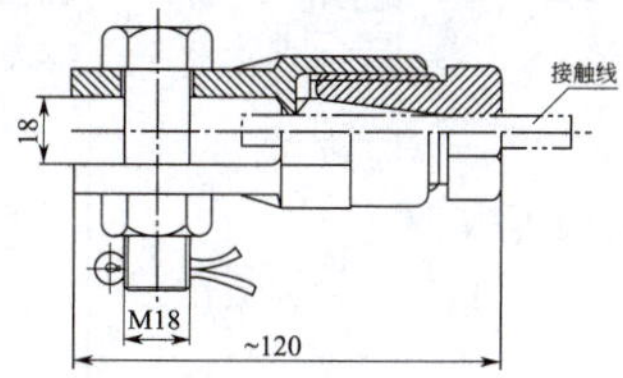 接触线终锚固定线夹	铜或铜合金接触线终端下锚
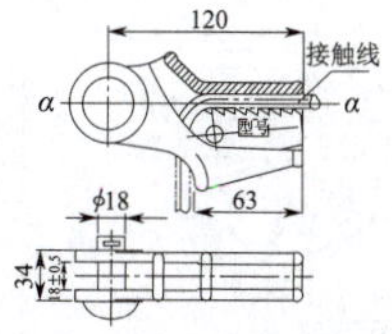 接触线终端锚固线夹	铜或铜合金接触导线终端下锚所用	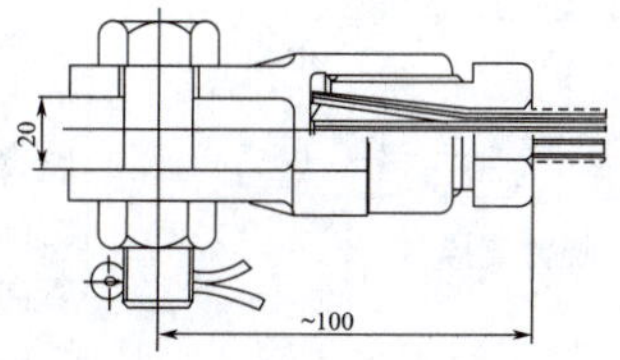 承力索终端锚固线夹	硬铜绞线承力索、钢绞线承力索终端下锚

续上表

零　件	用　途	零　件	用　途
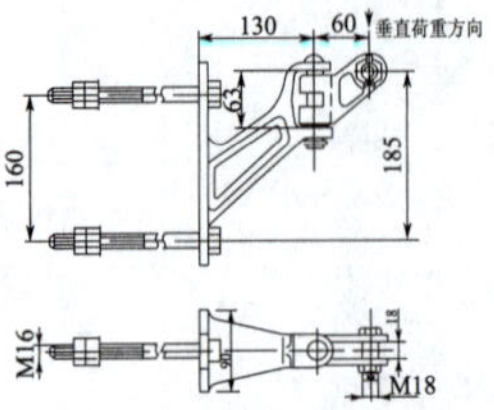 旋转腕臂底座	横腹杆式预应力钢筋混凝土支柱预留孔处固定旋转腕臂	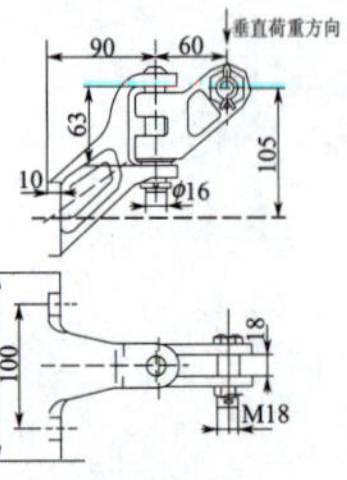 T形旋转腕臂底座	支柱上预留孔外处固定旋转腕臂
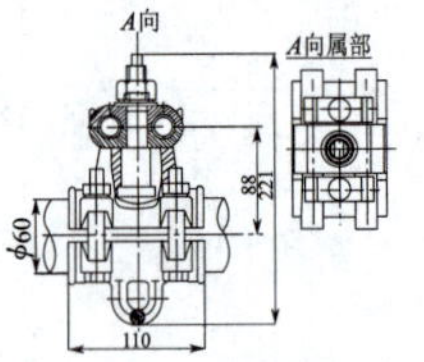 承力索支承线夹	平腕臂上悬挂承力索	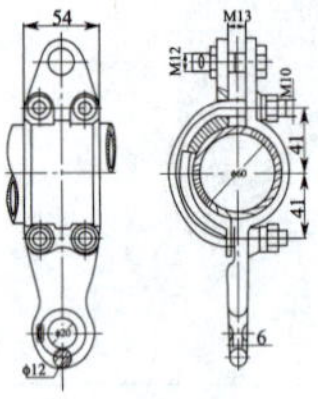 套管铰环	在斜腕臂上方固定腕臂及悬挂带钩头型零件所用的套管铰环
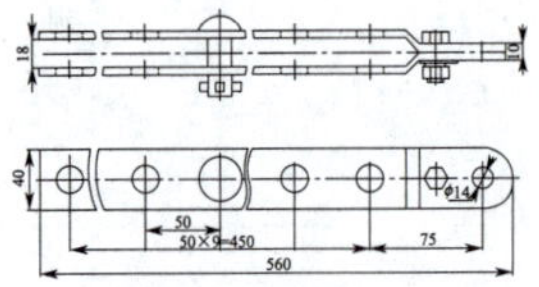 调节板	中斜腕臂与杵环杆的连接并调节距离	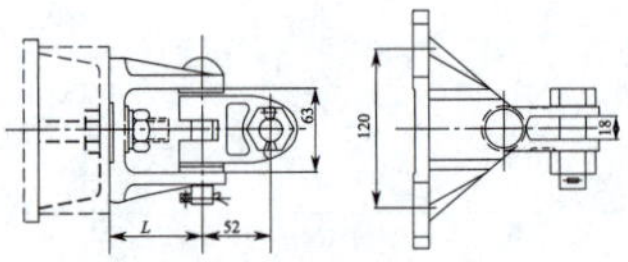 上腕臂底座	横腹杆式预应力钢筋混凝土支柱预留孔外固定旋转腕臂
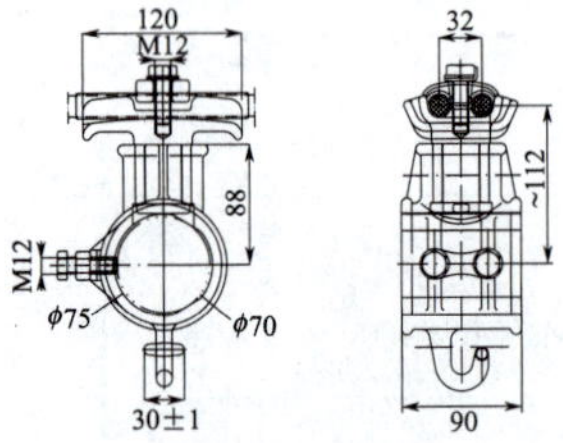 铝合金承力索座	在铰接的管状腕臂上支撑承力索	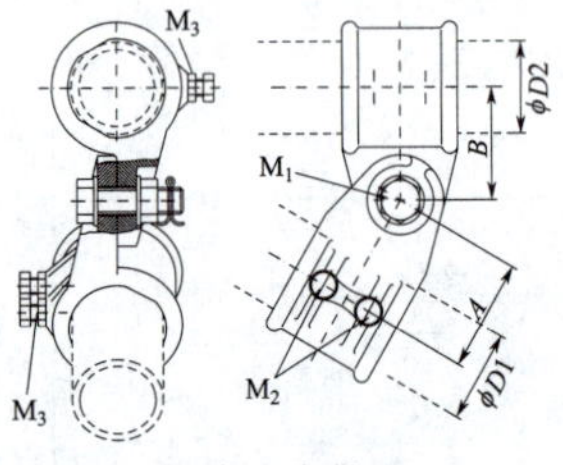 铝合金套管座	连接平腕臂和斜腕臂，以形成稳定的三角形腕臂支持结构
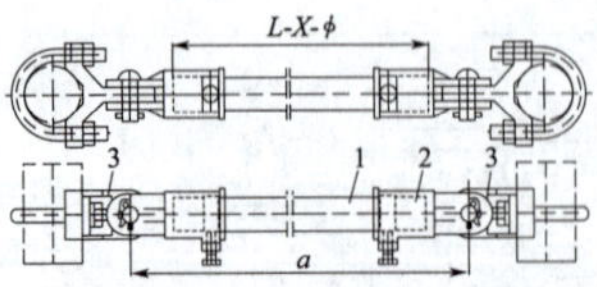 腕臂支撑	平腕臂与斜腕臂之间以增加腕臂的负荷能力，或用在斜腕臂与定位管之间防止定位管向上旋转	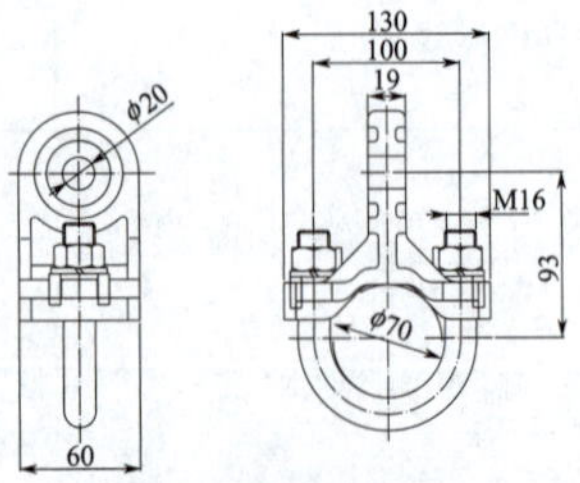 套管单耳	在圆管上与其他适配的双耳零件构成连接

续上表

零件	用途	零件	用途
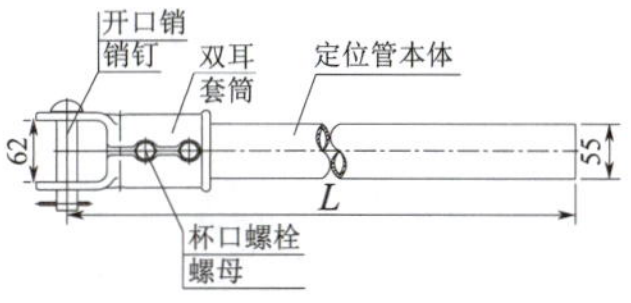 定位管	一端与斜腕臂上定位环连接，一端通过定位支座连接定位器	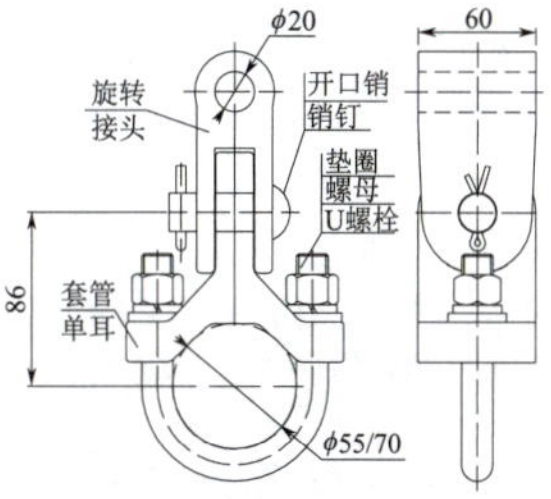 铝合金定位环	在斜腕臂上连接定位管
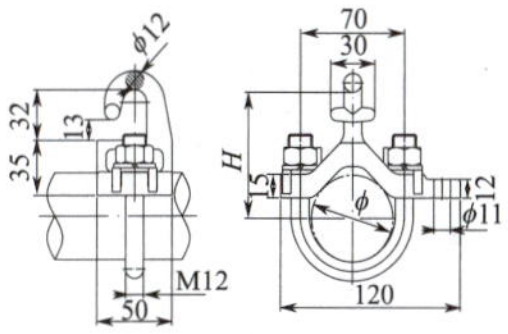 拉线定位钩	定位管上中固定拉线	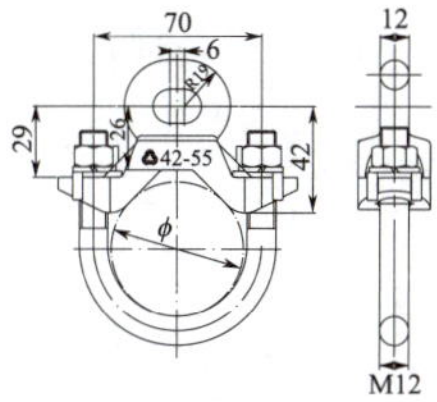 防风定位环	定位管上中固定防风拉线
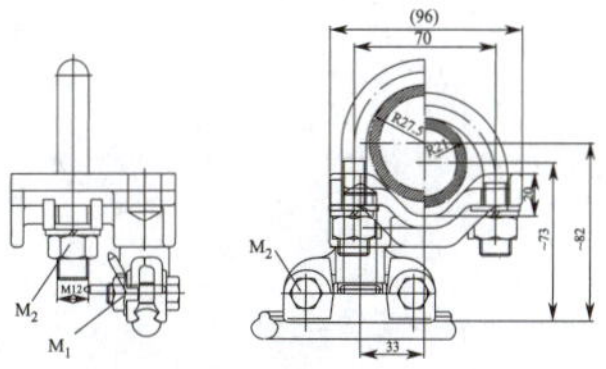 锚支定位卡子	固定非工作支接触线	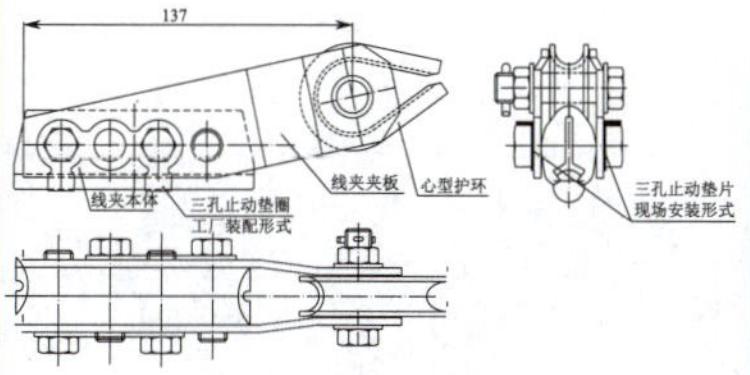 两跨式中心锚结线夹	一端与接触线相连接，一端通过与线夹采用压接连接的接触线中心锚结绳与承力索连接
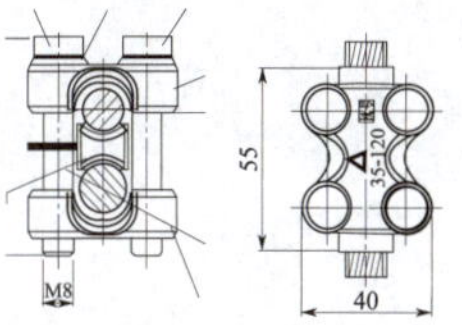 弹性吊索线夹	弹性吊索及接触线之间的固定和连接	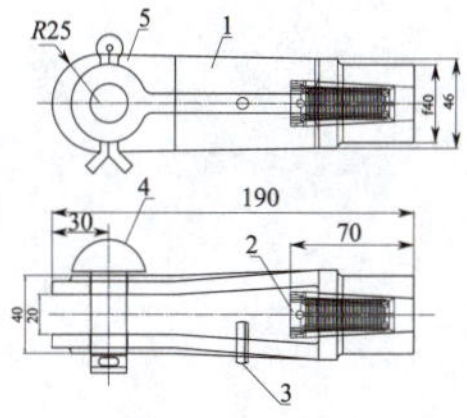 接触线终锚线夹	接触线的终端锚固
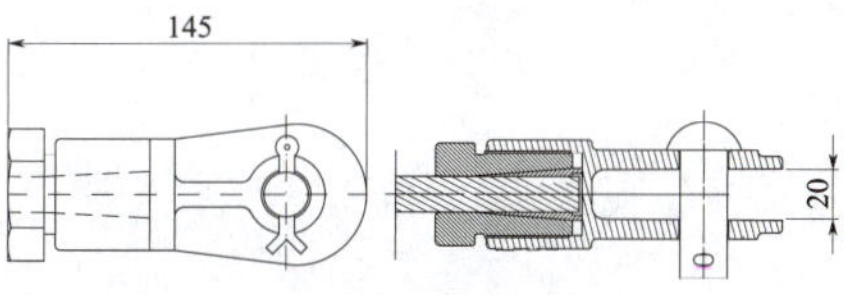 承力索终端锚固线夹	承力索终端锚固	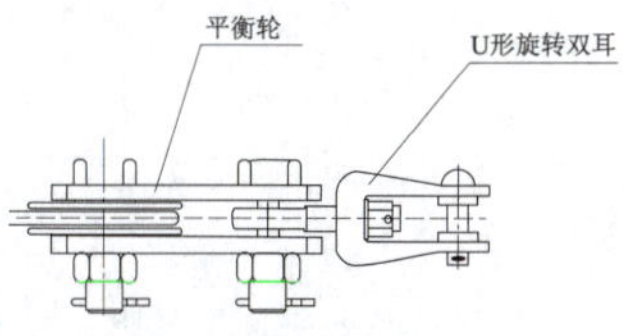 U 形旋转双耳	接触悬挂线索和棘轮补偿绳间连接